JN069665

教員採用試験「全国版」過去問シリーズ ⑨

全国まるごと

2025
年度版

過去問題集

音楽科

#分野別　#項目別

協同教育研究会 編

協同出版

はじめに

本書は，全国47都道府県と20の政令指定都市の公立学校の教員採用候補者選考試験を受験する人のために編集されたものです。

教育を取り巻く環境は変化しつつあり，学校現場においても，教員免許更新制の廃止やGIGAスクール構想の実現などの改革が進められており，現行の学習指導要領においても，「主体的・対話的で深い学び」を実現するため，指導方法や指導体制の工夫改善により，「個に応じた指導」の充実を図るとともに，コンピュータや情報通信ネットワーク等の情報手段を活用するために必要な環境を整えることが示されています。

一方で，いじめや体罰，不登校，教員の指導方法など，教育現場の問題もあいかわらず取り沙汰されており，教員に求められるスキルは，今後さらに高いものになっていくことが予想されます。

協同教育研究会では，現在，626冊の全国の自治体別・教科別過去問題集を刊行しており，その編集作業にあたり，各冊子ごとに出題傾向の分析を行っています。本書は，その分析結果をまとめ，全国的に出題率の高い分野の問題，解答・解説に加えて，より理解を深めるための要点整理を，頻出項目毎に記載しています。そのことで，近年の出題傾向を把握することでき，また多くの問題を解くことで，より効果的な学習を進めることができます。

みなさまが，この書籍を徹底的に活用し，教員採用試験の合格を勝ち取って，教壇に立っていただければ，それはわたくしたちにとって最上の喜びです。

協同教育研究会

教員採用試験「全国版」過去問シリーズ⑨

全国まるごと過去問題集　音楽科＊目次

出題傾向と対策

近年の出題傾向

出題は大きく，Ⅰ．音楽の専門的な知識や能力を問うものと，Ⅱ．教科としての目標や指導内容を問うものとに分かれる。Ⅰについては，さらに①音楽理論（楽典的知識を含む），②音楽史（作品を含む），③演奏技法に分けることができる。ここにはまた，④日本音楽ならびに民族音楽に関するものも加わる。Ⅱについては，⑤学習指導要領の目標，内容，⑥教材（共通教材を含む），⑦指導法（指導案の作成を含む）に分けることができる。各県ともに，これらの項目を広くカバーするよう設問が配慮されている。

Ⅰ．音楽の専門的な知識や能力を問うもの

①音楽理論（楽典的知識を含む）については，音楽用語の意味を問うもの，曲の一部を移調する，転調部分を指摘させる，近親調を記入するなどの設問が目立つ。和音の種類やコードネームを書かせるものも多い。楽典の教科書をていねいに復習しておくことが必要だろう。

②音楽史に関する出題では，穴埋めや選択肢から選ばせる形式が多い中，論述形式の出題も見られるようになった。「国民楽派について説明せよ」などのような例である。音楽史上の重要事項について，音楽事典などを用いてしっかりと整理しておくことが大切である。

③演奏技法に関する問題としては，ギター，アルトリコーダーの奏法に関するものがもっとも多い。クラリネットなど移調楽器の楽譜と実音の関係についての問題も，多くの県で出題されている。楽器の奏法に関する問題に答えるためには，自分自身がしっかりと演奏できるようにしておくことがベストである。もしそれが無理な場合は，中学校の「器楽」の教科書に記載されている，それぞれの楽器の奏法について理解を深めておくとよいだろう。

④日本音楽ならびに民族音楽に関する設問は，近年になって急速な勢いでその数が増えてきた。日本音楽関係のものには，かなり突っ込んだ理解を求めるものも多く，解答が難しい。たとえば尺八曲に関し

て，曲名から奏法や流派まで問うものなどである。

民族音楽については，ガムランなどの語句の説明，楽器について奏法の分類や国名を問うものなどが中心である。「ケチャ」の指導方法を箇条書きにせよ，というような指導法に関する問題も出てくるようになった。

日本音楽や民族音楽に自ら興味を持って近づいてみることが，一番の準備となる。

II．教科としての音楽科の目標や指導内容

⑤学習指導要領の目標，内容については，毎年必ず出題されるものである。学習指導要領ならびに同解説を熟読し，覚え込んでおく必要がある。特に学年ごとの記載内容の相違を問うものも多く出題されるので，しっかりと整理して頭に入れておかなければならない。

⑥教材（共通教材を含む）については，歌唱ならびに鑑賞の共通教材からの出題が多く，設問全体の中でももっとも頻度が高いものである。中には，「2番の歌詞を書け」など，教材曲の暗記を要求するものも見られる。

⑦指導法（指導案の作成を含む）に関する設問は，自由記述の形式や編曲を求めるものなど，解答者の指導力を問うものが多くなってきた。教育実習での経験や教科教育法の講義の内容などをふまえて，自分なりの教材観，指導観を持てるようにしておくことが大切である。

学習の進め方

実技と筆記試験の2つに分けて計画を立てる必要がある。まず，実技では何を求められるのか，筆記試験による設問にはどのような傾向が見られるのかを，これまでの出題を検討しながらつかむこと。実技の出題は大きく，ソルフェージュ力を問うもの（新曲視唱，聴音など），器楽の演奏能力を問うもの（ピアノの課題曲，リコーダーなど），歌唱力を問うもの（声楽の課題曲），歌唱曲の指導力を問うもの（ピアノによる弾き歌い）などに分けることができる。この中のいくつかを組み合わせて出題し，総合的な音楽能力を要求しているところが多い。自分で不得手だと思う分野について，早速準備を進める必要がある。特にピアノによる弾き歌いには，時間をかけて慣れていくようにしたい。

筆記試験試験の準備は，出題の分野ごとにまとめながら勉強を進めていくとよいだろう。

実技試験対策

一次あるいは二次に実施という違いはあるものの，採用試験に対する実技の占める割合は等しく重要である。教科に関する知識＋実技能力が，教師には必要とされる。実技技能と指導に対する情熱が，実技教科の教師となるべき最低条件である。

実技試験では，その実技のうまい，へたをみるためだけではなく，熱意が感じられるか，確実にできるか，ある程度の技能がしっかり身についているかどうかなどが見られている。実技を行うことによって情操教育を行い，人間形成の一翼を担うのが，学校教育での実技教科の意義である。実技教科は指導力が必要で，生徒への影響が多大であることは先にも記したが，特定の優れた生徒を育てるのではなく，生徒の全体的なレベルアップを図るのがそのねらいである。

音楽においては，音楽の楽しさを指導することが大切だ。うまい，へたではなく音楽の基礎を教える，音に親しませることが教師に望まれる。中学校・高校の各実技教科は，専門教科であるため高度な技能が必要である。

中学校・高校になれば，生徒にもその教科の好き嫌いがはっきりしてくることになる。音楽の嫌いな生徒が現れるとともに，逆に好きな生徒が出てきて，その生徒の能力をのばせるよう指導することも重要になってくる。

音楽の主な実技試験は，①ピアノ演奏，②ピアノによる弾き歌い（共通教材），③弾き歌い（共通教材以外），④聴音，⑤新曲視唱，⑥伴奏づけ，⑦リコーダー演奏，などになる。

いずれも範囲が広く，専門教科なので高度の技能が要求される。共通教材，バイエルなどのソルフェージュの曲については，必ず演奏ができて歌え，伴奏づけもできるようにしておくことが望ましい。専門教科であり，中学生，高校生を指導するのであるから，高度の技能及び高い指導力がなければならない。また音楽をはじめ実技教科は，技能ばかりにとらわれて，評価を「うまい，へた」だけで決めてしまうものではない。そのために生徒が音楽を嫌いになってしまうこともあるので，教師の指導力も必要である。

また，逆に技能不足であると，生徒に音楽をわからせることができなくなり，これもまた生徒を音楽嫌いにしてしまうことになる。技能が高度であれば，生徒の信頼感も得られることになる。

日常練習をして，自己の技能をみがくこと。ピアノばかりでなくリコーダーについても知っておかなければならず，また，聴音についても慣れておかなければならない。

実技は，実際に生徒の見本となっていると思って，演奏なり歌唱なりを行うべきである。

本書について

本書には，各教科の項目毎に，出題率が高い問題を精選して掲載しております。前半は要点整理になっており，後半は実施問題となります。また各問題の最後に，出題年，出題された都道府県市及び難易度を示しています。難易度は，以下のように5段階になっております。

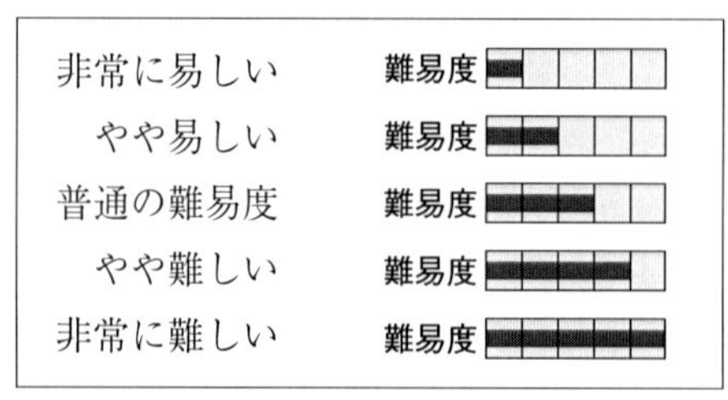

また，各問題文や選択肢の表記については，できる限り都道府県市から出題された問題の通りに掲載しておりますが，一部図表等について縮小等の加工を行って掲載しております。ご了承ください。

音楽用語

要点整理

●POINT

音楽用語(楽語)の読み方と意味を尋ねる問題はほぼすべての自治体において出題され，音程，調判定，移調，和音の種類，コードネームに関する問題が多く見られた。音楽記号には，速さを表すもの，強弱を表すもの，ニュアンスを表すものなどがあるので確認しておくこと。中学校学習指導要領「第3　指導計画の作成と内容の取扱い」2　(10)で「生徒の学習状況を考慮して，次に示すものを音楽における働きと関わらせて理解し，活用できるよう取り扱うこと」として記号・用語が示されているので必ず理解しておこう。

●速度標語

1．楽曲全体に関する速度

標　語	読み方	意　味
最も遅いもの		
Larghissimo	ラルギッシモ	最も幅広く遅く
Adagissimo	アダージッシモ	最も遅く
Lentissimo	レンティッシモ	最も遅く
きわめて遅いもの		
Largo	ラルゴ	幅広く遅く
Adagio	アダージョ	遅く
Lento	レント	遅く
遅いもの		
Larghetto	ラルゲット	ラルゴよりやや速く
やや遅いもの		
Andante	アンダンテ	ほどよくゆっくり，歩くような速さで
中ぐらいの速さのもの		
Andantino	アンダンティーノ	アンダンテよりやや速く
Moderato	モデラート	中ぐらいの速さで
やや速いもの		

Allegretto	アレグレット	やや快速に
速いもの		
Allegro	アレグロ	ほどよく快速に
Animato	アニマート	元気に，速く
きわめて速いもの		
Vivace	ビバーチェ	活発に，速く
Presto	プレスト	急速に
最も速いもの		
Prestissimo	プレスティッシモ	きわめて速く

2. 楽曲の一部分に関する速度変化

標　語	読み方(意味)
だんだん速くするもの	
Accelerando (accel.)	アッチェレランド
Poco a poco animato	ポーコ　ア　ポーコ　アニマート
注　accelerandoは速度をだんだん速くするとともに音量をも増す意味をもつ。	
その部分から直ちに平均に速くするもの	
Più allegro	ピウ　アレグロ
Più animato	ピウ　アニマート
Un poco animato	ウン　ポーコ　アニマート
Più mosso	ピウ　モッソ
Pi ù presto	ピウ　プレスト
だんだん遅くするもの	
Ritardando (ritard., rit.)	リタルダンド
Rallentando (rall.)	ラレンタンド
Lentando	レンタンド
だんだん遅くするとともにだんだん強くするもの	
Largando	ラルガンド
Allargando	アラルガンド
だんだん遅くするとともにだんだん弱くするもの	
Perdendosi	ペルデンドシ
その部分から直ちに平均に遅くするもの	
Piú lento	ピウ　レント

Meno mosso	メノ　モッソ	
速度の回復を示すもの		
A tempo	ア　テンポ	もとの速さで
Tempo I (Tempo primo)	テンポ　プリモ	初めの速さで
正確な速さを示すもの		
Tempo giusto	テンポ　ジュスト	正確な速さで

●強弱標語

1. 基本的な強弱記号

記　号	読み方	原　語	意　味
弱いもの			
ppp	ピアニッシシモ	pianississimo	できるだけ弱く
pp	ピアニッシモ	pianissimo	ごく弱く
più p	ピウ　ピアノ	più piano	いっそう弱く
p	ピアノ	piano	弱く
poco p	ポーコ　ピアノ	poco piano	少し弱く
mp	メゾ　ピアノ	mezzo piano	やや弱く
強いもの			
mf	メゾ　フォルテ	mezzo forte	やや強く
poco f	ポーコ　フォルテ	poco forte	少し強く
f	フォルテ	forte	強く
piu f	ピウ　フォルテ	più pforte	いっそう強く
ff	フォルティッシモ	fortissimo	ごく強く
fff	フォルティッシシモ	fortississimo	できるだけ強く

2. 特定の音や一定区間の音の強弱記号

記　号	読み方	原　語	意　味
特定の音を強くするもの			
sf	スフォルツァート	sforzato	特に強く
sfz	スフォルツァンド	sforzando	
fz	フォルツァンド フォルツァート	forzando forzato	

rf ***rfz*** ***rinf***	リンフォルツァンド	rinforzando	急に強く
> ∧	アクセント	accento	アクセントをつけて
fp	フォルテ　ピアノ	forte piano	強く，直ちに弱く
一定区間を通して各音を強くするもの			
Marcato	マルカート		はっきりと，強く
Accentato	アッチェンタート		アクセントをつけて
Pesante	ペザンテ		重く力をつけて

3．変化を含む強弱記号

記　号	読み方	意　味
だんだん強くするもの		
cresc.	クレシェンド crescendo	だんだん強く
poco cresc.	ポーコ　クレシェンド	わずかなクレシェンド
poco a poco cresc.	ポーコ ア ポーコ クレシェンド	少しずつだんだん強く
molto cresc. molto	モルト　クレシェンド	きわめて大きなクレシェンド
cresc. molto	クレシェンド　モルト	
cresc. al ***ff*** ***ff***	クレシェンド アル フォルティシモ	***ff*** までクレシェンド
accrescendo	アクレシェンド	だんだん強く，声を強める，又長くする
だんだん弱くするもの		
dim.	ディミヌエンド　diminuendo	だんだん弱く
decresc.	デクレシェンド　decrescendo	だんだん弱く
poco a poco dim.	ポーコ ア ポーコ　ディミヌエンド	少しずつだんだん弱く
dim. al ***pp*** ***pp***	ディミヌエンド アル ピアニッシモ	***pp*** までディミヌエンド

音楽用語

dim. e rit. ＞rit.	ディミヌエンド エ リタルダンド	だんだん弱くだんだん遅く
だんだん強くしてその後だんだん弱くするもの		
cresc. e dim. ＜＞	クレシェンド　エ　ディミヌエンド	だんだん強くだんだん弱く

曲想標語

1．標語につけて意味を限定する用語

標　語	読み方	意　味
a	ア	～にて，～のように，で
ad	アド	～にて
al	アル	～まで，で，へ
alla	アラ	～のふうに
assai	アッサイ	非常に，大いに
ben	ベン	十分に，よく
con	コン	～をもって，とともに
e	エ	～と～
ed	エド	～と～
ma	マ	しかし
ma non troppo	マ　ノン　トロッポ	しかし，はなはだしくなく
meno	メノ	今までより少なく
molto	モルト	できるだけ，非常に
di molto	ディ　モルト	できるだけ，非常に
non	ノン	打ち消しの意味
non tanto	ノン　タント	多くなく
più	ピウ	もっと，今までより多く
poco	ポーコ	少し
un poco	ウン　ポーコ	やや少し
sempre	センプレ	常に
simile	シーミレ	同様に
subito	スービト	急に
tanto	タント	多く

2. 標語につけて意味を限定する用語

標　語	読み方	意　味
(a) addolorato	アッドロラート	悲しげに
affetto	アフェット	優しく，優雅に
affettuoso	アフェットゥオーソ	愛情をこめて,アフェットと同じ
agiato	アジアート	愉快な，安楽な
agitato	アジタート	激して，興奮して
allegramente	アレグラメンテ	快活に，楽しげに
con allegrezza	コン　アレグレッツァ	快活に
amabile	アマービレ	愛らしく
con amarezza	コン　アマレッツァ	悲哀をもって
con amore	コン　アモーレ	愛情をもって
animato	アニマート	活気をもって，いきいきと
animando	アニマンド	
appassionato	アパッショナート	熱情的に
arioso	アリオーソ	歌うように
armonioso	アルモニオーソ	協和的に,和声的に,調和して
(b) con brio	コン　ブリオ	生き生きと，活発に
brioso	ブリオーソ	
bruscamente	ブルスカメンテ	荒々しく，ぶっきらぼうに
(c) commodo	コンモド	気楽に，ほどよく
comodo	コモド	
cantabile	カンタービレ	歌うように
cantando	カンタンド	
a capriccio	ア　カプリッチオ	奏者の自由に,形式や拍子にこだわらず
capriccioso	カプリッチョーソ	気まぐれに
(d) delicato	デリカート	微妙に，繊細な，優美な
dolce	ドルチェ	柔らかに，やさしく
dolente	ドレンテ	悲しげに
doloroso	ドロローソ	悲しげに，苦しい

(e)	elegante	エレガンテ	優雅に
	elegiaco	エレジアーコ	エレジーふうな，悲しく
	con espressione	コン エスプレッシオーネ	表情豊かに，表情をもって
	espressivo	エスプレッシボ	
(f)	furioso	フリオーソ	熱狂的に
(g)	grandioso	グランディオーソ	堂々と
	grave	グラーベ	重々しく，おごそかに
	con grazia	コン　グラーツィア	やさしさをもって,優雅に,優美に
	grazioso	グラチオーソ	
(l)	lamentabile	ラメンタービレ	悲しげに
	lamentoso	ラメントーソ	
(m)	maestoso	マエストーソ	荘厳に
	mosso	モッソ	活発に，躍動して
	con moto	コン　モート	動きをつけて
(p)	pastorale	パストラーレ	牧歌ふうに
	pesante	ペザンテ	重々しく
	alla polacca	アラ　ポラッカ	ポーランドふうに
	pomposo	ポンポーソ	華麗に，豪しゃに
(s)	scherzando	スケルツァンド	軽快に，ふざけるように
	alla scozzese	アラ　スコツェーゼ	スコットランドふうに
	semplice	センプリチェ	素朴に，単純に
	semplicemente	センプリチェメンテ	
	con sentimento	コン　センティメント	感情をこめて
	serioso	セリオーソ	厳粛に
	soave	ソアーベ	愛らしく，柔らかに
(t)	tranquillo	トランクイロ	穏やかに，静かに
(v)	veloce	ベローチェ	敏速な，速い

音楽科　音楽用語

実施問題

【1】次の(1)～(4)の問いに答えよ。

(1)　次の文中の(　　)に当てはまるものを以下のA～Dから一つ選び，その記号を書け。

es mollの上中音は(　　)の下属音である。

A　Cis dur　　B　b moll　　C　a moll　　D　Des dur

(2)　音楽用語「cédez」と類義のものを次のA～Dから一つ選び，その記号を書け。

A　rit.　　B　cresc.　　C　dim.　　D　accel.

(3)　次の終止形の名称を以下のA～Dから一つ選び，その記号を書け。

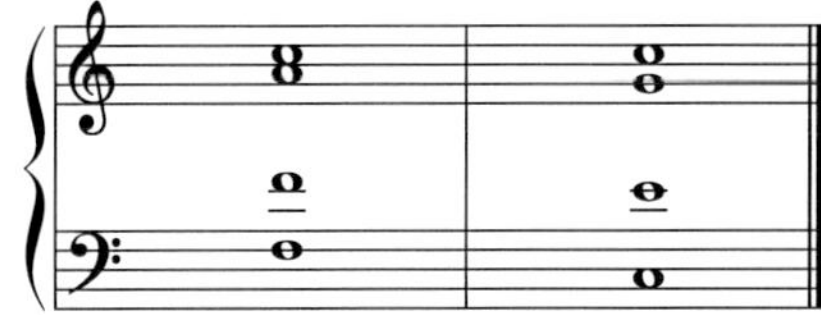

A　正格終止　　B　変格終止　　C　半終止　　D　偽終止

(4)　次の楽譜を全て演奏したときの小節数を以下のA～Dから一つ選び，その記号を書け。

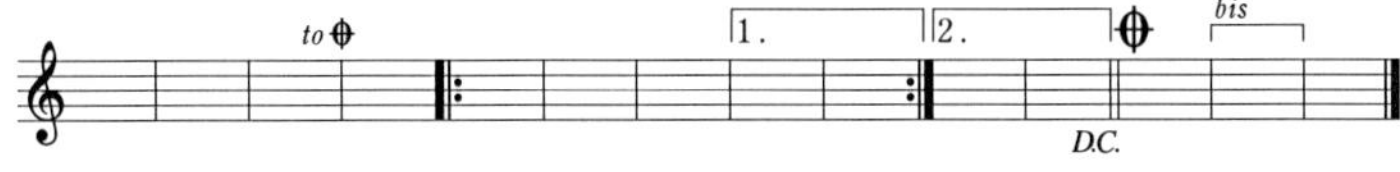

A　18　　B　19　　C　20　　D　21

▌2024年度 ▌愛媛県 ▌難易度

【2】次の(ア)～(ウ)の楽語の意味の組み合わせとして最も適切なものを①～⑤の中から一つ選びなさい。

(ア) sempre　(イ) allargando　(ウ) tempo Ⅰ

	(ア)	(イ)	(ウ)
①	非常に	やや速く	活発に速く
②	常に	強くしながらだんだん遅く	活発に速く
③	常に	強くしながらだんだん遅く	最初の速さで
④	非常に	やや速く	最初の速さで
⑤	前と同様に続けて	やや速く	最初の速さで

▌2024年度 ▌三重県 ▌難易度

【3】次の舞曲とその説明の組み合わせとして適切でないものを，1～4の中から1つ選びなさい。

	舞曲	説明
1	ガヴォット	17世紀のフランスの舞曲。中庸な速度で２分の２拍子，アウフタクト（普通は２つの４分音符）ではじまる。
2	ボレロ	18世紀末から19世紀にかけてスペインで人気のあった，中庸な４分の２拍子の歌曲及び舞曲。
3	マズルカ	リズムや踊り方に特徴をもつポーランドの民族舞踊，舞曲，歌。速度は緩急さまざまで，４分の３拍子か８分の３拍子である。
4	ギャロップ	18世紀の後半，一連の舞踏の終曲として流行した４分の２拍子の速い輪舞とその音楽。

▌2024年度 ▌埼玉県・さいたま市 ▌難易度

【4】次の(A)～(E)の速度用語を，これらが表す速度の最も遅いものから最も速いものの順に並べ替え，その記号を書け。

(A) Vivace　(B) Lento　(C) Largo　(D) Presto

(E) Moderato

▌2024年度 ▌和歌山県 ▌難易度

【5】次の音楽用語の表記と意味の組み合わせとして適切でないものを，1～4の中から1つ選びなさい。

	表記	意味
1	alla marcia	行進曲ふうに
2	rinforzando	その前後に比して強く
3	pastorale	牧歌ふうに
4	tempo giusto	テンポを自由に加減する

▌2024年度 ▌埼玉県・さいたま市 ▌難易度

【6】次の(1)，(2)の問いにそれぞれ答えよ。

(1) 次の文は，ソナタ形式について説明したものである。(①)～(④)にあてはまる語句の組み合わせとして，正しいものを以下の(ア)～(エ)から選び，その記号を書け。ただし，同じ番号の( )には，同じ語句が入るものとする。

> ソナタ形式は，(①)時代に(②)曲から発展した形式である。(③)部－展開部－再現部からなる，また，(③)部においては2つの主題が対比的に用いられ，第1主題が長調の場合，第2主題は一般的に(④)であることが多い。

(ア) ① 古典派 ② 器楽 ③ 提示 ④ 属調
(イ) ① バロック ② 器楽 ③ 主題 ④ 平行調
(ウ) ① 古典派 ② 声楽 ③ 主題 ④ 平行調
(エ) ① バロック ② 声楽 ③ 提示 ④ 属調

(2) 次の①～⑤の拍子を，以下の(ア)～(ウ)に分類し，その記号をそれぞれ書け。

① $\frac{4}{4}$拍子 ② $\frac{12}{8}$拍子 ③ $\frac{6}{8}$拍子 ④ $\frac{5}{4}$拍子

⑤ $\frac{2}{2}$拍子

(ア) 単純拍子 (イ) 複合拍子 (ウ) 混合拍子

▌2024年度 ▌香川県 ▌難易度

音楽用語

【7】次の(1)～(5)の各問いに答えなさい。

(1) ルネサンス期のドイツにおいて，マルティン・ルターが宗教改革を進めるにあたり，一般信徒が覚えやすいようにドイツ語の歌詞で歌う讃美歌を用いた。このような讃美歌を何というか答えよ。

(2) バロック期に多く使用された形式の1つで，総奏部と独奏部を交互に繰り返しながら発展していく形式を何というか答えよ。

(3) 19世紀以降に多く作られた，特定の気分や性質を想起させるような名をもつ，小規模で自由な形式のピアノ曲を何というか答えよ。

(4) ヴァーグナーによってオペラに用いられた，登場人物や場面の状況に対して，常に同じ動機を用いる手法を何というか答えよ。

(5) 20世紀を代表する作曲家で，偶然性，不確定性の音楽を実践し，「4分33秒」などで知られる作曲家を答えよ。

2024年度 | 佐賀県 | 難易度 ■■□□□

【8】次の(1)～(5)に答えよ。

(1) 能における「ワキ」について，「シテ」ということばを用いて説明せよ。

(2) 「同主調」について説明せよ。

(3) 「accelerando」の用語の読み方と意味を記せ。

(4) 「Allegro con brio」の用語の読み方と意味を記せ。

(5) 都節音階について，ホ音(一点ホ音)を開始音として全音符で記せ。

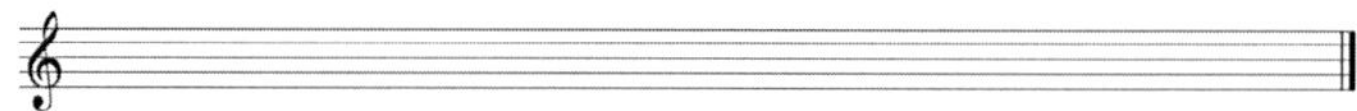

2024年度 | 山梨県 | 難易度 ■■■□□

【9】次の(1)，(2)の問いにそれぞれ答えよ。

(1) 次の文は，ソナタ形式について説明したものである。[A]にあてはまる最も適切な語句を書け。また，(①)～(③)にあてはまる語句の組み合わせとして正しいものを，以下の(ア)～(エ)から選び，その記号を書け。

> ソナタ形式は，古典派時代に(①)曲から発展した形式である。[A]部－展開部－再現部からなる。[A]部にお

いては2つの主題が対比的に用いられ，第1主題が長調の場合，第2主題は一般的に(　②　)であることが多い。また，展開部から再現部に移行する際，緊張感をもたせるため，(　③　)を使用することもある。

(ア)　①　器楽　　②　属調　　③　持続低音
(イ)　①　器楽　　②　平行調　③　通奏低音
(ウ)　①　声楽　　②　平行調　③　持続低音
(エ)　①　器楽　　②　属調　　③　通奏低音

(2)　次の①～⑤の拍子を，以下の(ア)～(ウ)に分類し，その記号をそれぞれ書け。

①　$\frac{4}{4}$拍子　②　$\frac{8}{8}$拍子　③　$\frac{6}{8}$拍子　④　$\frac{5}{4}$拍子

⑤　$\frac{12}{16}$拍子

(ア)　単純拍子　(イ)　複合拍子　(ウ)　混合拍子

2024年度 香川県 難易度

【10】次の各問いに答えよ。

1　次の(　①　)～(　⑤　)に当てはまる語句を書け。ただし，調名についてはドイツ語の音名を用いて書け。

・D durとd mollのように，同じ音を主音とする長調と短調を(　①　)という。
・A durの属調の平行調は(　②　)である。
・一般に，近親調以外の調を一括して(　③　)という。
・増5度の転回音程は(　④　)である。
・隣接する音階各音が，全部全音で構成されている音階を(　⑤　)という。

2　次の楽譜を順序どおりに演奏すると，全部で何小節になるか書け。

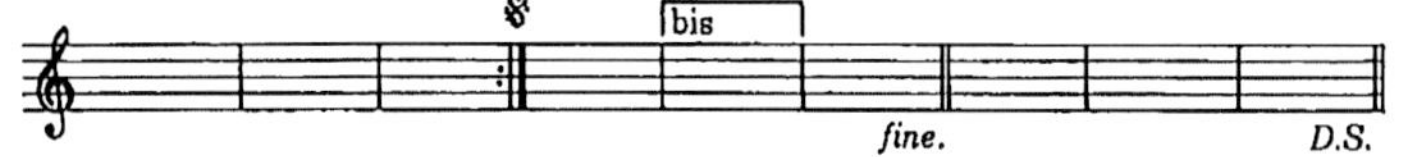

3　次の用語の意味を書け。

Meno mosso

‖2024年度‖岡山市‖難易度■■■□□

【11】次の問いに答えなさい。

問1　音楽に関する説明として誤りを含むものを，次の①～④から一つ選びなさい。

① 十二平均律では，どの調のどの和音を演奏しても，完全に協和した響きは得られない。

② 下属音上の短6度の音をもつ六の短三和音を，ナポリ六の和音と呼ぶ。

③ クラヴサンとチェンバロは同じ楽器のことである。

④ ポリフォニーとは，複数の声部をもった対位法的な音楽の総称である。

問2　音楽理論上，不完全協和音程として扱われるものを，次の①～⑥から二つ選びなさい。

① 増2度　② 長2度　③ 短3度　④ 減5度

⑤ 短6度　⑥ 減7度

問3　音楽の拍子において，8分の9拍子は何に分類されるか。正しいものを，次の①～④から一つ選びなさい。

① 単純拍子　② 複合拍子　③ 混合拍子　④ 特殊拍子

問4　次の(1)(2)は，音楽の調に関する説明文である。空欄[　　]に入る調として正しいものを，それぞれ以下の①～⑤から一つずつ選びなさい。

(1) 変ホ短調の導音を第6音とする長調の属調は[　　]である。

① ハ長調　② ニ長調　③ 変ト長調　④ イ長調

⑤ 変ロ長調

(2) [　　]の曲を属調，同主調，平行調と転調した結果，ホ短調となった。

① ハ短調　② 変ニ長調　③ ヘ長調　④ 変イ短調

⑤ ロ短調

問5　次の(1)～(3)は，音楽に関する用語及び人名である。それぞれの語群①～④において異質なものを，一つずつ選びなさい。

(1) ① ミサ ② マドリガル ③ カンタータ
④ クーラント

(2) ① scherzando ② calando ③ morendo
④ smorzando

(3) ① ボロディン ② ムソルグスキー ③ バラキレフ
④ チャイコフスキー

2024年度 石川県 難易度

【12】次の(1)，(2)の語句について説明しなさい。

(1) ポリフォニー

(2) 四拍子(能における)

2024年度 佐賀県 難易度

【13】次の(1)～(5)の各問いに答えなさい。

(1) 明治期の教育政策において，1879年に設置された，音楽教育の調査研究を目的とする，官立の機関を何というか漢字で答えよ。

(2) 平安時代における雅楽のうち，舞を伴わずに器楽曲として唐楽を演奏する形式を何というか漢字で答えよ。

(3) 能における謡で，フシの1つ1つの音を力強く表現する演奏手法を何というか答えよ。

(4) 日本の民謡における歌い方の1つで，はっきりとした拍節がなく，歌詞の1音節を長く伸ばして歌う様式を何というか答えよ。

(5) 尺八の奏法の1つで，顎を引き，下唇で歌口を狭くして音高を下げる奏法を何というか答えよ。

2024年度 佐賀県 難易度

【14】次の各問いに答えよ。(解答は選択肢より一つ選び，番号で答えよ。)

(1) 次の楽曲の形式を説明した文のうち正しいものは三つある。正しい組合せのものを選び答えよ。

ア ロンド形式は，A－B－A－C－Aのように同一主題が挿入句を挟みながら何度か現れる形式である。

イ　フーガ形式は，模倣のもっとも円熟した形式で14世紀に発達した。模倣は，平行，反行(転回)，逆行など，その技法は多彩である。

ウ　二部形式は，一つの大楽節でできている曲のことで，普通は16小節からなる。

エ　三部形式は，小楽節三つか大楽節三つでできており，A－B－Aのように最初と最後が同じで，中間に対照的な部分が挟まれている。

オ　ソナタ形式は複合三部形式の発展的な形式で，主に提示部，展開部，再現部の三つの部分から構成されている。

選択肢　1　アイウ　2　アイエ　3　アイオ　4　アウエ
5　アウオ　6　アエオ　7　イウエ　8　イウオ
9　イエオ　0　ウエオ

(2)　次の説明に該当する語句を答えよ。

ア　広い意味ではドイツ語による歌のことを表すが，特に18世紀後半に確立されたドイツの芸術歌曲をさす言葉として用いられることが多い。詩と旋律の関連が緊密になり，ピアノの伴奏は詩の内容や背景を表現する。

イ　オーケストラのための大規模な器楽曲のことで，多くはソナタ形式の楽章を含む複数の楽章からなっている。

ウ　19世紀の中頃に成立した，物語や情景などをオーケストラによって表現する楽曲。

エ　低音パートに和音を表すための数字を記し，鍵盤楽器がその数字に基づいて即興的に演奏する，バロック時代に成立した伴奏。

オ　「冗談」というイタリア語に由来し，一般にテンポの速い快活な3拍子で，中間にトリオを挟む三部形式の楽曲。

選択肢　1　オペラ　2　組曲　3　交響曲
4　交響詩　5　コンチェルト　6　スケルツォ
7　通奏低音　8　ポロネーズ　9　リート
0　リトルネッロ

(3)　次の説明に該当する語句や人名を答えよ。

ア　オクターヴに含まれる全ての半音を均等に扱い，任意に並べた音型を基本として作曲するシェーンベルクにより考案された技法。

イ　複数の旋律をそれぞれに独立性をもたせながら重ねる作曲技法。

ウ　フランスの作曲家で，作品に奇想天外なタイトルをつけたり，「4つのオジーヴ」では小節線を廃止したりするなど，伝統にとらわれない作風が持ち味である。

選択肢　1　管弦楽法　　2　サティ
　　　　3　12音技法　　4　新旋法
　　　　5　対位法　　6　デュカス
　　　　7　ドビュッシー　　8　トーン・クラスター
　　　　9　2管編成　　0　ラヴェル

2024年度　愛知県　難易度

【15】次の(1)～(3)の問いに答えよ。

(1)　南アメリカのアンデス地方の弦楽器で，スペイン人が持ち込んだ複弦の楽器が起源といわれ，複弦5組で10本の弦をもっている楽器として最も適当なものを，次の1～5のうちから一つ選べ。

1　ズルナ　　2　バラライカ　　3　バラフォン　　4　ケーナ
5　チャランゴ

(2)　「ロンドンデリーの歌」の名でも知られているアイルランド民謡として最も適当なものを，次の1～5のうちから一つ選べ。

1　Oh happy day　　2　Danny boy　　3　Amazing grace
4　Top of the world　　5　Yesterday

(3)　「シャンソン」の説明として最も適当なものを，次の1～5のうちから一つ選べ。

1　イタリア語で「歌」を意味する言葉であるが，時代や地域によって音楽のジャンルを指す言葉として広く解釈されている。

2　1920年代中期にシカゴのアフリカ系バプティスト教会でオルガン奏者，合唱指揮者などがアフリカ系アメリカ人のために作り出した現代向きの聖歌のこと。

3　フランスのポピュラー・ソングで，人生の喜怒哀楽を歌うものが多い。

4　主に18世紀後半に確立したドイツの芸術歌曲を指す言葉として用いられることが多い。

5　宗教的あるいは世俗的な内容を歌った多楽章の器楽付きの声楽曲である。

2024年度 ｜ 大分県 ｜ 難易度 ■■■■□

解答・解説

【1】(1)　D　　(2)　A　　(3)　B　　(4)　D

○解説○ (1)　上中音とは主音から長3度上の音である。下属音とは主音から完全4度上の音のことである。したがって，es mollの上中音はソ，ソはDes durの下属音である。　(2)　音楽用語cédez(セデ)とはフランス語で「だんだん遅く」という意味である。楽語は類義語，対義語など関連させて覚えるとよい。　(3)　コードでいうとFからCで，Ⅳ→Ⅰへ進行しているので，ハ長調の変格終止である。終止形について，それぞれ和声の進行を覚えておくこと。　(4)　bisは2回繰り返す。リピート記号について学習しておくこと。

【2】③

○解説○ いずれもよく使用される楽語で難易度は高くないので必ず正答したい。

【3】2

○解説○ ボレロは4分の2拍子ではなく，4分の3拍子である。舞曲についての問題は頻出である。古典組曲についてもあわせて学習しておくこと。

【4】最も遅いもの　(C)→(B)→(E)→(A)→(D)　最も速いもの

○解説○ 速度記号は速さの順番に並べられるようにしておくこと。

Andantino，Lalghetto，Prestissimoなど語末が変化するものについても理解しておくこと。

【5】4

○**解説**○ 正しい意味は，「正確な速さで」である。「テンポを自由に加減する」のはtempo rubatoである。楽語は類義語や反対語をセットで覚えるとよい。

【6】(1) (ア) (2) ① (ア) ② (イ) ③ (イ) ④ (ウ) ⑤ (ア)

○**解説**○ (1) ソナタ形式についての問題は頻出である。教科書ではベートーヴェンの交響曲第5番「運命」を題材に学習することが多いので，「運命」における主題と調関係を理解しておきたい。 (2) 単純拍子は2拍子や3拍子のようにこれ以上グループ分けができない拍子，複合拍子は6拍子や9拍子のように小節の中で拍をまとめることができる拍子，混合拍子は5拍子や7拍子のようにいくつかの組み合わせパターンがある拍子である。

【7】(1) コラール (2) リトルネッロ形式 (3) キャラクター・ピース (4) ライト・モティーフ(示導動機) (5) ジョン・ケージ

○**解説**○ (1) もともとは単旋律であったが，17世紀頃から四声体などの他声部で歌われるようになった。受難曲，カンタータについても説明できるようにしておきたい。 (2) リトルネッロ形式について，ヴィヴァルディ作曲の「春」を使って問われることが多い。授業でも取り上げるので，学習しておくこと。 (3) 性格的小品ともいう。シューマン作曲の「子供の情景」，ショパン作曲の「バラード」などがあげられる。 (4) ヴァーグナーの他，リヒャルト・シュトラウスなどもこの手法を用いた。 (5) 1912～1992年のアメリカの作曲家である。

【8】(1) 主人公(シテ)の相手役。 (2) 同じ音を主音とする長調と短調の関係。 (3) 読み方…アッチェレランド 意味…だんだん速

く　(4)　読み方…アレグロ　コン　ブリオ　意味…速く，生き生きと

(5)

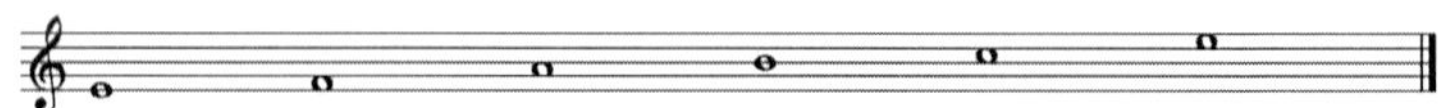

○解説○ (1)　シテはこの世のものではない役柄の演目も多く，その場合は能面をつけて演じる。ワキは実際に生きているものの設定がほとんどで，面はつけない。シテの助演がツレ，進行役や物語を説明したりするアイも覚えておきたい。地謡と囃子方についても学習しておくこと。　(2)　近親調はすべて理解しておくこと。　(3)　楽語は読み方と意味を記述できるように，イタリア語のものだけでなく，ドイツ語，フランス語のものも学習しておくこと。　(4)　速度に関する楽語については，速さの順番に並べられるようにしておきたい。　(5)　日本の代表的な音階4つである，都節音階，律音階，民謡音階，沖縄音階は楽譜に書けるようにしておくこと。

【9】(1)　A　提示　①～③の組み合わせ…(ア)　(2)　①　(ア)　②　(ウ)　③　(イ)　④　(ウ)　⑤　(イ)

○解説○ (1)　ソナタ形式についての問題は頻出である。教科書ではベートーヴェンの交響曲第5番「運命」を題材に学習することが多いので,「運命」における主題と調関係を理解しておきたい。主題に戻る前に属音の持続低音が使用されることが多い。　(2)　単純拍子は2拍子や3拍子のようにこれ以上グループ分けができない拍子，複合拍子は6拍子や9拍子のように小節の中で拍をまとめることができる拍子，混合拍子は5拍子や7拍子のようにいくつかの組み合わせパターンがある拍子である。

【10】1　①　同主調　②　cis moll　③　遠隔調　④　減4度　⑤　全音音階　2　17(小節)　3　今までより遅く

○解説○ 1　近親調の調関係は必ず理解しておくこと。移調の問題でも必要な知識である。全音音階を書かせる問題も他都道府県では見られたので，音も理解しておきたい。　2　「bis」は2回,「ter」は3回,

「quarter」は4回繰り返すことをあらわす反復記号である。

3　「meno」は「今までより少なく」,「mosso」は「動き」の意味である。

【11】問1　②　　問2　③,⑤　　問3　②　　問4　(1)　①　　(2)　①
問5　(1)　④　　(2)　①　　(3)　④

○解説○ 問1　ナポリの六の和音は，主音の短2度上を根音とする長三和音のことである。　問2　音程は協和音程と不協和音程に分けられる。協和音程のうちで，完全1，4，5，8度を完全協和音程，長3，6度，短3，6度を不完全協和音程という。　問3　単純拍子は2，3，4拍子で，複合拍子は分子が6，9，12拍子のこと。混合拍子は2つ以上の異種の単純拍子が合わさったもので，5，7拍子がある。特殊拍子はポリリズムのこと。　問4　(1)　変ホ短調の導音はレで，それを第6音に持つ長調はヘ長調，その属調なのでハ長調である。　(2)　ホ短調の平行調はト長調，その同主調はト短調，それを属調とするのはハ短調である。問5　(1)　選択肢④のみ舞曲の名称である。①はカトリック教会の声楽曲，②は14世紀のイタリアで流行した牧歌的抒情詩，③が器楽による複数の楽章を持つ声楽曲である。　(2)　①は曲の形式をあらわしている。それ以外は音楽用語である。②は「だんだん遅く，弱く」，③は「消えていくように」，④は「だんだん静まって」を意味する。
(3)　④以外は「ロシア五人組」である。他に，リムスキー＝コルサコフとキュイがいる。

【12】(1)　複数の独立した声部からなる音楽。多声音楽。　(2)　笛・小鼓・大鼓・太鼓の総称

○解説○ (1)　ポリフォニーが用いられている作品としては，バッハ作曲の「小フーガト短調」,「マタイ受難曲」などがあげられる。反対に1つの声部からなる音楽をモノフォニー，主旋律と伴奏からなる音楽をホモフォニーと呼ぶ。　(2)　能の音楽を構成する4つの楽器のことである。能の場合，四拍子の読み方は「よんびょうし」ではなく,「しびょうし」である。

音楽用語

【13】(1)　音楽取調掛　　(2)　管絃　　(3)　ツヨ吟(強吟，剛吟)
(4)　追分様式　　(5)　メリ

○解説○ (1)　初代の主任は伊沢修二が務めた。のちの東京音楽学校，現在の東京藝術大学の前身となった機関である。　(2)　舞を伴うものを舞楽という。管絃の代表作として「越天楽」などが挙げられる。雅楽の楽器の種類と配置，音楽の種類，主な演目について学習しておくこと。　(3)　能の謡はコトバとフシに分けられる。はっきりとした旋律のある謡がフシでツヨ吟とヨワ吟に分けられる。それぞれの特徴を確認しておくこと。　(4)　拍節があるものを八木節様式という。
(5)　顎を前に出して音程を上げる奏法はカリという。コロコロ，ムラ息，タマネ，ユリなど尺八の奏法と，代表的な曲，記譜など学習しておきたい。

【14】(1)　6　　(2)　ア　9　　イ　3　　ウ　4　　エ　7　　オ　6
(3)　ア　3　　イ　5　　ウ　2

○解説○ (1)　イは変奏曲形式の説明である。フーガ形式も説明できるように学習しておくこと。ウは，正しくは2つの異なる大楽節からできている曲である。一つの大楽節でできているのは一部形式で8小節からなる。　(2)　いずれも重要で問題としても頻出の用語なので説明できる程度に理解しておきたい。正答に当てはまらなかったものについても確認しておくこと。　(3)　近現代の音楽に関する問いである。技法の内容とそれを用いた作曲家，代表的な作品を理解しておきたい。

【15】(1)　5　　(2)　2　　(3)　3

○解説○ (1)　1はトルコのダブルリードの木管楽器，2はロシアの3弦で三角形の共鳴胴をもつ弦楽器，3は西アフリカの木琴，4は南米の縦笛である。　(2)　1は1969年に発表されたゴスペル，3はイギリスの牧師が作詞したゴスペル，4は1972年にカーペンターズによって発表されたポピュラーソング，5は1965年にザ・ビートルズによって発表されたポピュラーソングである。　(3)　正答以外の選択肢について，1はカンツォーネ，2はゴスペル，4はドイツ・リート，5はカンタータについての説明である。

楽器

要点整理

●POINT

吹奏楽や金管バンドが小・中・高校で盛んに行われるようになったためか，クラリネット・トランペット・ホルン・アルトサクソフォーンなど移調管楽器の記譜音と実音に関する出題が増加傾向にある。

その対策は次の3つをしっかり覚えることで解決する。

① B♭管(C1，Tpなど)→実音より長2度高く記譜する

② F管(Hor，Eng・Hor)→実音より完全5度高く記譜する

③ E♭管(A. Sax)→実音より長6度高く記譜する

これを理屈抜きで覚えると楽器の経験なしでも移調楽譜と実音の関係を理解できる。留意すべきは，出題された移調楽器の楽譜は，すべて実音の楽譜に書き直して，次の設問に答えること。例えばDdurの楽譜が出てそれがA. Sax用ならば実音は長6度低いFdurである。それをホルン用の記譜にせよ，の場合は実音の完全5度高いCdurに移調すればよい。サクソフォーンの出題が多いがソプラノ，テナー，バスはB♭管で，アルト，バリトンがE♭管であることも知っておきたい。

リコーダーの運指

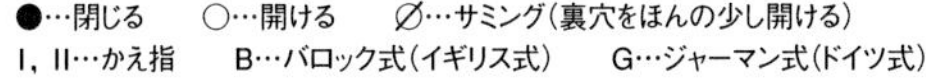

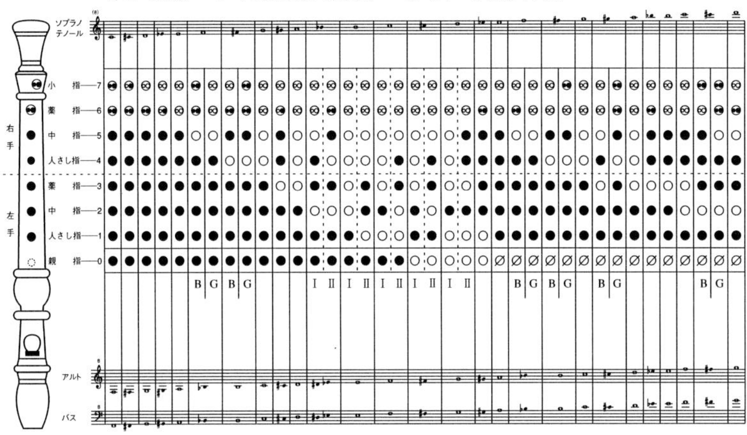

ギターコード表

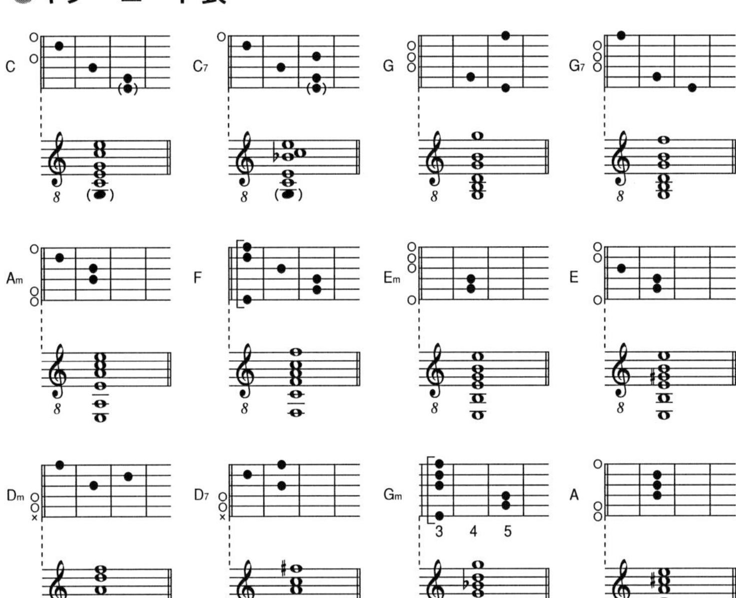

ギターの弦の名称と開放弦の音

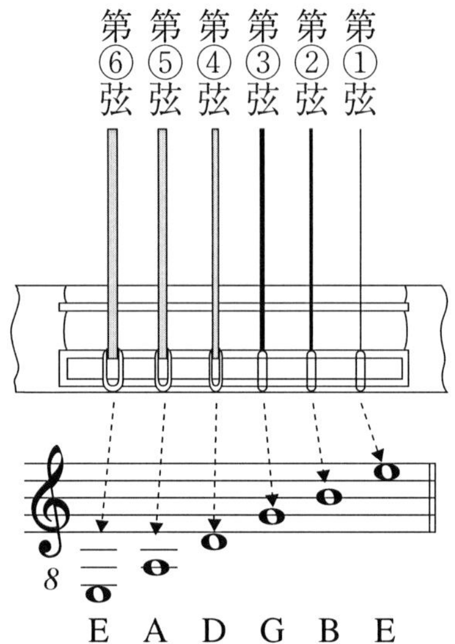

音楽科　楽器

実施問題

リコーダー・ギター

【1】次の楽譜中の(1)～(3)の音をアルトリコーダーで演奏する場合の運指を，以下に示した運指番号を用いて，それぞれ数字で書け。ただし，運指システムはバロック式またはイギリス式とし，サミングは0̸で，6及び7のダブルホールの片方だけを押さえる場合は6̸及び7̸と書くこと。

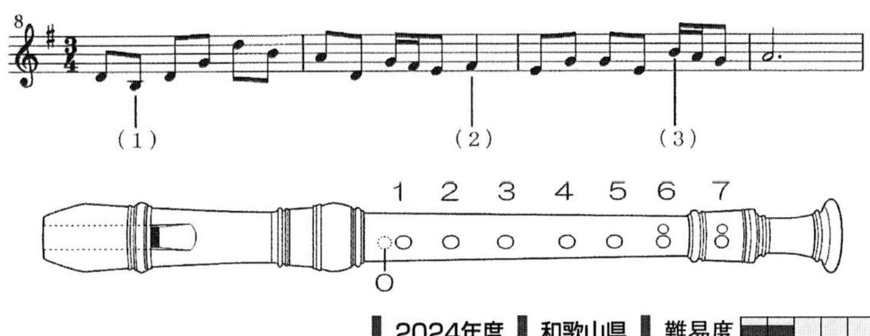

2024年度　和歌山県　難易度

【2】問1，問2に答えなさい。

問1　クラシック・ギターの指導をするとき，次の文章について，(1)，(2)に答えなさい。

ギターを演奏するときは，まず正しい姿勢を意識させる。一般的な右利き用のギターを使用する場合，椅子に座って[　A　]を足台に乗せ，太ももにボディーのくぼみを乗せる。これはギターの棹が[　B　]にならず，ネック側が[　C　]になるよう構えるためである。胸はボディーの裏側に軽く触れ，右腕をボディーに乗せる。[　D　]は決してギターの保持に参加してはならない。

<u>クラシック・ギターにおける奏法は大別すると2種類である。必要とする音色等により使い分ける</u>。

(1)　[　A　]～[　D　]に当てはまる語句の組合せとして，正しいものを選びなさい。

	A	B	C	D
ア	左足	斜め上	水平	右手
イ	左足	水平	斜め上	左手
ウ	右足	斜め上	水平	左手
エ	右足	水平	斜め上	左手
オ	右足	斜め上	水平	右手

(2)　下線部の説明として，最も適当なものを選びなさい。

ア　隣の弦に当たって止まる奏法をポルタート奏法といい，主にメロディーを弾く際に用いられる。

イ　隣の弦には触れず，手のひらに向かって止まる奏法をポルタート奏法といい，主にメロディーを弾く際に用いられる。

ウ　隣の弦に当たって止まる奏法をアポヤンド奏法といい，主にコードやアルペッジョを弾く際に用いられる奏法である。

エ　隣の弦に当たって止まる奏法をアル・アイレ奏法といい，主にコードやアルペッジョを弾く際に用いられる奏法である。

オ　隣の弦には触れず，手のひらに向かって止まる奏法をアル・アイレ奏法といい，主にコードやアルペッジョを弾く際に用いられる奏法である。

問2　次の楽譜を用いてクラシック・ギター及びリコーダーの指導をするとき，(1)～(4)に答えなさい。

(1)　①で示されたコードのダイヤグラムとして，正しいものを選びなさい。ただし，○は開放弦，△は弾かなくてもよい弦，×は弾かない弦を示すこととする。

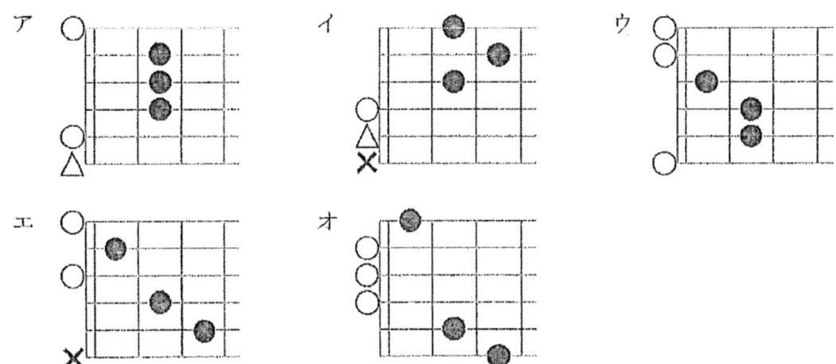

(2) ②で示された部分のコードのダイヤグラムとして，最も適当なものを選びなさい。ただし，○は開放弦を示すこととする。

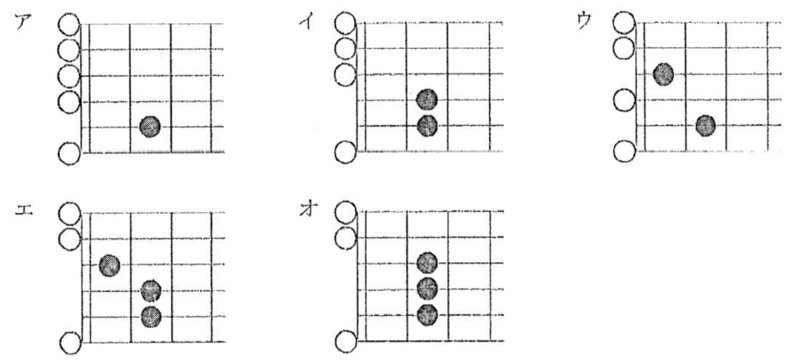

(3) リコーダーとの合奏を行うため，演奏しやすいように曲全体を下属調に書き換えたとき，①の部分のコードとして，正しいものを選びなさい。

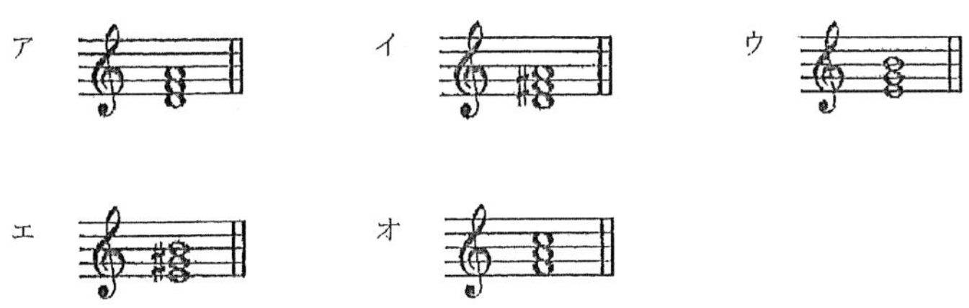

(4) 下属調に書き換えた楽譜のギター1のパートをソプラノリコーダー及びアルトリコーダーで演奏するとき，㋐で示された音を演奏するときの指遣いとして，正しいものをそれぞれ選びなさい。ただし，バロック式で演奏することとし，演奏しやすい任意の音域とする。

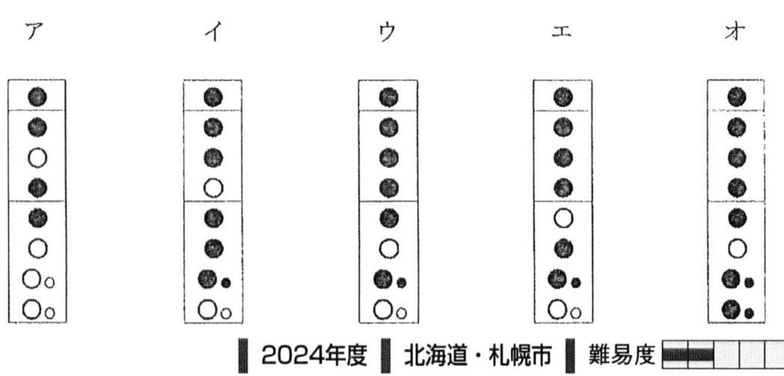

▌2024年度 ▌北海道・札幌市 ▌難易度

【3】次の(1)，(2)の問いに答えなさい。

(1) バロック(イギリス)式のリコーダーで次の楽譜の［ア］と［イ］の部分を演奏するとき，指番号の組み合わせとして最も適切なものを，以下の1～4の中から1つ選びなさい。

	ア	イ
1	0 1 2 4 5 6	0 2
2	0 1 2 3 5 6	1 2
3	0 1 2 4 5 6	1 2
4	0 1 2 3 5 6	0 2

(2) 「ノンレガート奏法」の説明として最も適切なものを，次の1～4の中から1つ選びなさい。

1 タンギングをし，音と音の間に短い隙間をつくって演奏する。

2 息の流れを切らずに，1音ずつタンギングをしながら，滑らかに演奏する。

3 最初の音だけタンギングをし，そのあとの音は息の流れを切らずに演奏する。

4 タンギングをし，一つ一つの音を短く切って弾むように演奏する。

▌2024年度 ▌埼玉県・さいたま市 ▌難易度

【4】〔問1〕 次の楽譜ア～エは，小学校共通教材の一部である。第2学年の共通教材として適切なものは，以下の1～4のうちのどれか。

1 ア　　2 イ　　3 ウ　　4 エ

〔問2〕 次の楽譜の旋律を，ソプラノ・リコーダー(バロック式)で演奏するときの運指として適切なものは，以下の1～4のうちのどれか。

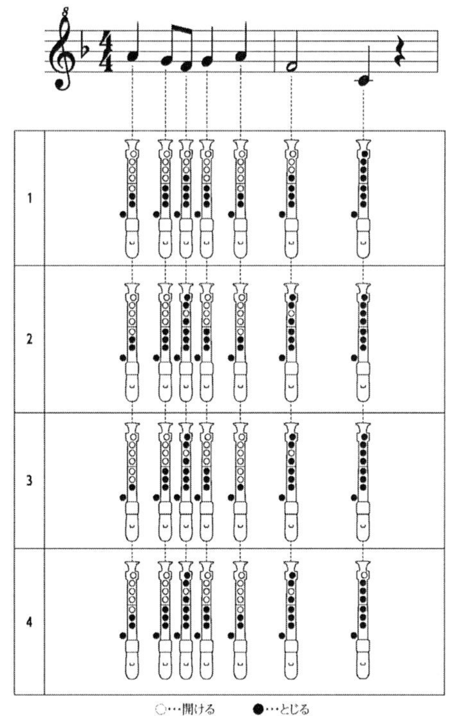

【5】第3学年の授業でギターを扱い，様々な奏法と音色の関係に着目しながら表現を工夫する題材を構想した。

(1) ギターに関して，次の(　　)に当てはまる語句を答えなさい。

クラシックギターの弦は(　①　)弦が用いられる。弦は全部で6本あり，開放弦で第3弦はドイツ音名で(　②　)になるようにチューニングする。その際，低めの音から(　③　)を絞め，音を徐々に上げて合わせると安定する。弾く時に，左手は(　④　)のすぐ近くを押さえて手首が反らないようにし，右手で弦を弾く。

(2) 次に示した曲を，ギターを用いて学級全員で歌いたいと相談があった。生徒が授業で学習したことを生かし，どの奏法で演奏することが適切だと考えるか，A～Cの記号を選び，その理由を答えなさい。

A　アル・アイレ奏法　　B　ストローク奏法

C　アポヤンド奏法

(3) 次のダイヤグラムで，●の位置を押さえた時に出る音を英語音名で答えなさい。

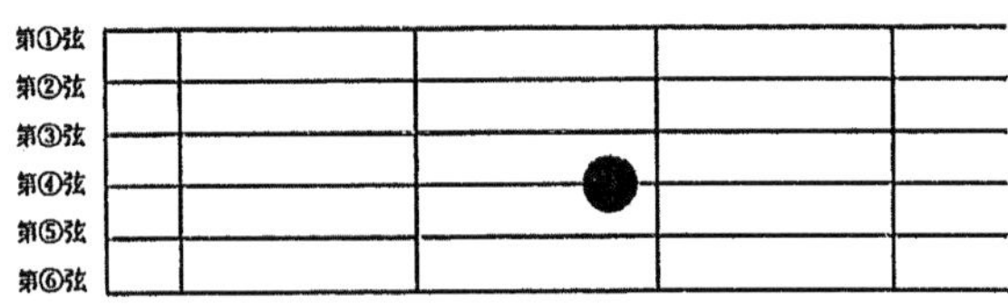

▌2024年度 ▌静岡県・静岡市・浜松市 ▌難易度 ■■■□□

【6】次の楽譜を完全4度上に移調しソプラノリコーダーとアルトリコーダーで演奏する時，それぞれA～Cの音の運指(トーンホール番号)として，最も適切なものを①～⑤の中から一つ選びなさい。なお，リコー

ダーはバロック式とする。

	ソプラノリコーダーの運指表			アルトリコーダーの運指表		
	A	B	C	A	B	C
①	0 1 2 3 4 5 6 7	0 1 2 3	0 1 2 3 4 5	0 1 2	2	0 1
②	1 2 3 4 5 6	0 1 2 3	0 1 2 3 4	0 1 2 3	1	0 2
③	0 1 2 3 4 5 6 7	0 1 2	0 1 2 3 4	0 1 2	1	0 1
④	1 2 3 4 5 6	0 1 2	0 1 2 3 4	0 1 2	1	0 2
⑤	0 1 2 3 4 5 6 7	0 1 2 3	0 1 2 3 4 5	0 1 2 3	2	0 1

2024年度 三重県 難易度

【7】第1学年において，「聖者の行進」を教材に，アルトリコーダーを用いて器楽の学習を行った。以下の(1)～(5)の問いに答えなさい。

(1) バロック式のアルトリコーダーで演奏する際，ア，イの運指について，押さえる箇所が分かるように，図の○を塗りつぶしなさい。

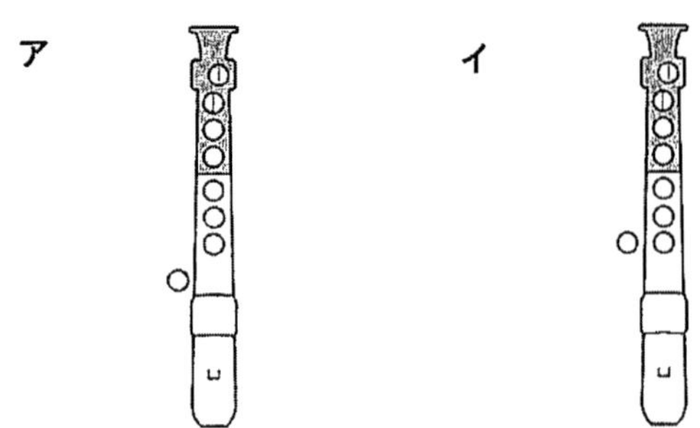

(2) 【表1】は，リコーダーの奏法についてまとめたものである。【 ① 】,【 ② 】に当てはまる語句や文を書きなさい。

【表1】

奏法	演奏の仕方
スタッカート奏法	タンギングをし、一つ一つの音を短く切って弾むように演奏する。
【 ① 】奏法	タンギングをし、音と音の間に短い隙間をつくって演奏する。
ポルタート奏法	息の流れを切らずに、1音ずつタンギングをしながら、滑らかに演奏する。
レガート奏法	【 ② 】

(3) 曲にふさわしい表現を工夫するために，Aの部分をスタッカート奏法とポルタート奏法で試す活動を行った。その意図を書きなさい。

(4) Bの部分における表現の工夫について，予想される生徒の考えを書きなさい。

(5) 器楽分野における「技能」に関する資質・能力について，「中学校学習指導要領(平成29年告示)解説　音楽編」では，次のように示されている。次の(①)，(②)に当てはまる語句を書きなさい。

> A　表現　(2)ウ
> (イ)　(①)を生かし，全体の響きや各声部の音などを聴きながら(②)と合わせて演奏する技能

2024年度 ｜ 群馬県 ｜ 難易度

【8】リコーダーやギターの奏法について，次の楽譜を見て，以下の問いに答えなさい。

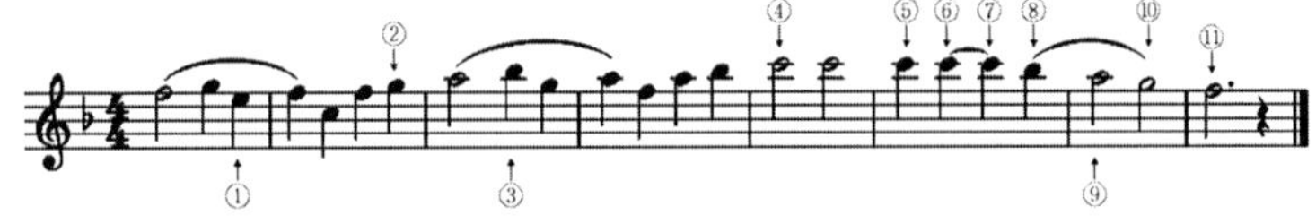

1　上の楽譜の6～8小節目をリコーダーで演奏するときにタンギングをする場所を，⑤～⑪からすべて選んで書きなさい。

2　この楽譜内に示された③，④，⑪をアルト・リコーダーで演奏するときの運指を，それぞれ正しく塗りなさい。ただし，バロック式(イギリス式)にすること。

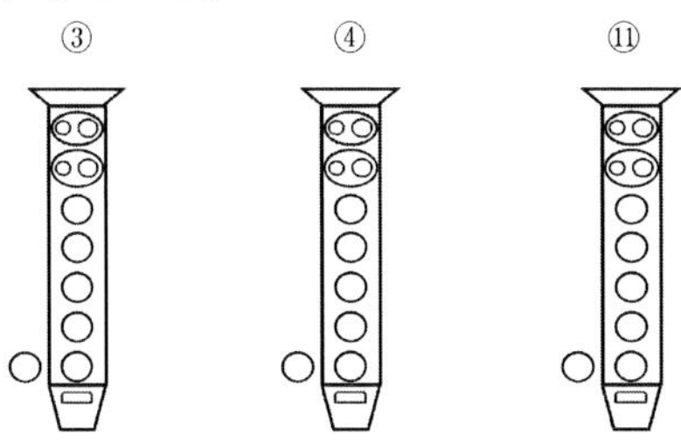

3　この楽譜は，2小節遅れて次の演奏者が演奏を始めても曲として成立する。この作曲技法の名称を書きなさい。

4　器楽に関する次の説明文ア～エのうち，正しいものをすべて選んで，その符号を書きなさい。

ア　ソプラノ・リコーダーの実音は，記譜音に対して1オクターブ下であるため，ト音記号に「8」をつけている。

イ　リコーダーは楽器が温まるとピッチが高くなるが，息が強すぎてもピッチが高くなる。

ウ　ギターの開放弦の音は6弦から順番に，英語音名でEADGBEである。

エ　ギターはカポタストを第4フレットに装着すると，Cコードの押さえ方でFコードを鳴らすことができる。

5　次の和音のコードネームをA群から，そのダイヤグラムをB群から，それぞれ適切なもの1つずつを選んで，その符号を書きなさい。

(1)　①②④で構成される和音

(2)　①④⑨で構成される和音

A群

ア　Em　　イ　Am　　ウ　G_7　　エ　C

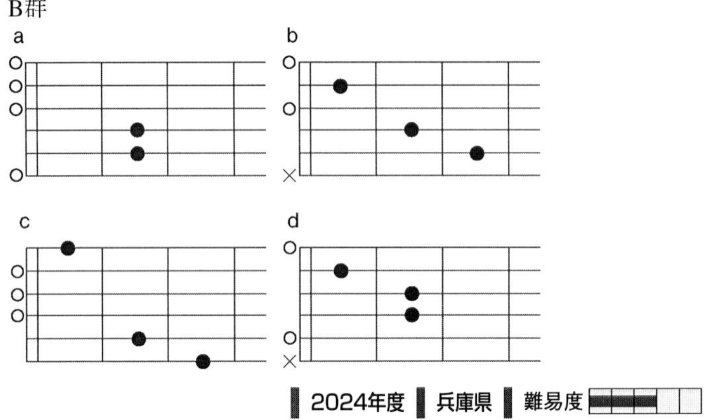

2024年度 兵庫県 難易度

【9】次の楽譜について，以下の各問いに答えなさい。

(1) この曲をバロック(イギリス)式のアルトリコーダーとテノールリコーダーで演奏するとき，楽譜中のA，Bの音を実音とした時のそれぞれの指使いを次の図に書き入れなさい。○…開ける ●…閉じる ◓…サミング(少し開ける)

A アルトリコーダー

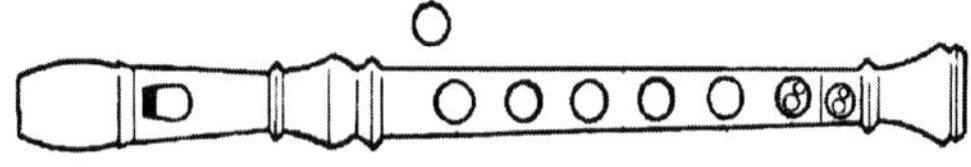

A テノールリコーダー

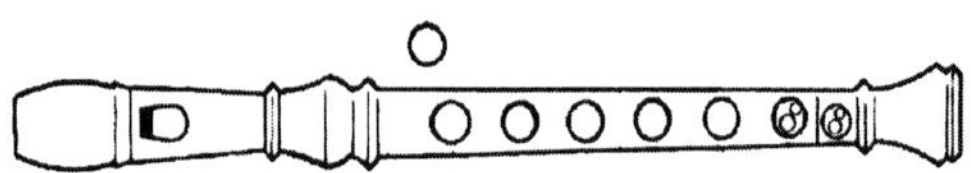

B　アルトリコーダー

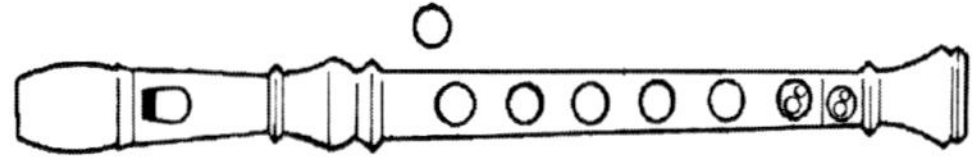

B　テノールリコーダー

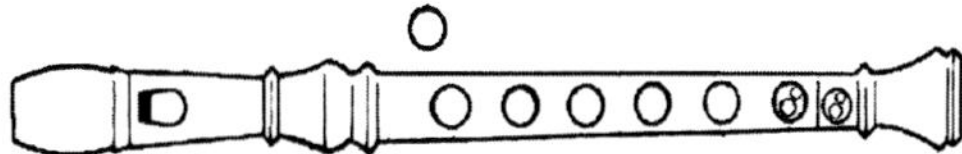

(2)　この曲をリコーダーとギターで演奏することにした。この曲は，二つのコードで演奏することができる。適切なダイヤグラムを次の(ア)～(オ)から二つ選び，記号で答えなさい。また，それぞれのコードネームも併せて答えなさい。

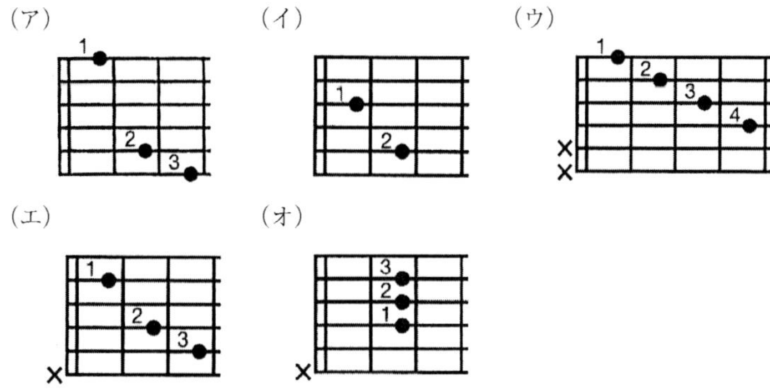

(3)　この曲は映画のテーマ曲で，ツィターという楽器で演奏されている。ツィターとして適切なものを，次の(ア)～(エ)から一つ選び，記号で答えなさい。

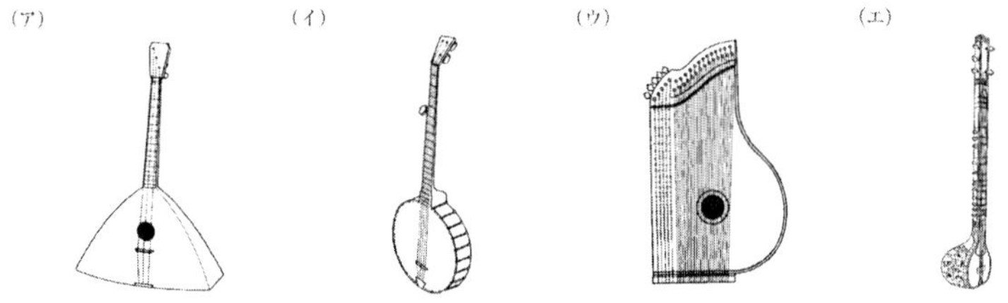

(4)　アルトリコーダーとギターの練習中に，生徒から次のような質問が出てきた。

生徒A～Dに対してどのように説明をするか，指導のポイントも踏まえて簡潔に答えなさい。

生徒A「合奏していると，同じ音でも音が濁っている気がします。きれいにするためにはどうしたらいいですか？」

【　指導のポイント：　それぞれの楽器におけるチューニング　合奏をするための注意点　】

生徒B「ツィターの参考演奏よりも自分たちの演奏は重い気がします。どうしたらいいですか？」

【　指導のポイント：　♫＝♩♪の記号の意味　リズム　】

生徒C「リコーダーで，高い音がきれいに鳴りません。どうしたらいいですか？」

【　指導のポイント：　サミング　息の入れ方　】

生徒D「この曲は，シャープがたくさんついていますが，半音高くするというのはどういう意味ですか？」

【　指導のポイント：　半音と全音　】

2024年度 ｜ 鳥取県 ｜ 難易度

【10】次の問いに答えよ。

(1)　次の文は，ギターに関する説明の一つである。適切なものを①～⑤から選び，番号で答えよ。

複数の弦を左手の人さし指で同時に押さえること

①　ブリッジ　　②　セーハ　　③　カポタスト　　④　フレット　　⑤　フィンガーボード

(2)　G_7のコードを演奏する際のダイヤグラムを①～⑤から選び，番号で答えよ。

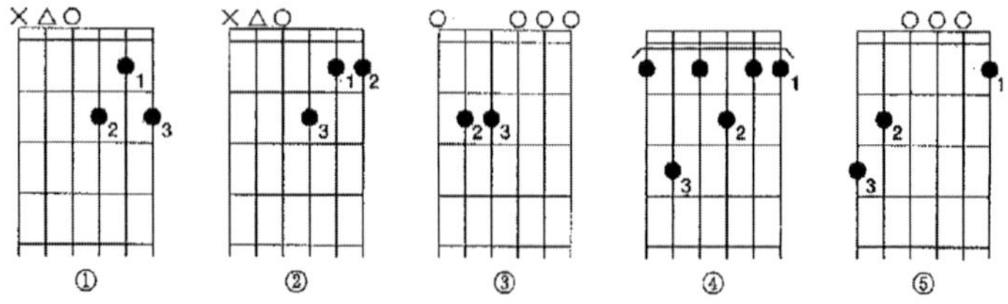

(3)　次の文章A～Eのうち，リコーダーについての説明文として適切な組合せを①～⑤から選び，番号で答えよ。

A　チューニングの際，音を低くしたい場合はジョイント部を差し込む。

B　ポルタート奏法をする場合，息の流れを切らずに，1音ずつタンギングをしながら滑らかに演奏する。

C　ソプラノリコーダーの最高音はフルートと同じである。

D　楽器が温まるとピッチが高くなるため，あらかじめ手や息で楽器を温めておく。

E　指番号は親指が0，人さし指が1，中指が2，薬指が3，小指が4である。

①　A・C　②　B・D　③　C・E　④　A・D　⑤　B・E

(4)　リコーダーを演奏する際の留意点について，適切でないものを①～⑤から選び，番号で答えよ。

①　タンギングの瞬間の息の強さと，その後の息の強さが同じになるようにする。

②　美しい音を出すためには，肩や腕の力を抜いたり，腹式呼吸を用いたりする。

③　低い音は口の中の空間を狭くしてスピード感のある息で吹くようにする。

④　歌うときと同じように鼻や口，喉などに響かせるイメージをもつようにする。

⑤　柔らかい音を出すときには，「di」や「do」などの発音のタンギングをするとよい。

▌2024年度▌神戸市▌難易度■■■■■□□

【11】ギターについて，次の問いに答えなさい。

問1　ギターに関する説明として最も適当なものを，次の①～④から一つ選びなさい。

①　弦を弾いた後，指を隣の弦によりかけて止めるのがアル・アイレ奏法で，弾いた後に指が隣の弦に触れないのがアポヤンド奏法である。

②　右手で弦を弾く場合，右手を上下させて和音を演奏することをストローク奏法，指で分散和音を演奏することをアルペッジョ奏

法という。

③　クラシック・ギターはフォーク・ギターに比べてボディーが少し大きく，ネックの幅が細い。

④　移調して演奏するために用いる演奏補助器具をストリングワインダーという。

問2　弦を弾く手について，親指を表す記号，人差し指を表す記号，中指を表す記号，薬指を表す記号，小指を表す記号として正しいものを，次の①～⑥からそれぞれ一つずつ選びなさい。

①　a　　②　ch　　③　h　　④　i　　⑤　m　　⑥　p

問3　「Happy Birthday To You」(P.S.ヒル，M.J.ヒル作詞・作曲)をト長調で弾き歌いする時，2小節目の歌詞「you」の箇所のコードと，5小節目の歌詞「Dear」の後の6小節目で名前を呼ぶ箇所のコードを示すダイヤグラムとして正しいものを，次の①～④からそれぞれ一つずつ選びなさい。(×は弾かない弦を表す。)

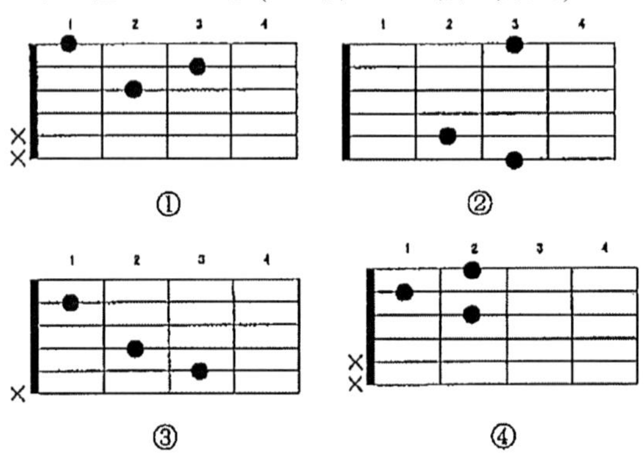

問4　次に示す旋律は，ベートーヴェン作曲「交響曲第9番ニ短調『合唱付き』」の第4楽章より「喜びの歌」の旋律の一部である。これに合う副旋律を以下の条件に従ってつくり，クラシック・ギター二重奏のアンサンブル曲を完成させなさい。つくった副旋律を，あとの五線譜とタブ譜に書きなさい。

〔条件〕・クラシックギターで演奏可能であること
・使用する音符の種類は，2分音符，4分音符，付点4分音符，8分音符のみとし，その全てを使用すること
・休符は使用しないこと

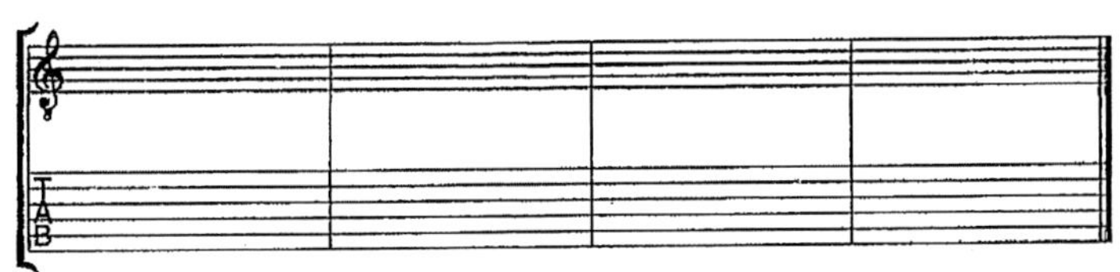

2024年度 ｜ 石川県 ｜ 難易度 ■■■■

解答・解説

【1】(1)　0123 56　　(2)　12　　(3)　Ø123 5

○解説○　ソプラノ，アルコリコーダーの運指は，実際に演奏し，覚えておくこと。

【2】問1　(1)　イ　　(2)　オ　　問2　(1)　ア　　(2)　ウ　　(3)　イ
(4)　ソプラノリコーダー　ア　　アルトリコーダー　オ

○解説○　問1　(1)　ギターの演奏に関する基礎知識の問題である。指導する際に必要なことなので，実際演奏し，理解しておくこと。ギターの各部の名称，開放弦の音など覚えておきたい。　(2)　隣の弦に当たって止まる奏法をアポヤンド奏法といい，主にメロディーを弾く際に用いられる。ギターの主なコードのダイアグラムは覚えること。
問2　(1)　正答以外の選択肢について，イはD，ウはE，エはC，オは

G7である。　(2)　②のコードは構成音がミ・ソ♯・シ・レでE7。正答以外の選択肢について，アはEm7，イはEm，エはE，オはE sus4である。　(3)　原曲はA durなので，下属調はD durでその主和音なのでDである。　(4)　ⓐのミ♯を完全4度上げて，ラ♯である。リコーダーの運指はソプラノ，アルトリコーダーともに覚えておくこと。

【3】(1)　2　　(2)　1

○**解説**○ (1)　アとイ両方とも二点嬰ヘ音である。アルトリコーダーもオクターブ記号で1オクターブ下げて記譜されているので気をつけよう。(2)　正答以外の選択肢について，2はポルタート(テヌート)奏法，3はレガート奏法，4はスタッカート奏法である。

【4】問1　2　　問2　2

○**解説**○ 問1　選択肢の楽曲はそれぞれ次のとおりである。アは「ひらいたひらいた」(第1学年)，イは「春がきた」(第2学年)，ウは「さくらさくら」(第4学年)，エは「こいのぼり」(第5学年)。　問2　ソプラノリコーダーは，教育現場ではジャーマン式を用いられることが多いが，問われているのはバロック式である。ジャーマン式であれば選択肢1が正しい。

【5】(1)　①　ガットまたはナイロン　　②　G　　③　ペッグ(ペグ)，ギア，糸巻　　④　フレット　　(2)　記号…B　　理由…同時に何本かの弦をかきならすことで，厚い響きが生まれ歌声の中でも消されない音量を保持できるため。　　(3)　E

○**解説**○ (1)　ギターに関する基礎知識について問われている。各部の名称，開放弦の音は覚えておくこと。　(2)　ギターの奏法の問題は頻出である。選択肢にあげられている奏法は説明できるようにしておくこと。　(3)　第④弦は，開放弦でDである。半音ごとにフレットが区切られているため，第2フレットを押さえたときに出る音はEである。主なコードのダイヤグラムも覚えておくこと。

【6】⑤

○解説○ 完全4度上に移調すると，Aはド，Bはソ，Cはミになる。ソプラノリコーダー，アルトリコーダーの運指は演奏して必ず理解しておくこと。

【7】(1)

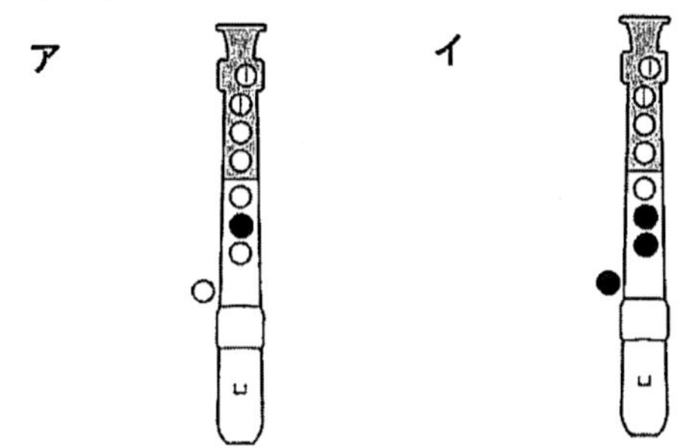

(2) ① ノンレガート ② 最初の音だけタンギングし，そのあとの音は息の流れを切らずに演奏する (3) 奏法による曲想の違いを感じ取ることができるようにするため。 (4) ・長く伸ばす音のところは，滑らかな感じが出るようにポルタート奏法で演奏したい。・アルト1が主旋律なので，アルト2が大きくなりすぎないようにバランスを考えて演奏したい。 (5) ① 創意工夫 ② 他者

○解説○ (1) ソプラノリコーダーとアルトリコーダーの運指は演奏，練習して必ず覚えること。 (2) リコーダー，ギターの奏法は理解し，説明できるようにしておきたい。 (3) 曲にふさわしい表現をするには，生徒が思いや意図をもってよりふさわしい奏法の技術を身につけ，実践して選ぶことと，その過程が重要である。 (4) 奏法や全体と各声部の関係などについて，実際演奏することで感受したことをいかして，表現方法について工夫をする。 (5) この事項は器楽分野における技能に関する資質・能力の分野である。創意工夫を生かした器楽表現をするために必要な技術として，他の声部の音量や音色，速度に合わせて自分の演奏の仕方を調節できることが求められている。

楽器

【8】1　⑤，⑥，⑧，⑩

2

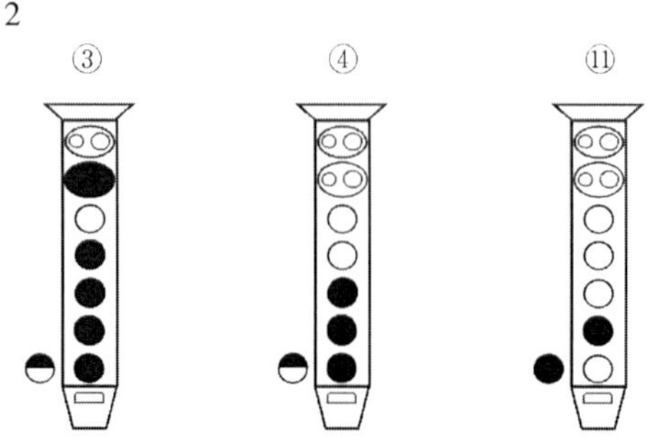

3　カノン　　4　イ，ウ　　5　(コードネーム／ダイヤグラム)

(1)　エ／b　　(2)　イ／d

○**解説**○ 1　⑦はタイが付されているため，タンギングを行わない。⑨，⑩はスラーが付されているため，タンギングを行わない。　2　ソプラノ・リコーダー，アルト・リコーダーの運指については演奏し，必ず覚えること。　3　カノンとは，旋律を複数のパートが追いかけるように演奏を行うことである。カノンを用いた代表作としては，パッフェルベルの「カノン」などがあげられる。　4　誤りのある選択肢について，アは1オクターヴ下ではなく，1オクターヴ上が正しい。エはFコードではなく，Eコードが正しい。1フレットごとに半音上がるので，Cから半音4つ分上げるとEである。　5　(1)の構成音はド・ミ・ソでC，(2)の構成音はラ・ド・ミでAmである。主なコードのダイヤグラムは覚えておくこと。B群のaはEm，cはG_7のダイヤグラムである。

【9】(1)

A　アルト

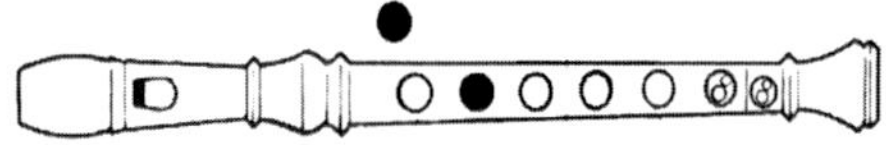

A　テノール

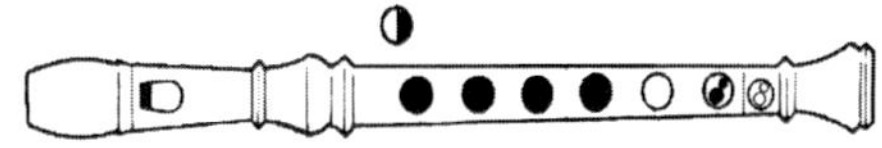

B　アルト

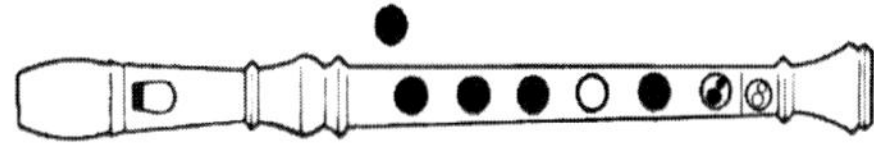

B　テノール

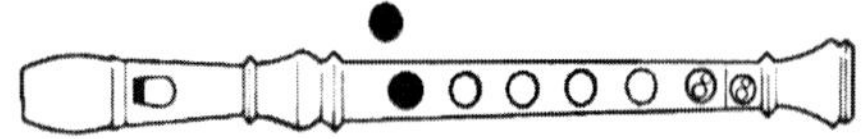

(2)　(ダイヤグラム／コードネームの順)　　(イ)／E_7　　(オ)／A
(3)　(ウ)　　(4)　A…ピアノなどで基準となる音を鳴らし，リコーダーは，頭部管を抜いたり差し込んだりしてピッチを合わせ，ギターは，各開放弦の音を合わせる。また，演奏する時には，自分の音だけではなくみんなの音をよく聴いて合わせるようにする。　B…♫=♩♪の記号は，スウィング記号といい，連なる2つの八分音符を均等に演奏するのではなく，前半を長めに，後半を短めにして，少し揺れるようなリズムで演奏する。　C…高い音をきれいに出すためには，サミングでつくるサムホールの隙間が広くなりすぎないように気を付ける。また，「tyu」や「ti」といったタンギングを使い，スピードのある息で吹くとよい。　D…音の高さを階段に例えると，「ド」と「レ」の間と「ミ」と「ファ」の間の高さは違い，「ド」と「レ」に対して，「ミ」と「ファ」は半分の高さしかない。その2種類の高さを「全音」と「半音」と呼んで区別している。「ド」の「半音」上は，ド♯(レ♭)という音がある。その「半音」上が「レ」となる。

○解説○ (1)　テノールリコーダーについて出題されることは少なく，演奏する機会も多いとはいえないので，確認しておくこと。ソプラノリコーダーと概ね同じ指使いであるが，バロック式であることに注意する。 (2) この曲は映画「第三の男」テーマ曲で，A durである。IとV7にあたる，AとE7のみで演奏可能である。正答以外の選択肢のコードは(ア)はG7，(ウ)はF♯M7，(エ)はCである。ギターの主なコードのダイヤグラムは覚えること。 (3) ツィターはフレットがついている5本のメロディー弦と30本以上の伴奏弦をもち，音域が6オクターブに及ぶ楽器である。 (4) A リコーダーとギターのチューニング方法に加え，リコーダーなどは息使いの強さによっても多少ピッチが変動することから，アンサンブルにおいて音を聴くことを記すとよい。 B スウィング記号についての説明と演奏時の留意点を記すとよい。 C サミングでつくるサムホールの隙間は爪の白い部分程度でよく，タンギングも「t」の発音があるスピード感が出やすいものにすることを記述する。 D 階段に例えたり，ピアノの鍵盤を示したりするなど，生徒がイメージしやすい方法で記述する。

【10】(1) ② (2) ⑤ (3) ② (4) ③

○**解説**○ (1) 正答以外の選択肢について，①は弦をボディに固定している部分，弦振動をボディに伝えるパーツ，③はフレットをまとめて押さえるための補助器具，④は指板についている音階を区別するパーツ，⑤はネック上面に貼り付けられた板，指板のこと。 (2) 正答以外の選択肢の①はD7，②はDm7，③はEm，④はF7である。主なギターコードのダイヤグラムは覚えておくこと。 (3) 誤りのある選択肢について，Aはジョイント部を差し込むと音は高くなる。Cはソプラノリコーダーの音域は二点ハ音から2オクターブ上の四点ニ音までである。フルートは二点ハ音から3オクターブ上の四点ハ音までである。Eは左手の親指が0，人さし指が1，中指が2，薬指が3，左手の人さし指が4，中指が5，薬指が6，小指は7である。 (4) ③は低い音ではなく，高い音を出す際の留意点である。

【11】問1　②　　問2　親指…⑥　　人差し指…④　　中指…⑤　　薬指…①　　小指…②　　問3「you」の箇所のコード…④　　名前を呼ぶ箇所のコード…③

問4

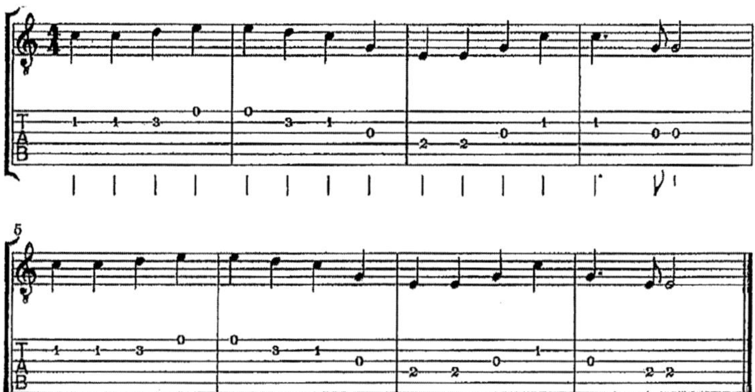

○**解説**○　問1　誤りのある選択肢について，①の奏法はアル・アイレとアポヤンドの説明が逆である，③のクラシック・ギターは，ボディーが少し小さく，ネックの幅は広い。④はストリングワインダーではなく，正しくはカポタストである。　問2　各指の記号は，スペイン語での指の名称の頭文字を取っている。　問3　指定された曲の2小節目のコードはD7である。主なコードのダイヤグラムは覚えること。正答以外の選択肢について，①はDm，②はGである。　問4　リズムは同じ副旋律にすると間違いが少ないであろう。五線譜からタブ譜への書き換えは時間をかけることなくできるようにしておきたい。開放弦の音は必ず覚えておくこと。

和楽器

【1】箏の奏法について，次の楽譜を見て，以下の問いに答えなさい。

1　5小節目と6小節目を縦譜に書き直しなさい。一弦を「ニ音」とし，一弦と五弦は同じ音高とする。

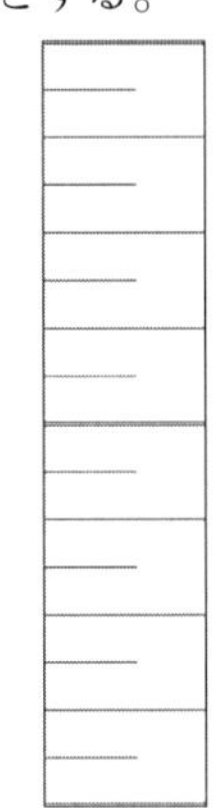

2　1小節目，6小節目の箏の奏法の名前をA群から，その説明をB群からそれぞれ1つ選んで，その符号を書きなさい。

A群

ア　合せ爪　　イ　はじき　　ウ　すくい爪　　エ　掻き爪

B群

a　親指の爪の裏側で手前に向かって弾く奏法

b　親指と中指で2本の弦を挟むようにして同時に弾く奏法

c　右手ではなく，左手の指先で糸を弾く奏法

d　隣り合った2本の弦を，同時に向こう側から手前に中指で弾く奏法

3　箏について述べた次の文の(　a　)～(　g　)に入る適切な語句を，それぞれ漢字で書きなさい。ただし，同じ記号には同じ語句が入る。

箏は，奈良時代に中国から伝来し，楽箏として(a)の中で使用された。(b)と呼ばれる駒を動かして音の高さを調節する。(c)と箏は同じ「こと」の仲間ではあるが，異なる特徴を持つ楽器である。(b)については(d)の糸に立てるものだけ形状が異なる。関西で発達した(e)流では，関東で発達した(f)流の丸爪とは異なり，角爪を演奏に使用する。楽器の各部の名称は，一匹の(g)になぞらえてつけられている。

4 次の日本の伝統音楽に関する説明文ア～エについて，正しいものをすべて選んで，その符号を書きなさい。

ア 日本の民謡は，リズムが拍節的な追分様式と，リズムが無拍節的な八木節様式に分類することができる。

イ 太夫と呼ばれる語り手と細棹三味線奏者の2人で演奏される義太夫節と人形芝居が結びつき，文楽となった。

ウ 室町時代には足利義満の庇護を受けた猿能楽が，観阿弥・世阿弥親子によって芸術的に高められ，現在の能となった。

エ 衣装等に趣向をこらして，歌や笛などの囃子に合わせて踊る「風流踊」が，2022年にユネスコ無形文化遺産に登録された。

2024年度 ▌兵庫県 ▌難易度 ■■■■□□

【2】次の(1)～(3)の問いに答えなさい。

(1) 三味線に関する説明として適切でないものを，次の1～4の中から1つ選びなさい。

1 ギターなど他の弦楽器と同様，左手で糸を押さえることによってさまざまな音高を得ることができ，この押さえるときの正しい位置のことを「サワリ」という。

2 歌舞伎や文楽の音楽，箏曲，民謡など幅広いジャンルで用いられており，棹の太さによって細棹，中棹，太棹に大別され，それぞれ「ばち」の形や音色に違いがある。

3 「本調子」，「二上り」，「三下り」などの調弦法があり，いっしょに演奏する楽器や声の高さなどに応じて，基準となる音の高さを変えて演奏する。

4　糸を弾く位置は，ばち皮(表皮のばちが当たる部分に貼られている半月状の薄い皮)を目安とし，棹の付け根から2.5cmぐらいのところで，ばちをばち皮に打ち下ろすようにして弾く。

(2)　篠笛に関する説明として適切でないものを，次の1～4の中から1つ選びなさい。

1　篠竹という種類の竹を切って作ることから，「篠笛」という名前が付けられ，現在では祭囃子や神楽，民謡，歌舞伎の音楽など幅広いジャンルで用いられている。

2　最も音域の低いものから順に「一本(または一本調子)」，「二本」…と呼ばれており，高い音域の笛ほど管の長さが長くなる。

3　演奏する際には，旋律の細かいニュアンスや音色などを感じ取ったり伝えたりするために唱歌を歌う。

4　タンギングをしないで演奏するため，同じ音が続くときは，押さえている指を指孔から一瞬離し，すぐにふさぐ「指打ち」という奏法を使う。

(3)　尺八に関する説明として適切でないものを，次の1～4の中から1つ選びなさい。

1　尺八の音色は，同じ音でも運指などを変えて演奏すると異なったイメージになり，また，同じ運指のまま息を鋭く吹くことで，1オクターブ高い音を出すことができる。

2　江戸時代には，宗教的な修行の一つとして，虚無僧と呼ばれる人たちが演奏していたが，明治時代になると一般の人たちも演奏するようになり，箏や三味線との合奏も盛んになった。

3　左手を上にして構え，右手の中指を一孔と二孔の間に置き，その真裏に親指を置いて支えとし，指孔は右手の薬指，人さし指，左手の中指，人さし指，親指でふさいで演奏する。

4　標準的な楽器の全長が，一尺八寸であることから尺八という名前が付いたといわれているが，実際には一寸刻みでいろいろな長さの楽器がある。

▌2024年度 ▌埼玉県・さいたま市 ▌難易度 ■■■■□□

【3】次の図は，雅楽で用いられる楽器です。正しい楽器名を選びなさい。

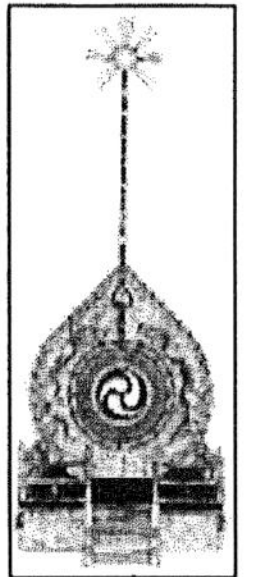

(1)　大太鼓　　(2)　楽太鼓　　(3)　鉦鼓　　(4)　鞨鼓

2024年度　埼玉県・さいたま市　難易度

【4】日本の伝統的な楽器である「尺八」に関して，次の問いに答えなさい。

(1)　我が国の伝統的な和楽器の指導について「中学校学習指導要領　第5節　音楽　第3　指導計画の作成と内容の取扱い」に具体的に示されている。次の(　①　)～(　④　)に当てはまる言葉を書きなさい。

> イ　生徒や学校，(　①　)などを考慮した上で，指導上の必要に応じて和楽器，弦楽器，管楽器，打楽器，鍵盤楽器，電子楽器及び世界の諸民族の楽器を適宜用いること。なお，3学年間を通じて(　②　)種類以上の和楽器を取り扱い，その(　③　)を通して，生徒が我が国や郷土の伝統音楽のよさを味わい，(　④　)をもつことができるよう工夫すること。

(2)　次に示す，各部A～Cの名称を答えなさい。

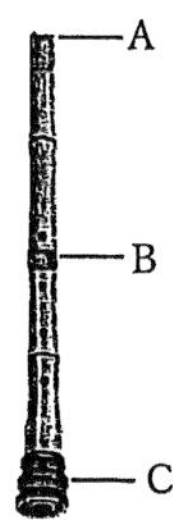

2024年度　静岡県・静岡市・浜松市　難易度

楽器

【5】次の問1～問6は器楽に関するものである。各問いに当てはまる最も適切なものを，それぞれ①～④のうちから選びなさい。

問1　三味線の各部の名称の組合せとして正しいものはどれか。

①　(ア)　海老尾　(イ)　撥皮　　②　(ア)　駒　　(イ)　乳袋

③　(ア)　中木先　(イ)　鳩胸　　④　(ア)　上駒　(イ)　根緒

問2　次の運指で篠笛(八本調子)を演奏するとき，甲の音の楽譜はどれか。

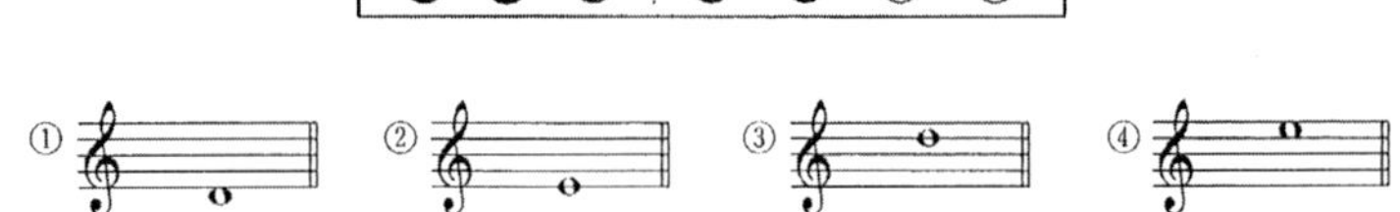

問3　次の楽譜を演奏したとき，(ア)の音符の実音が音名Aになるものはどれか。

①　アルト・サクソフォーン　　②　テナー・サクソフォーン

③　ファゴット　　④　バス・クラリネット

問4　弦が4本のコントラバスの調弦の音として，適切なものはどれか。

①
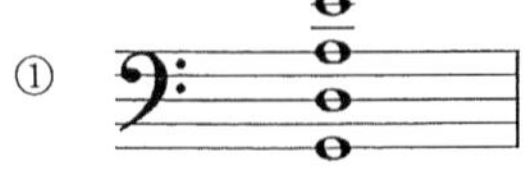

②
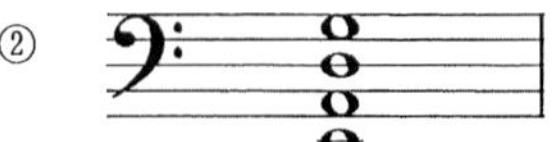

③
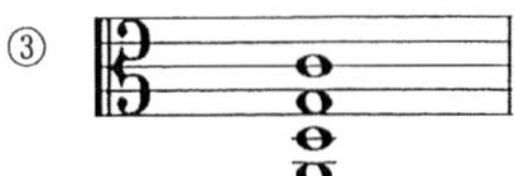

④
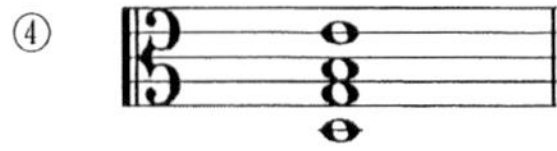

問5　次の①～④のリコーダー(バロック式)の運指の中で，Cadd9のコードの構成音に含まれる音が出るものはどれか。

① ソプラノ・リコーダー

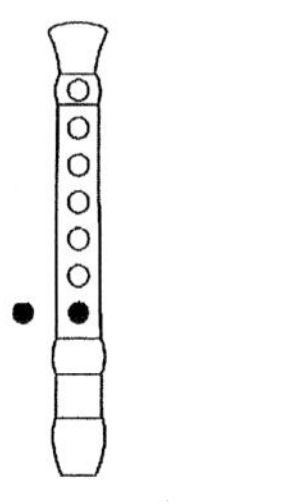

② ソプラノ・リコーダー

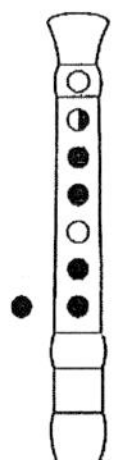

③ アルト・リコーダー

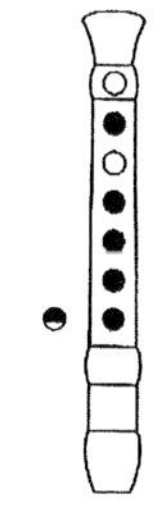

④ アルト・リコーダー

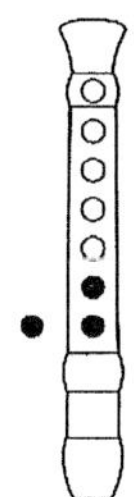

問6　コードネームEmのギターのダイヤグラムはどれか。

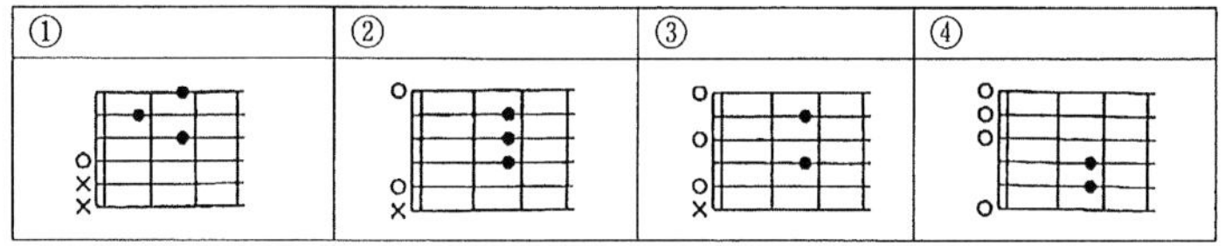

▌2024年度 ▌神奈川県・横浜市・川崎市・相模原市 ▌難易度

【6】箏に関する次の各問いに答えよ。

1　次の(　①　)～(　④　)に当てはまる語句を書け。ただし，流派は生田流とする。

・箏は(　①　)時代に，中国から伝来した。
・箏全体を(　②　)の姿にたとえ，各部の名称がつけられている。
・演奏者は箏に対して膝を斜め(　③　)に向けて座る。
・右手の薬指が(　④　)の内側に触れるように構える。

2　次の楽譜の調弦法を答えよ。また，(　①　)～(　③　)に当てはまる語句を，それぞれ漢字1文字で書け。

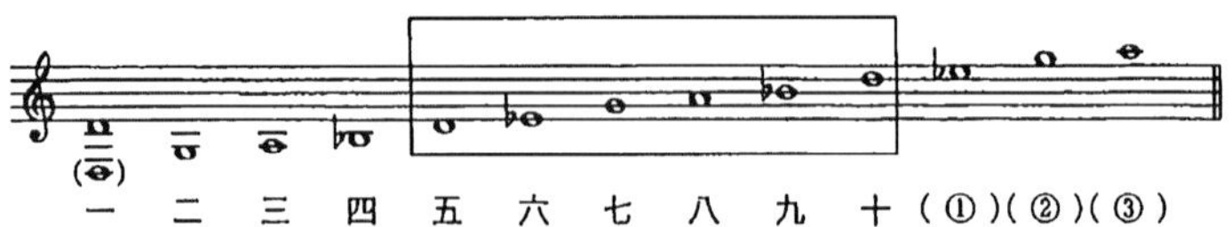

3　上の楽譜の□の部分は，日本の五音音階のうち何という種類の音階か書け。

4　左手で糸を柱のほうに引き寄せて，音高を半音程度下げる奏法名を書け。

5　箏を用いた学習において，「知識」に関する資質・能力である，楽器の音色や響きと奏法との関わりを理解できるような学習活動について，具体例をあげて簡潔に書け。

▍2024年度 ▍岡山市 ▍難易度 ■■■■□

【7】第3学年において，「箏の音色や奏法を生かして，さくらのイメージにあった音楽をつくろう」という題材を設定し，箏を使った創作活動を行った。次の(1)～(3)の問いに答えなさい。

(1)　この題材において，毎時間授業の冒頭で，日本古謡「さくら　さくら」を箏で演奏する活動を行った。次の①，②の問いに答えなさい。

①　この曲を演奏する際の調弦の名称と，考案したとされる人物名を漢字で書きなさい。

②　この活動を取り入れる意図について，「箏の演奏に慣れること」の他に考えられることを書きなさい。

(2)　創作活動の前に，箏の様々な奏法を試す活動を取り入れた。次の①，②の問いに答えなさい。

①　基礎的な奏法である「押し手」について説明しなさい。

②　「押し手」の範奏を示す際に，ICTの投影機能を使って教師の手元を大きく見せた。このICT活用の効果を書きなさい。

(3)　生徒が各自「さくら」のイメージをふくらませながら，表現を工夫して日本古謡「さくら　さくら」の前奏をつくる活動を行った。

次の①～③の問いに答えなさい。

① 隣合う弦に移行することを条件に，即興的に旋律リレーをすることとした。生徒に例示する4分の4拍子，2小節の旋律をつくり，五線譜に書きなさい。ただし，一の弦をホ音で調弦するものとする。

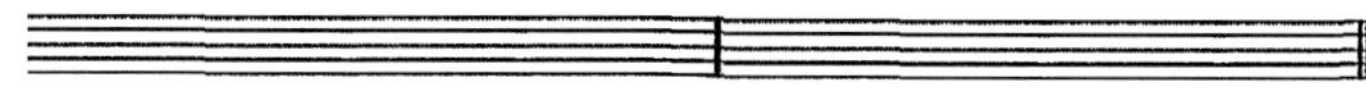

② つくりたい旋律のイメージがもてずに活動が停滞している生徒に対して，主体的に取り組めるようにするために，どのような手立てが考えられるか書きなさい。

③ 「花びらが舞い落ちる感じを表したい」と発言した生徒に，どのような助言ができるか，音楽を形づくっている要素や奏法に着目して具体的に書きなさい。

2024年度 群馬県 難易度

【８】「箏」について，次の各問いに答えなさい。

(1) 八橋検校が作曲したと伝えられている箏曲で，6つの部分から構成された「段物」と呼ばれる器楽曲の曲名を答えなさい。

(2) (1)の曲の速度の特徴を答えなさい。

(3) (2)のような，日本音楽特有の特徴を表す言葉を何というか答えなさい。

(4) (1)の曲は，「平調子」という調弦が用いられる。一をニ音にした場合の音階を，次の五線譜に書き入れなさい。

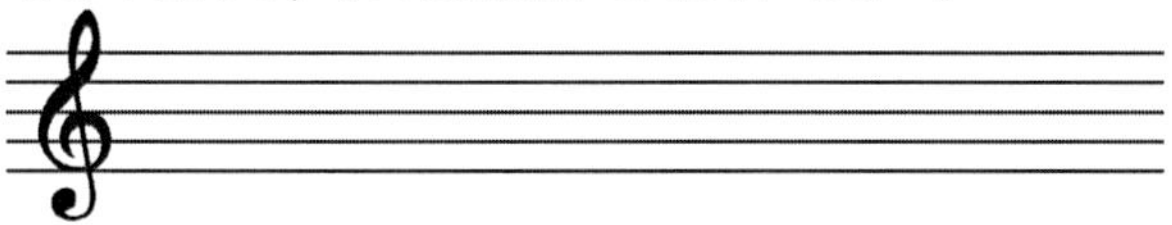

(5) 図1の部分を取り上げて，箏の奏法による音色の違いを味わわせる授業を行うためには，どのような学習活動が考えられるか答えなさい。

図１

(6)　角爪(生田流)を用いて授業を行うときに注意すべきことを，次の(ア)～(エ)の中から二つ選び，記号で答えなさい。

(ア)　目安として，体の中心を巾の糸の柱に合わせて座る。膝を正面に向けて，両膝が磯に当たるように意識する。

(イ)　目安として，腰の右端が竜角の延長線上にくるように座る。膝を斜め左に向けて，右膝の外側が磯に当たるように意識する。

(ウ)　薬指の小指側が竜角の内側に触れるように置き，爪の角で弾く。

(エ)　薬指を竜角の上にのせるように置き，爪の先で弾く。

(7)　図2の楽譜に示された①の奏法の名前を答えなさい。

図２

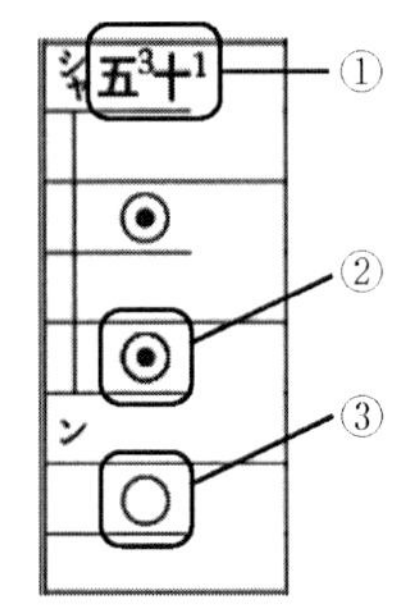

(8)　図2の楽譜に示された②と③の意味として最も適切なものを，次の(ア)～(エ)の中からそれぞれ一つずつ選び，記号で答えなさい。

(ア)　左手で糸を押して余韻を全音上げ下げする。

(イ)　前の音を2分の1拍のばす。

(ウ)　1拍休む，または音を止める。

(エ)　前の音を1拍のばす。

(9)　図2に示されている「シャーン」のように，楽器の音をまねるなど，旋律や奏法を覚えたり，伝えたりするためのうたを何というか答えなさい。

(10)　箏曲にはさまざまな演奏形態がある。次の図3のような，三味線や尺八と一緒に演奏される合奏を何というか答えなさい。

図3

2024年度 | 鳥取県 | 難易度

【9】次の文章は三線についての記述である。以下の(1)~(6)の問いに答えなさい。

> 三線のルーツは，[1]の三弦(サンシェン)が[2]頃，沖縄に伝わったことである。その後，日本全土に渡って[3]の原形となった。
>
> 胴には[4]の皮が張られ，水牛の角などでできた爪で弦を弾く。弦は男弦，中弦，女弦の3本である。
>
> 爪は[5]にはめ，胴は右足の太もも外側に置き，棹の頭は左肩と同じ高さになるように構え，背筋を伸ばして弾く。

(1) 文章中の空欄にあてはまる言葉として最も適当なものを，次の①~⑩のうちから選びなさい。

① 親指　② 人さし指　③ 14世紀　④ 16世紀
⑤ 三味線　⑥ 琵琶　⑦ 蛇　⑧ 鰐(わに)
⑨ 中国　⑩ インド

(2) 次の絵のa~cの名称の組合せとして最も適当なものを，以下の①~⑥のうちから一つ選びなさい。

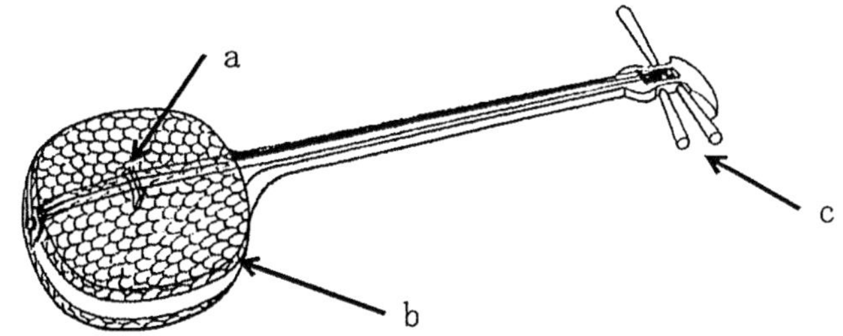

① a ウマ　b カラクイ　c チーガー
② a カラクイ　b ウマ　c チーガー
③ a チーガー　b カラクイ　c ウマ
④ a ウマ　b チーガー　c カラクイ
⑤ a カラクイ　b チーガー　c ウマ
⑥ a チーガー　b ウマ　c カラクイ

(3) 三線特有の楽譜の名称として最も適当なものを，次の①～④のうちから一つ選びなさい。

① 工工四　② 五線譜　③ 弦名譜　④ 孔名譜

(4) 勘所を押さえない音として適当なものを，次の①～⑦のうちから全て選びなさい。

① 上　② 四　③ 中　④ 五　⑤ 七
⑥ 合　⑦ 工

(5) 次の楽譜の曲名として最も適当なものを，以下の①～④のうちから一つ選びなさい。

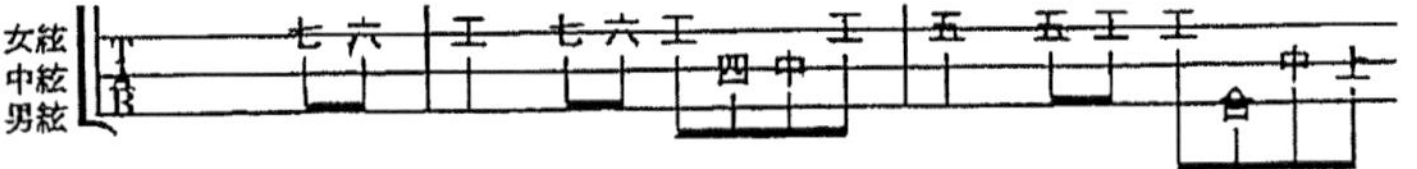

① 『てぃんさぐぬ花』　② 『島唄』　③ 『涙そうそう』
④ 『海の声』

(6) (5)の曲のチンダミ(調弦)として最も適当なものを，次の①～④のうちから一つ選びなさい。

① 男弦：ド　中弦：ソ　女弦：ド
② 男弦：ラ　中弦：レ　女弦：ラ
③ 男弦：レ　中弦：ソ　女弦：ド
④ 男弦：ド　中弦：ファ　女弦：シ

■2024年度 ■千葉県・千葉市 ■難易度

解答・解説

【1】1

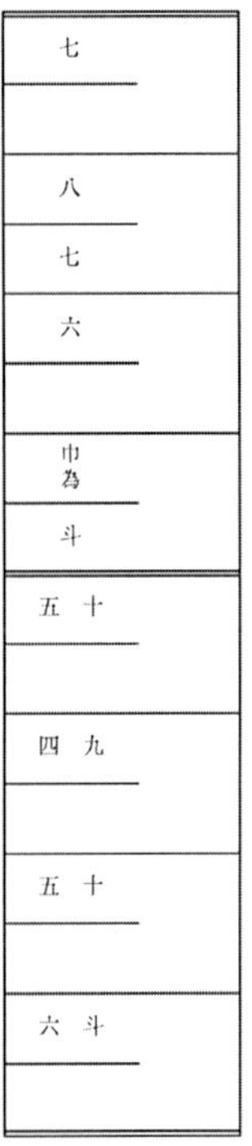

2 (奏法の名前／説明) 1小節目…エ／d　6小節目…ア／b

3 a 雅楽　b 柱　c 琴　d 巾　e 生田　f 山田　g 竜(龍)　4 ウ，エ

○**解説**○ 1 「さくらさくら」の楽譜である。一弦から十弦は「一～十」と表記する。十一弦は「斗」，十二弦は「為」，十三弦は「巾」と表記する。平調子の調弦を覚えておくこと。一弦をレとすると，レ・ソ・ラ・ラ♯・レ・レ♯・ソ・ラ・ラ♯・レ・レ♯・ソ・ラである。これがわかっていれば縦譜にするのは容易である。　2 その他の奏法として，引き色，割り爪，強押し，弱押しなど，音源もあわせて聴き理解しておくこと。　3 箏の基本知識を問われている。三味線や尺八

についてもこの程度の理解は必要である。調弦法，奏法，各部の名称，代表的な楽曲について学習しておくこと。　4　誤りのある選択肢について，アは，「追分様式」と「八木節様式」の説明が逆に書かれている。イは，文楽の義太夫節に使用されるのは太棹三味線である。

【2】(1)　1　　(2)　2　　(3)　3

○**解説**○ (1) 「サワリ」ではなく，正しくは「勘所」である。「サワリ」は一の糸を弾いたときにでる共鳴音のことである。サワリ山とサワリの効果の仕組みを学習しておくこと。また，調弦法は3種類，楽譜に書けるようにしておきたい。　(2)　篠笛は長くて低い「一本調子」から短くて高い「十二本調子」まである。高い音域の笛ほど管の長さが長くなるのではなく，短くなる。　(3)　左手の中指ではなく正しくは薬指である。指孔は右手の薬指で一孔，人さし指で二孔，左手の薬指で三孔，人差し指で四孔，親指で五孔を押さえる。左手の中指は三孔と四孔の間に置く。

【3】(1)

○**解説**○ 舞楽で用いられる太鼓である。(2)は台付きの円形の枠に吊るされていて，雅楽の管弦で用いられる。雅楽で使用される楽器は映像などで確認し，配置と役割を理解しておくこと。

【4】(1)　①　地域の実態　　②　1　　③　表現活動　　④　愛着
(2)　A　歌口(うたぐち)　　B　中継ぎ(なかつぎ)　　C　管尻(かんじり)

○**解説**○ (1)　平成29年告示の学習指導要領で，歌唱や器学の指導において，我が国の伝統的な歌唱や和楽器を扱う際の配慮事項として，「生徒が我が国や郷土の伝統音楽のよさを味わい，愛着をもつことができるよう工夫すること」が新たに示されている。　(2)　「メリ」「カリ」「ムラ息」などの奏法や，歴史について問われることも多いので学習しておきたい。

【5】問1 ①　問2 ③　問3 ①　問4 ②　問5 ④
問6 ④

○解説○ 問1 三味線の各部の名称は覚えておくこと。乳袋，さわり山，根緒，撥皮は頻出である。調弦の仕方，三味線の種類と使用するジャンル，楽譜の読み方なども学習しておきたい。箏，尺八についても同様に学習しておくこと。 問2 篠笛の運指は覚えておくこと。運指では八木調子でニ音，甲音なので2点ニ音である。 問3 選択肢①はE♭管，②はB♭管，③は実音で表記，④はB♭管の楽器である。主な管楽器の管の種類は覚えておくこと。問題では記譜音ファ♯が実音ラで長6度低いので，①が正しい。 問4 コントラバスの調弦はミ・ラ・レ・ソ，完全4度間隔で調弦する。ヴァイオリン，ヴィオラ，チェロの調弦も確認しておくこと。 問5 Cadd9はドを根音とする長三和音に長9度のレを加えたもので構成音はド・ミ・ソ・レである。それぞれの選択肢の音は，①はシ，②はソ♯，③はラ♯，④はレである。
問6 主なコードのダイヤグラムは覚えておくこと。選択肢①はD7，②はA，③はA7である。

【6】1 ① 奈良　② 竜　③ 左　④ 竜角　2 調弦法：平調子　① 斗　② 為　③ 巾　3 都節音階　4 引き色
5 スクイ爪や押し手などの様々な奏法を試し，それらの音色や響きを比較しながら相違点を見いだし，音色や響きと奏法との関わりを捉えていく活動。

○解説○ 1 箏についての基礎知識を問われた。他の楽器についても，各部の名称，奏法，主要な曲と楽譜について学習しておくこと。
2 平調子は音をかけるようにしておきたい。三味線の調弦，尺八の運指も覚えておくこと。 3 都節音階，律音階，琉球音階，民謡音階の，日本の主要な音階4つは楽譜に書けるようにしておきたい。
4 引き色以外にも，押し手(弱押し，強押し，後押し，押放し)，かき手，合わせ爪，スクイ爪など奏法と記譜法を理解しておきたい。
5 中学校学習指導要領解説に，「生徒が，楽器の音色や響きが生み出す特質や雰囲気を感受し，感受したことと奏法との関わりを自分自身で捉えていく過程が必要」とあるので，これにそった具体的な学習活動を他の和楽器についても考えておきたい。

【7】(1) ① 調弦の名称…平調子　人物名…八橋 検校　② 箏の音色や響きの特徴や平調子による旋律の特徴を感じ取り，表現したい音楽のイメージをもたせるため。　(2) ① 左手で弦を下へ押し，その弦の音の高さを上げる奏法。柱の左側10～12cmぐらいの位置を人差し指と中指で押す。「弱押し」は半音高い音になり，「強押し」は一音高い音になる。　② 生徒が弾き方を確認することができる。

(3) ①

② ・手本となる表現を例示したり，他の生徒の取組を意図的に紹介したりし，感受したことや工夫したこと等を問い掛けることで活動の見通しをもたせる。　・どのようなイメージにしたいのかを具体的に聴き取り，いくつかの表現方法を提案する。　③ ・「音の高さ」に着目し，「舞い落ちる」感じを下降する旋律で表してみるように助言する。　・「裏連」の奏法を様々な音の高さで試すように促し，比較しながらイメージに近い表現を探るよう助言する。

○**解説**○ (1) ① 平調子の調弦は楽譜に書けるようにしておきたい。「さくらさくら」の箏の楽譜を確認しておくこと。　② 創作の知識に関する資質・能力について，第1学年では「音のつながり方の特徴」としていたのが，第2学年及び第3学年では，「音階や言葉などの特徴及び音のつながり方の特徴」，「音素材の特徴及び音の重なり方や反復，変化，対照などの構成上の特徴について表したいイメージと関わらせて理解すること」と示されている。　(2) ① 箏の奏法は記譜法とともに主なものを覚えておくこと。左手で弦を押し下げて音程や余韻を変える奏法である。　② 中学校学習指導要領の内容の取扱いについての配慮事項に，「生徒が様々な感覚を関連付けて音楽への理解を深めたり，主体的に学習に取り組んだりすることができるようにするため，コンピュータや教育機器を効果的に活用できるよう指導を工夫すること。」という項目がある。感覚を関連付けた理解や，主体的な学習のために有効なので，どういった場面で活用できるか工夫したい。

(3) ① 第一弦をホ音とする平調子の音階は「一点ホ・イ・ロ・一点

ハ・一点ホ・一点ヘ・一点イ・一点ロ・二点ハ・二点ホ・二点ヘ・二点イ・二点ロ音」となる。隣り合う弦に移行する条件を満たし，シンプルなリズムとメロディーで創作する。 ② 音のイメージを持てるように提案やアドバイスすることが必要である。イメージを言語化したり，音以外のもので伝えようとしたりすることの中に，きっかけをつくることができるよう促したい ③ 音楽を形作っている要素，「旋律・テクスチャー・強弱・形式・構成・速度・リズム・音色」の中から関係する要素を選び，「裏連」や「トレモロ」の奏法に着目するとよいだろう。

【8】(1) 六段の調 (2) 初段はゆっくりとした速度であるが，繰り返されるテーマが段を追うごとに速度を増し，緊張感が高まっていく。曲の最後は再び速度を緩め，一つの音色に収束していく。 (3) 序破急

(4) 一をレ(ニ音)にした場合

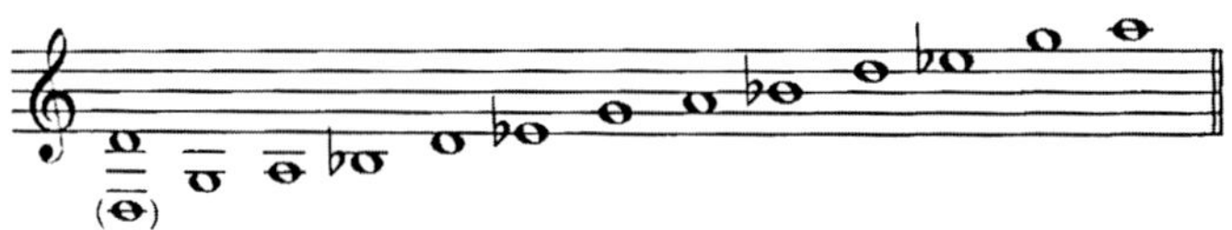

(5) 奏法のない旋律とある旋律を聞き比べたり，引き色や後押しを演奏したりするなどして，奏法に注目して鑑賞する。 (6) (イ)，(ウ) (7) 合せ爪 (8) ② (エ) ③ (ウ) (9) 唱歌 (10) 三曲合奏

○**解説**○ (1) 段物とは，歌のない箏の古典曲のことである。 (2) 単に徐々に速度が増すことだけではなく，終わりは緩やかになることも記述すること。 (3) もともと雅楽や能などに用いられていた概念だが，箏や三味線の音楽にも用いられる言葉である。 (4) 平調子は必ず楽譜に書けるようにしておくこと。三味線の調弦についても同様である。 (5) 奏法について，その音色と効果を感受できるように，どのように指導していくか日頃から考えておくこと。 (6) 生田流の座り方は，楽器に対して左斜め45度に座るとされている。山田流との違いを問われることもあるので理解しておくこと。 (7) 合せ爪は，記

されている弦を，親指と中指で同時に弾く奏法である。奏法とその記譜法は学習しておくこと。　(8)　(ア)は「押し手」という奏法である。箏や三味線を五線譜に書き換えることができるようにしておきたい。　(9)　授業でも指導することになるので，箏，三味線など和楽器の唱歌は種類を学習しておきたい。　(10)　他の演奏形態として，箏だけの独立した音楽である「箏曲」や，地歌の伴奏などがあげられる。

【9】(1)　1　⑨　　2　③　　3　⑤　　4　⑦　　5　②　　(2)　④　(3)　①　　(4)　②，⑥，⑦　　(5)　④　　(6)　②

○解説○ (1)　三線の成り立ちと楽器の構造に関する問題である。三線は三味線のルーツとして教科書でも取り上げられているので，これらの基礎知識は理解しておくこと。　(2)　三線だけでなく，三味線，箏，尺八などの和楽器の各部の名称も覚えること。　(3)「くんくんしー」と読む。譜面を読めるように学習しておくこと。　(4)　四，合，工は開放弦にあたるため勘所を押さえない。　(5)　工工四を読めないと難しい問題である。ラ・レ・ラの本調子として，合・乙・老・四・上・中・尺・工・五・六・七・八・九は，ラ・シ・ド♯・レ・ミ・ファ♯・ソ♯・ラ・シ・ド♯・レ・ミ・ファ♯である。　(6)　三線には3種のチンダミ(調弦)がある。本調子(完全4度＋完全5度)，二揚げ(完全5度＋完全4度)，三下げ(完全4度＋完全4度)がある。「海の声」は本調子なので②しか当てはまらない。

西洋楽器

【1】テナー・サクソフォーンの記譜について説明した文として適切なものを選びなさい。

(1) 実音より長6度高く記譜される。
(2) 実音より長2度高く記譜される。
(3) 実音より長2度低く記譜される。
(4) 実音より長9度高く記譜される。

▌2024年度 ▌埼玉県・さいたま市 ▌難易度 ■■■■□

【2】次の文章は，弦楽器の奏法について説明したものです。(A)～(C)にあてはまる語句の組み合わせとして正しいものを選びなさい。

> 弓のボーイングは，アップのときに(A)と書き，ダウンのときは(B)と書く。「ミュートをつけて弾きなさい」という指示は(C)と書く。

(1) A ∨ B ⊓ C con sord.
(2) A ⊓ B ∨ C col legno
(3) A ⊓ B ∨ C con sord.
(4) A ∨ B ⊓ C col legno

▌2024年度 ▌埼玉県・さいたま市 ▌難易度 ■■■□□

【3】次のドイツ語で示された楽器のうち，体鳴楽器を選びなさい。

(1) Posaune (2) Becken (3) Pauken (4) Geige

▌2024年度 ▌埼玉県・さいたま市 ▌難易度 ■■■■□

●楽器

【4】器楽の指導について，次の問1～問4に答えなさい。

問1　次の楽器の名称として，正しいものを選びなさい。

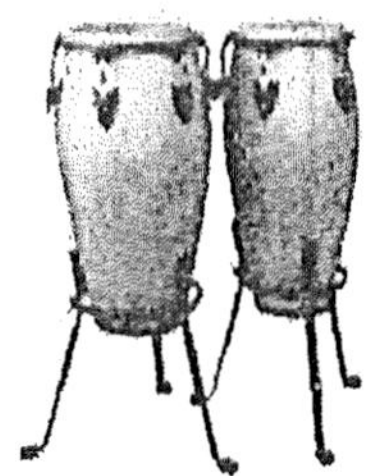

ア　カホン　　イ　クラベス　　ウ　コンガ　　エ　ボンゴ

問2　木管楽器の組合せを選びなさい。

ア　ピッコロ，ファゴット

イ　フルート，トランペット

ウ　クラリネット，トロンボーン

エ　オーボエ，ホルン

問3　左から音域の低い順に並んでいるものを選びなさい。

ア　チェロ，コントラバス，ヴァイオリン，ヴィオラ

イ　チェロ，コントラバス，ヴィオラ，ヴァイオリン

ウ　コントラバス，チェロ，ヴァイオリン，ヴィオラ

エ　コントラバス，チェロ，ヴィオラ，ヴァイオリン

問4　反復の仕方として，正しいものを選びなさい。

（数字は演奏順序）

ア

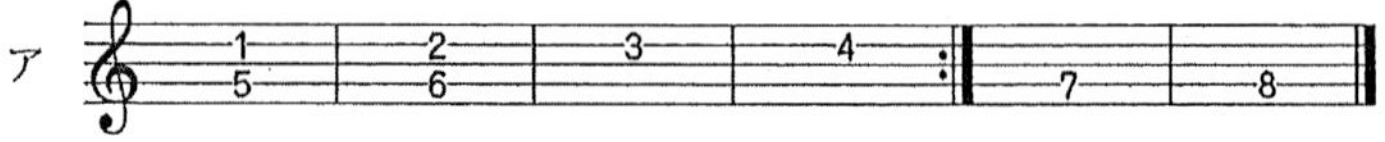

イ

ウ

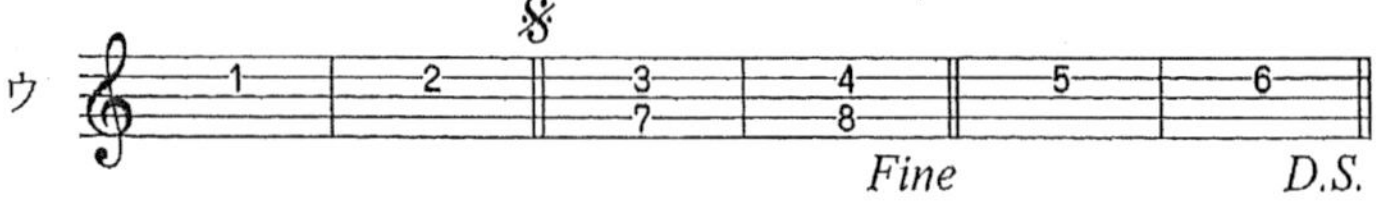

▌2024年度 ▌北海道・札幌市 ▌難易度 ■□□□□

【5】次の楽譜を，小クラリネット(E♭クラリネット)で演奏した際の実音を示した楽譜として最も適切なものを，以下の1～4の中から1つ選びなさい。

▌2024年度 ▌埼玉県・さいたま市 ▌難易度 ■■□□□

解答・解説

【１】(4)

○**解説**○ テナー・サクソフォーンはB♭管で，実音は記譜音より1オクターブと長2度低い。移調楽器の管の種類はある程度覚えておきたい。サクソフォーンについては，他にもソプラノB♭，アルトE♭，バリトンE♭を覚えておくこと。

【２】(1)

○**解説**○ (C)の選択肢にある「col legno」は弓の毛の部分ではなく木製の棹の部分を用いて演奏するという奏法に関する指示記号である。

【３】(2)

○**解説**○ 楽器名は，英語，イタリア語，ドイツ語，フランス語での表記を覚えておきたい。(1)はトロンボーン，(2)はシンバル，(3)はティンパニー，(4)はヴァイオリンのドイツ語名である。弦や膜ではなく楽器本体が振動して音を出す体鳴楽器はシンバルである。

【４】問1　ウ　　問2　ア　　問3　エ　　問4　ウ

○**解説**○ 問1　正答以外の選択肢の楽器について，アは楽器自体に跨ったり，股に挟んだりして演奏される箱型の打楽器，イは2本の棒状の木片を打ち合わせて演奏する打楽器，エも，大小2つの片面太鼓がつながったもので，コンガより小さい。　問2　トランペット，トロンボーン，ホルンは金管楽器である。　問3　いずれも基本的には4本の弦を持ち，弓で演奏する弦楽器である。ただし，コントラバスは弦が5本ある場合もある。それぞれの楽器の開放弦と音域を確認しておくこと。　問4　間違いのある選択肢について，アはリピートの後，3～4小節目も演奏し，最後の2小節へ入る。イはD.C.とFineが反対である。エはD.S.ではなくD.C.が正しい。

【5】3

○**解説**○ E♭管のクラリネットの実音は，記譜音より短3度高い。B durが調号♭4つのDes durになる。実音の旋律楽譜を，移調楽器用に書き換える問題とは逆になるので気をつけること。

民族楽器

【1】次の(1)，(2)の各問いに答えなさい。

(1) トリニダード・トバゴで生まれた，ドラム缶の表面をハンマーでたたいて凸凹のある面をつくり，音階の音が出せるように加工した楽器を何というか答えよ。

(2) 北インドを代表する，7本の演奏絃と11～13本の共鳴弦をもち，可動式の金属製フレットがついている楽器を何というか答えよ。

2024年度 佐賀県 難易度

【2】次の(1)，(2)の問いに答えよ。

(1) 次の音楽と関係の深い国の正しい組合せを，次の1～5から1つ選べ。

	カッワーリー	ケチャ	メヘテルハーネ	オルティンドー
1	ネパール	インドネシア	ブータン	トルコ
2	タイ	フィリピン	スリランカ	ブルネイ
3	パキスタン	インドネシア	トルコ	モンゴル
4	マレーシア	インド	モルディブ	カンボジア
5	ミャンマー	フィリピン	ベトナム	インド

(2) 次の楽器の分類として正しいものを，次の1～5から1つ選べ。

	管楽器	弦楽器	打楽器
1	タンソ，サンポーニャ	カヤグム，チャランゴ	タブラー，チャンゴ
2	タンソ，チャランゴ	カヤグム，チャンゴ	タブラー，サンポーニャ
3	カヤグム，タブラー	サンポーニャ，チャランゴ	タンソ，チャンゴ
4	サンポーニャ，カヤグム	タンソ，チャランゴ	タブラー，チャンゴ
5	サンポーニャ，タブラー	タブラー，チャンゴ	タンソ，チャランゴ

2024年度 奈良県 難易度

【3】次の表にあるA～Cの音楽について，以下の(1)～(3)の問いに答えなさい。

	地域	代表的な楽器	その楽器の特徴
A	スコットランド	バグパイプ	[3]
B	西アフリカ	[1]	[4]
C	南アメリカ	[2]	パンパイプの総称。葦製で2列に配管されている。

(1) [1], [2]の代表的な楽器として最も適当なものを，次の①～⑤のうちからそれぞれ一つずつ選びなさい。

① ウード　② タブラー　③ サンポーニャ
④ バラフォン　⑤ ディジュリドゥ

(2) [3], [4]の楽器の特徴として最も適当なものを，次の①～⑤のうちからそれぞれ一つずつ選びなさい。

① 葦や竹で作られた縦笛で，表に6指孔，裏孔1の五音音階である。発音の仕組みは尺八と共通している。
② 数本のドローン管とチャンター管でできており，溜めた空気を押し出し，リードを振動させて音を出す。
③ ダブルリードの木管楽器で，8つの指孔があり，楽器の下方部分は円錐形に広がっている。
④ 左手の素手と右手の太いマレットでリズムを打ち出す。
⑤ 音板に取り付けられたひょうたんに音を共鳴させることで音を出す。

(3) A～Cの代表的な曲の組合せとして最も適当なものを，次の①～⑥のうちから一つ選びなさい。

① A『アニー・ローリー』　B『チェッチェッコリ』
　C『花祭り』
② A『アニー・ローリー』　B『花祭り』
　C『チェッチェッコリ』
③ A『花祭り』　B『アニー・ローリー』
　C『チェッチェッコリ』
④ A『花祭り』　B『チェッチェッコリ』
　C『アニー・ローリー』

⑤　A『チェッチェッコリ』　B『アニー・ローリー』
　　C『花祭り』
⑥　A『チェッチェッコリ』　B『花祭り』
　　C『アニー・ローリー』

2024年度　千葉県・千葉市　難易度■■■□□

【4】次の(1)～(5)は，世界の民族音楽で使用する楽器についての説明である。それぞれの説明にあてはまる楽器の名称を，以下の(A)～(G)の中から1つずつ選び，その記号を書け。

(1)　円筒形や多角形の木製の胴に蛇の皮を張った中国の楽器である。2本の弦の間に弓を通し，1本または2本の弦をこすって音を出す。弦を棹に押さえつけることはせず，指先で弦に軽く触れて指を滑らせるように動かして演奏する。

(2)　複弦5組で10本の弦をもつ，南アメリカのアンデス地方の弦楽器である。もともとは胴にアルマジロの甲羅が使われていたが，近年は木製になっている。

(3)　ロシアで広く親しまれている木製の弦楽器である。18世紀頃誕生し，19世紀末には，さまざまな大きさのものが作られるようになった。三角形の胴が特徴的で，3本の弦とフレットをもち，指ではじいて演奏する。

(4)　葦や竹などで作られたアンデス地方の縦笛である。吹き口にはU字またはV字の切り込みがあり，ボンボやギターなどと組み合わせて演奏することも多い。

(5)　「曲がった琴」という意味を持つミャンマーの楽器である。舟形の共鳴胴から大きく湾曲した棹が伸びた弓形のハープで，左手の親指で弦の端を押して音高を調節しながら，右手で弦をはじいて演奏する。

(A)　ズルナ　(B)　バラライカ　(C)　アルフー
(D)　ケーナ　(E)　タンソ　(F)　サウン・ガウ
(G)　チャランゴ

2024年度　和歌山県　難易度■■■■□

【5】次の楽器とその説明についての組み合わせとして最も適切なものを，1～4の中から1つ選びなさい。

	楽器	説明
1	タブラー	北インドの音楽で用いられる2個1対の太鼓。右手で演奏する低音のタブラー(木製の胴)と左手で演奏する高音のバーヤ(金属製の胴)からなる。
2	タンソ	朝鮮半島の音楽で用いられる竹製の縦笛。指孔は5つ，全長は約40cmで日本の尺八を短く細くしたような形状をしている。
3	ドゥドゥク	パキスタンに伝わる弦楽器。弦の数は12本で，右手の指先で弦をはじいて音を出す。
4	ウード	アラブ諸国の音楽で用いられる管楽器。芦製のリードを付けて演奏する。同じような仕組みをもつ楽器としてケーナがある。

2024年度 ｜ 埼玉県・さいたま市 ｜ 難易度

解答・解説

【1】(1)　スティールパン(スティールドラム)　　(2)　シタール

○解説○ (1)　20世紀に発祥した新しい楽器である。多くのスティールパンで合奏して演奏する。　(2)　ひょうたんで作られた共鳴胴と，木材で作られた長い棹の弦楽器である。民族楽器について，映像などで形態や奏法，音色を確認し，地域と楽器分類もあわせて覚えたい。

【2】(1)　3　　(2)　1

○解説○ (1)　カッワーリーはイスラム教の宗教讃歌，ケチャはバリ島の身体演技を伴った男声合唱，メヘテルハーネは軍楽隊，オルティンドーは長い歌という意味の伝統民謡，歌唱法である。　(2)　タンソは朝鮮民族の縦笛，サンポーニャは南米アンデス地方の笛，カヤグムは朝鮮半島の箏，チャランゴは南米アンデス地方の撥弦楽器，タブラーはインドの太鼓，チャンゴは朝鮮半島の太鼓である。

【3】(1)　1　④　　2　③　　(2)　3　②　　4　⑤　　(3)　①

○解説○ (1)　世界の民族楽器について，映像や音源も合わせて学習しておきたい。正答以外の選択肢の楽器について，①は中東から北アフリカのアラブ圏で使用されるリュートのような弦楽器，②は北インドの太鼓でタブラーとバーヤの2つ一組で演奏される。⑤はオーストラリアのアボリジニの管楽器である。 (2) ①はケーナ，③はズルナでいずれも管楽器。④は，ブラジルのヘピニキやスルドなどがある。
(3) 「アニー・ローリー」は代表的なスコットランド民謡，「チェッチェッコリ」はアフリカのガーナ民謡，「花祭り」はラテンアメリカのフォルクローレである。

【4】(1) (C) (2) (G) (3) (B) (4) (D) (5) (F)

○**解説**○ 世界の民族楽器，歌謡について，映像などあわせて学習しておきたい。正答以外の選択肢について，(A)は，トルコの民族楽器である。ナツメの木で作られており，ダブルリード型の木管楽器である。ダウルと呼ばれる大太鼓とともに演奏される場合が多い。(E)は，朝鮮民族の伝統的な楽器で，竹製の縦笛である。

【5】2

○**解説**○ 誤りのある選択肢について，1のタブラーは高音，バーヤが低音で説明が逆になっている。3について，ドゥドゥクはアルメニアの民族楽器でダブルリードの木管楽器である。4のウードは琵琶の形に似た擦弦楽器である。

世界の音楽

要点整理

POINT

西洋音楽史では，説明文の穴埋めや正誤を判断する問題が多く見られる。

中世・ルネッサンス時代では「グレゴリオ聖歌」「オルガヌム」「アルス・ノヴァ」「ギョーム・ド・マショー」「グィド・ダレッツィオ」「ジョスカン・デ・プレ」等の用語の意味や人物について問う問題，バロック時代では，「ヴィヴァルディ」「コンチェルトグロッソ」「フーガ」「ヘンデル」「水上の音楽」等の人物・用語の理解を見る問題が比較的多い。

古典派では，ソナタ形式，ベートーヴェンの交響曲第5番第2楽章のテーマから作曲者や曲名，楽器名，他の作品名を答えさせる問題などが見られる。

ロマン派では，メンデルスゾーンやベルリオーズの音楽史上の功績を問う問題，シューベルト《魔王》の登場人物と楽譜を一致させる問題，ヴェルディ《椿姫》についての背景や登場人物について尋ねる問題，リストの管弦楽曲の特徴，「チェレスタ」に関連する事項を答えさせる問題などが見られる。

近現代では「ミュージックコンクレート」「クセナキス」「ファリャ」「シベリウス」「フランス5人組」などの人名，用語に加え，ラベル《ボレロ》の基本リズムの記譜，アメリカの作曲家や音楽様式の知識を尋ねる問題が見られる。

ギリシャの音楽

西洋音楽文化の原流の1つは，古代ギリシャの音楽から発する。文学，哲学，芸術等の分野と同様に，音楽においてもギリシャは理想的な典型を示してきた。

古代ギリシャでは，生活と音楽が密接した関係にあり，人々は祭り，戦争等において音楽を重視していた。それは現在残されている神話や壺絵からも，明らかである。しかし，当時の実際の音楽を伝える資料はごくわずかである。アポロン賛歌(デルポイで発見)，太陽の賛歌(130年頃メソメデスが作ったといわれる)，セイキロスの墓碑銘(小アジアで発掘)等が挙げられる。

音楽理論は，偉大な哲学者達によって説かれた。彼らは音楽を宇宙論，心理的効果等と関連づけ，中世以降のヨーロッパ文化に大きく影響を及ぼした。プラトンやアリストテレスは，音楽の持つ心理的影響を信じてそれを教育的側面に応用している。また，ピタゴラスは，鳴り響く弦の長さの変化と音程への影響を調べて音響学の基礎を確立した。

テトラコード(4音音列)と，7つの旋法から成るギリシャ音楽の音組織は，今日の音楽にも伝承されている。「ハーモニー」「メロディー」「オーケストラ」等の音楽用語は，古代ギリシャに由来することからも，ギリシャ音楽が西洋音楽文化の原点であることがうかがえる。

keyWord

- コロス(合唱部)
- アウロス
- キタラ，リラ(ハープの一種)

●中世の音楽

ローマ帝国の世界征服の後，キリスト教の信仰が広まってくる。ヨーロッパの独自の文化の開花が，音楽とキリスト教とを深く結びつけていったのである。

中でも，教会における典礼儀式と結びついた単旋律聖歌が重要である。音楽で，ガリア聖歌やモサラベ聖歌等の地方的特色のある聖歌は統合されていき，「グレゴリオ聖歌」というローマ教会の典礼音楽となった。グレゴリウス1世により集大成されたといわれる「グレゴリオ聖歌」は，無伴奏で，1本の旋律を斉唱か独唱で歌う。

13世紀にパリのノートルダム楽派から生まれた多声音楽(ポリフォニー)は，14世紀になり技法がより洗練されていった。リズムはより自由になり，多声音楽は広く世俗に広まっていった。 音楽を宗教的側面から解放し，人間の感情に素直に表現するこの運動や，この時期の新しい音楽様式を表すのが，「アルス・ノバ」(新芸術運動・新音楽)である。

また，宗教音楽に反発して，自由な感情で即興的な歌を愛して諸国を歩いて回った人々を吟遊詩人と呼ぶ。彼等は，竪琴の演奏で民衆的な歌を歌い，世俗歌曲を残している。

keyWord

・グレゴリオ聖歌　　・多声音楽(ポリフォニー)
・アルス・ノバ(新芸術・新音楽)
　【→アルス・アンティクア(古芸術・古音楽)】
・ネウマ譜　　・ノートルダム楽派
・マショー(フランスの作曲家)
・ランディーニ(イタリアの作曲家)
・吟遊詩人(ミンネゼンガー【ドイツ】／トルバドール【南仏】／トルベール【北仏】)

ルネサンスの音楽

15世紀～17世紀の，中世に続く時期の音楽を，ルネサンス音楽と呼ぶ。絵画や建築等の分野においてはルネサンスはイタリアから始まった。しかし音楽のルネサンスの主役は，フランス，ベルギー，オランダ等のフランドル地方である。この地方では特にアルス・ノバ運動が盛んで，これらの国々の音楽家達を「フランドル楽派(ネーデルランド楽派)」と呼ぶ。

この時期を通じて，音楽が統一されていき，ある一定の様式が誕生する。1番大きな特徴は，多声楽の構成技法の発展である。2～3声部による書法から，4～5声部へ展開し，定着したのはこの時期である。また，中世ではあまり注意されなかった「協和，不協和」も，興味をもたれ始める。以前にまして，音楽は人々の生活において，重要な位置を占めていくようになった。宮廷や貴族だけではなく，都市市民の娯楽にも欠かせないものとなっていった。

16世紀にマルチン・ルターが始めた宗教改革も，この時代の重要な出来事である。音楽の面においては，主としてドイツに関係する。ラテン語の歌を自国語に改めてコラール(ドイツ語の賛美歌)を歌うことで，聖歌は広く民衆になじみ，教会音楽と世俗音楽のすき間を埋めていった。多声音楽の巨匠バッハに至るまで，ドイツ音楽を育む母体となったのである。

一方，ローマ・カトリック教会では，ローマ楽派のパレストリーナにより，流行歌や楽器の使用を排除した無伴奏の多声合唱の形態が完成され，カトリック教会音楽の完成期となった。

keyWord

- ブルゴーニュ楽派⇒デュファイ／バンショワ
- フランドル楽派(ネーデルランド楽派)⇒オケヘム／ジョスカン・デ・プレ／ラッソ
- パレストリーナ(イタリアの音楽家)⇒ア・カペラ様式(無伴奏の多声合唱)

●バロック時代の音楽

ルネサンス以後，1600年からバッハの没年1750年は，バロック音楽の時代である。

1590年頃にイタリアで行われたギリシャ悲劇の上演をきっかけとして，オペラが誕生した。モンテベルディやパーセルがこの分野で活躍し，A. スカルラッティ，J. ラモー等がこれを発展させた。

器楽の発展もこの時代の特徴と言える。チェンバロ，バイオリンの発達に伴い，様々な器楽の形式が誕生した。ソナタ(トリオ・ソナタ，独奏ソナタ)，コンチェルト(コンチェルト・グロッソ，独奏コンチェルト)等である。シンフォニーという名前もこの時期に生まれ，オルガンの発展は，組曲形式やフーガへとつながっていった。宗教改革によって生まれたコラールを素材として，カンタータが誕生した。カンタータとは，教会暦に従い礼拝用に作曲される楽曲で，バッハのカンタータに集大成を見るものである。また，教会音楽においてオラトリオが生まれる。オラトリオとは，宗教的題材を用いた大規模な叙事的楽曲である。これはオペラ手法の教会音楽での実践と言える。ヘンデルの「メサイヤ(救世主)」は，最も有名なオラトリオである。

カッチーニは1600年頃モノディ様式を創始した。この様式では，通奏低音に基づく和音の伴奏を基本としている。一方2つの対照的な楽器群が掛け合いをする協奏様式も誕生し，楽曲は更に複雑になっていった。

keyWord

- オペラの誕生⇒モンテベルディ／A・スカルラッティ／J・ラモー
- 器楽形式の発展⇒ビバルディ(バイオリン協奏曲「海の嵐」)
- 宗教音楽⇒カンタータ／オラトリオ(ヘンデル「メサイア」)
- モノディ様式(⇔協奏様式)⇒通奏低音

古典派の音楽

18世紀の半ばから19世紀の初め頃を大きく捉えて古典派と呼ぶ。ドイツ，イタリアをはじめとして，様々な国で新しい音楽の形式が生まれた。〈古典派〉を代表する音楽家は，ハイドン，モーツァルト，グルッグ，ベートーヴェンで，この時代の先駆けとなった18世紀前期の音楽家達を〈前古典派〉と呼ぶ。〈前古典派〉の主な音楽家は，バロック時代の象徴であるバッハとヘンデルの息子たちであり，バッハの次男C. Ph.エマヌエル・バッハ，末子J.クリスティアン・バッハは代表的である。古典派音楽の重要な形式はソナタ形式である。主題提示部，展開部，再現部の3部からなり，複数の主題が展開的に扱われるというものである。このソナタ形式の原理は主楽章を支配していった。

管弦楽で演奏するソナタが交響曲であるが，ハイドン，モーツァルト等はそれぞれ多くの交響曲を残して，古典派の交響曲を完成させた。

グルッグにより，イタリア・オペラは，音楽による劇の進行を重視するようになっていった。モーツァルトは生涯に20曲程のオペラを残した。また，ハイドンはオラトリオで，ホモフォニー(和声音楽)とポリフォニー(多声音楽)の併用で壮麗な合唱様式を完成した。

彼らの音楽的遺産や精神を受け継ぎ，19世紀のロマン派への重要な架け橋となったのが，ベートーヴェンである。彼は9曲の交響曲の他，多くのピアノ・ソナタや弦楽四重奏曲等を残している。

keyWord

- 前古典派⇒C. Ph.エマヌエル・バッハ／J.クリスティアン・バッハ
- ソナタ形式(主題提示部・展開部・再現部)⇒交響曲(管弦楽)／独奏用ソナタ(バイオリン・ピアノ)／弦楽四重奏(第1・第2バイオリン・ビオラ・チェロ)
- オペラ⇒モーツァルト【3大オペラ「フィガロの結婚」「ドン・ジョバンニ」「魔笛」】
- オラトリオ⇒ハイドン【「天地創造」「四季」】
- 古典音楽の大成者⇒ベートーヴェン【「英雄」「運命」「田園」】

●ロマン派の音楽

19世紀全体を音楽の〈ロマン派〉と呼ぶ。人間の個性を重視し，音楽と他の芸術，特に文学との結びつきが密接になっていった。文学との結びつきは，ドイツ・リート(芸術歌曲)において顕著である。シューマン，ブラームス等はロマン派の詩に曲を書き，リストは文学的な内容を表現する管楽器の交響曲を書いた。

1．初期ロマン派の主な音楽家

音楽家	国籍 生誕／没年	特徴	主な作品
シューベルト	オーストリア 1797～1828	生涯に600余りのリート(歌曲)を作曲し，「歌曲の王」とも呼ばれる。	歌曲 「魔王」「野ばら」 歌曲集 「美しき水車小屋の娘」 「冬の旅」
ウェーバー	ドイツ 1786～1826	国民歌劇を作りロマン歌劇を創始。	歌劇 「魔弾の射手」 ピアノ曲 「舞踏への招待」
メンデルスゾーン	ドイツ 1809～1847	厳格な古典形式を守ったロマン的小品をかいた。風景の音楽的描写を試みたことから「音楽の画家」とも呼ばれる。	序曲 「真夏の夜の夢」 ピアノ曲 「無言歌」
シューマン	ドイツ 1810～1856	詩的な叙情性を持つ標題のピアノ独奏曲と歌曲を作曲した。	合唱曲 「流浪の民」 ピアノ曲 「トロイメライ（子供の情景）」

音楽家	国籍 生誕／没年	特徴	主な作品
ショパン	ポーランド 1810～1849	装飾音や不協和音を効果的かつ大胆に使い，ピアノ音楽に大きな影響を残した。	ピアノ協奏曲 「ホ短調op.11」 「へ短調op.21」 夜想曲（ノクターン） 「OP.9,no.2」 「OP.15,no.2」
ベルリオーズ	フランス 1803～1869	ロマン派の標題音楽を作曲し，リスト，ワーグナーにも影響を与えた。管弦楽の新しい音楽効果にも苦心を払った。	劇的交響曲 「ロメオと ジュリエット」 「ファウストの 劫罰」 「幻想交響曲」
リスト	ハンガリー 1811～1886	世界最大のピアニストといっても過言ではない。「交響詩」の創始者としても知られる。	交響詩 「前奏曲」 ピアノ曲 「ハンガリー狂詩曲」
ワーグナー	ドイツ 1813～1883	19世紀のオペラ改革者で，音楽，美術，文学を一体化した総合芸術としての＜楽劇＞を創始した。	楽劇 「タンホイザー」 「さまよえる オランダ人」 「トリスタインと イゾルデ」
ブラームス	ドイツ 1833～1897	シューマンに認められた。ロマン派の中では比較的保守的でロマン主義文学と民謡への興味を持ち，堅実，入念にオペラを除く殆ど全ての分野で作品を残した。	「クラリネット 5重奏曲」 交響曲 「ハンガリー舞曲」

2. 後期ロマン派の主な音楽家

音楽家	国籍 生誕／没年	特徴	主な作品
マーラー	オーストリア 1860～1911	名指揮者としても活躍し，交響曲や歌曲で才能を発揮した。	交響曲　「第8番」 大合唱が入るので，「千人の交響曲」とも呼ばれる。
R.シュトラウス	ドイツ 1864～1949	歌劇を始めとして，数多くの種類の曲を作曲し，ドイツの音楽界に新風を注いだ。	交響詩 「ドン・ファン」 歌劇 「サロメ」 「ばらの騎士」
ウォルフ	オーストリア 1860～1903	独創的な歌曲を約300曲残した。その鮮明な感覚や多様性により，シューベルトと並び称せられる程重要なドイツ・リート作曲家である。	「メーリケ歌曲集」 「ゲーテ歌曲集」

3. 国民楽派の主な音楽家

19世紀後半には民族的な意識が高まり，音楽活動の中に，国民意識が強くなっていった。民謡や舞曲に音楽の基本をすえて，そこに民族の伝統や風土，歴史を取り入れた音楽を書いた。このような音楽家達を〈国民楽派〉と呼ぶ。

音楽家	国籍 生誕／没年	特徴	主な作品
ムソルグスキー	ロシア 1839 ～1881	ロシア「五人組(THE FIVE)」である。 ロシア国民音楽に隆盛をもたらした。	
ボロディン	ロシア 1833 ～1887		
リムスキー＝コルサコフ	ロシア 1844 ～1908		
バラキレフ	ロシア 1837 ～1910		
キュイ	ロシア 1835 ～1918		
グリンカ	ロシア 1804 ～1857	国民楽派の祖。1836年，最初の国民オペラ「イワン・スサーニン(皇帝にささげた命)」を上演して認められ，以降多くの歌曲を残した。	オペラ 「スサーニンのアリア」 「ルスランとリュドミラ」 管弦楽曲 「ホタ・アラゴネーサ」

世界の音楽

音楽家	国籍 生誕／没年	特徴	主な作品
スメタナ	チェコスロバキア 1824～1884	ピアニスト，音楽学校の経営者として活躍した。チェコの歴史や風物を音楽化して独立以前のチェコの民族運動に呼応した作品を多く残した。	オペラ 「売られた花嫁」 交響曲 「モルダウ」
ドボルザーク	チェコスロバキア 1841～1904	ビオラ奏者として活動し始める。スメタナに影響され，オーストリアの支配の下で愛国運動に共鳴した。	オペラ 「ルサルカ」 交響曲 「第8番ト長調op.88」 「第9番ホ短調op.95」
グリーグ	ノルウェー 1843～1907	オーケストラと合唱曲の指揮者として活躍した。作品は，管弦楽曲，歌曲，ピアノ曲，合唱曲など多岐に渡り，素朴な美しい作品を残している。	「ペールギュント」 ピアノ協奏曲 「イ短調op.16」
シベリウス	フィンランド 1865～1957	交響曲，ピアノ曲，劇のための音楽，合唱曲など数多くの作品があり，幻想と厳格な古典的作曲法を融合させている。第一次世界大戦以後のロシアの圧政に対するフィンランドの愛国運動の1つとしての愛国劇上演に於いて，音楽を担当した。	交響曲 「トゥオネラの白鳥」 交響詩 「フィンランディア」

音楽史略年表１

前500　　0　　1000　　1400　　1600

ギリシア・ローマの音楽	中世の音楽		ルネッサンスの音楽
◎かんたんな楽器でメロディとリズムだけの歌が中心 ◎音階や施法の基礎が作られ，アリストテレスは「音楽の施法は人に違った影響を与える。ミクソリディアは消沈。ドリアは静穏，フリギアは快活な気分を与える」（エトス論） ◎アルファベットを使った声楽用・楽器用の楽譜が工夫された		◎グレゴリオ聖歌 ◎オルガヌムが現れる ◎階名唱法が発明され，音楽教育に使われる ◎３度で構成された音楽が盛んになった長調・短調のもととなった ◎ポリフォニーの形式コンドゥクトゥス・オルガヌム・モテット ◎定量記譜法が行われる ◎オルガンが使われ始める	◎対位法の技法の発展 ◎さかんにミサ曲が作られる ◎リチェルカーレなど，独立した器楽形式が生まれる ◎ベネチアで楽譜印刷が盛んになる ◎二重合唱様式が作られる
			デュファイ パレストリーナ ジョスカン・デ・プレ ガブリエリ・A

前500　　0　　1000　　1400　　1600

原始時代（飛鳥・奈良）	（平安貴族様式）	（鎌倉語り物様式）	（室町語り物様式）
◎五五調，五七調の歌調で歌う	◎唐から雅楽を輸入し，日本的な音楽になる ◎天台と真言の声明が始まる ◎念仏和讃始まる ◎盲僧が琵琶の伴奏で物語をする	◎声明のメロディを応用し，長い語り物が作られた ◎法会の中で演じる式三番や呪師をやるようになる ◎雅楽の琵琶と声明のメロディにより，平曲が生まれた	◎能を芸術的に完成 ◎琉球から三線が伝来し，民族音楽に使われる ◎九州や西日本で本格的に西洋音楽が教育される ◎民族的な語り物から人形芝居へ
		観阿弥	

音楽史略年表2

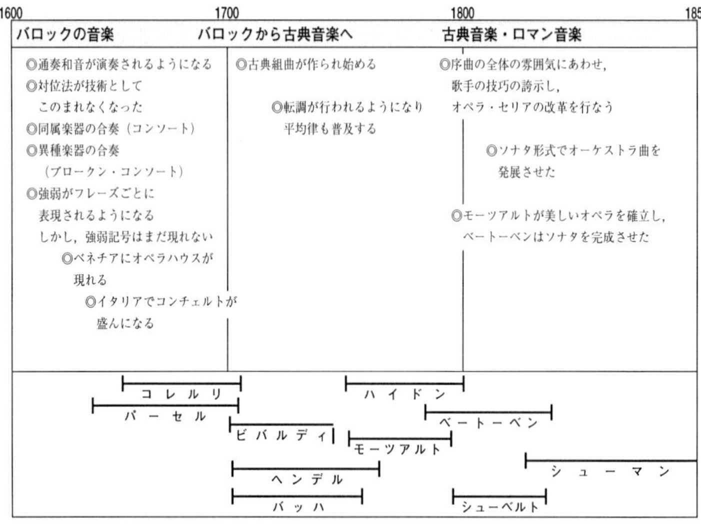
1600
1700
1800
1850
バロックの音楽
バロックから古典音楽へ
古典音楽・ロマン音楽
◎通奏和音が演奏されるようになる
◎対位法が技術として
このまれなくなった
◎同属楽器の合奏（コンソート）
◎異種楽器の合奏
（ブロークン・コンソート）
◎強弱がフレーズごとに
表現されるようになる
しかし，強弱記号はまだ現れない
◎ベネチアにオペラハウスが
現れる
◎イタリアでコンチェルトが
盛んになる
◎古典組曲が作られ始める
◎転調が行われるようになり
平均律も普及する
◎序曲の全体の雰囲気にあわせ，
歌手の技巧の誇示し，
オペラ・セリアの改革を行なう
◎ソナタ形式でオーケストラ曲を
発展させた
◎モーツアルトが美しいオペラを確立し，
ベートーベンはソナタを完成させた
コレルリ
パーセル
ビバルディ
ヘンデル
バッハ
ハイドン
ベートーベン
モーツアルト
シューマン
シューベルト

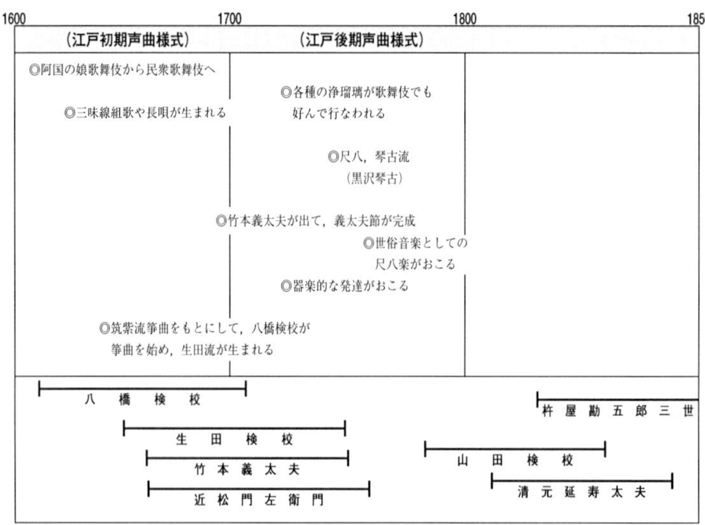
1600
1700
1800
1850
（江戸初期声曲様式）
（江戸後期声曲様式）
◎阿国の娘歌舞伎から民衆歌舞伎へ
◎三味線組歌や長唄が生まれる
◎各種の浄瑠璃が歌舞伎でも
好んで行なわれる
◎尺八，琴古流
（黒沢琴古）
◎竹本義太夫が出て，義太夫節が完成
◎世俗音楽としての
尺八楽がおこる
◎器楽的な発達がおこる
◎筑紫流箏曲をもとにして，八橋検校が
箏曲を始め，生田流が生まれる
八橋検校
生田検校
竹本義太夫
近松門左衛門
杵屋勘五郎三世
山田検校
清元延寿太夫

音楽史略年表3

1800　1850　1900　1945

ロマンティック様式～十二音様式　**前衛と多様化の時代**

◎ロマン主義が作曲の理念
機能和声と古典的形式である

◎自然描写から心理描写へ

◎ビルトゥオーソ的になり，
ロマン的

◎標題的な表現で
オーケストラ曲が展開する

◎現代音楽への道をひらいた

◎美術と関連し，
色彩的和声の始まり

◎語法で作品を構成

◎「春の祭典」でダイナミックな表現を
可能にした

◎12音を平等な立場で使う

◎十二音技法は，
精密なセリー技法まで

◎電子音のみによる音楽

◎即興的演奏内容といえる
音楽活動

リスト
ショパン
ムソルグスキー
ブラームス
チャイコフスキー
サン＝サーンス
ドボルザーク
ドビュッシー
ストラヴィンスキー
シェーンベルク
ショスタコービチ

1800　1850　1900　1945

（明治から第二次世界大戦へ）　**（世界的様式と多様化）**

◎長唄が器楽的に発達して
座敷長唄が生まれる

◎音楽取調掛の
設置

◎箏だけの合奏曲など新様式の音楽を作曲し，
《古今組》重要なレパートリーが生まれる

◎折衷的音楽を開拓するが
純粋な西洋音楽に向かう

◎尺八，都山流（中尾都山）

◎国立の音楽学校ができ，
本格的なヨーロッパ音楽の
研究と教育が始まり，
今日の音楽文化の
もとを作った

◎西洋音楽はヨーロッパと
変わらないほど盛んになる

◎邦楽も劇場中心に
盛んになる

◎国民の音楽能力は
音楽産業とともに高まる

◎日本は世界の音楽家の中でも
最高の市場となる

◎現代音楽が生まれた

杵屋勘五郎三世
杵屋六左衛門
滝廉太郎
中山晋平
下総皖一
宮城道雄
近衛秀磨
中田喜直
山田耕筰

世界の音楽

実施問題

【1】問1，問2に答えなさい。

問1　連作交響詩「我が祖国」より「ブルタバ(モルダウ)」について，(1)～(4)に答えなさい。

(1)　曲の冒頭で次の旋律を演奏する楽器を選びなさい。

ア　オーボエ　　　イ　クラリネット　　ウ　フルート
エ　ヴァイオリン　　オ　ヴィオラ

(2)　この曲の作曲者の出身国(現在の国名)を選びなさい。

ア　ノルウェー　　　イ　チェロ　　ウ　デンマーク
エ　フィンランド　　オ　ポーランド

(3)　次の①～③の旋律がこの曲で登場する順番として，正しいものを選びなさい。

①

②
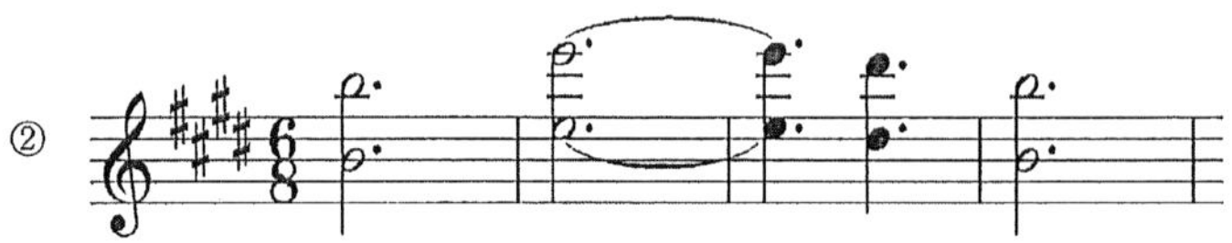

③

ア　①→③→②　　イ　②→①→③　　ウ　②→③→①
エ　③→①→②　　オ　③→②→①

(4)　この曲の作曲者と同じく国民楽派と呼ばれる作曲家について，作曲家の名前と出身国(現在の国名)の組合せとして，正しいものを選びなさい。

ア　グリーグ　－　デンマーク

イ　バラキレフ　－　ポーランド

ウ　ドヴォルジャーク　－　ノルウェー

エ　ニールセン　－　チェコ

オ　シベリウス　－　フィンランド

問2　次の(1)～(3)に答えなさい。

(1)　西アフリカ一帯に広く分布している木琴の総称を選びなさい。

ア　バラフォン　　イ　カリンバ　　ウ　クリン　　エ　コラ

オ　ンゴマ

(2)　雅楽で使用される楽器のうち，吹物に分類されるものを選びなさい。

ア　鞨鼓　　イ　笏拍子　　ウ　楽筝　　エ　鉦鼓　　オ　篳篥

(3)　次の資料は高等学校学習指導要領(平成30年3月)「第2章　第7節　芸術」の「第2款　各科目　第1　音楽Ⅰ」の「2　内容　B　鑑賞」の一部である。[　A　]～[　C　]に当てはまる語句の組合せとして，正しいものを選びなさい。

資料

(1)　鑑賞

鑑賞に関する次の事項を身に付けることができるよう指導する。

ア　鑑賞に関わる知識を得たり生かしたりしながら，次の(ア)から(ウ)までについて考え，音楽のよさや美しさを自ら味わって聴くこと。

(ア)　曲や演奏に対する評価とその根拠

(イ)　[　A　]音楽の意味や価値

(ウ)　音楽表現の共通性と固有性

イ　次のの(ア)から(ウ)までについて理解すること。

(ア)　[　B　]と音楽の構造との関わり

(イ)　[　C　]と文化的・歴史的背景，他の芸術との関わり

(ウ)　我が国や郷土の伝統音楽の種類とそれぞれの特徴

	A	B	C
ア	自分や社会にとっての	音楽の美しさ	音楽の特徴
イ	自分や社会にとっての	音楽の美しさ	芸術としての音楽
ウ	自分や社会にとっての	曲想や表現上の効果	音楽の特徴
エ	文化や芸術としての	曲想や表現上の効果	芸術としての音楽
オ	文化や芸術としての	音楽の美しさ	芸術としての音楽

2024年度 北海道・札幌市 難易度

【2】J.W.ゲーテの詩「Heidenröslein」に曲をつけていない作曲家を選びなさい。

(1) A.ヴィヴァルディ (2) F.シューベルト (3) H.ヴェルナー
(4) J.ブラームス

2024年度 埼玉県・さいたま市 難易度

【3】スメタナ作曲「連作交響詩『我が祖国』」について，次の問1～問4に答えなさい。

問1 交響詩の説明として，ふさわしいものを選びなさい。

ア 音楽を中心として，文学，演劇，舞踊，美術などの要素が密接に結び付いた総合芸術

イ 自然や文学的な内容などを，オーケストラを用いて自由な形で描く音楽

ウ 冒頭部分は，行進曲風の主題から始まり，主題と変奏を繰り返す音楽

エ いくつかの部分(段)によって構成された「段物(だんもの)」と呼ばれる器楽曲

問2 本教材と同様に，交響詩として作曲されたものを選びなさい。

ア シューベルト作曲「野ばら」

イ ラヴェル作曲「ボレロ」

ウ J.S，バッハ作曲「小フーガ ト短調」

エ シベリウス作曲「フィンランディア」

問3 本教材の説明として，ふさわしいものを選びなさい。

ア ゲーテの詩に作曲されている。

イ ボヘミア地方の伝説や自然，歴史をもとにして作曲されている。

ウ 「千一夜物語」の登場人物のイメージをもとに作曲されている。

エ 春・夏・秋・冬の4曲からなり，それぞれの季節のソネットが添えられている。

問4 本教材における第2曲「ブルタバ(モルダウ)」の主題を選びなさい。

2024年度 北海道・札幌市 難易度

【4】世界の諸民族の音楽に関する次の文中の(　A　)～(　E　)に適する語句を，以下の□の中から選び，答えなさい。

・(　A　)はアラブ諸国の音楽で用いられる弦楽器である。ヨーロッパのリュートや中国のピーパー，日本の琵琶もこの楽器の仲間と言える。

・カッワーリーはパキスタンなどに伝わる宗教的な歌で，(　B　)やタブラーなどの太鼓，手拍子が用いられ，速度の変化とともに音楽が盛り上がっていく。

・オルティンドーは(　C　)に伝わる民謡で，婚礼や祝い事，祭りの際に歌われてきた。拍のない音楽で，コブシのような細かい節回しが特徴である。

・(　D　)は中国の伝統的な歌舞劇の一つである。「歌」「セリフ」「しぐさ」「立ち回り」の4つの要素が一体となってストーリーが展開していく音楽劇である。

・ドゥドゥクはアルメニアに伝わる楽器で，発音体はトルコの(　E　)や日本の篳篥と同じリード楽器である。独特な音色と細かく揺れる旋律の動きに特徴がある。

ガムラン	ズルナ	モンゴル	朝鮮半島	京劇
ウード	タンソ	コラ	シタール	ハルモニウム

2024年度 鳥取県 難易度

【5】次の(1)～(5)の楽曲の作曲者として最も適切なものを①～⑤よりそれぞれ選びなさい。

(1)　ブルタバ(モルダウ)

(2)　フーガ ト短調

(3)　交響詩「フィンランディア」

(4)　組曲「展覧会の絵」

(5)　ボレロ

①　バッハ　　②　ラヴェル　　③　シベリウス

④　スメタナ　　⑤　ムソルグスキー

2024年度 三重県 難易度

【6】次の(1)～(4)の楽譜は，ある曲の一部である。作品名と作曲者名を以下の語群からそれぞれ選び，記号で答えなさい。

≪語群≫

(作品名)

ア　交響曲第7番　　イ　五木の子守唄

ウ　フィンガルの洞窟　　エ　≪四季≫より「冬」

オ　交響曲第4番　　カ　ピアノ協奏曲第1番

キ　六段の調　　ク　ヴァルキューレの騎行

(作曲者名)

a　ヴァーグナー　　b　レスピーギ　　c　ヴィヴァルディ

d　メンデルスゾーン　　e　八橋 検校　　f　ベートーヴェン

g　團 伊玖磨　　h　ショパン

2024年度 | 佐賀県 | 難易度

【7】「ボレロ」について，次の(1)～(5)の各問いに答えよ。

(1)　この曲の作曲者名を答えよ。

(2)　次の文は，この曲について説明した文である。文中の(　①　)～(　④　)に入る適切な語句をそれぞれ答えよ。ただし，②は国名，③は楽器名である。

> 「ボレロ」は，(　①　)音楽として作曲された。この作品には，18世紀末に(　②　)で流行した3拍子系の舞曲であるボレロのリズムが使われている。このリズムは，(　③　)によって一貫して演奏され続け，それにのって2つの旋律が交互に繰り返される。また，曲全体を通して(　④　)していき，***ff***で終わることも大きな特徴である。

(3)　次の楽譜中の「pizz.」は，奏法の指示である。どのような奏法か説明せよ。

(4) 次の楽譜は，曲全体を通して繰り返し演奏される2つの旋律の一部である。以下のア，イの各問いに答えよ。

ア 旋律Aの始めの4小節を記入せよ。ただし，スラーは記入しなくてよい。

イ 旋律Bを最初に演奏する楽器はファゴットである。ファゴットが最初に演奏する部分の楽譜として適切なものを次のa～dから一つ選び，記号で答えよ。

(5) 授業でこの曲を取り扱う際に，リズムの反復に着目させるため，「組曲『惑星』から第1曲『火星』」と比較鑑賞する学習活動を仕組んだ。『火星』の拍子及び曲全体を通して繰り返し演奏されるリズムを1小節記入せよ。

2024年度 山口県 難易度

【8】「ブルタバ(モルダウ)」(連作交響詩「我が祖国」から)に関する(1)～(6)の問いに答えよ。

(1) この曲の説明として適当でないものを，次の1～5のうちから一つ選べ。

1 この曲はチェコの自然や伝説，歴史に基づく6曲の交響詩の第2曲である。

2 この曲が作曲された当時，チェコはオーストリアの強い支配を受けていて母国語を話すことを禁じられていた。

3 この曲にはブルタバ川の流れを物語った作者自身による解説が付けられている。

4 この曲はロシアによる圧政からの愛国独立運動が激しく高まった時期に作られた。

5 この曲は，毎年チェコで開催される「プラハの春音楽祭」のオープニングで演奏される。

(2) 「交響詩」の説明として最も適当なものを，次の1～5のうちから一つ選べ。

1 19世紀の中頃に成立した，自然や文学的な内容などを，オーケストラを用いて自由な形で描く音楽のこと。

2 二つの主題を対比的に用いて，技巧豊かに展開していく形式。提示部，展開部，再現部の三つの部分からなる。

3 「ともに響く」というギリシア語に由来し，ソナタ形式の楽章を含む多楽章の管弦楽曲のこと。

4 独奏者とオーケストラのための多楽章の音楽のこと。

5 複数で演奏する重奏，および各パートが一人で演奏する合奏のための楽曲のこと。

(3) 次の楽譜1～3を演奏している楽器の組合せとして最も適当なものを，以下の1～5のうちから一つ選べ。

	楽譜1	楽譜2	楽譜3
1	フルート	クラリネット	ホルン
2	クラリネット	フルート	ホルン
3	フルート	ファゴット	トランペット
4	クラリネット	フルート	トランペット
5	フルート	クラリネット	トランペット

(4) 次のA～Gの7つの標題の演奏の順序として最も適当なものを，以下の1～5のうちから一つ選べ。

A 月の光，水の精の踊り

B 聖ヨハネの急流

C ブルタバの2つの源流

D ビシェフラトの動機

E 森の狩猟

F 幅広く流れるブルタバ

G 農民の結婚式

1 C－G－E－A－B－F－D

2 C－D－E－G－A－B－F

3 C－G－A－E－B－D－F

4 C－E－G－B－A－F－D

5 C－E－G－A－B－F－D

(5) 次の①と②の旋律の調性関係として最も適当なものを，以下の1～5のうちから一つ選べ。

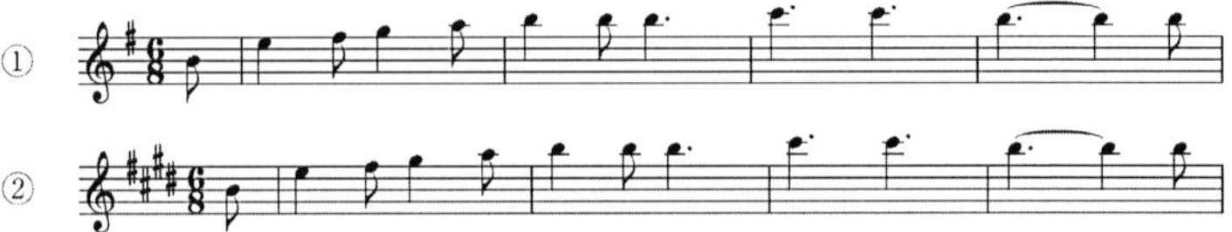

1　属調　　2　下属調　　3　平行調　　4　同主調　　5　主調

(6)　作曲者のスメタナが活躍した時代の，日本音楽の特徴や作品として最も適当なものを，次の1～5のうちから一つ選べ。

1　猿楽が流行した。

2　竹本義太夫が義太夫節を創始した。

3　三味線が伝来した。

4　文部省に音楽取調掛が設置された。

5　武満徹の「ノヴェンバー・ステップス」が初演された。

■2024年度■大分県■難易度■■■■

【9】次の各問いに答えよ。

(1)　楽式等に関する説明として誤っているものを，次の①～④の中から一つ選び，記号で答えよ。

①　ドイツで宗教改革を行ったルターは，プロテスタント教会の礼拝用音楽として，ドイツ語の歌詞による「コラール」を生み出した。

②　ヨーロッパ各地の教会で使われていた単旋律の聖歌は，しだいに収集，整理され，ローマ・カトリック教会の礼拝用の音楽に定められた。これらは「グレゴリオ聖歌」と呼ばれ，イタリア語の歌詞で無伴奏で斉唱された。

③　古代ギリシャの哲学者ピュタゴラスと彼を中心とする理論家たちは，数を万物の根源とした。彼らは，オクターヴ，5度，4度の音程を作り出す弦の長さが，それぞれ2対1，3対2，4対3という単純な数比であることを発見した。

④　独唱を通奏低音で伴奏するモノディー様式の歌曲がイタリアで生まれた。伴奏声部となる通奏低音には構成音を示す数字が書かれており，演奏者はこの数字をもとに即興で和音を加えて演奏した。

(2)　19世紀後半のロシアや東欧，北欧諸国では民族主義が台頭し，ドイツ，フランス，イタリアなどで形成された音楽を受け継ぎながらも，民族性や国民性を反映した音楽が生み出されるようになった。その主な作曲家のうち，<ロシア五人組>に該当しないものを，次の

①～④の中から一つ選び，記号で答えよ。

① チャイコフスキー　② ボロディン　③ キュイ

④ バラキレフ

▌2024年度 ▌沖縄県 ▌難易度 ■■■■□□

【10】次の(1)～(5)の問いに答えよ。

(1) 印象主義の音楽の特徴として最も適当なものを，次の1～5のうちから一つ選べ。

1 シューベルト，シューマン，ブラームスなどは，歌とピアノが一体となって詩の内容やイメージを表現する「ドイツ・リート」を作曲し，このジャンルの発展に貢献した。

2 1600年頃にイタリアのフィレンツェで初めてオペラが上演されて以降，モンテヴェルディらによって本格的な作品が作られるようになった。

3 グルックによってオペラの改革が行われ，劇の進行や全体の調和を重視した作品が生まれた。

4 ドビュッシーは，教会旋法や全音音階などを用い，従来には見られない多彩な音色や響きを追求した。

5 ケージは，音楽を構成する要素の全てを作曲者が確定せず，演奏者や環境などに委ねるという「偶然性・不確定性の音楽」を生み出した。

(2) 「ボレロ」(ラヴェル作曲)の特徴として適当でないものを，次の1～5のうちから一つ選べ。

1 1910年にパリ・オペラ座で初演され，ロシアの民謡をもとにした作品である。

2 ボレロのリズムは，全曲を通して169回演奏される。

3 ラヴェルは，1928年にロシアの前衛舞踊家イダ・ルビンシテインの依頼により作曲した。

4 楽器の組合せを変えながら旋律が何度も繰り返され，曲全体が1つの長いクレシェンドで演奏される。

5 旋律を演奏している楽器の中に，チェレスタという鍵盤楽器がある。

(3) 「ボレロ」(ラヴェル作曲)の小太鼓のリズム譜として最も適当なものを，次の1～5のうちから一つ選べ。

(4) 次の楽譜の旋律の教会旋法として最も適当なものを，以下の1～5のうちから一つ選べ。

1 リディア旋法　2 ミクソリディア旋法　3 イオニア旋法
4 フリギア旋法　5 ドリア旋法

(5) ラヴェルの作品の楽譜として最も適当なものを，次の1～5のうちから一つ選べ。

2024年度 大分県 難易度

【11】次の〔説明文〕と〔楽譜〕を見て，(1)～(4)の問いに答えなさい。

〔説明文〕

> ①1600年前後の時期に，ルネサンスのポリフォニーに対する意識的な反動の動きがみられた。なかでも，ペーリやガリレオ・ガリレイの父であるヴィンツェンツォ・ガリレイなどの文化人やフィレンツェの貴族などが参加していた[　ア　]と呼ばれるグループは，通奏低音，伴奏付き独唱歌曲である[　イ　]，レチタティーヴォなどを打ち出した。また，[　ウ　]とよばれる新しいタイプの音楽劇も，彼らの探求の結果として生まれてきた。

〔楽譜〕

(1) [　ア　]～[　ウ　]に当てはまる語句を，次のa～hから1つずつ選び，記号で書きなさい。

a　アルス・ノヴァ　　b　ポリフォニー　　c　モノディー
d　オペレッタ　　e　交響曲　　f　オペラ
g　カメラータ　　h　フーガ

(2) この〔楽譜〕は，[　イ　]を集めた「新音楽」という曲集に入っている曲である。この曲の作曲家を次のa～dから1つ選び，記号で書きなさい。

a　パレストリーナ　　b　カッチーニ　　c　スカルラッティ
d　ジョルダーニ

(3) [　ウ　]について，(2)の人物とペーリが作曲し，モンテヴェルディの「オルフェオ」と同じギリシャ神話をもとに作られた曲の名前を答えなさい。

(4) 下線①とほぼ同じ時期に日本で起こったこととして誤っているものを，次のa～dから1つ選び，記号で書きなさい。

a　徳川家康が征夷大将軍になる。
b　出雲阿国による歌舞伎踊りが流行する。
c　世阿弥が風姿花伝を書く。
d　能が幕府の式楽になる。

2024年度 ｜ 福島県 ｜ 難易度 ■■■□□

【12】連作交響詩「我が祖国」から「ブルタバ」について次の問いに答えよ。

問1　作曲者名を答えよ。

問2　この曲が生まれた背景について説明した文である。空欄①・②に当てはまる国名を答えよ。

当時，(　①　)帝国から独立しようとしていた作曲者の祖国(　②　)に対する思いが込められている。

問3 「ブルタバ」が作曲された時代に最も近い日本の出来事を次のア～エから選び，記号で答えよ。

ア　福沢諭吉「学問のすゝめ」刊行

イ　野口英世　研究対象の黄熱病で死去

ウ　松尾芭蕉「おくのほそ道」刊行

エ　徳川吉宗「享保の改革」推進

問4　この曲に感銘を受け，「スラヴ叙事詩」を描いた画家を次のア～エから選び，記号で答えよ。

ア　ムハ(ミュシャ)　　イ　シーレ　　ウ　ロートレック

エ　クリムト

問5　交響詩とはどのような音楽か，交響曲と比較して共通点と相違点をそれぞれ説明せよ。

問6　次の楽譜は「ブルタバを表す旋律」の一部と曲の後半に表れる旋律の一部である。後半に表れる旋律が表現するブルタバの情景について根拠を挙げながら説明せよ。

2024年度　鹿児島県　難易度

【13】世界の音楽について，次の問いに答えなさい。

1　次の諸民族の音楽に関する説明文(1)～(4)について，もっとも関連の深い語句を以下のア～エからそれぞれ1つ選んで，その符号を書きなさい。

> (1)　ヒンドゥー教の寺院に奉納される，悪魔と善の神との戦いが描かれるバリ島の有名な舞踊劇である。
>
> (2)　水牛の皮で作られた人形を用いて演じられる，インドネシアの影絵人形芝居である。
>
> (3)　その年の収穫を感謝し翌年の豊作を願うため，太陽神に祈りを捧げたことを起源とするペルーの祭りである。
>
> (4)　タイ版「ラーマ物語」である「ラーマキエン」を演じるタイ独自の仮面舞踊劇である。

ア　ワヤン・クリ　　イ　バロン・ダンス　　ウ　コーン

エ　インティ・ライミ

2　次の作曲者(1)～(4)について，もっとも関連の深い説明文を，以下のア～エからそれぞれ1つ選んで，その符号を書きなさい。

(1)　武満　徹　　(2)　坂本　龍一　　(3)　團　伊玖磨

(4)　伊福部　昭

ア　オペラ「夕鶴」は，日本人によるオペラの代表作として知られている。

イ　アイヌの音楽や日本の伝統音楽から影響を受け，独自の作風を展開した。

ウ　「ノヴェンバー・ステップス」をはじめ，世界的に注目される作品を数多く残した。

エ　現代音楽，テクノ，R&Bなど多様な音楽を取り入れた作品を発表している。

2024年度　兵庫県　難易度

【14】次の文章は，スメタナ作曲の連作交響詩『我が祖国』の第2曲「ヴルタヴァ」について，生徒が書いた紹介文である。以下の1から4の問いに答えよ。

> スメタナが活躍していた頃，祖国チェコはオーストリア・ハンガリー帝国の強い支配を受けていました。スメタナは，チェコの自然や伝説，歴史を連作交響詩『我が祖国』で表現しました。第2曲「ヴルタヴァ」は，ヴルタヴァ川が上流から下流に向かってだんだんと大河になっていく様子を描いた曲です。
>
> 「ヴルタヴァの2つの源流」では，フルート，クラリネットが水源から湧き出す2つの小さな水の流れを表現しています。その後，ヴァイオリンとオーボエが合流して$_{A}$<u>ヴルタヴァを表す旋律</u>を演奏します。私は，この旋律がとても気に入っています。「森の狩猟」では，[　①　]が力強く響き渡ります。「村の婚礼」では，チェコの舞曲の[　②　]がヴァイオリン，クラリネットで演奏されます。「月の光，水の精の踊り」では，月の光にたわむれて，水の精が踊っている様子がフルートによって演奏されます。「聖ヨハネの急流」では，水が激しく急斜面を落下する様子が金

管楽器等で演奏され，緊張感があります。その後の「幅広く流れるヴルタヴァ」では，木管楽器とヴァイオリンによって，再びヴルタヴァ川が穏やかさを取り戻す様子が演奏されます。$_{B}$「ヴィシェフラドの動機」では，川が大きく広がり，古城ヴィシェフラドの丘を通り抜ける様子が堂々と表現されます。

オーケストラによって，川の流れとともに移り変わる情景や人々の生活が表現され，スメタナの祖国に対する思いが満ちあふれている曲です。

1　チェコの国民楽派の作曲者とその作品を，次の表のアからコのうちからそれぞれ一つずつ選び，記号で答えよ。

作曲者	作品
ア　サン＝サーンス	カ　ペール・ギュント
イ　ボロディン	キ　組曲「カレリア」
ウ　グリーグ	ク　交響曲第９番「新世界より」
エ　シベリウス	ケ　交響詩「中央アジアの草原にて」
オ　ドヴォルジャーク	コ　序奏とロンド・カプリッチョーソ

2　下線部Aについて，第1ヴァイオリンが演奏する旋律の空白部分を高音部譜表に記せ。

3　[　①　]，[　②　]にあてはまる最も適切な語句を次のアからクのうちからそれぞれ一つずつ選び，記号で答えよ。

ア　マズルカ　　イ　トレパーク　　ウ　ホルン
エ　テューバ　　オ　ポルカ　　カ　ガヴォット
キ　トランペット　　ク　トロンボーン

4　次のアからウは，「ヴルタヴァ」の一部である。下線部Bの標題を表した楽譜を一つ選び，記号で答えよ。

ア

イ

ウ 

▌2024年度 ▌栃木県 ▌難易度 ■■■□□

【15】「Vaga luna, che inargenti」の作曲家について説明しているものを選びなさい。

(1) 19世紀に活躍したオーストリアの作曲家。31年という短い生涯で1000曲にも及ぶ作品を残した。

(2) 19世紀に活躍したイタリアの作曲家。18歳でオペラ作曲家としてデビュー。全39作のオペラを書き上げたのち，40代半ばでオペラ界を引退した。

(3) 19世紀後半から20世紀初頭にかけて活躍したフランスの作曲家。特にフランス歌曲の分野で大きな功績を残した。

(4) 19世紀のイタリア・オペラを代表する作曲家。34年という短い生涯で10作のオペラと数十曲に及ぶ歌曲を残した。

▌2024年度 ▌埼玉県・さいたま市 ▌難易度 ■■■□□

【16】次の(1)～(3)の問いに答えよ。

(1) 西洋音楽において声楽より価値が低いとされていた器楽が，独立した1つのジャンルとして発展をとげた時代に，日本ではどのような出来事があったか，次の1～5から1つ選べ。

1 琵琶法師が「平家物語」を語り始める。

2 観阿弥，世阿弥親子によって，能の基本的な形が整う。

3 八橋検校が近世箏曲の基礎をつくる。

4 ペリーの率いる米艦隊が，久里浜上陸に際して軍楽隊の演奏を行う。

5 中国や朝鮮半島から，さまざまな舞楽や楽器などが伝わる。

(2) グレゴリオ聖歌の説明として適切でないものを，次の1～5から1つ選べ。

1 グレゴリオ聖歌は，11世紀に生まれた。

2 グレゴリオ聖歌は，ネウマ譜という楽譜に記された。

3　グレゴリオ聖歌は，教会旋法に基づいている。

4　グレゴリオ聖歌は，拍節的でないリズムが特徴である。

5　グレゴリオ聖歌は，単旋律が特徴である。

(3)　自国の風土や物語，民謡などを題材とするなど，民族主義的な思潮にもとづく音楽を国民楽派の音楽と呼ぶことがある。国民楽派の作曲家として正しいものを，次の1～5から1つ選べ。

1　ブラームス　　2　ムソルグスキー　　3　ドビュッシー

4　ラヴェル　　5　リスト

2024年度　奈良県　難易度

【17】次の〔説明文〕を読んで，(1)，(2)の問いに答えなさい。

〔説明文〕

> ①「アヴェ・マリア」の原点は，単旋律で歌われるローマ・カトリック教会の典礼歌であった。「アヴェ・マリア」を含む一連の典礼歌は，[　ア　]聖歌と呼ばれている。〔譜例〕は，[　ア　]聖歌の「アヴェ・マリア」の一つで，当時の公用語であった[　イ　]語を引き伸ばし，イエスを身ごもったマリアを祝福している。
>
> 〔譜例〕
>
> A - ve Ma - ri - a, ～

(1)　[　ア　]，[　イ　]に当てはまる語句を答えなさい。

(2)　下線①と同じタイトルの曲を，次のa～eから2つ選び，記号で書きなさい。

2024年度 福島県 難易度

【18】次の文を読み，以下の問いに答えよ。

現代につながるヨーロッパの音楽は中世の音楽に発する。キリスト教の聖歌であるグレゴリオ聖歌から(　ア　)が発達し，ルネサンス時代に全盛となる。聖歌の唱法として階名唱法が誕生した。

$_{A}$フランツ・リストに代表されるロマン派の時代の最中，$_{B}$1889年の第4回パリ万国博覧会で紹介されたアジアの音楽はヨーロッパの多くの作曲家に影響を与え，新たな潮流を生みだすきっかけとなった。この万国博覧会では各国の文化活動の一つとして音楽も紹介されており，クロード・ドビュッシーは(　イ　)等の非西洋的な音楽に触れ，やがて既成の音楽観や形式に捕らわれない独自の音楽語法を生み出し，現代音楽への道をひらいた。

20世紀に入り第一次世界大戦を経験したヨーロッパでは，様々な作曲思想，技法が生まれた。一つはストラヴィンスキーの「$_{C}$*バッハに帰れ」という言葉が示すように，過去の形式や様式を回顧する(　ウ　)である。また(　エ　)は十二音技法を生み出し，それは第二次世界大戦後にセリー音楽へと発展していく。

(＊はJ.S.バッハを指す)

(1)　(　ア　)にあてはまる適切なものを①～⑤から選び，番号で答えよ。

①　和声音楽　　②　多声音楽　　③　標題音楽　　④　絶対音楽

⑤　典礼音楽

(2)　下線部Aの作曲家が手がけた楽曲として適切なものを①～⑤から選び，番号で答えよ。

①

②

③

④

⑤

(3)　下線部Bについて，この年の日本の音楽に関する出来事として適切なものを①～⑤から選び，番号で答えよ。

①　歌謡曲の流行　　②　文部省初の音楽専修生の留学

③　新日本音楽の誕生　　④　長唄「吾妻八景」の初演

⑤　宮内庁式部職楽部の設置

(4)　(　イ　)にあてはまる適切なものを①～⑤から選び，番号で答えよ。

①　サンジョー　　②　ジンジュ　　③　スージューユエ

④　ガムラン　　⑤　オルティンドー

(5)　下線部Cの作曲家と同時代に活躍した作曲家として適切でない人物を①～⑤から選び，番号で答えよ。

①　リュリ　　②　パーセル　　③　パレストリーナ

④　グルック　　⑤　コレッリ

(6) (　ウ　)にあてはまる適切なものを①～⑤から選び，番号で答えよ。

① 新古典主義　② 原始主義　③ 新ロマン主義

④ 表現主義　⑤ 象徴主義

(7) (　エ　)にあてはまる適切な人物を①～⑤から選び，番号で答えよ。

① メシアン　② オルフ　③ ショスタコーヴィチ

④ シェーンベルク　⑤ ベリオ

2024年度 ｜ 神戸市 ｜ 難易度

【19】山田検校が活躍した時期に西洋音楽史で起きた出来事として正しいものを選びなさい。

(1) F.リストが交響詩「前奏曲」を作曲した。

(2) J.S.バッハが誕生した。

(3) L.v.ベートーヴェンが「交響曲　第1番」を作曲した。

(4) C.ドビュッシーが誕生した。

2024年度 ｜ 埼玉県・さいたま市 ｜ 難易度

【20】次の(ア)～(エ)の作曲家を生誕順に正しく並べたものを選びなさい。

(ア) A.ヴィヴァルディ　(イ) A.コレッリ

(ウ) C.モンテヴェルディ　(エ) J.ハイドン

(1) (イ)→(ウ)→(ア)→(エ)　(2) (イ)→(ウ)→(エ)→(ア)

(3) (ウ)→(ア)→(エ)→(イ)　(4) (ウ)→(イ)→(ア)→(エ)

2024年度 ｜ 埼玉県・さいたま市 ｜ 難易度

【21】次の文章を読んで以下の問いに答えなさい。

中世において礼拝のために重要な音楽は，今日(　①　)聖歌と呼ばれている，聖書の言葉などを朗誦した(　②　)の聖歌である。これらの聖歌はその後，歌詞の変更や別の旋律が追加されるなどして，その数を増加させた。とりわけ，旋律の追加はやがて多声音楽の発達を促した。このような初期の多声音楽は(　③　)と呼ばれた。特に，パリの(　④　)寺院では，(　④　)楽派と呼ばれる修道士たちによる，華麗な(　③　)が演奏されていた。また，ヨーロッパ各地では地方の領主が勢力を広げ，宮廷では【　あ　】が活躍して，世俗的な歌曲を披露した。11世紀末から13世紀にかけてフランス南部を中心に活躍した詩人兼作曲家たちを(　⑤　)，12世紀末から13世紀末にかけてフランス北部で活躍した音楽家たちを(　⑥　)といった。また，12世紀後半から14世紀初めにかけて(　⑦　)はドイツやオーストリアの宮廷で活躍しその作風は(　⑤　)と(　⑥　)から受け継いでいた。

14世紀になると，多様なリズムが表記できる【い】記譜法が開発され，多声音楽の各声部も，美しくしなやかな旋律となった。この時代の音楽はフランスでは(　⑧　)と呼ばれ，イタリアでは(　⑨　)と呼ばれた。中世においてフランスとイタリアの両国で開花した音楽文化は，ルネサンスになると，イギリスとフランスの音楽文化が融合したブルゴーニュ公国の首都ディジョンとブリュッセルで開花した。特にブリュッセルでは(　⑩　)やバンショワなどの音楽家が活躍した。こうして，フランス北部からフランドル地方にかけての地域は，音楽の先進地域となり，この地にある教会音楽学校からは優れた音楽家が輩出された。その後，フランドル出身の音楽家はイタリアからオーストリア，そして南ドイツで活躍した。

16世紀末から17世紀初めにかけては，バロックの新しい音楽様式やジャンルの開発期にあたり，【う】モノディー様式，劇的様式がおこり，声楽では【え】オペラやオラトリオ，(　⑪　)が生み出されるとともに，器楽では，【お】協奏様式を取り入れた作品が書かれた。17世紀後半には，組曲とトリオ・ソナタが完成され，コンチェルト・グロッソとソロ・コンチェルトが創出された。

(1)　(　①　)から(　⑪　)に当てはまる適切な語句を答えなさい。

(2)　【　あ　】に当てはまる語句を漢字四文字で答えなさい。

(3)　【い】記譜法に関係する，次の文章を読み，ふさわしい語句を漢字五文字で答えなさい。

> 12世紀から用いられていたモードリズムの記譜法に代わって登場した。1260年頃にケルンのフランコによって考えられ，音符の形によって音の長短を明確に示すこの方法は，1600年頃まで使われた。

(4) 【う】モノディー様式に用いられる伴奏法の名称を漢字四文字で答えなさい。

(5) 【え】オペラにおいて，この時代を代表する作曲家で，ヴェネツィアのサンマルコ大聖堂の楽長を務め，「オルフェオ」などの作品を残した人物名を答えなさい。

(6) あるイタリア語は，【お】協奏様式と訳される。そのイタリア語の読みをカタカナで答えなさい。

2024年度 長野県 難易度

【22】バレエ音楽「ボレロ」について，次の問いに答えなさい。

問1 この曲を作曲した人物の説明として最も適当なものを，次の①～④から一つ選びなさい。

① 1862年にフランスで生まれた作曲家。カンタータ『道楽息子』でローマ大賞を受賞した。パリで開かれた万国博覧会できいた安南，カンボジア，ジャワなどの音楽に強い感銘を受けた。

② 母親がスコットランド人の作曲家である。パリ音楽院入学後，和声とピアノを学んだが，アカデミックな音楽に反感をもち，読書に没頭した。ピアノ曲『3つのジムノペディ』が有名である。

③ 「フランス六人組」の一人として作曲界の注目を浴びた。主要な作品としてオペラ『ティレジアスの乳房』，無伴奏合唱曲『スタバト・マーテル』が挙げられる。

④ ジャズに関心をいだき，自らの作品にもその表現法を取り入れた。アメリカへの演奏旅行では，ボストン交響楽団を指揮して自作を演奏した。『シェエラザード』も作品の一つである。

問2 この曲を作曲した人物と同時期に活躍した作曲家として適当ではない人物を，次の①～⑤から一つ選びなさい。

① マーラー　② R.シュトラウス　③ ベルリオーズ
④ 滝廉太郎　⑤ バルトーク

問3 この曲では，スネア・ドラムが2小節の同じリズムを冒頭から一貫して繰り返し演奏する。このことについて，次の(1)(2)に答えなさい。

(1) このリズムは，1780年に舞踊家セバスティアン・セレソによって始められた舞踊に由来する。この舞踊家が生まれた国として正しいものを，次の①～⑤から一つ選びなさい。

① アメリカ　② ポルトガル　③ ポーランド

④ スペイン　⑤ ドイツ

(2) スネア・ドラムが繰り返し演奏する2小節のリズム譜を書きなさい。

問4 次の〔旋律A〕と〔旋律B〕はこの曲の主な旋律の楽譜であり，これらの旋律が以下の<曲の構成(概略)>に示される順で演奏される。このことについて，あとの(1)～(4)に答えなさい。

〔旋律A〕

＜曲の構成(概略)＞

冒頭部→A→A→B→B→A→A→B→B→A→A→B→B→(以下省略)
[ア]　[イ]　[ウ]

(1) 曲の構成(概略)の下線部[ア]では，旋律Aが2回演奏される。1回目に旋律Aを演奏する楽器と2回目に旋律Aを演奏する楽器の組合せとして正しいものを，次の①～④から一つ選びなさい。

① 1回目－オーボエ　2回目－クラリネット
② 1回目－クラリネット　2回目－フルート
③ 1回目－フルート　2回目－オーボエ
④ 1回目－フルート　2回目－クラリネット

(2) 曲の構成(概略)の下線部[イ]で旋律Aを演奏するのはある管楽器である。それは何管の楽器か，正しいものを，次の①～④から一つ選びなさい。

① E♭管　② F管　③ A管　④ B♭管

(3) 曲の構成(概略)の下線部[ウ]では，ピッコロ2本，ホルン，チェレスタが同時に演奏することで倍音の効果を利用した響きがする。ここでのピッコロ2本の調性は何調と何調か，2つの調性の組合せとして正しいものを，次の①～④から一つ選びなさい。

① ホ長調とト長調　② ト長調とヘ長調
③ 変ロ長調とニ長調　④ ハ長調とト長調

(4) 旋律Bには様々な旋法や音階が使われている。旋律Bの[あ]〜[え]で使われている教会旋法や音階として正しいものを，次の①〜⑥からそれぞれ一つずつ選びなさい。ただし，基音〔終止音〕はすべてC音と考えるものとする。

① ドリア旋法　② フリギア旋法
③ ミクソリディア旋法　④ スペイン音階
⑤ 旋律的長音階の下行形　⑥ 和声長音階

問5 この曲に使われる楽器として誤っているものを，次の①〜⑥から一つ選びなさい。

① ティンパニ　② アルト・フルート
③ テナー・サクソフォン　④ ピッコロ・トランペット
⑤ イングリッシュ・ホルン　⑥ ハープ

2024年度 石川県 難易度■■■■□

【23】次の1〜8の問いに答えなさい。

1 次の文は，バロックの音楽について説明したものである。文中の(①)〜(⑤)に当てはまる語句の組み合わせとして最も適切なものを，以下のa〜eの中から一つ選びなさい。

16世紀末，(①)においてカメラータと呼ばれる文人サークルが結成された。このサークルには，作曲家の(②)やペーリなどが参加していた。彼らが古代ギリシャの悲劇を模範として音楽劇の復興に取り組んだのがオペラの始まりとされている。

オペラはやがて，イタリア各地で上演されるようになった。(③)の「オルフェオ」は初期のイタリア・オペラの傑作である。17世紀後半から18世紀の初めにかけて，オペラの活動の中心は(④)に移り，その活動を支えたのがアレッサンドロ・スカルラッティである。この頃のオペラでは，急— 緩— 急の三部で構成される(⑤)と呼ばれたイタリア風序曲が確立された。

	①	②	③	④	⑤
a	フィレンツェ	カッチーニ	モンテヴェルディ	ナポリ	シンフォニア
b	ローマ	カッチーニ	モンテヴェルディ	ヴェネツィア	パルティータ
c	フィレンツェ	モンテヴェルディ	カッチーニ	ヴェネツィア	シンフォニア
d	ローマ	カッチーニ	モンテヴェルディ	ナポリ	シンフォニア
e	ローマ	モンテヴェルディ	カッチーニ	ヴェネツィア	パルティータ

2 次の著作と人物の組み合わせとして適切でないものを，次のa～eの中から一つ選びなさい。

a 「クラヴィーア奏法」C.P.E.バッハ

b 「ヴァイオリン奏法」L.モーツァルト

c 「グラドゥス・アド・パルナッスム」フックス

d 「フルート奏法」サリエリ

e 「和声論」ラモー

3 次の楽譜が示す楽曲に関する説明として最も適切なものを，以下のa～eの中から一つ選びなさい。

a 「千夜一夜物語」の中のエピソードを集めたもので，全4曲からなる。

b チェコ自国の素材を生かしつつ，スピリチュアルやアメリカの先住民の音楽を意欲的に吸収し，作品に反映させている。

c ある画家の遺作展覧会に触発されて書かれたもので，絵にちなんだ10曲とプロムナードと呼ばれる部分で構成されている。

d チェコの自然や伝説，歴史に基づく6曲の交響詩で構成されており，川の情景を通じて祖国の姿が描写されている。

e 象徴主義の詩人の作品から受けた印象や官能的な夢の世界が表現されている。

4 次のア～オの作品が作曲された順に並べたとき最も適切なものを，以下のa～eの中から一つ選びなさい。

ア 「天地創造」

イ 「女の愛と生涯」
ウ 「世の終わりのための四重奏曲」
エ 「教皇マルチェルスのミサ曲」
オ 「大学祝典序曲」
a ア→エ→イ→ウ→オ
b イ→オ→ア→エ→ウ
c エ→ア→イ→オ→ウ
d ア→エ→イ→オ→ウ
e エ→ア→イ→ウ→オ

5 次のア～エは，オペラ『アイーダ』で演奏される楽曲である。オペラの展開において，現れる順に並べたとき最も適切なものを，以下のa～eの中から一つ選びなさい。
ア 「凱旋行進曲」
イ アリア「おお，我が故郷」
ウ アリア「清きアイーダ」
エ 二重唱「さらばこの世よ，涙の谷よ」
a イ→ア→ウ→エ
b ウ→ア→イ→エ
c ア→ウ→イ→エ
d ウ→ア→エ→イ
e イ→ウ→ア→エ

6 次の文はソナタ形式について説明したものである。文中の(①)～(③)に当てはまる語句の組み合わせとして最も適切なものを，以下のa～eの中から一つ選びなさい。

主な応用楽式のひとつであるソナタ形式は提示，展開，再現の各部からなる複合3部形式の発展した形式とみることができる。二つの主題を示す提示部では第1主題が主調で現れ，経過句などを経て第2主題が提示される。この第2主題は主調が長調のときは(①)で，短調のときは(②)である場合が多い。これらの主題は展開部で発展しながら扱われ再現部に続く。再現部では二つの主題が再現されるが，ここでの第2主題は(③)で現れる。

	①	②	③
a	同主調	属調	属調
b	同主調	主調	属調
c	属調	平行調	属調
d	属調	同主調	主調
e	属調	平行調	主調

7　次の図は，ヨーロッパの出来事，とりわけ王政から共和制へと向かう動きを年代順に整理したものである。ベートーヴェンの「交響曲第9番」が作曲された時期として最も適切なものを，以下のa～eの中から一つ選びなさい。

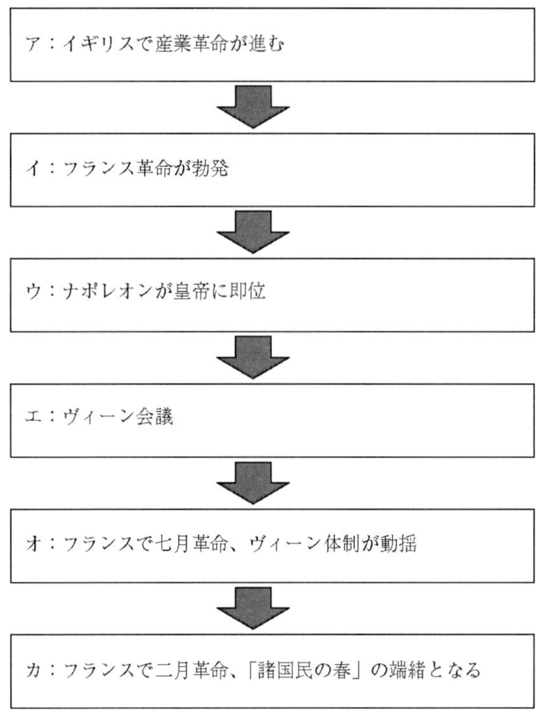

a　アとイの間　　b　イとウの間　　c　ウとエの間
d　エとオの間　　e　オとカの間

8　ポピュラー音楽について適切でないものを，次のa～eの文の中から一つ選びなさい。

a　19世紀後半にアメリカ南部のアフリカ系アメリカ人が，その過酷な生活や日常の憂鬱を歌ったことから生まれたのがブルースである。B.B.キングはブルース・ギタリストだけではなく，エリック・クラプトンなどのロック・ギタリストにも影響を与えた。

b　リズム・アンド・ブルースはブルースとゴスペルのリズム感が融合して生まれ，1940年代には電気楽器の導入によってリズムが強調されるようになった。「アイ・ゴット・ユー」がヒットしたジェームス・ブラウンが有名である。

c　アメリカン・ミュージックの伝統のひとつであるカントリー・アンド・ウエスタンは，バンジョーやスティール・ギターなどを用いて演奏されることが多い。ハンク・ウィリアムスの「ジャンバラヤ」などがヒットした。

d　フォークでは政治的・思想的メッセージが歌われることが多く，平和運動や反戦運動においても盛んに歌われた。ジョーン・バエズの代表曲のひとつである「ドンナ・ドンナ」は日本でもよく知られている。

e　ギタリストのジミー・ページがメンバーであるレッド・ツェッペリンは，アメリカのロック・バンドでハード・ロックの代名詞といわれた。代表作に「天国への階段」があり，1970年代以降のヘヴィ・メタルの原型となる。

2024年度 茨城県 難易度

【24】次の①～③の楽譜について，曲名を以下のA～Jの中から，作曲者名をあとのア～コの中から，それぞれ一つずつ選び，その記号を書け。

曲名

A オペラ『タンホイザー』　B 交響曲 第3番 『英雄』
C 交響組曲『シェエラザード』　D サクソフォーン四重奏曲
E 弦楽四重奏曲 第12番 『アメリカ』　F 歌曲集『冬の旅』
G ピアノ独奏曲『喜びの島』　H オペラ『トゥーランドット』
I 合奏協奏曲集『調和の霊感』　J オペラ『オテロ』

作曲者名

ア ジュゼッペ・ヴェルディ　イ アントニオ・ヴィヴァルディ
ウ セルゲイ・ラフマニノフ　エ フランツ・シューベルト
オ ジャコモ・プッチーニ　カ ルートヴィヒ・ヴァン・ベートーヴェン
キ ジョルジュ・ビゼー　ク クロード・ドビュッシー
ケ モーリス・ラヴェル　コ ニコライ・アンドレエヴィチ・リムスキー=コルサコフ

2024年度 愛媛県 難易度

【25】日本および諸外国の音楽について，次の1～7の問いに答えなさい。

1 朝鮮半島，とくに韓国で伝統的に歌われている劇的な音楽「パンソリ」の伴奏に用いられる，樽型の両面太鼓を何というか。最も適切なものを次のa～eの中から一つ選びなさい。

a クビン　b バリンピン　c プク　d クリビ
e トガトン

2 アルゼンチン・タンゴの伴奏に使用される楽器で，鍵盤がなくボタンを押して演奏するアコーディオンに似たものを何というか。最も適切なものを次のa～eの中から一つ選びなさい。

a テルミン　b シェーカー　c パンデイロ
d バンドネオン　e アルモニフォン

3 中国の弦楽器「ピーパー」の説明として最も適切なものを，次のa～eの中から一つ選びなさい。

a ヨーロッパのリュートと同じ起源とされる。後ろに折れ曲がったネックに4本の弦が張られ，31個のフレットが立てられている。バチを用いず指先で弦を弾いて演奏する。

b 多角形の胴体と長い棹をもつ2弦の擦弦楽器で，弦の間に弓を挟んで演奏する。

c　秦の時代からある古筝で，3本の指にはめた金属製のツメで演奏する。現在は21弦のものが一般的である。

d　台形の箱型の胴体に並行に張られた弦を2つの細いバチでたたいて音を出す。イランのサントゥールやヨーロッパのツィンバロムと同種の楽器である。

e　直径7cmほどの丸い胴に竹の棹がついており，そこに弦が張ってある。基準音を左手の人さし指で押さえて演奏する。

4　次のア～ウの文は，インド北部の音楽で用いられる楽器について説明したものである。それぞれの楽器名の組み合わせとして最も適切なものを，以下のa～eの中から一つ選びなさい。

ア　乾燥させた瓢箪に共鳴板を取り付けた胴と，可動式の金属フレットをひもで固定したネックとからなる弦楽器。7本の演奏弦のほかに11～13本の共鳴弦が張られており，弦を針金状のピックではじいて演奏する。

イ　リュート属の弦楽器で，4～6本の弦が張られているがフレットはない。ドローン(持続低音)専用の伴奏楽器で，曲が演奏されている間，主和音を鳴らし続ける。

ウ　大小一対で演奏される片面太鼓。膜面を打つ位置や手指のどこを使うかによりさまざまな音色が出る。

	ア	イ	ウ
a	シタール	タンブーラー	タブラー
b	シタール	タブラー	タンブーラー
c	タンブーラー	シタール	タブラー
d	タンブーラー	タブラー	シタール
e	タブラー	シタール	タンブーラー

5　次の文は，トルコの音楽について説明したものである。文中の(　①　)～(　④　)に当てはまる語句の組み合わせとして最も適切なものを，以下のa～eの中から一つ選びなさい。

トルコは西洋と東洋の接点に位置することから，その音楽も多様な側面をもっている。とくに(　①　)と呼ばれるシンバルや，オーボエに似た(　②　)によって奏でられる軍楽は，ヨーロッパの音楽にも大きな影響を与えた。軍楽のほかにも，サズ・セマイ形式と呼ばれる古典的な合奏形式の音楽もあり，そこでは革製の縦笛の(　③　)や日本の琵琶と同源から発生した楽器である(　④　)などが用いられる。

	①	②	③	④
a	ネイ	ズルナ	ジル	ウード
b	ジル	ボル	ズルナ	クレスント
c	ズルナ	クレスント	ズルナ	ジル
d	ズルナ	ボル	ネイ	クレスント
e	ジル	ズルナ	ネイ	ウード

6　次のア～エの説明に合う組み合わせとして最も適切なものを，以下のa～eの中から一つ選びなさい。

ア　ドイツ起源の非常に速い2拍子の舞曲。

イ　スペイン起源の中庸な速度の3拍子の舞曲。

ウ　チェコ起源の速い2拍子の舞曲。

エ　ポーランド起源の中庸な速度の3拍子の舞曲。

	ア	イ	ウ	エ
a	ポルカ	ギャロップ	ボレロ	ポロネーズ
b	ギャロップ	ポロネーズ	ポルカ	ボレロ
c	ポロネーズ	ボレロ	ギャロップ	ポルカ
d	ポルカ	ポロネーズ	ギャロップ	ボレロ
e	ギャロップ	ボレロ	ポルカ	ポロネーズ

7　次の諸外国の民謡と国・地域との組み合わせとして適切でないものを，次のa～eの中から一つ選びなさい。

a「アリラン」朝鮮半島

b「アニー・ローリー」スコットランド

c「シェリト・リンド」メキシコ

d「ラサ・サヤンゲ」ブラジル

e「カリンカ」ロシア

2024年度　茨城県　難易度■■■■□

【26】次の(A)～(D)のアリアの曲名と，その曲がオペラの中で歌われる場面を説明した(ア)～(エ)の文章の組み合わせが正しいものを選びなさい。

(A)　Lascia ch' io pianga　　(B)　La donna è mobile
(C)　O mio babbino caro　　(D)　Voi che sapete

(ア)　ラウレッタが恋人である親族の一人リヌッチョと共に，父ジャンニ・スキッキに混乱解消の相談と，結婚の許可を懇願する。
(イ)　ケルビーノが密かに憧れを抱く伯爵夫人の前で，かねてからの思いを綴った自作の歌を，スザンナのギターにのせて披露する。
(ウ)　十字軍の英雄リナルドの婚約者アルミレーナがイェルサレムの王に捕らわれた際に歌う。
(エ)　マントヴァ公爵に娘ジルダをもて遊ばれた道化師リゴレットは，公爵への復讐を計画する。酒場に現れた公爵は，リゴレットとジルダに見られているとは知らず，この陽気な歌を歌う。

(1)　(D)－(ア)　　(2)　(C)－(ウ)　　(3)　(B)－(エ)　　(4)　(A)－(イ)

▌2024年度 ▌埼玉県・さいたま市 ▌難易度 ■■■■□

【27】次の文章を読んで，以下の(1)～(3)の問いに答えなさい。

> a<u>グレゴリオ聖歌</u>は中世以来，ローマ・カトリック教会で歌い継がれ，その旋律は音組織についての考え方をもたらし，b<u>教会旋法</u>を生み出した。歌となった祈りの言葉はポリフォニーの礎となり，宗教音楽として発展しただけではなく，西洋音楽の根幹を支えている。

(1)　下線部aについて，その特徴として適当でないものを，次の①～④のうちから一つ選びなさい。
　①　歌詞はイタリア語である。
　②　単旋律である。
　③　無伴奏である。
　④　ネウマという記号を用いて記譜された。

(2)　下線部bは，やがて2種類の旋法に集約されて調性音楽を支える音階となる。そのうち，長音階のもととなった旋法として最も適当なものを，次の①～④のうちから一つ選びなさい。
　①　フリギア旋法　　②　ミクソリディア旋法
　③　エオリア旋法　　④　イオニア旋法

(3)　13世紀につくられたセクエンツィアがベルリオーズ『幻想交響曲』やリスト『死の舞踏』の中でテーマとして用いられている。その名称として最も適当なものを，次の①～④のうちから一つ選びなさい。

①　イントロイトゥス　　②　オッフェルトリウム

③　ディエス・イレ　　④　コンムニオ

2024年度　千葉県・千葉市　難易度

【28】F.シューベルト作曲の歌曲集「冬の旅」に含まれていない曲を選びなさい。

(1)　辻音楽師　　(2)　セレナード　　(3)　菩提樹　　(4)　おやすみ

2024年度　埼玉県・さいたま市　難易度

【29】次の問1～問6は音楽史に関するものである。各問いに当てはまる最も適切なものを，それぞれ①～④のうちから選びなさい。

問1　次の(ア)～(オ)の作曲家を生まれた順に並べたものはどれか。

(ア)　グルック

(イ)　クープラン

(ウ)　ヘンデル

(エ)　モンテヴェルディ

(オ)　ヴィヴァルディ

①　(エ)→(ア)→(イ)→(オ)→(ウ)

②　(エ)→(イ)→(オ)→(ウ)→(ア)

③　(イ)→(エ)→(オ)→(ウ)→(ア)

④　(ア)→(エ)→(イ)→(オ)→(ウ)

問2　次の楽譜の作曲者と作品名の組合せとして適切なものはどれか。

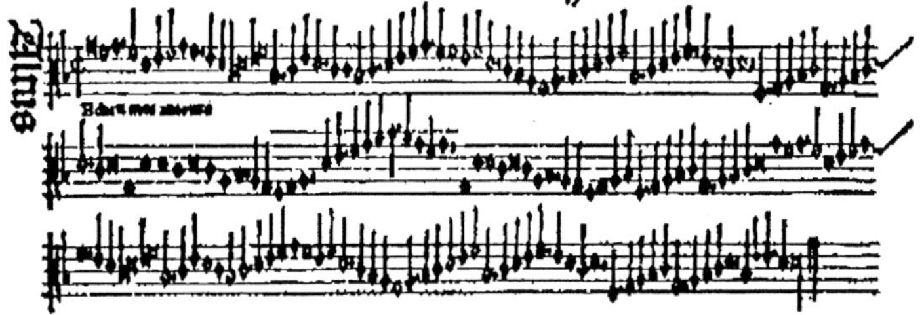

【作曲者】　　　　　　　【作品名】

① ペロティヌス　　　－「ロンドー」

② ジョスカン・デプレ　－「さようなら，わが愛するものたちよ」

③ コルディエ　　　　－「フォンタナ・ミックス」

④ ケージ　　　　　　－「アレルヤ」

問3　次の楽曲の作曲者が存命中に起きた出来事として適切ではないものはどれか。

① ロシア革命　② デカブリストの乱　③ ベルギーの独立

④ 七月革命

問4　新ウィーン楽派の作曲家に含まれないものはどれか。

① アルバン・ベルク　　② アルノルト・シェーンベルク

③ アントン・ヴェーベルン　④ S.ライヒ

問5　次の(ア)～(エ)の楽曲の作曲者を，生まれた順に並べたものはどれか。

(ア)「ノヴェンバー・ステップス」武満徹作曲

(イ)「からたちの花」山田耕筰作曲

(ウ)「君をのせて」久石譲作曲

(エ) オペラ「夕鶴」團伊玖磨作曲

① (イ)→(エ)→(ウ)→(ア)

② (ア)→(イ)→(エ)→(ウ)

③ (イ)→(エ)→(ア)→(ウ)

④ (ア)→(ウ)→(イ)→(エ)

問6　次の(ア)～(エ)の楽譜の作曲者を，生まれた順に並べたものはどれか。

(ア) 

(イ) 

(ウ) 

(エ) 

① (エ)→(ウ)→(ア)→(イ)
② (ウ)→(エ)→(イ)→(ア)
③ (ウ)→(エ)→(ア)→(イ)
④ (エ)→(ウ)→(イ)→(ア)

▌2024年度 ▌神奈川県・横浜市・川崎市・相模原市 ▌難易度

【30】次の文章を読んで，以下の(1)～(6)の問いに答えなさい。

9世紀頃には，グレゴリオ聖歌の旋律の1音に対して，その［ a ］に4度や5度の音程で1音を付けることが行われた。このようにしてつくられた旋律を[1]と呼ぶ。11世紀には従来の[2]進行のほかに斜進行，反進行も加えられ，より自由に動く[1]声部が聖歌の［ b ］に付加されるようになった。

12世紀に入ると，もとの聖歌の1音に対して，多くの音からなる旋律を付ける技法が現れた。12世紀半ばから13世紀にかけては，c<u>レオニヌスやペロティヌスといった音楽家たち</u>が活躍し，[3]記譜法や多声化の様式を発展させた。d<u>ディスカントゥス様式</u>を用いたクラウスラという部分では，聖歌にもとづく定旋律に対して，他の声部に異なる歌詞を付けて歌い，その声部を[4]と呼んだが，それはやがて楽曲全体を示すようになった。歌詞の内容は，初めのうちはもとの聖歌に関連するものであったが，次第に自由になり，13世紀末には母国語による[5]内容も歌われるようになった。同様に，定旋律についても聖歌に限らず，[5]旋律も用いられるようになった。

世界の音楽

(1) 文章中の a , b にあてはまる言葉の組合せとして最も適当なものを，次の①～④のうちから一つ選びなさい。

① a 上方 ・b 下方　② a 上方・ b 上方

③ a 下方 ・b 上方　④ a 下方 ・b 下方

(2) 文章中の空欄にあてはまる言葉として最も適当なものを，次の①～⑩のうちからそれぞれ一つずつ選びなさい。

① コンドゥクトゥス　② オルガヌム　③ モテット

④ 平行　⑤ 跳躍　⑥ 計量

⑦ モード　⑧ コード　⑨ 寓意的な

⑩ 世俗的な

(3) 11世紀に音楽理論書『ミクロログス』を著し，階名唱法や4本線の記譜法に貢献した人物として最も適当なものを，次の①～④のうちから一つ選びなさい。

① ヘンリクス・グラレアヌス

② グイード・ダレッツォ

③ オッタヴィアーノ・ペトルッチ

④ フィリップ・ド・ヴィトリ

(4) 下線部cについて，その楽派の名称として最も適当なものを，次の①～④のうちから一つ選びなさい。

① フランドル楽派　② ローマ楽派　③ ヴェネツィア楽派

④ ノートル・ダム楽派

(5) [3]記譜法で用いられた連結音符の名称として最も適当なものを，次の①～④のうちから一つ選びなさい。

① リガトゥラ　② モードゥス　③ テンプス

④ プロラツィオ

(6) 下線部dについて，その説明文として最も適当なものを，次の①～④のうちから一つ選びなさい。

① 定旋律やその一部分を長く引き延ばした声部に，他の声部がメリスマ的に進行する。

② 定旋律の声部に対して，他の声部がほぼ1音対1音の動きで進行する。

③ 定旋律の声部にある音型や旋律を，他の声部が引き続き模倣し

て進行する。

④　定旋律の声部に対して，他の声部が平行6度で進行する。

2024年度 千葉県・千葉市 難易度

解答・解説

【1】問1　(1)　ウ　(2)　イ　(3)　エ　(4)　オ　問2　(1)　ア　(2)　オ　(3)　ウ

○**解説**○ 問1　(1)「ブルタバ」についての出題は頻出である。それぞれの主題を楽譜で判断できること，また担当する楽器も覚えておくこと。(2)　スメタナはチェコの国民楽派の作曲家である。他の国についても，国民楽派の作曲家と主要な楽曲は覚えておきたい。　(3)　①は村の結婚式の主題で第1バイオリンとクラリネットが演奏する。②はビシェフラトのモチーフで木管と金管楽器が演奏する。③は森ー狩りの主題でホルンが演奏する。　(4)　正答以外の選択肢について，アはノルウェー，イはロシア，ウはチェコ，エはデンマークの作曲家である。問2　正答以外の選択肢について，イはアフリカの親指ピアノ，ウはアフリカのスリットドラム，エは西アフリカのリュート型の擦弦楽器，オはタンザニアの打楽器である。　(2)　雅楽で使われる楽器は，打物(鞨鼓・楽太鼓・鉦鼓・笏拍子)，弾物(楽琵琶・楽箏)，吹物(笙・篳篥・龍笛)である。それぞれ映像などで奏法や音を確認しておくこと。舞台上での配置と楽器の役割も覚えておきたい。　(3)　高等学校学習指導要領の音楽Ⅰの内容について，B鑑賞の項目から出題された。他の学年についても学年間の違いを整理して文言は覚えること。

【2】(1)

○**解説**○ 1789年に出版されたゲーテの「野ばら Heidenröslein」は多くの作曲家によって曲がつけられている。選択肢にあげられている3曲のスコアを確認しておくこと。

● 世界の音楽

【3】問1　イ　　問2　エ　　問3　イ　　問4　イ

○**解説**○ 問1　交響詩と標題音楽については頻出事項なので説明できるように理解しておくこと。正答以外の選択肢について，アはオペラ，ウは変奏曲，エは箏曲について説明したものである。　問2　交響詩はリストにより創始された。サン＝サーンスの「死の舞踏」，R・シュトラウスの「ツァラトゥストラはかく語りき」，デュカスの「魔法使いの弟子」など他の作品も聴いておきたい。　問3　正答以外の選択肢は，アはシューベルトの「魔王」「野ばら」など，ウはリムスキー＝コルサコフの「シェヘラザード」，エはヴィヴァルディの「和声と創意の試み」の四季。　問4　正答以外の選択肢の主題は，アは「第2の源流」，ウは「森の狩猟」，エは「農民の結婚式」である。

【4】A　ウード　　B　ハルモニウム　　C　モンゴル　　D　京劇　　E　ズルナ

○**解説**○ 選択肢の中で正答に当てはまらなかったものについて，ガムランはインドネシアのバリ島の民族音楽で，金属製，木製の打楽器を用いて合奏する。ズルナは西アジア諸国の楽器でダブルリード型の木管楽器。タンソは韓国の竹製の縦笛。コラは西アフリカのリュート型の撥弦楽器，シタールは北インドの金属製の可動式のフレットがついた撥弦楽器である。民族音楽，楽器については，アジアのものを中心に，映像や音源をあわせて学習しておくこと。

【5】(1)　④　　(2)　①　　(3)　③　　(4)　⑤　　(5)　②

○**解説**○ いずれも教科書に掲載されている曲なので，作曲者名だけでなく曲の構造などもスコアをあわせて聴き学習しておきたい。難易度は高くないので完答したい。

【6】(作品名／作曲者名の順)　(1)　ク／a　　(2)　ア／f　　(3)　キ／e　　(4)　カ／h

○**解説**○ (1)は舞台祝祭劇「ニーベリングの指環」の2作目にあたる「ヴァルキューレ」の楽曲である。(2)は第1楽章の旋律である。(3)は箏曲である。(4)は第1楽章の冒頭の旋律である。教科書に掲載されている曲を中心に，数多くの曲をスコアもあわせて聴いておきたい。

【7】(1)　ラヴェル　　(2)　①　バレエ　　②　スペイン　　③　小太鼓　　④　クレシェンド　　(3)　弓を使わずに指で弦をはじく奏法

(4)　ア

イ　c

(5)

○解説○ (1)　フランスの作曲家モーリス・ラヴェルが1928年に作曲した。　(2)　①　もともとはバレエのために作曲されたものである。ボレロのリズムは楽譜に書けるようにしておきたい。小太鼓は楽曲の冒頭から一貫して同じリズムを叩き続ける。楽器が代わったり加わったりすると共にクレシェンドし，最後は迫力のあるフォルテッシモで終わる。スコアで曲全体を確認しておくこと。　(3)　pizz.はpizzicato(ピチカート)の略で，弓を使わずに指で弦をはじく奏法のことである。反対に弓で弾く奏法に戻すときの指示はarcoと記される。　(4)　ア　ボレロのリズムは書けるようにしておきたい。　イ　ファゴットはC管なので，示された旋律と同じものを選ぶ。dは1オクターブ下になってしまうので，正答はcである。　(5)　この旋律もよく知られており，比較教材として取り上げられることもあるのでスコアを確認しておきたい。

【8】(1)　4　　(2)　1　　(3)　2　　(4)　5　　(5)　4　　(6)　4

○解説○ (1)　ロシアではなく，正しくはオーストリア帝国である。

(2)　交響詩は，リストによって創始された管弦楽曲による標題音楽である。標題音楽と絶対音楽について学習しておくこと。正答以外の選択肢は，2がソナタ形式，3は交響曲，4は協奏曲，5は重奏曲についての説明である。　(3)　スメタナの示した情景と主題を理解しておくこと。「ブルタバの二つの水源」のうち楽譜1は「第2の水源」，楽譜2は「第1の水源」，楽譜3は「森ー狩り」の主題である。　(4)　主題と，スメタナ自身がつけた標題について，それぞれ担当している楽器と順番を理解しておくこと。頻出問題である。　(5)　①は冒頭部分でホ短調，②はチェコ民謡が使われ，最後の部分でホ長調である。　(6)　スメタナが活躍した時代は19世紀後半である。選択肢のそれぞれの年代は，1は平安～鎌倉時代の9世紀末から13世紀，2は江戸時代中頃の1684年，3は16世紀中頃，4は1879年，5は1967年である。

【9】(1)　②　　(2)　①

○解説○ (1)　イタリア語ではなく，正しくはラテン語である。
(2)「ロシア五人組」は19世紀末のロシアにおいて，民族的な芸術音楽を創造した作曲家集団を指す。バラキレフ，キュイ，ムソルグスキー，ボロディン，リムスキー＝コルサコフから成る。同時代でもチャイコフスキーが国民楽派に当てはまらないことは覚えておくこと。

【10】(1)　4　　(2)　1　　(3)　1　　(4)　2　　(5)　2

○解説○ (1)　音楽史の時代区分ごとに特徴，主要な作曲家とその作品を覚えること。他の選択肢について，1の「ドイツ・リート」の発展はロマン派の特徴である。2のモンテヴェルディは，ルネサンスからバロックの作曲家で，オペラを築きあげ，バロック音楽の基礎となる作曲技法を創りだした。3のオペラ・セリアの技法を否定したグルックのオペラ改革は18世紀中頃からで『オルフェオとエウリディーチェ』が代表作である。時代区分的には古典派の時代である。5は20世紀の現代音楽の作曲法についての説明である。　(2)　1はストラヴィンスキー作曲，バレエ音楽「火の鳥」の説明である。　(3)「ボレロ」のリズムに関する問題は頻出である。他の舞曲のリズムも，リズム楽譜を見て答えられるようにしておきたい。　(4)　旋律の構成音は，ド・レ・ミ・ファ・ソ・ラ・シ♭・ドで，隣り合う音程は全・全・半・全・全・半・全である。ソから始まる白鍵のみの音程関係と同じになるミクソリディア旋法である。　(5)　正答の選択肢2はピアノ曲「水の戯れ」である。正答以外の選択肢についていずれもピアノ曲で，1

はショパン作曲「バラード第1番」，3はバッハ作曲「平均律クラヴィーア曲集」第1巻　第1番　プレリュード，4はベートーヴェン作曲「ピアノソナタ第23番『熱情』」の第1楽章，5はリスト作曲「ラ・カンパネラ」である。

【11】(1)　ア　g　　イ　c　　ウ　f　　(2)　b　　(3)　エウリディーチェ　　(4)　c

○**解説**○ (1)　aは14世紀のフランスで栄えた音楽様式のことである。bは複数の独立した声部からなる音楽のことである。dは小さなオペラのことで，歌やオーケストラによる音楽とセリフの部分から成っている。eは管弦楽で演奏される大規模な器楽曲，hは主題に基づいて各声部が展開する技法のことである。特に交響曲の音楽形式，ポリフォニー，モノフォニー，ホモフォニーの定義，フーガについては詳しく学習しておくこと。　(2)　楽譜の曲はカッチーニの「アマリッリ」である。正答以外の選択肢の，aはイタリアのルネサンス時代の作曲家，cはイタリアのバロック時代の作曲家，dはイタリアの古典派の作曲家である。　(3)「エウリディーチェ」は，現存する最古のオペラとされている。　(4)　cは15世紀初期とされているため誤りである。

【12】問1　スメタナ　　問2　①　オーストリア(オーストリア＝ハンガリー帝国)　　②　チェコ(チェコ共和国)　　問3　ア　　問4　ア
問5　共通点…どちらもオーケストラで演奏される。　　相違点…交響曲はソナタ形式の楽章を含む複数の楽章から成るが，交響詩は自然や文学的な内容などを自由な形でえがく音楽である。　　問6　短調から長調に(同主調で)変化し，冒頭からフォルティッシモで華やかに演奏され，幅広く流れるブルタバを表現している。(速度も速くなり，演奏する楽器も増えている)

○**解説**○ 問1　生没年1824～1884年，チェコの国民楽派の作曲家である。問2　1867年にオーストリア＝ハンガリー帝国の成立後，チェコ国内では独立の気運が高まっていた。　問3 「我が祖国」の作曲年は1875～1880年である。選択肢は，アが1872～1876年，イが1928年，ウが1702年，エが1736年である。　問4　1910～1928年に描かれ，全20作品から成る。作者の祖国であるチェコ及びスラヴ民族にまつわる歴史や神話を元にしている。　問5　交響詩には，デュカスの「魔法使いの弟子」やムソルグスキーの「禿山の一夜」などがある。交響曲の構成とソナタ形式について理解しておくこと。　問6　出題楽曲は9つの動機で構成され，川の流れやそこから見える景色などを描いている。動機と旋律の組み合わせと順番や特徴を整理しておくこと。

【13】1　(1)　イ　　(2)　ア　　(3)　エ　　(4)　ウ　　2　(1)　ウ　(2)　エ　　(3)　ア　　(4)　イ

○**解説**○ 1　(1)　バリ島の伝統舞踊として他には，レゴンやケチャなどがある。　(2)　「ワヤン」は影，「クリ」は皮革を意味する。他に木偶人形芝居のワヤン・クリティ，人間が演じるワヤン・オランなどがある。　(3)　ブラジルのリオのカーニバル，ボリビアのオルロのカーニバルと並び，南米の三大祭りの1つとされている。　(4)　コーンの頭を意味するフアコーンと呼ばれる仮面をかぶって舞踊を行う。

2　(1)　世界で知られる日本を代表する作曲家なので，代表する曲は聴いておきたい。　(2)　代表作として「戦場のメリークリスマス」がある。　(3)「夕鶴」などのオペラの他，多くの童謡も作曲した。代表作として「花の街」，「ぞうさん」，「やぎさんゆうびん」などがある。(4)　1934年に新音楽連盟を結成した。代表作として，「シンフォニア・タプカーラ」がある。

【14】1　作曲者…オ　　作品…ク

2

3　①　ウ　　②　オ　　4　ア

○**解説**○ 1　作曲者の選択肢のアはフランスの作曲家で作品はコ，イはロシアで作品はケ，ウはノルウェーで作品はカ，エはフィンランドで作品はキである。　2　ブルタヴァのテーマでホ短調で演奏される。

3　①　ホルンのルーツは狩りで使われていた角笛である。　②　正答以外の選択肢の舞踊の項目について，アはポーランドの民俗舞踊，イはロシアの農民の踊り，カはフランスの舞踊である。　4　正答以外の選択肢のイは「森の狩猟」のホルンのファンファーレ，ウは「月の光，水の精の踊り」の水の精の踊りの部分である。旋律と標題，使用する楽器を整理して覚えておくこと。

【15】(4)

○解説○　ベッリーニ作曲の「優雅な月よ」である。(1)はシューベルト，(2)はロッシーニ，(3)はフォーレの説明である。

【16】(1)　3　(2)　1　(3)　2

○解説○ (1)　器楽が独立したジャンルとして発展をとげたのはバロック時代(17世紀)である。選択肢の年代について，1は13世紀前半，2は14～15世紀前半，3は17世紀，4は19世紀，5は5～8世紀の出来事であるため，3が正解である。　(2)　グレゴリオ聖歌は11世紀ではなく，9世紀ごろに成立した。　(3)　他の国民楽派の作曲家としては，ロシアのボロディン，バラキレフ，チェコのスメタナ，ドヴォルザーク，フィンランドのシベリウスなどがあげられる。

【17】(1)　ア　グレゴリオ　イ　ラテン　(2)　a，c

○解説○ (1)　ア　グレゴリオ聖歌は，中世の初期である8世紀から9世紀頃にかけて誕生し，カトリック教会の典礼などで歌い継がれてきた。(2)　aはグノー，cはアルカデルトの「アヴェ・マリア」である。

【18】(1)　②　(2)　③　(3)　②　(4)　④　(5)　③　(6)　①　(7)　④

○解説○ (1)　音楽史についての基本的な内容である。多声音楽(ポリフォニー)とは2つ以上の独立した声部で奏される音楽のことである。単旋律の音楽(モノフォニー)からの発展について詳細に学習しておきたい。　(2)　①はモーツァルト作曲「クラリネット五重奏曲K.581」，②はモーツァルト作曲「フィガロの結婚」のアリア「もう飛ぶまいぞこの蝶々」，③はリスト作曲「ハンガリー狂詩曲第2番」，④はR. シュトラウス作曲の歌曲「献呈　作品10-1」，⑤はデュカス作曲の「魔法使いの弟子」である。　(3)　1889年に幸田延が文部省初の音楽専修生として，ボストン及びウィーンに留学した。①は1930年代，③は1920年，④は1829年，⑤は1949年である。　(4)　ドビュッシー作曲の「版画」第1曲「塔」などにガムランの影響がみられる。　(5)　バッハは18世紀に活躍したバロック時代の作曲家である。③は16世紀に活躍したルネサンス時代の作曲家である。　(6)　近現代の音楽の流れと特徴を学習しておくこと。代表的な作曲家のその作品を整理して覚えること。
(7)　十二音技法とは，シェーンベルクが提唱した1オクターブ内の12音を均等に用いる作曲技法である。ベルク，ウェーベルンなどがこの作曲技法を用いた。

【19】(3)
○**解説**○ 山田検校は1757～1817年で，山田流の創始者である。活躍した時期は，西洋では古典派の時代にあたる。(1)は1854年，(2)は1685年，(3)は1799～1800年，(4)は1862年である。

【20】(4)
○**解説**○ (ア)は1678～1741年，(イ)は1653～1713年，(ウ)は1567～1643年，(エ)は1732～1809年である。

【21】(1)　①　グレゴリオ　　②　単旋律　　③　オルガヌム　④　ノートルダム　　⑤　トルバドゥール(トルバドール)　　⑥　トルヴェール(トルベール)　　⑦　ミンネゼンガー　　⑧　アルス・ノヴァ(アルス・ノバ)　　⑨　トレチェント　　⑩　デュファイ
⑪　カンタータ　　(2)　騎士歌人　　(3)　計量記譜法　　(4)　通奏低音
(5)　モンテヴェルディ(モンテベルディ)　　(6)　スティーレ・コンチェルタート
○**解説**○ (1)　グレゴリオ聖歌は記譜法が発達するまで口伝で受け継がれてきた，無伴奏，単旋律の典礼聖歌である。オルガヌムはグレゴリオ聖歌を主声部とし，そこに1つ以上の別の声部，オルガヌム声部をつけた楽曲を指す。オルガヌムは2つの楽派，サン・マルシャル寺院のサン・マルシャル楽派と，ノートルダム寺院のノートルダム楽派によって頂点をむかえる。オルガヌム，アルス・ノヴァ，フランドル楽派，ブルゴーニュ楽派，定量記譜法，通奏低音などの語句は問題として頻出である。意味を説明できるようにしておきたい。トラバドゥールは貴族もしくは貴族の庇護を受けた詩人兼作曲家で騎士道と宮廷の愛を歌った。トラヴェールはトラバドゥールが北フランスにも伝わり変化したものである。ミンネザングはドイツ語で愛の歌の意味で，それを歌う吟遊詩人をミンネゼンガーと呼ぶ。14世紀の音楽は，世俗性を強く帯びるようになり，ポリフォニー技法で作曲されことが多くなったという特徴をもつ。こうした新しい音楽についてフランス人のヴィトリが理論的にまとめて，「アルス・ノヴァ」と題して発表したことからこの時代の音楽をその名で呼ぶ。オペラ，オラトリオ，カンタータはバロック時代の新しい声楽形式である。　(2)　旅芸人の吟遊詩人と区別しなければならない。　(3)　個々の音符の音程と長さを楽譜上に表現することが可能になった記譜法である。　(4)　単旋律につけられた伴奏で，低音と数字がかかれてあり，即興で和音をつけて演奏された。　(5)　最古のオペラはカッチーニの「エウリディーチェ」である。オペラの歴史と分類を学習しておくこと。　(6)　通奏低音上で器楽や声楽のそれぞれのグループが1つの旋律を相互に奏でる演奏様式である。

【22】問1　④　　問2　③　　問3　(1)　④

(2)

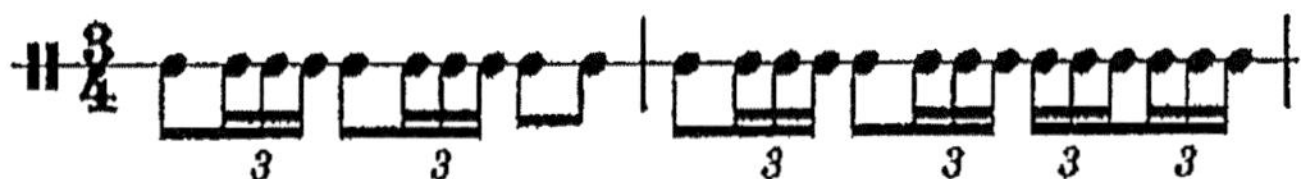

問4　(1)　④　　(2)　③　　(3)　①　　(4)　あ　③　　い　④　　う　⑤　　え　②　　問5　②

○**解説**○　問1「ボレロ」の作曲はラヴェルである。正答以外の選択肢は，①がドビュッシー，②がサティ，③がプーランクの説明である。

問2　ラヴェルの生没年は1875～1937年である。選択肢の作曲家は，①1860～1911年，②1864～1949年，③1803～1869年，④1879～1903年，

⑤1881～1945年である。　問3　(1)　ボレロのリズムは18世紀末に始まった。ボレロだけでなくさまざまな舞曲のリズムを理解しておくこと。　(2)　2小節のリズムは曲中で終始保たれる中で，2種類の旋律が繰り返される構成である。問題として頻出なので必ずリズム譜は書けるようにしておくこと。　問4　(1)　主題を奏でる楽器の順はフルート，クラリネット，ファゴット，小クラリネット，オーボエ・ダモーレ，フルートとトランペット，テナー・サクソフォン，ソプラノ・サクソフォンなどと続く。スコアで全体を確認しておくこと。　(2)　スコアで楽器の種類を確認しておくこと。　(3)　ハ長調のホルンを基音とし，第2，4倍音をチェレスタ，第3，5倍音をピッコロが担当している。　(4)　ボレロでは様々な旋法の音が使用されている。ミクソリディア旋法使用については他都道府県でも問われている。教会旋法とスペイン音階について理解を深めておくこと。　問5「ボレロ」は様々な楽器が2つの主題を繰り返すため，楽器の登場順などはよく確認しておこう。

【23】1　a　2　d　3　d　4　c　5　b　6　e　7　d　8　e

○**解説**○　1　オペラ成立の歴史について問われた。オペラの歴史とジャンルの分類についての問題も頻出である。主なオペラ作品をジャンルに分別できるよう学習しておきたい。　2「フルート奏法」の著者はフルート演奏家で作曲家のヨハン・ヨアヒム・クヴァンツである。サリエリはイタリアの作曲家である。「グラドゥス・アド・パルナッスム」は曲としてはドビュッシーやクレメンティが手がけているが，著書としては対位法の教本である。　3　スメタナ作曲の連作交響詩「わが祖国」の第2曲目「ブルタバ」である。　4　アは1798年にハイドンが作曲したオラトリオ，イは1840年にシューマンが作曲した連作歌曲集，ウは1940年にメシアンが作曲した四重奏曲，エは1560年代の頃パレストリーナが作曲したミサ曲，オは1880年にブラームスが作曲した演奏会用序曲である。　5　アは第2幕第2場，ラメダスがエチオピアとの戦いに勝ちエジプトに戻って来る場面，イは第3幕，アイーダが故郷の土を踏むことはないと悲しむ場面，ウは第1幕，ラメダスがアイーダを想い歌う場面，エは第4幕，生き埋めの刑になったラメダスとアイーダが地下牢で再会し死んでいく場面で演奏される。 6 ソナタ形式についての問題は頻出である。調性の展開は必ず覚えておくこと。 7 ベートーヴェン作曲の交響曲第9番は1824年に作曲，初演された。アは18世紀中旬～19世紀初頭，イは1789～1795年，ウは1804年，エは1814～1815年，オは1830年，カは1848年の出来事である。 8 eのレッド・ツェッペリンはアメリカではなくイギリスのロック・バンドである。ポピュラー音楽についても概要と主要な演奏家を整理して覚えておきたい。

【24】① 曲名…F 作曲者名…エ ② 曲名…H 作曲者名…オ ③ 曲名…C 作曲者名…コ

〇解説〇 旋律から，曲名と作曲者名を選択する問題である。記述式ではないのでできるだけ多く正答したい。正答以外の選択肢について，Aはリヒャルト・ワーグナー，Bはベートーヴェン，Eはドヴォルザーク，Gはドビュッシー，Iはヴィヴァルディ，Jはヴェルディである。Dについては，複数の曲があるため解説を省略する。

【25】1 c 2 d 3 a 4 a 5 e 6 e 7 d

〇解説〇 1 c以外はフィリピンの伝統楽器である。民族楽器について，特にアジアの楽器については音源や映像で確認し特徴も知っておこう。 2 aはロシア発祥の世界初の電子楽器，bは振って音を出す楽器，cはブラジルのフレームドラム，eはヨーロッパで発明された鍵盤ハーモニカである。 3 「ピーパー」は中国の琵琶を指す。bは二胡，cは古箏(グーチェン)，dは楊琴(ヤンチン)，eは三弦である。 4 インドの伝統楽器で問題として頻出の楽器である。 5 トルコの軍楽で使用される楽器は，映像や写真で形や演奏法，音の特徴も確認しておきたい。 6 舞曲についての問題は頻出である。記譜されたリズムから曲種が選べるように準備しておきたい。 7 「ラサ・サヤンゲ」はインドネシア，マレーシア，シンガポールなどでよく知られた民謡である。世界の民謡の歌唱法についても学習しておくこと。

【26】(3)

○解説○ 選択肢(A)はヘンデル作曲のオペラ「リナルド」のアリア「私を泣かせてください」，(B)はヴェルディ作曲のオペラ「リゴレット」のアリア「女心の歌」，(C)はプッチーニ作曲のオペラ「ジャンニ・スキッキ」のアリア「私のお父さん」，(D)はモーツァルト作曲のオペラ「フィガロの結婚」のアリア「恋とはどんなものかしら」である。

【27】(1) ① (2) ④ (3) ③

○解説○ (1) グレゴリオ聖歌はイタリア語ではなくラテン語で書かれている。 (2) 短音階のもととなったのは③のエオリア旋法である。教会旋法について，それぞれの音程関係を理解しておくこと。 (3) セクエンツィアとは，ミサ曲の「アレルヤ唱」に続けて歌われるラテン語の聖歌のことである。「ディエス・イレ(怒りの日)」は，実施音型を確認しておくこと。正答以外の選択肢も全てミサ曲の種類である。

【28】(2)

○解説○ 選択肢(2)はシューベルトの歌曲集「白鳥の歌」の中に含まれている。シューベルトの3つの歌曲集「冬の旅」「白鳥の歌」「美しき水車小屋の娘」の歌曲はすべて確認しておくこと。

【29】問1 ② 問2 ② 問3 ① 問4 ④ 問5 ③
問6 ①

○解説○ 問1 それぞれの作曲家の生没年／時代／出身国について，(ア)は1714～1787年／古典派／ドイツ，(イ)は1668～1733年／バロック／フランス，(ウ)は1685～1759年／バロック／ドイツ，(エ)は1567～1643年／ルネサンス～バロック／イタリア，オは1678～1741年／バロック／イタリアである。 問2 作曲者と作品の正しい組み合わせは，①が「アレルヤ」，③が「ロンドー」，④が「ファンタナ・ミックス」である。 問3 楽譜はショパン作曲，12の練習曲第12番「革命」である。ショパンは1810～1849年，ポーランド出身である。選択肢①は1917年，②は1825年，③は1830年，④は1830年の出来事である。
問4 新ウィーン楽派は1900年代初頭，シェーンベルクとその弟子のベルクとヴェーベルンなどが中心となり，無調音楽，十二音技法への流れをつくった。④は20世紀前半にミニマル・ミュージックで活躍したアメリカの作曲家である。　問5　それぞれの作曲家について，(ア)は1930～1996年，(イ)は1886～1965年，(ウ)は1950～，(エ)は1924～2001年である。　問6　それぞれの作曲者について，①はチャイコフスキーで1840～1893年，ヴァイオリン協奏曲　第1楽章，②はレスピーギで1879～1936年，交響詩「ローマの松」より「4　アッピア街道の松」，③はモーツァルトで1756～1791年，セレナーデ第13番「アイネ・クライネ・ナハトムジーク」第1楽章，④はヘンデルで1685～1759年，「オンブラマイフ」である。

【30】(1)　③　　(2)　1　②　　2　④　　3　⑦　　4　③　　5　⑩
(3)　②　　(4)　④　　(5)　①　　(6)　②

○解説○ (1)　オルガヌムについて正しく理解しておくこと。初期のオルガヌムはもとの旋律の下方に4度や5度上の音が加えられ，やがて上方にも加えられるように変化した。　(2)　オルガヌムは西洋音楽におけるポリフォニー(多声音楽)の原点である。モード記譜法ノートル・ダム楽派で用いられた，リズムパターンの並び方による記譜法である。モテットは当初声部の名称であったが，後に短い宗教的合唱曲を示す言葉となった。使用される言語はラテン語から母国語へと変化した。(3)　正答以外の選択肢について，①は，音楽理論書「ドデカコルドン」において，旋法は8つではなく12であるとし，後の長調と短調であるイオニア旋法とエオリア旋法を提唱した音楽理論家，③は，15世紀頃に楽譜の印刷を初めて手掛けた人物，④は14世紀フランスの音楽様式(アルス・ノーヴァ)を代表する作曲家である。　(4)　フランドル楽派，ノートル・ダム楽派の主要な作曲家と主な作品を整理して覚えておくこと。　(5)　リガトゥラはネウマのような形をした音節のかたまりを表す。音型が理解できるように確認しておきたい。　(6)　ノートル・ダム楽派のオルガヌムによく使われた様式。「クラウスラ」は，ラテン語で終止の意味である。

日本の
伝統音楽

要点整理

●POINT

和楽器においては，音色や響き，奏法の特徴などから生み出される表現力の豊かさや繊細さなどを感じ取り，それらを生かした表現を追求する活動を通して，自己の音楽経験を広げながら，我が国や郷土の伝統音楽に対する理解を深め，愛着をもつことができるようにすることが大切である。

和楽器の演奏における姿勢や身体の使い方においては，腰の位置をはじめとした姿勢や呼吸法などに十分な配慮が必要となる。例えば民謡は，その歌の背景となった生活や労働により強く性格付けられており，声の出し方や身体の動きなどに直接，間接に表れている。

長唄や地歌，箏や三味線などは，基本的に座って演奏することによって伝統的な音楽の世界が現れてくる。また，篠笛や尺八の演奏をはじめ，声や楽器を合わせる際の息づかいや身体の構えが，旋律の特徴や間を生み出している。声を出す場合も，楽器を演奏する場合も，それに適した身体の使い方が大切にされてきた。

我が国では，伝統的に，和楽器の指導や稽古において口唱歌(くちしょうが)を用いており，今回の中学校学習指導要領の改訂では，適宜，口唱歌(くちしょうが)を用いることを新たに示している。口唱歌(くちしょうが)は，旋律やリズムだけでなく，その楽器の音色や響き，奏法などをも表すことができ，器楽の学習だけでなく，我が国の音楽に固有の音色や旋律，間などの知覚・感受を促し，鑑賞の学習の質を高めたり創作の学習の際の手段として用いたりするなど，様々な学習に有効であると考えられる。指導に当たっては，口唱歌(くちしょうが)を用いる目的を明確にすることが大切である。

日本の代表的民謡

1. 地図に見る民謡の発祥地

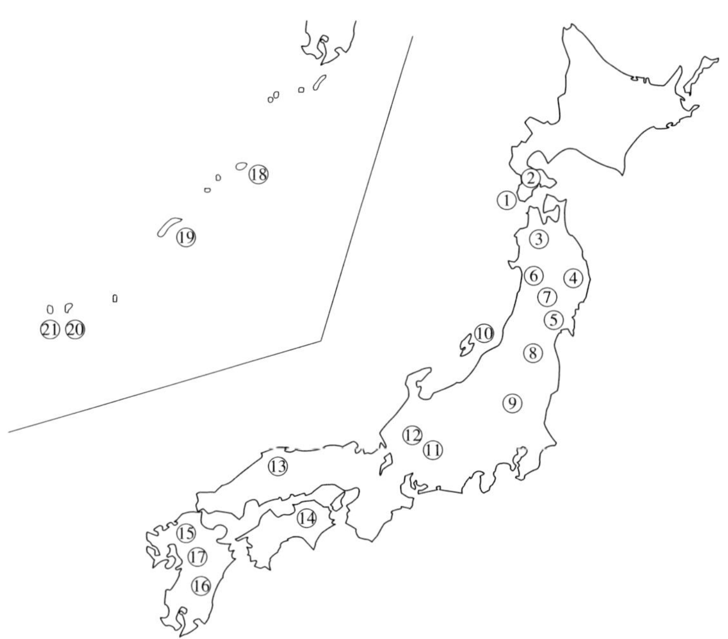

2. 各民謡のスコア

3 日本の代表的民謡

①江差追分	北海道	追分様式の代表的民謡。松前追分などともいう。
②ソーラン節	北海道	ニシン漁の作業歌〈ソーランソーラン〉の掛声が曲名。
③じょんがら節	青森県	津軽三味線伴奏の宴席，盆踊歌。一種の口説。
④南部牛追歌	岩手県	道中歌。追分様式。音階は律音階の変種。
⑤さんさ時雨	宮城県	祝儀歌。座の一同が手拍子を打ちながら歌う。
⑥秋田おばこ	秋田県	仙北郡地方で歌われる。庄内から伝わる。
⑦花笠踊	山形県	昭和に改編された踊りつき民謡。
⑧会津磐梯山	福島県	本来は盆踊歌。レコード化され，今日の名称となる。
⑨八木節	栃木県	樽を打ちながら歌う口説。《国定忠治》が有名。
⑩佐渡おけさ	新潟県	盆踊歌。県下にあるおけさの中で，最も有名な曲。
⑪木曽節	長野県	盆踊歌。《御獄山節》を大正時代に改めて広めた。
⑫こきりこ節	富山県	こきりこという2本の棒を打ち踊る踊歌。
⑬関の五本松	島根県	酒席歌。舟の目印になる5本の松を歌う。
⑭金毘羅船々	香川県	座敷歌。讃岐の金刀毘羅宮詣を歌う。幕末から流行。
⑮黒田節	福岡県	黒田藩で歌われる。旋律は《越天楽今様》。
⑯刈干切歌	宮崎県	山で萱を刈る歌。音階は律音階の変種。
⑰五木の子守歌	熊本県	子守小女の嘆きの歌。音階は律音階の変種。
⑱朝花節	鹿児島県	奄美大島の祝儀歌。挨拶歌として歌われる。
⑲かぎゃで風節	沖縄県	祝儀の席でいちばんはじめに歌われる祝歌。
⑳赤馬節	沖縄県	八重山民謡。祝儀の席で，歌われる。
㉑安里屋ユンタ	沖縄県	八重山民謡。古いユンタという労働歌を改作した曲。

実施問題

【1】次の各問いに答えよ。

(1) 能の中で，A「狂言の役者が演じる役」と，B「主役の相手役として，僧侶や武士など，現実に生きている男性に扮するため，面をかけずに演じる演者」のことをそれぞれ何というか。その組み合わせとして最も適当なものを，次の①～④の中から一つ選び，記号で答えよ。

① A：シテ　B：ワキ　　② A：アイ　B：ワキ
③ A：アイ　B：シテ　　④ A：シテ　B：アイ

(2) 次の文章の[a]・[b]に入る語句の組み合わせとして最も適当なものを，以下の①～④の中から一つ選び，記号で答えよ。

> 貴族文化の衰退に伴って武家文化が台頭してくると，日本独自の音楽様式が生まれた。琵琶の伴奏で『[a]』を語る平曲は，声明の要素を取り入れながら鎌倉時代に成立し，室町時代に全盛期を迎えた。猿楽や田楽の中でも演劇性の強い部分は，猿楽能や田楽能として発展した。特に猿楽能は[b]の庇護のもと，観阿弥，世阿弥親子によって芸術的に高められ，武家社会で愛好された。今日でいう能とはこの猿楽能のことである。

① a 源氏物語　b 足利義満
② a 源氏物語　b 豊臣秀吉
③ a 平家物語　b 足利義満
④ a 平家物語　b 豊臣秀吉

2024年度 ｜ 沖縄県 ｜ 難易度 ■■□□□

【2】能や狂言の音楽で用いられる「四拍子」の組み合わせとして正しいものを選びなさい。

(1) 笛・小鼓・大鼓・三味線　　(2) 笛・小鼓・大鼓・太鼓
(3) 篠笛・太鼓・琵琶・三味線　　(4) 笛・尺八・琵琶・三味線

2024年度 ｜ 埼玉県・さいたま市 ｜ 難易度 ■■□□□

● 日本の伝統音楽

【3】次の【教材曲】に示す日本の民謡を教材とした中学校第1学年における題材「日本の民謡を味わおう」の授業について，以下の問いに答えなさい。

【教材曲】
ア　小諸馬子唄　　イ　木曽節　　ウ　斎太郎節
エ　こきりこ節　　オ　会津磐梯山　　カ　谷茶前

(1)　本題材では，鑑賞を中心とした授業を構想した。次の文章は，題材を設定するにあたり参照した「中学校学習指導要領」(平成29年3月)第2章　第5節　音楽　の一部である。本文に即して，[　a　]～[　k　]に適切な語句を書きなさい。

第1　目標　(略)
第2　各学年の目標及び内容
〔第1学年〕
1　目標　(略)
2　内容
A　表現　(略)
B　鑑賞
(1)　鑑賞の活動を通して，次の事項を身に付けることができるよう指導する。
ア　鑑賞に関わる[　a　]を得たり生かしたりしながら，次の(ア)から(ウ)までについて自分なりに考え，音楽の[　b　]や[　c　]を味わって聴くこと。
(ア)　曲や演奏に対する評価とその根拠
(イ)　生活や社会における音楽の意味や[　d　]
(ウ)　音楽表現の共通性や固有性
イ　次の(ア)から(ウ)までについて理解すること。
(ア)　[　e　]と音楽の構造との関わり
(イ)　音楽の特徴とその背景となる[　f　]や[　g　]，他の芸術との関わり
(ウ)　我が国や郷土の伝統音楽及びアジア地域の諸民族の音楽の特徴と，その特徴から生まれる音楽

の[h]

第3 指導計画の作成と内容の取扱い

1 (略)

2 第2の内容の取扱いについては，次の事項に配慮するものとする。

(1)～(7) (略)

(8) 各学年の「B鑑賞」の指導に当たっては，次のとおり取り扱うこと。

ア 鑑賞教材は，我が国や郷土の伝統音楽を含む我が国及び諸外国の様々な音楽のうち，指導のねらいに照らして適切なものを取り扱うこと。

イ 第1学年では[i]で説明したり，第2学年及び第3学年では批評したりする活動を取り入れ，曲や演奏に対する[j]やその[k]を明らかにできるよう指導を工夫すること。

(9)～(10) (略)

(2) 日本の民謡に興味をもったAさんは，日本の民謡について調べ，次のようにまとめました。

【Aさんの調べたこと】

日本各地には，たくさんの民謡が伝えられており，それらは人々の[a]暮らしの中から生まれ，時代とともに変化しながら現在も地域の人々のかけがえのない歌として歌い継がれている。

民謡は，その生まれた背景からいくつかの種類に[b]分類することができる。また，リズムや[c]使われる音階，歌い方に特徴がある。[d]伴奏には楽器を用いることもある。

① 下線部aについて，「なかのりさん節」とも呼ばれ，明治時代に町長が「盆踊り歌」として，一般市民に広めていった歌はどれか。【教材曲】ア～カから選び，記号を書きなさい。

② 下線部bについて，【教材曲】ウ 斎太郎節，オ 会津磐梯山は

次の語群ア～オのうち，どれに当てはまるか，記号を書きなさい。
語群：ア　仕事歌　　イ　祝い歌　　ウ　踊り歌
　　　エ　座敷歌　　オ　子守歌

③　下線部cについて，民謡の音階のひとつである都節音階において，1オクターブ内で使われている音の数を書きなさい。ただし，同じ音名の音は1音と数えます。

④　下線部dについて，神楽踊り歌として，20～30cmの2本の竹の棒を打ち鳴らしながら歌われるものは何か。【教材曲】ア～カから1つ選び，記号を書きなさい。

(3)　Bさんは，【Aさんの調べたこと】をもとに【教材曲】ア～カの民謡を聴き，どの地域に伝わるのか調べ，次の表1にまとめました。表1の①～④に当てはまる曲を次の【教材曲】ア～カからすべて選び，記号を書きなさい。

【教材曲】
ア　小諸馬子唄　　イ　木曽節　　ウ　斎太郎節
エ　こきりこ節　　オ　会津磐梯山　　カ　谷茶前

表1

民謡が伝わる地域	該当する教材曲
東北地方に伝わる民謡	①
北陸地方に伝わる民謡	②
長野県に伝わる民謡	③
沖縄県に伝わる民謡	④

(4)　Bさんは，【教材曲】を繰り返し聴くなかで，【教材曲】カの演奏に楽器が使われていることに気づき，その楽器に興味をもちました。

①　図1は，【教材曲】カの演奏に用いられる楽器である。楽器名を漢字で書きなさい。

図1
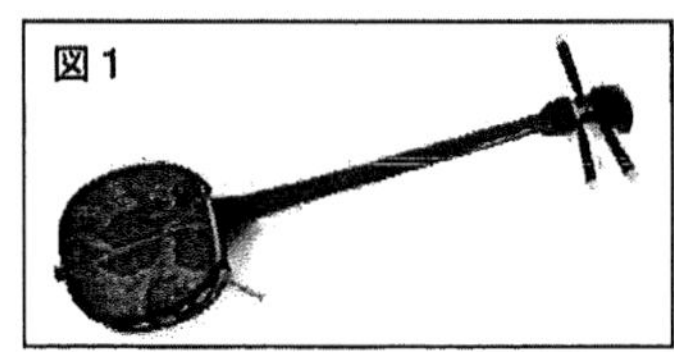

② この楽器について，Bさんが調べたら次のような資料を見つけました。資料について，空欄に当てはまる語句を語群より選び，記号を書きなさい。

【Bさんが見つけた資料】
この楽器は，沖縄・奄美などの南西諸島で使用される弦楽器である。概形は本土の三味線とほぼ同じだが，より(あ)である。胴には(い)の皮を貼る。演奏には，(う)と呼ばれる義甲を右手(え)にはめて演奏する。中国の「三弦」に由来する。棹の長さは三味線に比べて(お)。

語群：ア 小型　イ 大型　ウ ヘビ
エ ヤンバルクイナ　オ 爪　カ ブラシ
キ 親指　ク 人差し指　ケ 短い
コ 長い

③ 図2は，【教材曲】カの楽譜の一部を五線譜に書き表したものである。Bさんは，歌パートをクラリネット(B♭管)で演奏しようと考えた。伴奏を図2の楽譜通りピアノで弾き，クラリネットと合奏した時，ピアノと調性が合うようにクラリネット用に移調した歌パートの楽譜を五線に書きなさい。

図2

2024年度 長野県 難易度

【4】第2学年及び第3学年の授業で，我が国や郷土の伝統音楽及び諸外国の様々な音楽を鑑賞した。

(1) 「郷土の伝統音楽及び諸民族諸外国の音楽」の授業のねらいについて，(　　)に当てはまる言葉を選び，ア～クの中から答えなさい。

「中学校学習指導要領解説　音楽編　第2節」第2学年及び第3学年【2　内容　B　鑑賞　(1)イ(ウ)】

> この事項は，鑑賞領域における「知識」に関する資質・能力である，我が国や郷土の伝統音楽及び諸外国の様々な音楽の(　①　)と，その(　①　)から生まれる音楽の(　②　)を理解できるようにすることをねらいとしている。

ア　可能性　　イ　感性　　ウ　多様性　　エ　特性　　オ　特徴
カ　価値　　キ　歴史　　ク　よさ

(2)　アジア地域の諸民族の音楽と，日本の音楽を比較して，共通点や相違点を捉える展開を考えた。【諸外国の音楽，楽器】の中から1つ，【日本の音楽，楽器】の中から1つを選択し，その2つに共通する点を【共通点】の中から1つ選択し，それぞれ記号で答えなさい。

【諸外国の音楽，楽器】
A　カッワーリー　　B　ガムラン　　C　ヨーデル
D　ホーミー　　E　ズルナ

【日本の音楽，楽器】
ア　篳篥　　イ　江差追分　　ウ　管弦　　エ　声明
オ　ソーラン節]

【共通点】
①　拍節的リズムの民謡である
②　非拍節的リズムの民謡である
③　祝いの場面で歌われる民謡である
④　宗教的な歌である
⑤　シングルリード楽器である
⑥　ダブルリード楽器である

▌2024年度▌静岡県・静岡市・浜松市▌難易度■■■□□

【5】中学校1年生において，「日本に古くから伝わる箏の音楽を聴こう」という題材名で，箏曲「六段の調」を鑑賞する授業を行うこととしました。次の【指導計画】を見て，以下の各問いに答えなさい。

【指導計画】(2時間扱い)

時	◆ねらい　・主な学習活動	知	思	態
第1時	◆箏の音色を知覚し、その特徴や雰囲気を感受しながら、日本の音楽に興味や関心をもち、日本の音楽の音階などの特徴を感じ取って聴く。 ・箏の音色を知覚し、その特徴や雰囲気を感受する。 ・「六段の調」の特徴について理解する。 ・(a)日本と西洋の音階を聴き比べ、それぞれの音が生み出す特質や雰囲気を感受しながら鑑賞する。	↓	↓	↓
第2時	◆曲の構成や箏の奏法による音色の違いを理解し、箏曲の美しさを味わう。 ・(b)曲想と音色、速度、旋律、構成の関わりについて理解する。 ・全曲を通して聴き、曲想と音楽の構造との関わりを根拠に、曲のよさや美しさについて自分なりの考えをまとめる。 ・箏の奏法による音色や余韻の変化に関心をもち、箏曲のよさや美しさを味わいながら聴く。	↓ 知	↓ 思	↓ 態

問1　次の文章は，箏曲や「六段の調」について説明したものです。文中の［ア］～［エ］にあてはまる最も適切な語句を，以下の1～0のうちから1つずつ選びなさい。なお，1つの語句は1度しか使えないものとします。

> 箏は［ア］に中国から伝来した弦楽器です。当初は［イ］の合奏などで用いられていましたが，次第に日本独自の楽器として広まりました。箏で演奏する曲を「箏曲」といいます。箏曲の一つに，いくつかの部分によって構成された「段物」と呼ばれる曲があります。「六段の調」もその一つであり，六つの段からなる曲です。
>
> 箏曲は江戸時代には，主に目の不自由な音楽家たちによって伝えられました。［ウ］は演奏家として活躍した一人です。［ウ］は「六段の調」のような段物を作曲するなど，箏曲の基礎を築きました。
>
> 箏の縦譜にみられる「シャン」「テン」などと書かれた文字は，箏の奏法や音の感じを言葉で表している［エ］です。この［エ］を用いて旋律を覚えたり伝えたりしてきました。

1　生田検校　　2　奈良時代　　3　三曲合奏　　4　八橋検校
5　平安時代　　6　俗楽　　7　能　　8　唱歌

9　歌謡　　　　0　雅楽

問2　次は，下線部(a)を指導する際に，例として生徒へ示すための日本の音階を含んだ箏の調子です。「六段の調」で用いられる調子の名前と，その調子(調弦)の組合せとして最も適切なものを，次の1～4のうちから1つ選びなさい。

1　平調子

2　平調子

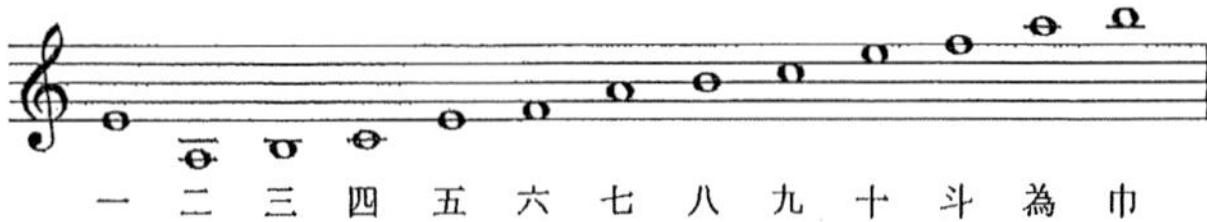

3　古今調子

4　古今調子

問3　箏の奏法の名称とその説明の組合せとして正しいものを，次の1～4のうちから1つ選びなさい。

1　合わせ爪：隣りあった2本の糸を中指でほほ同時に弾く奏法

2　引き色：右手で弾いたあと，左手で糸を柱のほうに引き寄せて音高を半音程度下げる奏法

3　後押し：右手で弾いたあと，左手で柱の10cmぐらいの位置を押して余韻を全音上げ下げする奏法

4　かき爪：親指と中指で同時に2本の糸を弾く奏法

問4　次の文章は，下線部(b)を指導する際にまとめたメモの一部です。

文中の［　ア　］～［　ウ　］にあてはまる最も適切な語句を，以下の1～8のうちから1つずつ選びなさい。なお，1つの語句は1度しか使えないものとします。

> 「六段の調」は［　ア　］の冒頭部分が「引き色」や「後押し」によって音色が変化することが特徴的である。ゆるやかな速度で始まり，次第に音楽が高揚して速度が速くなるのが一般的である。このような速度の変化のことを［　イ　］という。また，この曲は6つの段によって構成されているが，それぞれの段は最初の段を除いてすべて［　ウ　］の同じ拍数であるのも特徴の一つである。

1　初段　　2　序段　　3　六段　　4　104拍
5　108拍　　6　破序急　　7　序破急　　8　反転

▌2024年度 ▌宮城県・仙台市 ▌難易度■■■□□

【6】雅楽に関する次の(1)～(4)の各問いに答えよ。

(1)　次の文は，雅楽について説明した文である。文中の(　①　)～(　④　)に入る適切な語句をそれぞれ答えよ。

> 雅楽は，約1300年の歴史をもつ日本の伝統芸能で，主に宮廷や寺社などの儀式の音楽として伝えられてきた。雅楽には，5～9世紀頃アジア各地から伝えられた音楽や舞を起源とする「(　①　)」と「管絃」，日本古来の歌や舞，さらに平安時代に日本でつくられた歌があり，10世紀頃に現在の形がほぼ完成した。
> 雅楽では，吹物の主奏者のことを(　②　)と呼ぶ。管絃の演奏はほとんどの場合，(　②　)の独奏から始まり，順に楽器が加わる。そして(　③　)の奏者，吹物と弾物の各主奏者を中心に，それぞれの奏者が互いに音を聴き合って，(　④　)を計りながら演奏する。

(2)　次のア～エは，雅楽で使用される楽器について説明した文である。ア～エに当てはまる楽器名をそれぞれ答えよ。

ア　13本の絃を，右手の指にはめた爪で演奏する。一定の音型を繰り返し，拍を明確にする。

イ　左右両面に張られた革をばちで打つ。速度を決めたり，終わりの合図を出したりする役割をもつ。

ウ　吹いても吸っても音が出る楽器。5～6音からなる和音を奏でる。

エ　金属製の打楽器。先端に球が付いたばちで打つ。華やかな音色でリズムパートを彩る。

(3)　「口唱歌」について，簡潔に説明せよ。

(4)　管絃の曲を次の語群からすべて選び，記号で答えよ。

語群　ア　陵王　　イ　越天楽　　ウ　万歳楽　　エ　狛桙

▌2024年度 ▌山口県 ▌難易度 ■■■■■□□

【7】次の文は，中世以降の日本音楽史について述べようとしたものである。これについて，以下の(1)，(2)の問いに答えよ。

> 中世の日本には，視覚障がい者の職業(演奏家，作曲家，鍼灸師など)を保護するために設けられた組織(当道)があった。その組織内の階級での最高官位が(　①　)であり，生田流の創始者とされる生田(　①　)や山田流の創始者である山田(　①　)などが挙げられる。
>
> 近世箏曲を発展させた(　②　)は，当時流行した都節音階による(　③　)の調弦法を考案し，いくつかの部分(段)によって構成される(　④　)や，箏を弾きながら歌う箏組歌などのスタイルを創始した。
>
> 明治になり，文明開化の思潮のもとに西洋音楽が移入され，次第に影響力を強めていった。1879年(　⑤　)が設置され，数多くの学校教育用の(　⑥　)が作曲されるなど，今日の音楽教育の基礎が築かれた。大正から昭和にかけては<u>山田耕筰らが活躍し，日本語の抑揚や間を旋律に生かした日本歌曲</u>が数多く作曲された。
>
> 日本音楽でも西洋音楽の要素を取り入れた新しい邦楽を目指し，(　⑦　)が十七弦箏の発明や奏法の拡大など新たな可能性を追求した。

(1) 文中の(　①　)~(　⑦　)にあてはまる人物名または最も適当な語句をそれぞれ書け。

(2) 文中の下線部について，山田耕筰の代表的な作品を一つ書け。

2024年度 香川県 難易度

【8】次の文は，歌舞伎について説明したものである。以下の(1)~(3)に答えなさい。

> 歌舞伎は，音楽，舞踊，演技の要素が一体となった総合芸術で，その起源は1603年に京都で(　①　)が興行した踊りだと言われている。
>
> 歌舞伎の音楽は歌い物と呼ばれる(　②　)，語り物と呼ばれる(　③　)，常磐津節，清元節などがあり，これらはいずれも三味線を伴奏楽器に用いる。また，情景を表す音楽や効果音は(　④　)と呼ばれる場所で演奏される。
>
> 歌舞伎「勧進帳」では(　②　)が用いられている。義経，弁慶一行が登場する前に演奏される「a寄せの合方」や，弁慶が富樫への返礼に舞う「(　⑤　)」は，音楽や舞踊の聴きどころ，見どころである。また，富樫の問いに全て答えきった弁慶による「元禄b見得」や，最後に弁慶が左右交互に片足で3歩ずつ飛ぶように歩き退場する(　⑥　)も，歌舞伎独特の演技の見どころである。

(1) ①~⑥に適する語句を書きなさい。

(2) 次の楽譜は，下線部a「寄せの合方」をもとにしたリズムアンサンブルの一部である。以下の①~③に答えなさい。

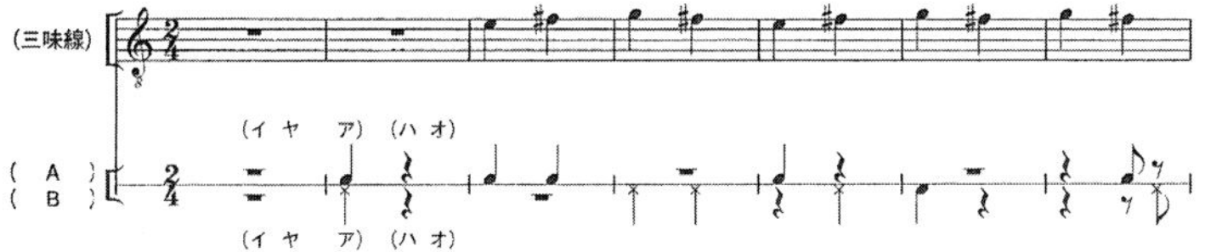

① 「合方」について説明しなさい。

② 原曲におけるA，Bのパートを演奏する楽器名を書きなさい。

③ 授業で，三味線の演奏に合わせながらAとBのリズムを手拍子

や膝打ちで演奏することとした。生徒が「寄せの合方」の特徴を感じ取って演奏するためには，どのような助言をしたらよいか，具体的に書きなさい。

(3) 下線部bの「見得」とはどのような演技か，説明しなさい。

■2024年度 ■青森県 ■難易度 ■■■■□□

【9】次の(1)～(8)の問いに答えよ。

(1) 次の[ ]内は，ユネスコ無形文化遺産保護条約「人類の無形文化遺産の代表的な一覧表」に記載する際の登録の基準として，申請国が申請書において，満たす必要がある条件の一部である。(a)～(c)に当てはまる語句の正しい組合せを，以下の1～5から1つ選べ。

> 2. 申請案件の記載が，無形文化遺産の(a)，重要性に対する認識を確保し，対話を誘発し，よって世界的に文化の(b)を反映し且つ人類の(c)を証明することに貢献するものであること。

1 a 認知 b 多義性 c 発展性
2 a 認知 b 創造性 c 感受性
3 a 認知 b 多様性 c 創造性
4 a 認可 b 普遍性 c 国民性
5 a 認可 b 民族性 c 可能性

(2) 2022年にユネスコ無形文化遺産保護条約「人類の無形文化遺産の代表的な一覧表」に風流踊が記載された。その中の1つとして記載された奈良県内で伝承されてきた踊りを，次の1～5から1つ選べ。

1 十津川の大踊 2 菅生のおかげ踊り 3 丹生の太鼓踊り
4 篠原おどり 5 大柳生の太鼓踊り

(3) 文楽では，原則として「三人遣い」という方法が用いられている。その方法の説明として正しいものを，次の1～5から1つ選べ。

1 太夫と三味線による長唄の演奏に，人形遣いが呼吸を合わせて物語を表現すること。
2 太夫と三味線による義太夫節の演奏に，人形遣いが呼吸を合わせて物語を表現すること。

3　頭遣い・右遣い・左遣いの3人で，1体の人形を動かすこと。

4　主遣い・右遣い・左遣いの3人で，1体の人形を動かすこと。

5　主遣い・左遣い・足遣いの3人で，1体の人形を動かすこと。

(4)　文楽が生まれた地域(現在の都道府県名)を，次の1～5から1つ選べ。

1　京都　　2　奈良　　3　島根　　4　東京　　5　大阪

(5)　太夫が演奏する場所を，次の図の1～5から1つ選べ。

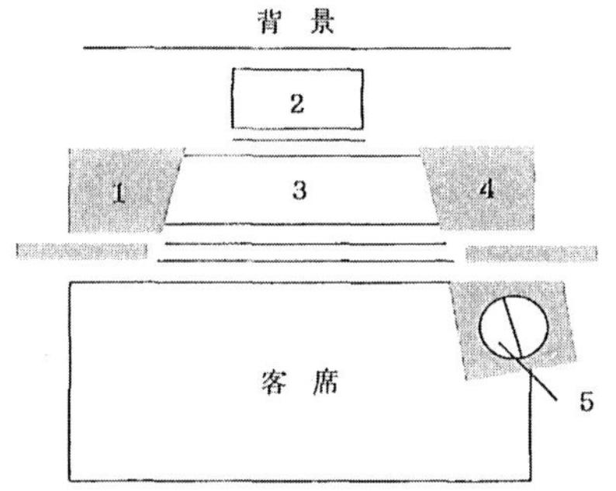

(6)　三味線は，棹の太さによって太棹・中棹・細棹と大きく3つに分けることができる。文楽で使われている三味線と同じ棹の太さの三味線を用いるものを，次の1～5から1つ選べ。

1　津軽三味線　　2　長唄　　3　小唄　　4　常磐津　　5　地歌

(7)　雅楽では吹物を習うとき，まず唱歌を教わってから実際に楽器を演奏する。唱歌の説明として正しくないものを，次の1～5から1つ選べ。

1　唱歌は，楽器の奏法を言葉で表したものである。

2　唱歌は，フレーズを知らせる役割がある。

3　唱歌は，歌ったり唱えたりして，リズムを覚えることができる。

4　唱歌は，歌ったり唱えたりして，テクスチュアを表すことができる。

5　唱歌は，歌ったり唱えたりして，旋律を伝えることができる。

(8)　雅楽における管絃の演奏は，ほとんどの場合ある楽器の音頭の独奏から始まる。ある楽器とは何か。次の1～5から1つ選べ。

1　鞨鼓　　2　笙　　3　琵琶　　4　竜笛　　5　箏

2024年度　奈良県　難易度

【10】次の文は，近世以降の日本音楽史について述べようとしたものである。これについて，以下の(1)，(2)の問いに答えよ。

> 近世箏曲を発展させた(　①　)は，当時流行した都節音階による(　②　)の調弦法を考案し，いくつかの部分(段)によって構成される(　③　)や，箏を弾きながら歌う箏組歌などのスタイルを創始した。
>
> 明治時代には，文明開花の思潮のもとに西洋音楽が移入され，次第に影響力を強めていった。1879年(　④　)が設置され，数多くの学校教育用の(　⑤　)が作曲されるなど，今日の音楽教育の基礎が築かれた。<u>日本語の抑揚や間を旋律に生かした日本歌曲が数多く作曲され，なかでも，山田耕筰，滝廉太郎，中田喜直らが活躍した</u>。

(1)　文中の(　①　)～(　⑤　)にあてはまる人物名または最も適切な語句をそれぞれ書け。

(2)　文中の下線部について，山田耕筰，滝廉太郎，中田喜直のそれぞれの代表的な作品を一つ書け。ただし，山田耕筰の「赤とんぼ」，滝廉太郎の「花」以外のものを答えること。

2024年度　香川県　難易度■■■□□

【11】次の文章は，能についての説明である。各問いに答えよ。

> 能の主役を(　①　)という。多くの場合は<u>面</u>をかけるが，<u>面</u>を用いない<u>直面</u>で演じられる場合もある。(　①　)の相手役を(　②　)といい，常に，<u>直面</u>で演じられる。能では，笛(能管)，(　③　)，大鼓，(　④　)の4種類の楽器が用いられ，これら4種類の楽器を「しびょうし」と呼ぶ。

1　文章中の(　①　)～(　④　)に当てはまる語句を，次の(ア)～(キ)からそれぞれ一つ選び，記号で答えよ。

(ア)　ワキ　　(イ)　アイ　　(ウ)　シテ　　(エ)　鞨鼓

(オ)　小鼓　　(カ)　大太鼓　　(キ)　太鼓

2　文章中の<u>面</u>，<u>直面</u>の読み方を，それぞれひらがなで書け。

3　文章中の「しびょうし」を漢字で書け。

4　次の図は，能舞台の平面図を表したものである。⑤～⑩に当てはまる名称を(a)～(k)からそれぞれ一つ選び，記号で答えよ。

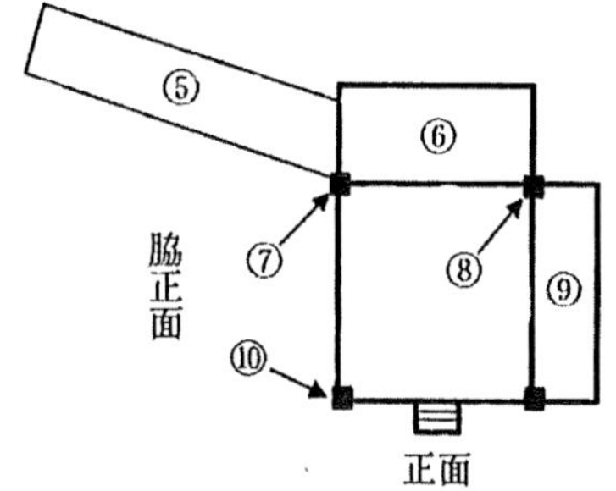

(a)　後座　　(b)　ワキ柱　　(c)　シテ柱　　(d)　地謡座
(e)　目付柱　　(f)　花道　　(g)　笛柱　　(h)　橋掛り
(i)　鏡板　　(j)　本舞台　　(k)　切戸口

2024年度　岡山県　難易度

【12】次の問いに答えよ。

(1)　次の楽譜で示した箏の調弦の名称を①～⑤から選び，番号で答えよ。

①　乃木調子　　②　二上り　　③　三下り　　④　平調子
⑤　都節音階

(2) 次の写真の矢印で示された箇所の名称を①～⑤から選び，番号で答えよ。

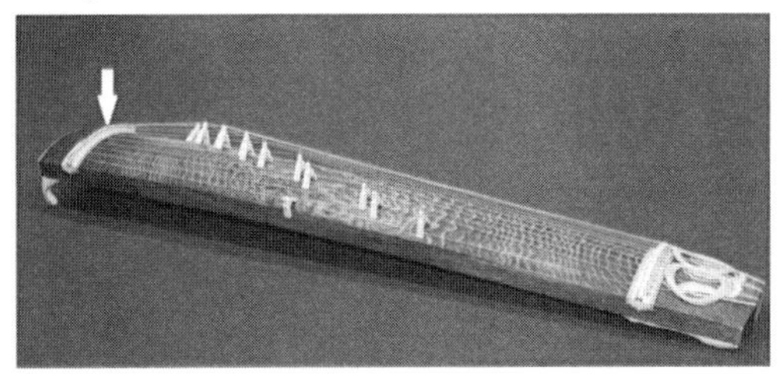

①　磯　　②　竜角　　③　竜甲　　④　柱　　⑤　雲角

(3)　A～Eのうち，演奏に三味線が使用されないものの適切な組合せを①～⑤から選び，番号で答えよ。

A　雅楽(管絃)　　B　歌舞伎　　C　文楽　　D　民謡

E　能・狂言

①　A・B　　②　C・D　　③　B・D　　④　A・E

⑤　B・C

(4)　三味線において，左手で糸を押さえる正しい位置のことを何というか。①～⑤から選び，番号で答えよ。

①　乳袋　　②　サワリ　　③　勘所　　④　駒　　⑤　継ぎ手

2024年度 | 神戸市 | 難易度 ■■■□□

【13】次の(1)～(6)の問いに答えよ。

(1)　「能」の歴史・特徴として適当でないものを，次の1～5のうちから一つ選べ。

1　能は，音楽，舞踊，演劇などの要素をもった日本の伝統的な歌舞劇である。

2　江戸時代には幕府の式楽(儀式で用いる音楽や舞踊)に定められ，後世に生まれた芸能にも多大な影響を与えた。

3　現在では，雅楽や文楽(人形浄瑠璃)，歌舞伎，組踊などとともに「ユネスコ無形文化遺産」に登録されている。

4　室町時代の初め頃，足利尊氏の保護のもと観阿弥・世阿弥親子によって基本的な形が整えられた。

5　能と狂言の総称として〈能楽〉という言葉がよく用いられるが，これは明治以降に一般化した用語である。

(2)　「能」の演者のうち，主人公の相手役の名称として最も適当なものを，次の1～5のうちから一つ選べ。

1　アイ　　2　ワキ　　3　シテ　　4　子方　　5　タマネ

(3)　「能」の謡で「いーちーもーんー」のように1音ずつ意識して謡う場合や，「のびたーァ」のように音を長く延ばしたりその高さを変化させたりして謡う場合の，母音のことを指す言葉として最も適当なものを，次の1～5のうちから一つ選べ。

1　序破急　　2　コミ　　3　生み字　　4　サワリ　　5　テラス

(4) 能「安宅」のあらすじとして，最も適当なものを，次の1～5のうちから一つ選べ。

1 阿蘇神社の神主，友成が播磨国の名所を訪れたときに老夫婦に出会う。松の木蔭を掃き清める老夫婦は，この松が遠い住吉の地にある「住の江の松」と合わせて「相生の松」と呼ばれていることを友成に教える。

2 行方不明の我が子を捜す母親が，京の都から東に下ってくる。川の渡し船に乗ろうとした母親は船頭との問答から『伊勢物語』第九段「東下り」の世界を再現し，乗船を許される。

3 寺で鐘の再興の法要が行われているときに，白拍子が現れ，本来は女人禁制である法要の場へ入っていく。供養の舞を舞っていた白拍子は突如怒り狂い，鐘を引き落としその中へ消える。

4 駿河国三保の松原に住む漁師の白竜は，松の木に掛かった美しい衣を見つけ，それを持ち帰ろうとする。そこへ天人が現れ，「衣がないと天界にもどることができない」と嘆き悲しむ。

5 東大寺再建のため寄付を集う山伏に扮した武蔵坊弁慶は，関所で富樫に疑われ通行を認められない。勧進帳の読み上げを命じられた弁慶は，巻物を取り出し，あたかも本物のごとくに高らかに勧進帳を読み上げ，関所を通ることを許される。

(5) 「狂言」の歴史・特徴として適当でないものを，次の1～5のうちから一つ選べ。

1 現在，大蔵と和泉の2流儀があり，現行曲は260余曲を数える。

2 「狂言」は，能舞台で演じられるセリフ劇である。

3 能と狂言は，総称して「能楽」と呼ばれ，同じ舞台で交互に上演されるだけでなく，能には狂言の役者が出演する演目もあり，互いに密接な関わりをもっている。

4 狂言は，庶民を主人公にすることが多く，大名などを風刺したり，日常の滑けいな場面を描いたりする。

5 舞台後方の雛だんで，唄と三味線・囃子の奏者が，舞踊の音楽の他，芝居の情景や人物の心情を表す唄や効果音などを演奏する。

(6) 「能」の基本的な形が整えられた時代の西洋音楽の作品について最も適当なものを，次の1～5のうちから一つ選べ。

1 G.デュファイ　　ミサ《私の顔が青ざめているのは》
2 H.パーセル　　オペラ《ディドとアエネアス》
3 A.ヴィヴァルディ　　ヴァイオリン協奏曲集《和声と創意の試み》
4 J.S.バッハ　　《ブランデンブルク協奏曲》
5 G.F.ヘンデル　　管弦楽曲《王宮の花火の音楽》

2024年度　大分県　難易度

【14】次の文章は，能について述べたものである。以下の1から5の問いに答えよ。

> 能は，音楽，舞踊，演劇などの要素をもった日本の伝統的な歌舞劇である。多くの演目に能面を用いる点に特徴があり，専用の能舞台で演じられる。
>
> シテやワキという物語を演じる演者と，謡と囃子という音楽を演奏する演奏者によって上演される。謡には，登場人物のセリフのように旋律がついていない[　①　]と旋律がついているフシがある。囃子には，能管，小鼓，大鼓，A太鼓が使われる。能管は，主に中音域を使った奏法が聞かれるが，ときに高音域の鋭く緊張した[　②　]が奏される。
>
> 現在では，Bユネスコ無形文化遺産に登録されており，海外からも高い評価を受けている。

1 室町時代に能を大成した親子の名前を答えよ。

2 [　①　]，[　②　]にあてはまる最も適切な語句を，次のアからオのうちからそれぞれ一つずつ選び，記号で答えよ。

ア　アイ　　イ　シオリ　　ウ　クリ　　エ　ヒシギ
オ　コトバ

3 下線部Aについて，太鼓はどのような場面で用いられるか，[役柄]という語を用いて簡潔に説明せよ。

4 下線部Bについて，我が国のユネスコ無形文化遺産に登録されている芸能を一つ答えよ。

5 次の文章は，能「敦盛」のあらすじである。以下の問いに答えよ。

敦盛を討った熊谷直実は，出家して蓮生法師となった。蓮生は敦盛を供養するために須磨の浦を訪れたところ，草刈り男が現れ，敦盛の化身であることをほのめかし，姿を消す。
その夜，敦盛を弔っていると，敦盛の亡霊が現れる。敦盛は蓮生に平家一門の盛衰，自身の最期を語りだす。敦盛は，合戦前夜の酒宴を思い出して舞を舞ったあと，蓮生を討とうとするが，自身を弔い続ける蓮生の姿を見て思いとどまり，供養を頼んで去っていく。

(1) 蓮生法師，草刈り男，亡霊の中で，面を用いない役柄はどれか。また，面を用いないことを何というか。

(2) 「敦盛」の謡の一部を次のアからエのうちから一つ選び，記号で答えよ。

ア　たかさごや　このうらぶねに　ほをあげて

イ　いちもんみなみなふねにうかめば　のりおくれじと

ウ　あずまあそびの　かずかずに

エ　しずやしず　しずのおだまきくりかえし

2024年度 栃木県 難易度 ■■■□□

【15】次の(1)～(3)の歌舞伎における説明文にあてはまる名称として最も適切なものを①～⑦の中からそれぞれ一つ選びなさい。

(1) 舞台面を四角に切った穴からセットを上下させたり，役者を登場，退場させたりするしかけ。

(2) 舞台から客席を貫く通路。役者がこの通路で見せる演技や踊りは，重要な見せ場の一つとなっている。

(3) 顔や手足に血管や筋肉などを誇張して描く，歌舞伎独特の化粧法。

①　隈取　　②　花道　　③　謡　　④　せり・すっぽん

⑤　橋掛かり　　⑥　長唄　　⑦　囃子

2024年度 三重県 難易度 ■■■□□

【16】日本音楽に関する次の各問いに答えなさい。

(1) 「歌舞伎」に関する①～④の各文が表している言葉を，以下の

［　　］の中から選び，答えなさい。

① 三味線，または三味線と囃子で演奏する間奏のこと。

② 役者の感情が頂点に達したとき，演技の途中で一瞬動きを止めて目をぐっと寄せて睨んでみせる，歌舞伎独特の演技。

③ 顔や手足に血管や筋肉などを誇張して描く，歌舞伎独特の化粧法。

④ 舞台の季節や場所などの情景を表す音楽，効果音などを演奏する部屋の名称。

すっぽん	花道	黒御簾	隈取	長唄	六方
見得	合方				

(2) 「能」について説明した次の文章について，以下の①～③に答えなさい。

能や狂言は，「散楽」という共通の祖先をもつと考えられている。「散楽」は平安時代の中頃，「猿楽」と呼ばれる滑稽な笑い中心の寸劇を伴う芸能に形を変えていく。猿楽の演者たちは，鎌倉時代後半には寺社の庇護のもとに一座を作り，祭礼や法会などで伝統的な祝福芸や芸能を担当していた。その中から物語を劇として演じる形態が生まれ，演劇の要素が加わった。こうした中で，大和猿楽の主要四座の一つ，結崎座に観阿弥が登場した。

観阿弥は，卓越した演者であると同時に優れた作家でもあり，「自然居士」や「卒都婆小町」などは今日でも上演されている。また，当時流行した「曲舞」のリズムの面白さを音曲に取り入れるなど，$_A$<u>能の音楽</u>にも変革をおこした。さまざまな公演を成功させた観阿弥とその子(　ア　)は，時の為政者であった(　イ　)の支持と庇護を受け，能を発展させていった。(　ア　)は，写実的な大和猿楽の芸風に，当世の貴人たちに好まれていた天女舞に代表される近江猿楽の「幽玄」，$_B$<u>上品で優美な芸風</u>を取り入れ，夢幻能の形式などを確立させ，現代に続く「歌舞」を基調とした能楽の礎を築いただけでなく，「風姿花伝」を始めとする能の理論書を数多く残した。

① (ア)・(イ)にあてはまる人物名をそれぞれ答えなさい。

② 下線部Aについて，「謡」のフシのうち，旋律的で繊細な表現をする「ヨワ吟」に対し，一つ一つの音を力強く表現する躍動的な歌唱法を何というか答えなさい。

③ 下線部Bに最も関係が深い能の演目を，次の□の中から一つ選び，答えなさい。

翁	高砂	羽衣	道成寺	棒縛

(3) 文楽について，次の①・②に答えなさい。

① 世話物「冥途の飛脚」や時代物「国性爺合戦」の作者で，文楽の隆盛に大きな役割を果たした人物の名前を答えなさい。

② 享保19年，竹本座で考案され，以降人形の写実的な表現方法として現在まで行われている操作方法を何というか答えなさい。

2024年度 | 鳥取県 | 難易度 ■■■□□

【17】次の文章を読んで以下の問いに答えなさい。

江戸時代，鎖国によって外来文化の影響がほとんどなくなり，日本音楽は自国文化の熟成が続いた。(ア)はさまざまな音楽に用いられ，江戸時代に隆盛を極めた。(ア)音楽は歌い物と語り物に大別される。前者には，地歌，歌舞伎と結び付いて発展した(イ)などがある。後者には，各種の浄瑠璃があり，特に義太夫節は人形芝居と結び付き，①人形浄瑠璃の音楽として発展した。

箏の音楽も盛んになり，いくつかの流派が生まれた。筑紫箏をもとに八橋検校によって箏曲の基礎が築かれ，関西では地歌と結びついた(ウ)が，次いで江戸では浄瑠璃などの要素を取り入れた(エ)が発展した。

また，地歌では(ア)に箏と胡弓を加えて合奏を行うこともあった。この合奏を三曲と呼び，明治になると胡弓に代わって(オ)を加えることが多くなった。

明治から昭和初期にかけて，さまざまな制度の改廃や西洋音楽の本格的な移入によって，日本の伝統音楽に大きな変化がもたらされた。箏曲では，大正中頃に宮城道雄らが邦楽と洋楽を融合した新しい日本音楽の創造を目指した。②この運動は，伝統的な邦楽界に新風を吹き込み，日本音楽発展の契機となった。

(1) 上記，(ア)～(オ)に当てはまる適切な語句を答えなさい。

(2) ①「人形浄瑠璃」について，大阪における人形浄瑠璃芝居を別名で何と言うか。漢字二文字で答えなさい。

(3) ②「この運動」の名称を答えなさい。

【18】次の問いに答えなさい。

問1 次に示したものは，日本の民謡の旋律の一部である。以下の(1)(2)に答えなさい。

(1) この民謡の種類として最も適当なものを，次の①～⑤から一つ選びなさい。

① 祝い歌 ② 踊り歌 ③ 子守歌 ④ 座興歌

⑤ 仕事歌

(2) この民謡と同じ「拍のある音楽」として最も適当なものを，次の①～④から一つ選びなさい。

① 江差追分 ② かりぼし切り歌 ③ 南部牛追唄

④ 八木節

問2 次に示すものは，民謡で多く使われる五音音階である。以下の(1)(2)に答えなさい。

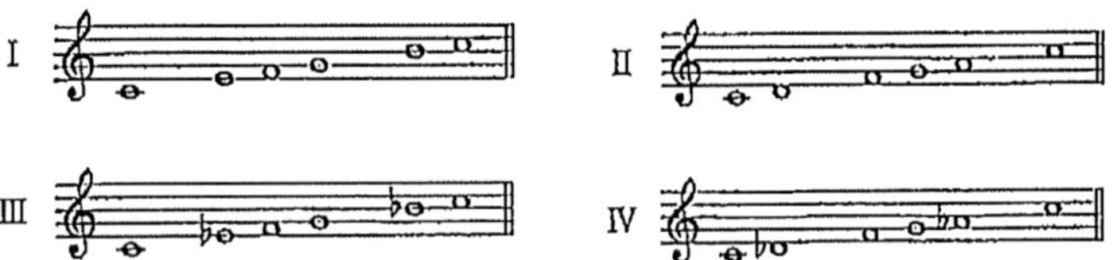

(1) それぞれの音階の名称の組合せとして正しいものを，次の①～⑥から一つ選びなさい。

① Ⅰ － 都節音階 Ⅱ － 民謡音階
Ⅲ － 沖縄音階 Ⅳ － 律音階

② Ⅰ － 都節音階 Ⅱ － 沖縄音階

Ⅲ － 民謡音階　Ⅳ － 律音階
③ Ⅰ － 沖縄音階　Ⅱ － 民謡音階
Ⅲ － 律音階　Ⅳ － 都節音階
④ Ⅰ － 沖縄音階　Ⅱ － 律音階
Ⅲ － 民謡音階　Ⅳ － 都節音階
⑤ Ⅰ － 民謡音階　Ⅱ － 都節音階
Ⅲ － 沖縄音階　Ⅳ － 律音階
⑥ Ⅰ － 民謡音階　Ⅱ － 律音階
Ⅲ － 沖縄音階　Ⅳ － 都節音階

(2) Ⅲの音階が使われている民謡として正しいものを，次の①～④から一つ選びなさい。

① 伊勢音頭(三重県)　② 木曽節(長野県)
③ こきりこ節(富山県)　④ 谷茶前(沖縄県)

問3 次の文は，中学校学習指導要領(平成29年告示)に示されている，我が国の伝統的な歌唱や和楽器の指導に当たっての配慮事項である。(A)～(C)に入る語句の組合せとして正しいものを，以下の①～⑥から一つ選びなさい。

我が国の伝統的な歌唱や和楽器の指導に当たっては，(A)との関係，(B)の使い方についても配慮するとともに，適宜，(C)を用いること。

① A 旋律とリズム　B 姿勢や身体　C 移動ド唱法
② A 旋律とリズム　B 身体や楽器　C 移動ド唱法
③ A 言葉と音楽　B 楽器や声　C 移動ド唱法
④ A 言葉と音楽　B 姿勢や身体　C 口唱歌
⑤ A 旋律と音楽　B 身体や楽器　C 口唱歌
⑥ A 旋律と音楽　B 楽器や声　C 口唱歌

2024年度 石川県 難易度

【19】能と歌舞伎の音楽を扱い，「高等学校学習指導要領」(平成30年3月告示)における芸術科「音楽Ⅰ」B鑑賞(1)鑑賞に示されたア「(ウ)音楽表現の共通性や固有性」及びイ「(ウ)我が国や郷土の伝統音楽の種類

とそれぞれの特徴」を指導する指導計画を表1のとおり作成した。以下の(1)～(5)の問いに答えなさい。

表1

時　間	学習内容
第1時	能の歴史について知るとともに、作品の一部を視聴し音楽の特徴に気付く。
第2時	歌舞伎の歴史について知るとともに、作品の一部を視聴し音楽の特徴に気付く。
第3時	歌舞伎音楽を演奏し、実感的に理解する。
第4時	能『道成寺』と歌舞伎『京鹿子娘道成寺』を比較しながら鑑賞し、共通性や固有性をとらえ、それらを基盤としてそれぞれのよさを味わう。

(1)　次の文は，第1時の学習内容について述べたものである。空欄a～dに当てはまる語句を答えよ。

> 猿楽を起源に持つ能は，室町時代中期に，足利(　a　)の庇護のもと，観阿弥，世阿弥が能の芸術性を高め，特に，世阿弥は(　b　)という劇形式を完成させ，能を芸術へと昇華させた。
>
> 能の音楽は囃子と謡によって成り立っている。囃子は，(　c　)，小鼓，大鼓，太鼓の4種類の楽器奏者からなり，謡のなかでも(　d　)は，通常8人で編成され，登場人物の心理や情景を描写する役割を担う。

(2)　表2は，能の曲の種類について整理したものである。表中の空欄a～cに入る語句の組合せとして正しいものをア～エの中から選び，記号で答えよ。また，『道成寺』において，白拍子が足遣いを主に舞う舞の名称を何というか，答えよ。

表2

名　称	初番目物	二番目物	三番目物	四番目物	五番目物
別　名	脇能物	(a)	鬘物	雑能物	(c)
代表的な作品	高砂	清経	(b)	道成寺	船弁慶

ア　a　祝言物　b　葵上　c　修羅物
イ　a　修羅物　b　羽衣　c　切能物
ウ　a　祝言物　b　羽衣　c　修羅物
エ　a　修羅物　b　葵上　c　切能物

(3)　AとBの2つの謡について，その音楽的な特徴を比較した際，生徒から次のような発言があった。

A，Bの謡い方をそれぞれ答えよ。

> Aは，一つ一つの音を力強く表現し，旋律より息の扱い方を重視しているようでした。それに対し，BはAよりも旋律的で，音の高さが細かく設定されているように感じました。

(4) 表3は，第3時の学習において，三味線の調弦についての知識を扱うために作成したものである。「本調子」「三下がり」について，一の糸と二の糸，二の糸と三の糸の関係がそれぞれ正しいものとなるよう，空欄a～cに当てはまる音程を答えよ。

表３

	一の糸と二の糸の音程	二の糸と三の糸の音程
本調子	完全４度	（ a ）
三下がり	（ b ）	（ c ）

(5) 第4時の学習における「共通性」として，『道成寺』と『京鹿子娘道成寺』に共通する物語や詞章を扱う場合，「固有性」としては，どのような内容を扱うことが考えられるか，具体的に説明せよ。

▌2024年度 ▌群馬県 ▌難易度 ■■■■□

【20】次の〔説明文〕を読んで，(1)～(3)の問いに答えなさい。

〔説明文〕

> 雅楽には，中国大陸や朝鮮半島などのアジア各地から伝来した音楽舞踊を起源とする舞楽や管絃，日本古来の儀式用の[　ア　]の御神楽(神楽歌)，東遊，久米舞など，さらに平安時代に新しく作られた[　イ　]，朗詠の謡物(歌物)の3種があります。
>
> 舞楽には左舞と右舞があり，代表的な演目である「陵王」は，[　ウ　]に属し，伴奏音楽は[　エ　]である。また，左舞と右舞は対になって演じられることがあり，これを[　オ　]という。
>
> 管絃で有名な①平調「越天楽」の旋律は，「越天楽今様」や，福岡県民謡の「[　カ　]」などに取り入れられている。

(1) 〔説明文〕の中の空欄[　ア　]～[　カ　]に当てはまる語句を，次のa～mから1つずつ選び，記号で書きなさい。

a　右舞　　b　左舞　　c　互舞　　d　番舞
e　対舞　　f　声明　　g　唐楽　　h　国風歌舞

i　高麗楽　　j　万歳楽　　k　催馬楽　　l　黒田節

m　炭坑節

(2)　6つある雅楽の調子のうち，下線①平調の基本音(主音)は何になるか，次のa～fから1つ選び，記号で書きなさい。

a　H　　b　G　　c　F　　d　E　　e　B　　f　A

(3)　次の〔図〕は，越天楽における篳篥と3種類の打楽器の口唱歌を表したものである。以下の①～③の問いに答えなさい。

〔図〕

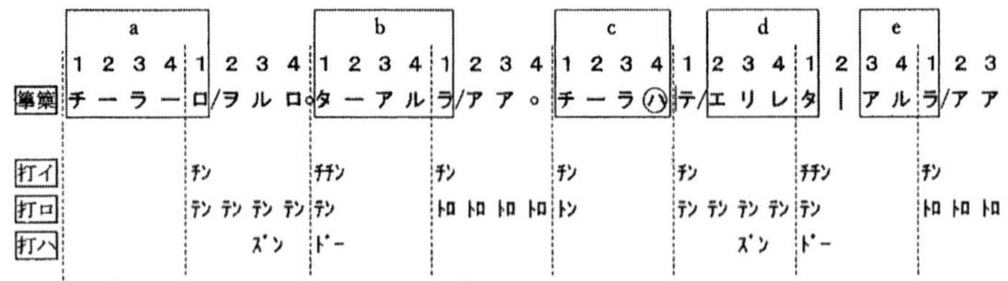

※「/」「|」「○」のところで息継ぎをする。「ハ」は「ファ」と発音する。

①　打楽器イ～ハの組合せとして正しいものを，次の〔表〕のa～dから1つ選び，記号で書きなさい。

〔表〕

	a	b	c	d
打イ	鞨鼓	釣太鼓	鉦鼓	鉦鼓
打ロ	釣太鼓	鉦鼓	鞨鼓	釣太鼓
打ハ	鉦鼓	鞨鼓	釣太鼓	鞨鼓

②　篳篥において，塩梅という独特の奏法が含まれる部分を，上の〔図〕のa～eから1つ選び，記号で書きなさい。

③　諸来(もろらい)と呼ばれる両手のばちで交互に打つトレモロのような奏法の口唱歌を，上の〔図〕から抜き出し，書きなさい。

▌2024年度 ▌福島県 ▌難易度 ■■■■□

【21】次の各問いに答えよ。(解答は選択肢より一つ選び，番号で答えよ。)

(1)　歌舞伎について次の説明に該当するものを答えよ。

ア　主に舞踊の伴奏として観客から見える舞台上で演奏し，太夫と中棹三味線で構成され，ゆったりとして重厚な曲調に特徴がある。

選択肢　1　清元節　　2　義太夫節　　3　じょんがら節
4　常磐津節　　5　長唄　　6　端唄

イ　江戸時代の町人社会を描いたもの。

選択肢　1　お家物　　2　王代物　　3　時代物　　4　世話物
5　松羽目物　　6　丸本物

ウ　力感の高まった最高の地点で，エネルギーを凝縮させるように動きを止めて力を籠め，両の目玉をぐっとよせて睨む演技手法。

選択肢　1　だんまり　　2　見顕し　　3　見得　　4　やつし
5　六方　　6　和事

(2)　文楽や歌舞伎の演目で，「平家物語」や「船弁慶」をもとにした作品を答えよ。

選択肢　1　勧進帳　　2　京鹿子娘道成寺　　3　源平布引滝
4　桜姫東文章　　5　羽衣　　6　義経千本桜

(3)　竜の姿に例えられ，各部に竜の名称をもつ楽器を答えよ。

選択肢　1　三線　　2　三味線　　3　笙　　4　箏　　5　二胡
6　竜笛

(4)　「炭坑節」の囃子詞を答えよ。

選択肢　1　オコサ　　2　サノヨイヨイ　　3　ソーレンセ
4　デデレコデン　　5　ホーハイ　　6　ヨサコイ
7　ヨサレ

(5)　次の篠笛の楽譜について曲名を答えよ。

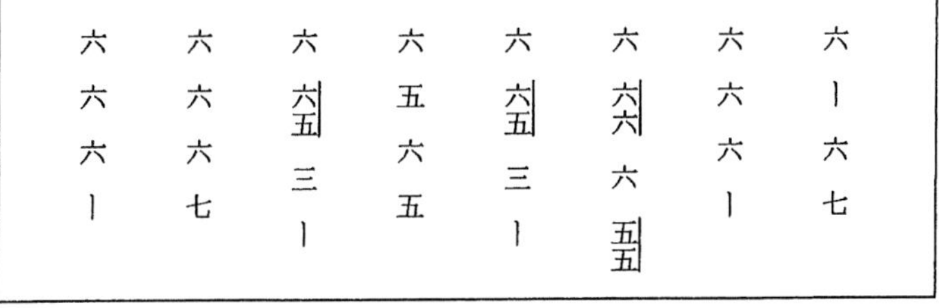

選択肢　1　かごめかごめ　　2　こきりこ
3　さくらさくら　　4　なべなべそこぬけ
5　ひらいたひらいた　　6　ほたるこい

■2024年度■愛知県■難易度

【22】日本の民謡について，次の問いに答えなさい。

1　宮城県の「斎太郎節」は，五音音階のうちの何という音階でできているか，音階名を書きなさい。

2　1と同じ音階でできている民謡を次のア～エの中から一つ選び，記号で答えなさい。

ア　草津節(群馬県)　　　イ　会津磐梯山(福島県)

ウ　ひえつき節(宮崎県)　　エ　谷茶前(沖縄県)

3　民謡音階の構成音を，低い音から順に全音符で①～④の(　　)の中に書き入れなさい。

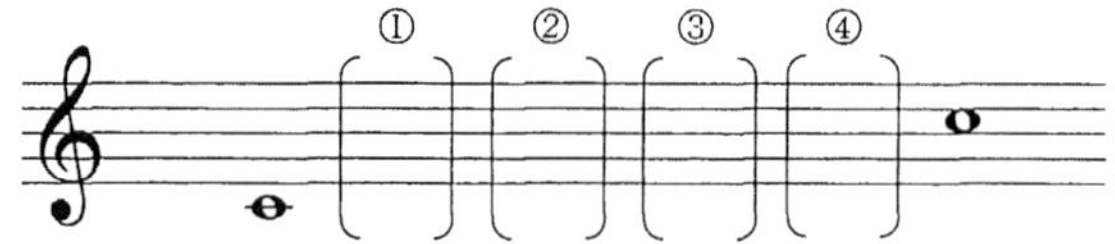

4　北海道の「ソーラン節」は，次のア～エのうちどの種類の民謡か一つ選び，記号で答えなさい。

ア　仕事歌　　イ　座興歌　　ウ　踊り歌　　エ　祝い歌

5「江差追分(北海道)」，「刈干切唄(宮崎県)」，「南部牛追い唄(岩手県)」の三つの民謡に共通する特徴として最も適切なものを，次のア～エの中から一つ選び，記号で答えなさい。

ア　子守歌である　　　　　イ　非拍節的リズムである

ウ　コブシをつけずに歌う　　エ　囃しことばがない

▌2024年度 ▌山形県 ▌難易度

【23】次の問に答えよ。

問1　図1に示した［ア］の名称を答えよ。

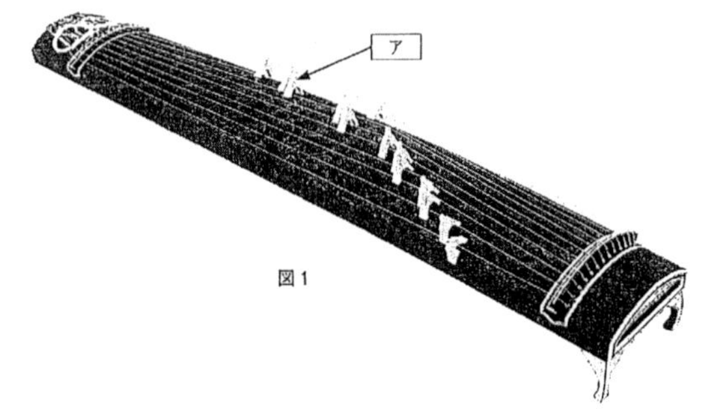

図1

問2　図2の［イ］～［エ］の糸の名称を答えよ。

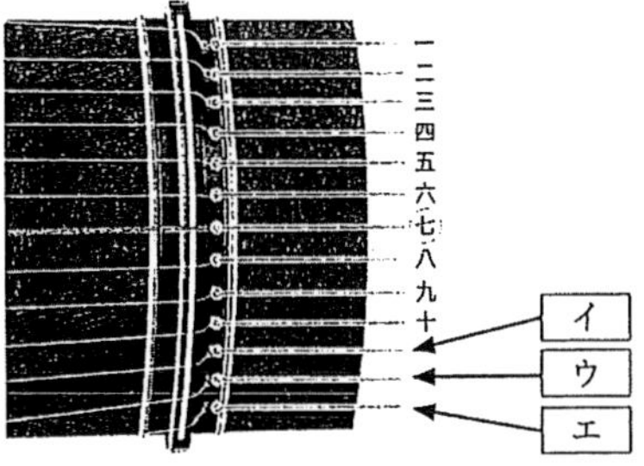

図2

問3　箏の音色について(1)，(2)に答えよ。

箏では，音を出したあとの[　オ　]を大切にする。

(1)　[　オ　]にあてはまる語を答えよ。

(2)　箏は弾く位置によって響きが異なる。どのように異なるか，竜角を用いて簡潔に説明せよ。

問4　箏の楽譜には，さまざまな記譜の方法がある。図3の楽譜を何というか，答えよ。

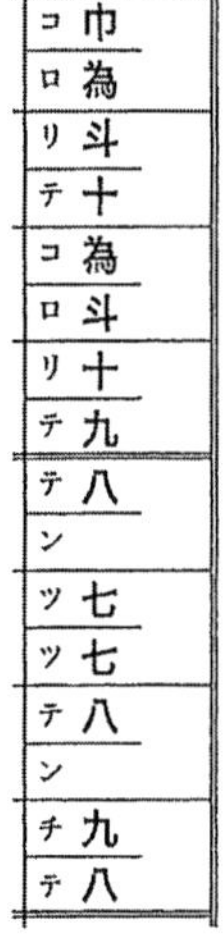

図3

問5　次の(1)～(3)の説明に合う箏の奏法を，A～Fから選び，記号で答えよ。

(1)　隣り合った2本の糸を，中指(角爪の場合は薬指側の角)でほぼ同時に弾く奏法。

(2)　親指と中指で同時に2本の糸を弾く奏法。

(3)　左手で糸を押して音高を上げる奏法。

A　押し手　　B　割り爪　　C　引き色　　D　かき爪

E　引き色　　F　合せ爪

問6　箏曲「六段の調」を作曲したと伝えられる人物名を答えよ。

問7　箏曲「六段の調」の調弦を何というか，答えよ。

問8　問7の調弦を一の糸から順にト音譜表に全音符で記せ。ただし，一の弦をホ音とする。

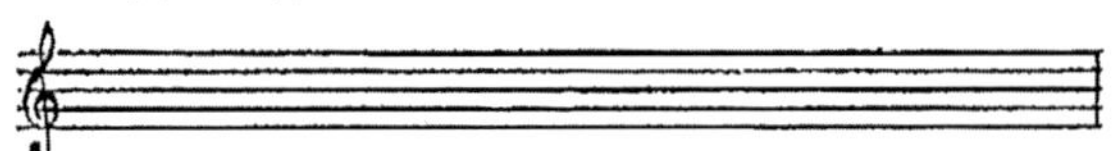

2024年度　島根県　難易度■■■■□

【24】日本の伝統音楽について，次の1～5の問いに答えなさい。

1　雅楽「越天楽」についての説明として適切でないものを，次のa～eの中から一つ選びなさい。

a　管楽器3種類，弦楽器2種類，打楽器3種類の，計8種類の楽器が用いられる。

b　「越天楽　平調」がよく知られているが，ほかに「盤渉調」と「黄鐘調」もある。

c　楽器の演奏に合わせて舞を舞う「舞楽」の曲である。

d　演奏の際には，龍笛の独奏(音頭)から始まり，順に楽器が加わっていく形をとる。

e　曲が進むにつれてテンポが速くなる序破急は，日本の伝統芸能に共通する概念である。

2　次の文は，能の音楽について説明したものである。文中の(　①　)～(　③　)に当てはまる語句の組み合わせとして最も適切なものを，以下のa～eの中から一つ選びなさい。

能の音楽は(　①　)と呼ばれる声楽の部分と，囃子という器楽の部分からできている。(　①　)にはセリフのように旋律がついていない「コトバ」と，旋律がついている「(　②　)」がある。囃子は舞の伴奏などに使われ小鼓，大鼓，(　③　)，笛(能管)の4種の楽器で演奏される。

	①	②	③
a	謡	フシ	太鼓
b	謡	キリ	太鼓
c	さらし	フシ	太鼓
d	さらし	キリ	琵琶
e	さらし	フシ	琵琶

3　次の文は，三味線音楽の歴史について説明したものである。文中の(　①　)～(　④　)に当てはまる語句の組み合わせとして最も適切なものを，以下のa～eの中から一つ選びなさい。

室町末期に伝来した三味線は江戸時代になるとさまざまな種目に発展し，三味線音楽は全盛期を迎えた。

浄瑠璃は人形劇と結びついて発達し，大坂(現・大阪)では(　①　)が現れて今日の文楽のもととなった。一方，京都には(　②　)，江戸には河東節が起こり，(　②　)から分かれた豊後節は江戸で流行した。歌曲では京阪地方で流行した(　③　)や，江戸時代の歌舞伎音楽として発展した(　④　)がある。

	①	②	③	④
a	長唄	地歌	端唄	義太夫節
b	一中節	説教節	長唄	地歌
c	義太夫節	一中節	地歌	長唄
d	長唄	一中節	地歌	義太夫節
e	義太夫節	説教節	端唄	長唄

4　尺八について，次の(1)，(2)の問いに答えなさい。

(1)　次の楽譜の曲を尺八(一尺八寸管：ロ＝D)で演奏するとき，①の音を唱歌で表すと何になるか。最も適切なものを以下のa～eの中から一つ選びなさい。

a　チ　　b　レ　　c　ハ　　d　ヒ　　e　ツ

(2) 尺八の主な奏法名とその奏法の組み合わせとして最も適切なものを，次のa～eの中から一つ選びなさい。

	あごを突き出し音を上げる	二つの指孔を交互にすばやく開閉する	強い息で楽音以外の音も出す
a	メリ	ユリ	つつ音
b	メリ	コロコロ	ムラ息
c	カリ	ユリ	ムラ息
d	カリ	コロコロ	ムラ息
e	カリ	ユリ	つつ音

5　日本の各地の民謡について，関わりの深い都道府県と用いられる音階の種類の組み合わせとして最も適切なものを，次のa～eの中から一つ選びなさい。

	民謡の名称	都道府県名	用いられる音階
a	ひえつき節	長崎県	律音階
b	よさこい節	高知県	民謡音階
c	デカンショ節	滋賀県	律音階
d	伊勢音頭	三重県	都節音階
e	黒田節	福岡県	民謡音階

2024年度 ┃ 茨城県 ┃ 難易度

【25】次の会話は，授業において「日本の民謡のよさを味わおう」という題材で，音楽を鑑賞した際の生徒の会話である。以下の(1)～(6)に答えなさい。

はると：1曲目で聴いた「南部牛追唄」は，昔，牛を使って荷物を運ぶ人の歌っていた歌がもとになって生まれた(　①　)なんだね。

ひまり：(　①　)の他にも，民謡は生まれた背景から，a歌う場所や目的によって分類されていると初めて知ったよ。

あおい：「南部牛追唄」の歌い方は(　A　)を使った節回しが特徴的だったね。あと，bなんだか拍やリズムがはっきりしないような感じもしたよ。

はると：そうだね。以前授業で聴いたモンゴルの民謡の(　②　)

と似ている雰囲気だと思ったよ。
ひまり：2曲目で聴いた「伊勢(　B　)」は，1曲目に比べて，c拍やリズムがはっきりしていたね。
あおい：伊勢(　B　)」の歌い方は，d1人が最初に歌いだし，それを受けて他の人たちが答えるように歌っていたね。
はると：まるでコール アンド レスポンスのようだったよ。これも以前授業で聴いたパキスタンの音楽の(　③　)と似ていたよね。
ひまり：外国の民族音楽との共通点もあるけど，日本の伝統音楽との共通点もあるよ。以前勉強した雅楽でも吹物の主奏者のことを(　B　)と呼んでいたよね。なるほどなぁとつながったよ。
あおい：「伊勢(　B　)」の「ヤートコセーヨーイヤナー」という(　C　)が印象的だったなぁ。一緒に歌いたい気分になったよ。
はると：e次の授業では「ソーラン節」を歌うんだよね。これもニシン漁の(　①　)だね。
ひまり：民謡は人々の暮らしの中から生まれ，歌い継がれているんだなぁ。

(1)　①～③に適する語句を書きなさい。
(2)　A～Cにあてはまる語句を，次のア～ケから1つずつ選び，その記号を書きなさい。

ア　琴古流　　イ　都山流　　ウ　囃子詞　　エ　音頭
オ　普化宗　　カ　一節切　　キ　今様　　ク　こぶし
ケ　声明

(3)　下線部aのような方法で分類される民謡の種類と，民謡の名前の正しい組み合わせを，次のア～ケからすべて選び，その記号を書きなさい。

ア　踊り歌－津軽じょんから節　　イ　座興歌－津軽じょんから節
ウ　祝い歌－津軽じょんから節　　エ　踊り歌－会津磐梯山
オ　座興歌－会津磐梯山　　カ　祝い歌－会津磐梯山

キ　踊り歌－銚子大漁節　　　　　ク　座興歌－銚子大漁節
ケ　祝い歌－銚子大漁節

(4)　下線部b，cのような特徴の様式を何というか，それぞれ書きなさい。

(5)　下線部dのような形式を何というか，書きなさい。

(6)　下線部eで，生徒がソーラン節の特徴を感じ取って歌うためには，どのような学習活動が考えられるか，具体的に書きなさい。

▌2024年度 ▌青森県 ▌難易度 ■■■■□

【26】次の各問いに答えよ。

(1)　次の写真に関係のある声による表現として最も適当なものを，以下の①～④の中から一つ選び，記号で答えよ。

①　ヨーデル　　②　アリラン　　③　アーヴァーズ
④　オルティンドー

(2)　次の地図のA～Dの都道府県の民謡として，適切な組み合わせのものを，以下の①～④の中から一つ選び，記号で答えよ。

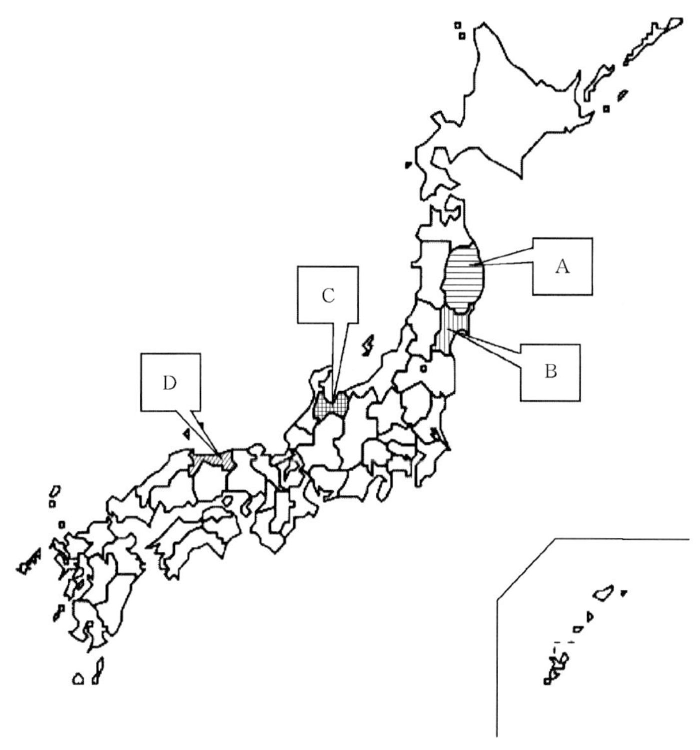

①　A　貝殻節　　B　南部木挽き歌　　C　斎太郎節
　　D　こきりこ節
②　A　こきりこ節　　B　貝殻節　　C　南部木挽き歌
　　D　斎太郎節
③　A　南部木挽き歌　　B　斎太郎節　　C　こきりこ節
　　D　貝殻節
④　A　斎太郎節　　B　こきりこ節　　C　貝殻節
　　D　南部木挽き歌

2024年度　沖縄県　難易度

【27】日本の民謡について，以下の各問いに答えなさい。

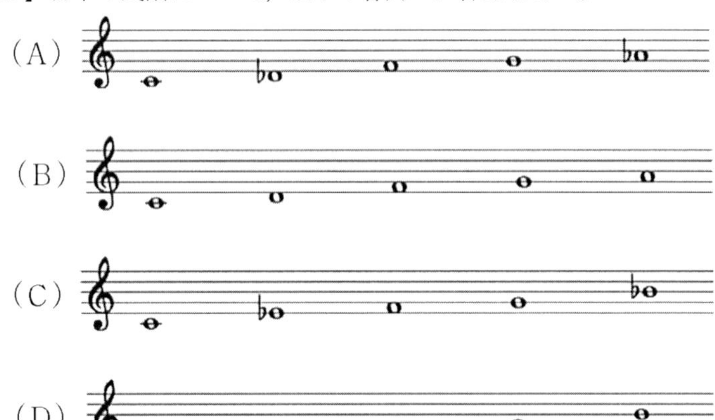

(1)　(A)～(D)のように，1オクターブの中に5つの音をもつ音階を何というか答えなさい。

(2)　北海道民謡「ソーラン節」で使われている音階を，(A)～(C)から一つ選び，記号で答えなさい。

(3)　(D)は，民謡「谷茶前」で使われている音階である。この音階の名前を答えなさい。また，「谷茶前」で使用される弦楽器の名前を答えなさい。

(4)　「南部牛追唄」と同じ種類の民謡として最も適切なものを，次の(ア)～(オ)から一つ選び，記号で答えなさい。

(ア)　金毘羅船々　　(イ)　伊勢音頭　　(ウ)　郡上節

(エ)　草津節　　(オ)　安来節

(5)　鳥取県東部の民謡で，漁師が漁をしながら歌った仕事歌の名前を答えなさい。

(6)　図1は「谷茶前」，図2は「南部牛追唄」の絵譜である。図1と図2の絵譜を比較し，リズムに着目してそれぞれの特徴を説明しなさい。

図1

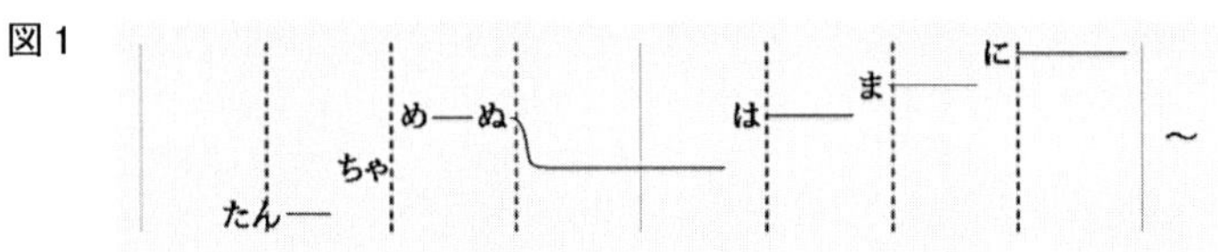

図2

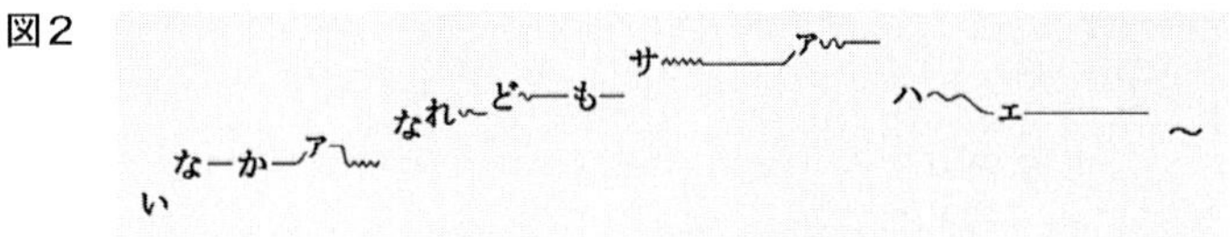

(7) 図2に示される「いなかァ」のように，歌詞の一部から引きのばされた母音のことを何というか答えなさい。

(8) 我が国の民謡の歌唱指導として最も適切なものを，次の(ア)～(ウ)から一つ選び，記号で答えなさい。

(ア) テクスチュアへの理解を深めるとともに，創意工夫を生かし，全体の響きや各声部の声などを聴きながら，他者と合わせて歌う技能を身に付けることができるようにする。

(イ) のびやかな美しい歌声や，強弱を生かした表現や言葉の美しい響きなど，曲にふさわしい歌唱表現を創意工夫することができるようにする。

(ウ) 細かい装飾的な節回しや発声の技法など，発声，言葉の発音，身体の使い方などの技能を身に付けることができるようにする。

2024年度 鳥取県 難易度 ■■■■□

【28】次の文章は，生徒が音楽の授業で能楽「羽衣」の学習をした後，能楽のよさを伝えた紹介文である。以下の各問いに答えなさい。

> 私は，音楽の授業で能楽「羽衣」の学習をしました。今回学習した能楽「羽衣」は，羽衣伝説を題材としています。この能楽「羽衣」の舞台は(　①　)県の「三保の松原」です。羽衣伝説を調べてみると，滋賀県の余呉湖をはじめ，全国にたくさんの羽衣伝説が残っており，私が住んでいる京都府［　A　］市の比治山(いさなご山)にも羽衣伝説が残っていて風土記にも記載があることがわかり，興味がわきました。それでは，能楽「羽衣」の謡の面白さについて説明します。
>
> 「羽衣」の登場人物については，能楽の主人公を表す(　②　)が天人，ワキが白龍，ワキツレか2名の漁夫の4名です。
>
> 今回，最後の場面で，天人が舞いながら天に昇るクライマッ

クスの［ B ］の部分について謡の学習をしました。これまで能楽の学習は鑑賞するのみでしたが，実際に謡うと，謡の詞はすべて七五調のリズムを繰り返していて謡いやすいことがわかりました。この［ B ］の場面は，囃子の伴奏と地謡に合わせて天人が舞うので，能楽の中で一番の見所だと思いました。

それでは，このクライマックス部分の謡の説明をします。

謡の詞「あァーずゥまー　あァそびのー　かーずかーずーにー」から始まる場面の舞は，「［ C ］之舞」と呼ばれ，速いテンポの音楽に合わせて舞を舞います。この囃子を担当する楽器は，(③)，(④)，(⑤)，太鼓の4種類です。

謡は，台詞部分の「コトバ」と旋律部分の「［ D ］」の2種類があり，「あずまあそびのかずかずに」から始まる謡は，後者の「［ D ］」です。また，「［ D ］」は，発声の仕方によって，柔らかい息づかいで旋律的に謡う(⑥)と，力強い息づかいで音域の狭い(⑦)の2つの発声方法があり，場面によって使い分けられます。「あァーずゥまー　あァそびのー」の謡は，前者の(⑥)で，抑揚を付けて旋律的に謡います。

この「あァーずゥまー　あァそびのー　かーずかーずーにー」の旋律の音程は，謡本に細かく「上音」・「中音」・「下音」などの音程が「上」・「中」・「下」等の文字で示されているので，その指示に基づいて音を上げたり下げたりします。

能楽の各流派によって，多少の音程は変わりますが，西洋音楽のような楽譜や絶対音がなく，相対的な音感で旋律が上がったり下がったりします。観世流の場合，「あァーずゥまー」の最初の「あァーず」は，前述の3つの音の中の「上音」から始まり，「ゥまー」の「ゥ」で，「上音」より長2度上の音の「(⑧)」に上がり，「まーあ」まで謡りと，「ァーそーび」の「ァ」の音で再び「上音」にもどります。これらは謡本に細かく指示されていますが，謡の練習をしていると，旋律とリズムをすぐに覚えてしまいました。

今回，能楽「羽衣」を謡うことで，謡のリズムの特徴がつかめました。

謡のリズムには「コトバ」のような「拍子不合(ひょうしあわず)」のリズムもありますが，「拍子合(ひょうしあい)」のリズムは8拍を基本としていて，八拍子(やつびょうし)と呼びます。この「拍子合」のリズムは3種類あります。

謡は七五調の12文字ですか，1拍に2文字を配置して均等に打つリズムを(⑨)ノリと呼び，1文字を1拍で打つリズムを(⑩)ノリと呼びます。さらに，12文字を八拍子に配分して，途中の文字を延ばして拍子を合わせるリズムを(⑪)ノリと呼びます。この「あァーずゥまー　あァそびのー」で始まる謡のリズムは，1文字を1拍で謡うので，(⑩)ノリで謡われます。

「あずまあそび」の詞では，「七宝充満の宝を降らし，国土にこれをほどこし給う」という詞があり，七宝とはどんな宝かを調べてみると，金や銀，サソゴ，メノウなどの七つの宝という意味で，国上にたくさんの宝を降らして人々を幸せにするという意味であることが分かりました。この詞はスケールが大きく，意味を知って謡うと，天人と同じように人々の幸せを祈る気持ちになりました。今まで友達と声を合わせて歌う経験は合唱のみでしたが，謡の連吟も囃子の伴奏に乗って謡ってみると，合唱以上に一体感があったので，みなさんにもお勧めしたいです。

(1)　空欄(①)～(⑪)に当てはまる最も適当な語句をそれぞれ答えなさい。

(2)　空欄[A]～[D]に当てはまる語句として最も適当なものを，次のア～タからそれぞれ1つずつ選び，記号で答えなさい。

ア　宇治	イ　京田辺	ウ　舞鶴	エ　京丹後
オ　サシ	カ　クセ	キ　キリ	ク　久米
ケ　国風	コ　序	サ　破	シ　急
ス　フシ	セ　ロウ	ソ　エイ	タ　ウタヒ

▌2024年度 ▌京都府 ▌難易度 ■■■■□

【29】次の楽譜は，ある国の民謡の旋律である。この民謡を主教材として，「高等学校学習指導要領」(平成30年3月告示)における芸術科「音楽Ⅰ」

A表現(2)器楽及び(3)創作の学習を行うこととした。後の(1)～(5)の問いに答えなさい。

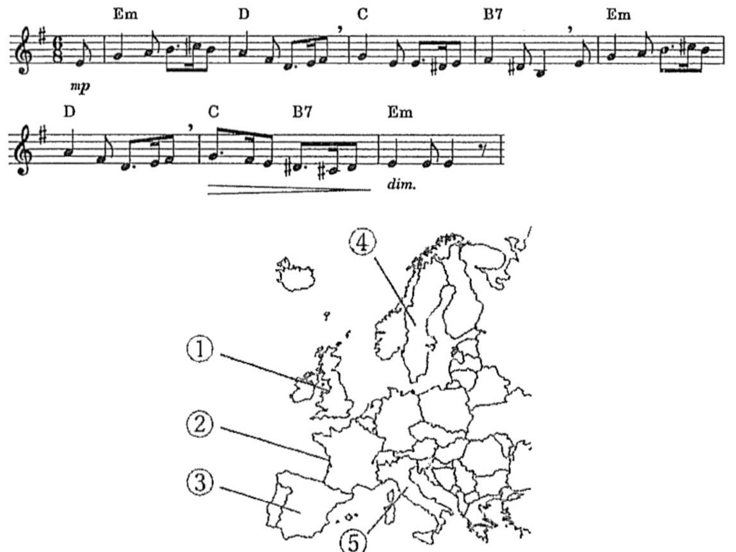

(1) この民謡の曲名を答えよ。また，この民謡が生まれた国を上の地図上の①～⑤から選び，記号で答えよ。

(2) この旋律を楽譜に表記された調で演奏する際，最も適切なリコーダーの種類とその理由を答えよ。

(3) 次の文は，「高等学校学習指導要領」(平成30年3月告示)における芸術科「音楽Ⅰ」A表現(2)器楽の指導内容の一部である。空欄a～cに当てはまる語句を答えよ。

> ア　器楽表現に関わる知識や技能を得たり生かしたりしながら，自己の[a]をもって器楽表現を創意工夫すること。
> イ　次の(ア)から(ウ)までについて理解すること。
> (イ) [b]と楽器の音色や奏法との関わり
> ウ　創意工夫を生かした器楽表現をするために必要な，次の(ア)から(ウ)までの技能を身に付けること。
> (ア) 曲にふさわしい奏法，[c]の使い方などの技能

(4) A表現(3)創作のウ「(ウ)音楽を形づくっている要素の働きを変化させ，変奏や編曲をする技能」に基づき，上に示した旋律を基とする変奏曲を創作する学習を行うため，「高等学校学習指導要領解説」(平成30年7月)における次の文を用いて「変奏」を説明することとした。空欄a～dに当てはまる語句を答えよ。

> 変奏とは，ある曲の(　a　)などを基にして，それに変化をもたせながら創作していくことをいう。例えば，(　b　)を変えたり，旋律に(　c　)な音を加えたり，長調の旋律を(　d　)に変えたりするなど，様々な手法が考えられる。

(5) 次の楽譜は，生徒がつくった変奏曲の旋律の一部である。この旋律に対して，(3)創作のウ「(イ)旋律をつくったり，つくった旋律に副次的な旋律や和音などを付けた音楽をつくったりする技能」に基づき，変奏曲の特徴を活かす伴奏を創作する学習を行いたい。この学習において，生徒に例示するための伴奏を大譜表につくり，つくった伴奏の特徴を説明せよ。

2024年度 群馬県 難易度

【30】日本の音楽の発展に貢献した，20世紀の作曲家やその音楽について，次の(1)～(5)の問いに答えなさい。

(1) 日本を代表する箏曲家であり，『瀬音』や『春の海』の作曲者として最も適当な人物を，次の①～④のうちから一つ選びなさい。

① 横山勝也　② 柴田南雄　③ 中尾都山　④ 宮城道雄

(2) (1)の人物に関連する事柄として最も適当なものを，次の①～④のうちから一つ選びなさい。

① 大日本音楽会　② 新日本音楽　③ 実験工房

④ 明治音楽会

(3) オペラ『夕鶴』では，登場人物を指し示す節がある。このような手法の名称として最も適当なものを，次の①～④のうちから一つ選びなさい。

① ライト・モティーフ　② セリー　③ レチタティーヴォ

④ カヴァティーナ

(4) 次の楽譜は20世紀の西洋音楽の手法を用いて活躍した邦人作曲家の作品である。作曲者として，最も適当な人物を，以下の①～④のうちから一つ選びなさい。

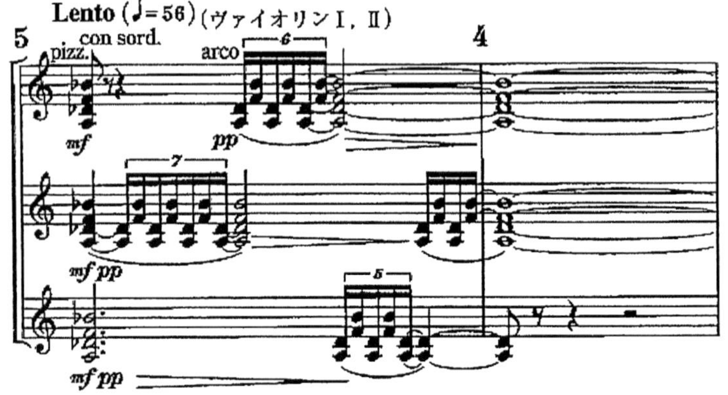

① 伊福部昭　② 矢代秋雄　③ 黛敏郎　④ 三善晃

(5) (4)の曲の中で，作曲者が表現したものとして適当なものを，次の①～④のうちから二つ選びなさい。

① 声明　② 謡　③ 笙　④ 梵鐘

▌2024年度 ▌千葉県・千葉市 ▌難易度

解答・解説

【1】(1) ② (2) ③

○解説○ (1) シテは主役，人間から亡霊や鬼などの幅広い役を演じる。前半と後半とで構成される演目のときは「前シテ」「後シテ」と呼ばれる。 (2) 能の基本的な知識についての問いである。確実に得点できるようにしたい。能の主な演目，能の舞台の名称，地謡，囃子方などについて学習しておくこと。

【2】(2)

○解説○ 能楽，雅楽，歌舞伎で使用される楽器については詳細を学習しておくこと。四拍子は必ず覚えておくこと。

【3】(1) a 知識 b よさ c 美しさ d 役割 e 曲想 f 文化 g 歴史 h 多様性 i 言葉 j 評価 k 根拠 (2) ① イ ② 斎太郎節…ア 会津磐梯山…ウ ③ 5 ④ エ (3) ① 東北地方…ウ，オ ② 北陸地方…エ ③ 長野県…ア，イ ④ 沖縄県…カ (4) ① 三線 ② あ ア い ウ う オ え ク お ケ ③ 著作権保護の観点により，掲載いたしません。

○解説○ (1) B鑑賞の内容の項目と，指導計画の作成と内容の取扱いの内容の取扱いについての配慮事項から問われた。指導内容に関連する部分から抜き出されているので，次年度以降も，どの項目からでも出題される可能性がある。A表現の歌唱，器楽，創作の内容，指導計画の作成に当たっての配慮事項の6項目と内容の取扱いについての配慮事項10項目について，文言はすべて覚えること。 (2) ① 歌詞の中に「なかのりさん」という言葉がある。木曽節は長野県民謡で，盆踊りで使われる木曽踊りの曲としても知られている。 ② 斎太郎節は宮城県の民謡で，元々は櫓こぎ唄であったものが，大漁祝い唄として歌われるようになった。会津磐梯山は福島県の民謡で，お盆の祭りの踊りの音楽である。 ③ 都節音階はド・レ♭・ファ・ソ・ラ♭・ドで，短2度と長3度の組合わせでできている。他にも民謡音階，律音階，沖縄音階を確認しておくこと。　④　こきりこ節は富山県五箇山の民謡で，筑子(こきりこ)，びんざさら，棒ざさら，鍬金，笛，太鼓などの楽器が使われる。　(3)　民謡は，伝わる地域をあわせて覚えること。(2)で説明していない選択肢の民謡について，アは，長野県民謡で，参道で馬に人や荷物を乗せて運ぶ馬追いの唄。カは沖縄県の民謡である。(4)　①　中国の三弦が伝わり，三味線の元となった沖縄の伝統楽器である。　②　三味線の全長は約100cmほどだが三線は約80cmで，重さも1kgほどで三味線と比べると小さく軽い楽器である。三味線は犬や猫の皮を張るが，中国の三弦と同じニシキヘビの皮を胴に貼り，爪を人差し指に差し込み中指と親指を添えて演奏する。　③　クラリネットB♭管なので，実音は記譜音より長2度下である。ピアノ伴奏のハ長調と同じ調にするためには，長2度上げて調号♯2つのニ長調で記譜する。

【4】(1)　①　オ　②　ウ　(2)　(【諸外国の音楽，楽器】／【日本の音楽，楽器】／【共通点】の順)　・C／イ／②　・A／エ／④　・E／ア／⑥　から1つ

○**解説**○ (1)　第1学年では，我が国や郷土の伝統音楽及びアジア地域の諸民族の音楽を扱うこととしている。第2学年及び第3学年は，我が国や郷土の伝統音楽及び諸外国の様々な音楽へと対象を広げている。また，第1学年でも音楽の多様性を理解する学習を行うが，第2学年及び第3学年では，音楽が多様であることの理解に留まらず，人々の暮らしとともに音楽文化があり，そのことによって様々な特徴をもつ音楽が存在していることを理解できるようにする。　(2)　【諸外国の音楽，楽器】の選択肢について，Aはイスラム教の宗教歌謡，Bは金属製，木製，竹製の打楽器を用いて合奏するインドネシアの伝統音楽，Cは裏声と低音域の地声を交互に組み合わせるアルプス地方などが発祥の歌唱法，Dは一定の高さの低音を発しながら，喉や口の開け方を変えて低音に含まれる自然倍音を響かせるモンゴルの歌唱法，Eは西アジア諸国における民俗楽器で，ダブルリード型の木管楽器である。世界の音楽や楽器で共通性があるものを関連付けて覚えておきたい。

【5】問1　ア　2　イ　0　ウ　4　エ　8　問2　2　問3　2
問4　ア　1　イ　7　ウ　4

○解説○ 問1　箏に関する基本的な内容である。完答できるように学習しておきたい。歴史，主な演目，楽譜の読み方，調弦方法，奏法，唱歌での表し方も理解しておきたい。他の和楽器についても同様である。問2　「六段の調」で用いられるのは平調子。平調子はよく使われるので，音の並びを覚えておくこと。　問3　1はかき爪の，4は合わせ爪の説明である。3の後押しは，余韻を上げ下げするのではなく，上げる奏法である。弱押しで半音，強押しで全音上げる奏法。

問4　「六段の調」は箏の教材として使用されるので，楽譜はすべての段について確認しておくこと。奏法の書き入れ方も理解し，読めるようにしておくこと。基本的な事項は把握しておこう。「序破急」「間」は中学校学習指導要領の共通事項の「用語や記号など」にも示されており，指導することになるのでよく理解しておくこと。

【6】(1)　①　舞楽　②　音頭　③　打物　④　間合い
(2)　ア　楽箏　イ　鞨鼓　ウ　笙　エ　鉦鼓　(3)　楽器の奏法や音の感じなどを言葉で表したもの　(4)　イ

○解説○ (1)　①　雅楽は，器楽合奏の管絃と，舞のある舞楽から成る。②　音頭(おんどう)は笛の独奏者のことをいう。　③　雅楽で用いられる打楽器のことを打物という。　④　雅楽には指揮者がいないため，互いに間合いを計りながら演奏の調和をとる。　(2)　ア　雅楽で用いられる絃楽器は楽箏，琵琶，和琴である。「13絃」とあるので楽箏のことだとわかる。琵琶は4絃，楽箏は6絃である。　イ「曲の速度を決めたり終わりの合図をする」のが鞨鼓の役割である。　ウ　笙は邦楽器の中で唯一和音を奏でることができる。エ　金属製の打楽器である。青銅製の青い皿形の部分をばちで打つ。　(3)　口唱歌は楽譜を用いずに，旋律やリズムを言葉で表すもので，雅楽の習得の最初の段階では，楽器を持たずに口唱歌のみで練習を始める。雅楽だけでなく，和楽器の口唱歌はどのように歌われるのか確認しておくこと。

(4)　イの越天楽は器楽合奏のみの管絃。他の選択肢は舞のある舞楽の曲である。

日本の伝統音楽

【7】(1) ① 検校　② 八橋検校　③ 平調子　④ 段物　⑤ 音楽取調掛　⑥ 唱歌　⑦ 宮城道雄　(2) この道

○**解説**○ (1) 日本音楽史に関する問題である。今回は箏と日本の音楽教育に関することが問われた。ここで問われている語句はいずれも頻出なので必ず理解しておくこと。三味線，尺八など他の和楽器についても学習しておくこと。 (2) 歌唱共通教材については，作詞・作曲者名だけでなく，曲の成り立ちや歌詞，旋律も覚えておくこと。

【8】(1) ① 出雲の阿国　② 長唄　③ 義太夫節　④ 黒御簾　⑤ 延年の舞　⑥ (飛び)六方　(2) ① 唄は入らず，三味線，または三味線と囃子(打楽器や笛)で演奏する間奏部分のこと。 ② A 大鼓　B 小鼓　③ ・指揮者のいない日本の伝統音楽なので，演奏者同士の掛け声や間の取り方，速度の変化に留意しながら手拍子や膝打ちをしてみる。 ・それぞれの楽器の音をイメージしながら，音色に変化をつけて演奏してみる。 (3) 役者が演技の途中で一瞬動きを止めて，目をぐっと寄せて睨んでみせる演技。

○**解説**○ (1) 歌舞伎の基本知識を問われている。歌舞伎だけでなく，能と文楽についても学習しておくこと。舞台配置と名称，使用する音楽と楽器，特徴となる演出，主な演目の物語と見どころについてまとめておきたい。 (2) ① 歌舞伎の様々な場面に合わせた音楽が奏でられる下座音楽である。 ② 「勧進帳」を映像で観ておきたい。義経一行が花道に登場する際に演奏される。 ③ 音色，リズム，速度や構成から日本の伝統的な音楽を感受できるような助言が必要である。 (3) 演目の重要な場面で行われ，観客の注目を集める効果がある。

【9】(1) 3　(2) 1　(3) 5　(4) 5　(5) 5　(6) 1　(7) 4　(8) 4

○**解説**○ (1) 満たす条件として，問題文を含め5つの項目が記されている。ユネスコ無形文化遺産には「能楽」や「雅楽」，「風流踊」といった音楽に関するものが登録されているため，その内容とともに確認しておくこと。 (2) 選択肢は全て奈良県の踊りである。その他に記載された風流踊としては，新潟県の綾子舞，岐阜県の群上踊などがある。

(3) 主遣いは人形を動かす中心的な役割で，かしらと右手を遣う。左遣いは人形の左手を，足遣いは人形の足を遣う。 (4) 文楽は大阪府の道頓堀にある「竹本座」から始まったとされている。 (5) 1と4は小幕，2は屋体，3は船底，5は床と呼ばれる。 (6) 文楽で使われる義太夫節，津軽三味線は太棹，常磐津，地歌は中棹，長唄，小唄は細棹を使用する。 (7) テクスチュアとは音や旋律の重なり方，組み合わせ方のことであり，唱歌の説明としては正しくない。 (8) 正答以外の選択肢1は演奏の速度を定める役割と終わりの合図を出す役割，2は響きを作る役割，3と5はリズムを明確にする役割を担っている。雅楽で使用される楽器の役割と配置を確認しておくこと。

【10】(1) ① 八橋検校 ② 平調子 ③ 段物 ④ 音楽取調掛 ⑤ 唱歌 (2) 山田耕筰…この道 滝廉太郎…荒城の月 中田喜直…夏の思い出

○解説○ (1) 日本音楽史に関する問題である。今回は箏と日本の音楽教育に関することが問われた。ここで問われている語句はいずれも頻出なので必ず理解しておくこと。三味線，尺八など他の和楽器についても学習しておくこと。 (2) いずれも歌唱共通教材である。作詞・作曲者名だけでなく，曲の成り立ちや歌詞，旋律も覚えておくこと。

【11】1 ① (ウ) ② (ア) ③ (オ) ④ (キ) 2 面…おもて 直面…ひためん 3 四拍子 4 ⑤ (h) ⑥ (a) ⑦ (c) ⑧ (g) ⑨ (d) ⑩ (e)

○解説○ 1 能の基本知識に関する問いである。能だけでなく，歌舞伎，文楽についても，その歴史と代表的な人物，主な演目と内容や見どころ，演出の方法や，楽器の種類など学習しておくこと。 2 面の種類と「テル」「クモル」などの演出の方法も理解しておくこと。
3 四拍子の楽器の種類は必ず覚えること。謡と囃子，地謡について問われることが多いので，理解しておきたい。 4 能舞台の名称についての問題は頻出である。能だけでなく，歌舞伎，文楽の舞台の名称も覚えておくこと。

● 日本の伝統音楽

【12】(1) ① (2) ② (3) ④ (4) ③

○**解説**○ (1) 箏の平調子も覚えておくこと。三味線の調弦についての問題も頻出である。確認しておくこと。 (2) 箏の各部は竜にたとえた名称がつけられている。演奏者側の先端部分は，竜の頭に見立てて竜頭という名称が付いており，竜角は弦を支えている部分のこと。①は側面部分，③は胴体の上面部分，④の胴に立てて弦を支える部分，⑤は竜尾側の弦を支える部分のことである。 (3) Aの雅楽(管絃)には笙・琵琶・箏・鞨鼓・太鼓・鉦鼓などの楽器が使用される。Eの能・狂言には笛・小鼓・大鼓・太鼓が使用される。それぞれのジャンルの使用楽器を覚えておくこと。 (4) 正答以外の選択肢について，①は棹の上部で，糸倉の下の左右にふくれている所，②は弦が三味線の棹に触って倍音的な響きを出す部位のこと，④は三味線の弦と胴皮の間に挟んで，弦の振動を胴皮に伝えるもの，⑤は棹を継ぎ合わせている部位のことである。

【13】(1) 4 (2) 2 (3) 3 (4) 5 (5) 5 (6) 1

○**解説**○ (1) 間違いについて，足利尊氏ではなく，正しくは足利義満である。 (2) 主人公がシテである。能について，舞台の名称や配置，楽器の構成，主な演目と内容について学習しておきたい。 (3) 生み字は，中学校学習指導要領解説に，我が国の伝統的な歌唱の項目の説明でも示されているので，指導できるように理解しておきたい。序破急についても同様である。 (4) 「安宅」は，歌舞伎では「勧進帳」，文楽では「鳴響安宅新関」の演目で親しまれ，よく知られた物語なので内容と見どころなど確認しておきたい。1は「高砂」，2は「隅田川」，3は「道成寺」，4は「羽衣」のあらすじである。 (5) 狂言で用いられる楽器は，笛，小鼓，大鼓，太鼓の4つである。選択肢5は，歌舞伎の出囃子の説明である。 (6) 能の大成は，14世紀～15世紀前半で，時代でいえば室町時代である。各選択肢の時代は，1のデュファイは1397～1474年の作曲家である。2は1680年代，3は1725年頃に発表，4は1721年に献呈された，5は1748年に作曲された。

【14】1　観阿弥，世阿弥　2　①　オ　②　エ　3　非人間の役柄(神，天仙，物の精，畜類，鬼など)が登場するとき　4　雅楽，文楽，人形浄瑠璃，歌舞伎，組踊　から一つ　5　(1)　役柄…蓮生法師　何というか…直面　(2)　イ

○**解説**○ 1　室町幕府3代将軍，足利義満の庇護を受けて，大衆芸能を芸術へと発展させた。　2　正答以外の選択肢について，アは出来事の背景を説明したり，面白く盛り上げたりする狂言の演者のこと，イは泣いていることを表す所作，ウは導入歌の役割を持つ能の謡である。　3　能面や，所作，楽器での演出について他にも幅広く学習しておくこと。　4　2008年には能楽，人形浄瑠璃文楽，歌舞伎，2009年には雅楽，アイヌ古式舞踊，2010年には組踊，2022年には風流踊などが登録されている。　5　(1)　シテ方は能面をつけて演じるが，生きている男性の役柄だけは例外で能面をつけずに演じ，これを直面という。(2)　正答以外の選択肢について，アは「高砂」，ウは「羽衣」，エは「二人静」である。主な演目の内容は理解しておくこと。今年度は能について出題されたが，歌舞伎，文楽についても同様である。

【15】(1)　④　(2)　②　(3)　①

○**解説**○ 歌舞伎の舞台の名称，主な演目の内容と見どころ，使用される楽器など学習しておくこと。正答以外の選択肢について，③は能の声楽部分を指し，シテ，ワキ，地謡などに分かれている。⑤は能の舞台で，本舞台と鏡の間をつなぐ橋のような部分の名称である。⑥は歌舞伎の音楽としても用いられ，江戸時代に発展した。⑦は能や歌舞伎などで用いられる伴奏の音楽で，笛，太鼓，三味線などの楽器を使用する。

【16】(1)　①　合方　②　見得　③　隈取　④　黒御簾
(2)　①　ア　世阿弥　イ　足利義満　②　ツヨ吟　③　羽衣
(3)　①　近松門左衛門　②　3人遣い

○**解説**○ (1)　歌舞伎の基本的な知識について問われている。正答に当てはまらなかった選択肢の言葉について，「すっぽん」は妖怪や亡霊などの役が登場するときに用いられる小型のせり，「花道」は舞台の下

手(左側)から客席を貫くように伸びている通路，「長唄」は歌舞伎の演出や伴奏として成立した三味線音楽，「六方」は手足の動きを誇張して歩いたり走ったりする様子を象徴的に表現した演出のことである。(2) ① 能の歴史や奏法についての基本事項である。歌舞伎や文楽についてもこの程度の知識については覚えておくこと。 ② 地謡についても確認しておくこと。 ③「羽衣」は教科書教材として扱われることも多いため，物語は理解しておくこと。歌舞伎，文楽の主な演目についても同様である。 (3) ① 文楽の歴史と重要な人物，主な演目の内容と見どころを理解しておきたい。 ② 3人遣いでは，人形のかしらと右手を遣う「主遣い」と，左手を遣う「左遣い」，足を遣う「足遣い」の3人で1体の人形を遣っている。

【17】(1) ア 三味線 イ 長唄 ウ 生田流 エ 山田流 オ 尺八 (2) 文楽 (3) 新日本音楽

○**解説**○ (1) 三味線音楽は長唄，義太夫節，常盤津節，清元節などがある。それぞれのジャンルで使用される三味線の種類について確認しておくこと。箏の2大流派は八橋検校の弟子である生田検校を流祖とする生田流と，江戸で浄瑠璃を取り入れた新曲をつくった山田検校を流祖とする山田流である。流派の違いについての問いはよく見られるので確認しておくこと。尺八は明治初期に虚無僧制度が廃止になり身近な楽器になり，三曲に積極的に用いられるようになった。 (2) 明治時代に植村文楽軒が文楽座を始め，対抗する座が大正時代以降いなくなったことで人形浄瑠璃を指す言葉として「文楽」が残った。歌舞伎，文楽，能について，基礎知識を学習しておくこと。 (3) 1920年に宮城道雄と本居長世が行った合同作品発表会を吉田晴風が新日本音楽大演奏会としたことから「新日本音楽」と呼ばれるようになった。

【18】問1 (1) ⑤ (2) ④ 問2 (1) ④ (2) ③ 問3 ④

○**解説**○ 問1 (1) 出題楽曲は北海道の日本海沿岸の民謡である「ソーラン節」である。ニシン漁の際に漁師が唄った。民謡は，地域と種類をあわせて覚えること。 (2) 拍節的なリズムがある民謡を八木節様式，反対にない民謡を追分様式という。八木節は栃木県と群馬県の，樽を打つことでリズムを取る民謡である。　問2　(1)　この4つの日本の代表的な音階は楽譜に書けるようにしておきたい。　(2)　正答以外の選択肢について，①は都節音階，②は律音階，④は沖縄音階である。　問3 「口唱歌」は中学指導要領にも示されているので必ず理解しておくこと。それぞれの楽器によりそれぞれの口唱歌があるので，学習しておくこと。

【19】(1)　a　義満　　b　夢幻能　　c　能管(笛)　　d　地謡　　(2)　記号…イ　　名称…乱拍子　　(3)　A　ツヨ吟　　B　ヨワ吟　　(4)　a　完全5度　　b　完全4度　　c　完全4度　　(5)　能(または『道成寺』)の固有性として，松羽目のみの簡素な舞台で，四拍子と地謡による演奏が行われることを扱い，歌舞伎(または『京鹿子娘道成寺』)の固有性として，華やかな背景による舞台で，三味線方，唄方，囃子方が，出囃子の形で演奏することを扱う。

○解説○ (1)　能の歴史について大まかな流れを説明できるようにしておくこと。猿楽に曲舞と語りの音曲の舞を導入して新しい芸能を作った観阿弥の子，世阿弥は室町幕府3代将軍足利義満の庇護のもと，幽玄の美学による「夢幻能」を確立した能の大成者である。能の音楽は謡と囃子で成り立っており，囃子は四拍子と呼ばれる，能管，小鼓，大鼓，太鼓の4種類の楽器で演奏される。出来事や風景描写，心情を朗唱するのが地謡である。舞台の名称と配置も確認しておくこと。

(2)　室町時代の能は序破急の原理に従い，五種類の曲目を演じていた。鬘物は女性を主人公にしているものである。「葵上」は光源氏の愛を失った六条御息所の嫉妬がテーマとなる演目で，分類上四番目に分けられる。「道成寺」の白拍子による乱拍子はシテと小鼓だけで演じられ，この曲の見せ場の一つである。　(3)　能の謡はコトバとフシの2つに分類される。コトバははっきりとした旋律がないもの，フシは比較的はっきりとした旋律があり，発声の仕方は「ツヨ吟」「ヨワ吟」に区別される。「ツヨ吟」は概して息を強く押し出すような剛健な印象の謡で，「ヨワ吟」は旋律を重視した繊細優美な印象の謡である。

(4) 「三下がり」は本調子から三の糸を2度下げた調子で，完全4度＋完全4度になる。「二上がり」は本調子の二の糸を2度下げて，完全5度＋

完全4度である。　(5)　歌舞伎は江戸時代，庶民に人気の娯楽で派手な雰囲気で楽しませることが目的であった。そのため舞台装置にも仕掛けがあり，派手な化粧，音楽も三味線方，唄方，囃子方による演奏で能とは違う固有性がある。能は江戸時代，武士のための娯楽で庶民には敷居が高く，歴史ある物語や神話の悲劇がテーマになっており，舞台装置はなく背景に松の絵が描かれているシンプルな舞台である。音楽は四拍子と地謡による構成で成っており，演者は能面をつけるて演じることも歌舞伎とは違う固有性である。

【20】(1)　ア　h　　イ　k　　ウ　b　　エ　g　　オ　d　　カ　l
(2)　d　　(3)　①　c　　②　d　　③　トロトロトロトロ(トロ，トロトロ)

○**解説**○ (1)　雅楽について基本的な知識を問われた。雅楽だけでなく，歌舞伎や文楽，能についても学習しておくこと。正答に当てはまらなかった選択肢について，aの代表的な演目には「延喜楽」などがある。iは日本に定着した朝鮮系の楽舞である。jは雅楽の作品で平調の曲である。mは福岡県に伝わる伝統民謡である。　(2)　平調以外の調について，壱越調はD，双調はG，黄鐘調はA，盤渉調はB，太食調はEが基本音である。　(3)　①　口唱歌は，これらの楽器以外にも，理解しておくこと。雅楽で使用する楽器の名前と音色，舞台での配置も確認しておくこと。　②　塩梅とは，口を使って音の高さを変化させる装飾的な奏法のことである。　③　片手のみの打つ奏法を「片来」，右ばちで一つ打ちの奏法を「正」と呼ぶ。

【21】(1)　ア　4　　イ　4　　ウ　3　　(2)　6　　(3)　4　　(4)　2
(5)　1

○**解説**○ (1)　ア　太夫と太棹三味線で構成するのは義太夫節なので間違えないように気をつけたい。長唄は細棹，清元節は常磐津と同じ中棹である。　イ　「世話物」は江戸時代の町人文化を描いた物語，「時代物」は江戸より古い時代の武家社会を描いたものである。　ウ　選択肢にあげられている演出について確認しておくこと。　(2)　「義経千本桜」では，源平合戦後の義経や平家の武将たちのその後が描かれている。主な演目の物語の内容は理解しておくこと。 (3) 筝の各部の名称は覚えておくこと。 (4) 民謡には多くの囃子詞がある。「炭坑節」で有名なのは「サノヨイヨイ」である。 (5) 篠笛では数字譜が使われる。三味線，筝，尺八など和楽器の楽譜は読めるようにしておくこと。

【22】1 都節音階 2 イ

3

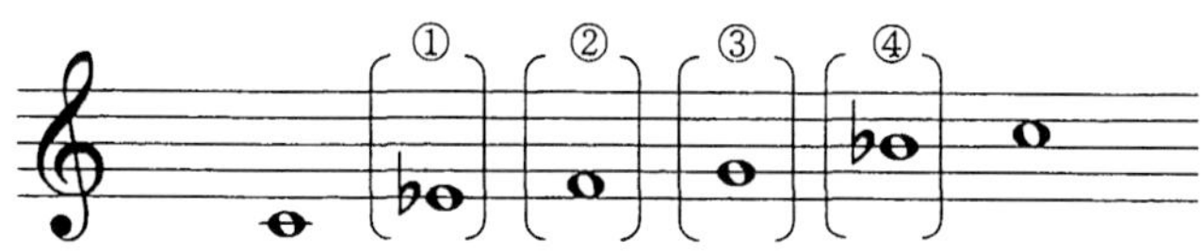

4 ア 5 イ

○解説○ 1 「斎太郎節」は宮城県牡鹿半島に伝わる櫓こぎ歌である。民謡は，地域と使用している音階，唄の分類を合わせて学習しておきたい。 2 正答以外の選択肢は，アが民謡音階，ウが律音階，エが琉球音階である。 3 「短3度＋長2度」が組み合わせて構成されている。ソーラン節や花笠音頭，八木節も民謡音階である。民謡音階，都節音階，律音階，琉球音階の日本の代表的な4つの音階は楽譜に書けるようにしておくこと。 4 正答以外の選択肢について，イは会津磐梯山，ウは花笠踊り，エは伊勢音頭などがある。 5 これらの曲は追分節様式の民謡である。有拍のリズムによるものは「八木節」に代表される八木節様式である。

【23】問1 柱 問2 イ 斗 ウ 為 エ 巾 問3 (1) 余韻 (2) 竜角に寄ると硬い音になり，離れると柔らかい音になる。 問4 家庭式縦譜 問5 (1) D (2) F (3) A 問6 八橋検校 問7 平調子

問8

○**解説**○ 問1　柱とは，胴に立てて弦を支える柱のことである。巾の音に立てるものだけ少し形状が異なり，巾柱という。確認しておくこと。　問2　13本の弦が張られている。1～10までは漢数字であるが，11～13は斗，為，巾と名づけられている。平調子の開放弦の音は覚えておくこと。　問3　(1)　箏は楽器も大きく，糸も長いので響きが豊かである。弾いた後に弦を操作することで音程を変化させることができる楽器である。　(2)　基本の奏法は竜角から2～3cmのところを弾く。　問4　箏の記譜法は流派によっても異なり，主に山田流では横書き，生田流では縦書きが用いられている。楽譜を読めるようにしておくこと。　問5　それぞれの奏法の記譜の仕方も理解しておくこと。正答以外の選択肢の奏法について，Bは隣り合った2本の弦を，人差し指，中指で順番に続けて弾く，Cは弾いた後に柱の左側を左手でつまんで柱に引き寄せ余韻の高さを下げてまた戻す。EはCと同じ奏法が重複している。　問6　江戸時代初期の箏曲家で，「雲井の曲」，「八段の調」など多くの箏曲を作曲した。　問7　平調子は楽譜に書けるようにしておくこと。　問8　和楽器は歌い手の声の高さやその日の調子によって基本の音を上げたり下げたりするものが多い。基音となるものがどの音になっても，音程関係を覚えておくこと。

【24】1　c　　2　a　　3　c　　4　(1)　b　　(2)　d　　5　d

○**解説**○ 1「越天楽」は器楽の合奏である「管弦」の演目で，器楽と舞が合わさった形式の「舞楽」ではない。　2　能の演技は謡と所作で成り立っている。②の選択肢にある「キリ」は能の終結部分を指し，リズムにあった謡である。囃子で使われる4種類の楽器を四拍子という。能に関する用語と，舞台の配置，主な演目について学習しておくこと。　3　それぞれの三味線音楽のジャンルで使用される三味線の種類を確認しておくこと。　4　(1)　尺八の唱歌はロ・ツ・レ・チ・ハ・ヒがある。全部の孔をふさいだ音がロで，レ。ソは3～5孔をふさいだ運指である。　(2)　選択肢のうち，正答に含まれなかったものについて，メリはあごを引いて音を下げる。ユリはヴィブラートをかけること。つつ音は指孔を全部閉じて吹いた音のことである。　5　正答以外の選択肢について誤りがある部分は，aは宮崎県の民謡，bは都節音階，cは兵庫県の民謡，eは都節音階が正しい。

【25】(1) ① 仕事歌 ② オルティンドー ③ カッワーリー (2) A ク B エ C ウ (3) イ，エ，ケ (4) b 追分様式 c 八木節様式 (5) 音頭一同形式 (6) ・「ソーラン節」の模範演奏を聴き，声の音色や節回しの特徴に気付くよう促し，歌い方を試す。 ・ニシン漁の一体感や拍に注目するよう，手拍子を打ちながら歌う。 ・「ソーラン節」を区切りながら歌い，こぶしや節回しを模倣する。 ・楽譜(絵譜)を指でなぞったり，手を上下に動かしながら旋律の動きを実感する。

○**解説**○ (1) ① 民謡の分類には踊り歌，子守唄，座興歌，祝い歌などがある。民謡は地域と分類をあわせて学習しておきたい。 ② オルティンドーは長い歌という意味を持ち，追分様式に似ている。
③ イスラム教神秘主義であるスーフィズムの宗教歌謡である。世界の民族音楽について，音源を確認しておくこと。 (2) A 岩手を代表する民謡で，ゆっくりとした曲調なことも特徴である。 B 大人数で歌う際に，一人が歌い出すことで調子を取ること。 C 民謡などにおいて，歌詞とは別に歌の途中や終わりに調子を取るために入れる言葉のこと。 (3) 地域もあわせて覚えておくこと。 (4) この2つの様式についての問題は頻出である。説明できるようにしておきたい。 (5) 「ソーラン節」もこの形式を持つ代表的な民謡である。 (6) 日本の歌唱の特徴を実践し，感受できるように工夫する。

【26】(1) ④ (2) ③

○**解説**○ (1) モンゴルを代表する民謡及び歌唱法であり，「長い歌」を意味する。無伴奏か，モリン・ホール(馬頭琴)の伴奏で歌われる。正答以外の選択肢は，①がアルプス地方の歌唱法，②が朝鮮半島の民謡，③がイランの歌唱法である。 (2) 正答③における，Aは岩手県の木挽き職人らが鋸で木を挽く際に歌っていた民謡，Bは宮城県の櫓こぎ歌，Cは富山県の神楽踊りで用いられた歌，Dは鳥取県山陰沖で帆立貝漁をした漁師たちが歌っていた労働唄である。民謡は地域とあわせて理解すること。

【27】(1)　五音音階　(2)　(C)　(3)　音階…沖縄音階　弦楽器…三線　(4)　(エ)　(5)　貝殻節　(6)　図1は「谷茶前」で沖縄の民謡である。踊りを伴うためリズミカルで明るい曲調である。図2は「南部牛追唄」で母音を長く伸ばす旋律が特徴的であり，図1の曲と違い拍節感のない曲調である。　(7)　産み字　(8)　ウ

○**解説**○ (1)　いずれもドからファと，ソからドの完全4度から成るテトラコードの中で，同じ規則性を持っている。　(2)　(C)は民謡音階である。(A)は都節音階，(B)は律音階，(D)は沖縄音階である。　(3)　三線は14～15世紀頃に中国から伝わったとされており，三味線の元となった楽器である。　(4)　民謡には，仕事歌，祭り歌，座興歌などの様々な種類があるが，「南部牛追唄」や「草津節」は仕事歌に分類される。　(5)「貝殻節」も仕事歌である。鳥取県の民謡なので，音源を確認しておくこと。　(6)「八木節」に代表される，等間隔でリズムを打つ民謡のことを「八木節様式」といい，「江差追分」などの拍節がほとんどなく声を長く伸ばして歌う民謡のことを「追分様式」という。(7)「産み字」は我が国の伝統音楽の特徴の一つであり，他にも「節回し」や「コブシ」などがある。　(8)　学習指導要領解説には，示されているものに加え，「伝統的な歌唱における声や歌い方の特徴に興味・関心をもつことができるように工夫すること」や「我が国や郷土の伝統音楽のよさを味わい，愛着をもつことができるよう工夫すること」が大切とされている。

【28】(1)　①　静岡　②　シテ　③　能管(笛)　④　小鼓　⑤　大鼓　⑥　弱吟　⑦　強吟　⑧　ウキ　⑨　中　⑩　大　⑪　平　(2)　A　エ　B　キ　C　サ　D　ス

○**解説**○ (1)　能について基礎知識が問われた。能だけでなく，歌舞伎，文楽についてもこの程度の問題に対応できるように準備しておきたい。主な演目の物語の内容は理解しておくこと。「羽衣」のあらすじは，美保の松原に住む漁師の白竜が，松の枝にかかっている美しい衣を見つけ持ち帰ろうとしたところ，天人が現れ「衣がないと天界に戻ることができない」と嘆く。白竜が，衣を返す代わりに天界の舞楽を見たいと頼むと，天人は様々な舞を見せた後，美保の松原から富士山

へと舞い上がり，天界へと戻っていくというものである。 (2) 謡の部分について出題された。この，キリの部分は教科書にも掲載されているので，映像で確認するなどして学習しておくこと。

【29】(1) 曲名…グリーンスリーブス　国…① (2) 種類…アルトリコーダー　理由…この旋律の音域は，最低音がB，最高音がC♯の9度に渡るものであり，アルトリコーダーの一般的な音域に対応するものであることと，曲の雰囲気にアルトリコーダーのあたたかな音色が最適であると考えるため。 (3) a イメージ　b 曲想　c 身体 (4) a 主題　b 拍子　c 装飾的　d 短調
(5)

伴奏の特徴…コードの構成音で伴奏の和音を構成し，最低音はそのコードの根音にすることで，曲としての響きを重視した。また，右手は基本的にメロディーラインの3度下をなぞるとともに，細かなリズムとしないようにして，装飾的な旋律の美しさを損なわないように配慮した。

○解説○ (1) イングランド民謡である。 (2) リコーダーの最低音と最高音，運指，奏法は理解しておくこと。 (3) 高等学校学習指導要領　音楽Ⅰ　A表現　器楽の内容から出題された。A表現の器楽以外に，歌唱，創作，B鑑賞，また他の学年の項目についても確認しておきたい。 (4) 変奏は主題を基に変化をつけながら創作していくことである。その変化の種類としては拍子や装飾音，調性などという手法がある。 (5) コードネームから，使用できる和音を理解してベースからつくると良い。変奏曲の特徴を活かすために行った工夫を正確に説明すること。

● 日本の伝統音楽

【30】(1) ④　(2) ②　(3) ①　(4) ③　(5) ①，④

○**解説**○ (1)　正答以外の選択肢①と③は尺八奏者，②は音楽学者である。

(2)「新日本音楽」は，日本の伝統楽器を用いながら洋楽の影響を受けて作られた新しい邦楽曲のことで，宮城道雄とその協力者，吉田晴風らが中心となって活動した。正答以外の選択肢について，①は箏の楽譜出版社。③は，1950年代に音楽，美術，舞踊など様々なジャンルで活動する芸術家によってつくられた集団。武満徹や湯浅譲二らが所属していた。④は，明治時代に東京音楽学校で開かれていた演奏会。

(3)　②は音列のことで，特定のセリーを厳密な規則性に基づいて構成した音楽をセリー音楽という。③は，オペラなどの歌唱の中で話すように歌われる部分(叙唱)のこと。④は，装飾的でない，素朴な歌曲のことである。　(4)　この楽譜は「涅槃交響曲」の一部である。

(5)　声明を取り入れた男性合唱，電子音楽を取り入れ梵鐘をスペクトル解析してオーケストラで再現した。

楽曲

楽曲

実施問題

世界の楽曲

【1】次の作品名と劇中の音楽の組み合わせとして適切でないものを，1～4の中から1つ選びなさい。

	作品名	劇中の音楽
1	The Phantom of the Opera	
2	The Lion King	
3	West Side Story	
4	Cats	

▌2024年度 ▌埼玉県・さいたま市 ▌難易度

【2】次の楽譜は，ある曲の一部である。以下の(1)～(4)に答えよ。

(1) この曲の曲名及び作曲者名を，それぞれ書け。

(2) この楽譜は何調か，書け。

(3) この楽譜中の[　A　]の部分を短三度下げた楽譜を書け。ただし，調号も含めて書くこと。

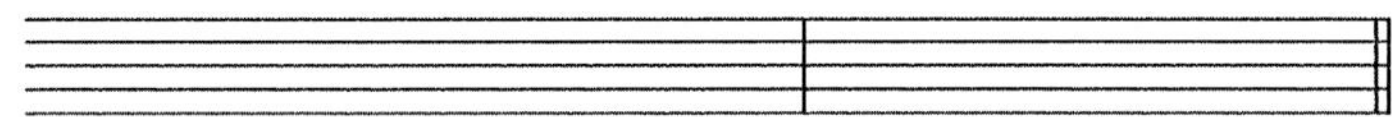

(4) この楽譜の属調の同主調である調の音階を，調号を含めて主音から全音符で書け。ただし，短調の場合は旋律的短音階で上行形，下行形の両方を書くこと。

2024年度 和歌山県 難易度

【3】次の楽譜は，交響曲第4番第4楽章(ブラームス作曲)をピアノ独奏用に編曲した作品の冒頭部分を引用したものである。これについて，以下の(1)～(4)の問いにそれぞれ答えよ。

(1) ①の楽語の意味を書け。

(2) ②の和音が含まれるすべての調の調名を日本語で書け。ただし，短調は和声短音階で考えるものとする。

(3) ③の和音の根音が導音となる短調の旋律短音階上行形を，調号を用いて全音符で書け。

(4) ④の和音をコードネームで書け。また，そのコードをギターのダイヤグラムで示したものを，次の(ア)～(エ)から一つ選び，その記号を書け。

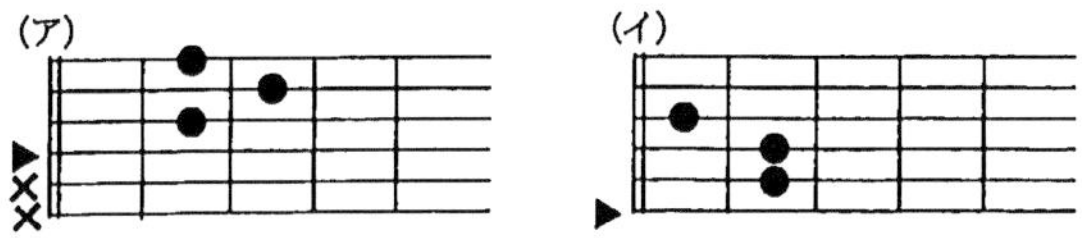

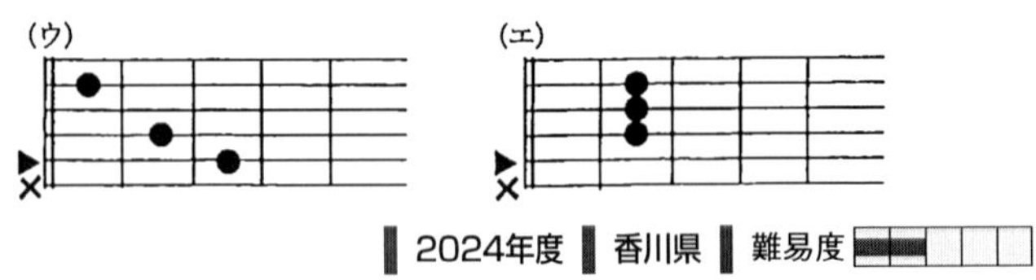

2024年度 ｜ 香川県 ｜ 難易度 ■■■□□□

【4】次の楽譜はある音楽を採譜したものである。楽譜と以下の文章について，あとの問いに答えよ。

> 楽譜は今日のトルコに伝わる(　ア　)の音楽である。(　ア　)の音楽は$_{A}$ズルナをはじめ，ラッパ，太鼓，金属の鳴物などで演奏される(　イ　)である。この音楽は18世紀初頭にはヨーロッパで広く知られるようになり，多くのヨーロッパの音楽家にインスピレーションを与えた。

(1) (　ア　)にあてはまる語句を①～⑤から選び，番号で答えよ。

① ケチャ　② カッワーリー　③ セマー　④ コーン
⑤ メヘテルハーネ

(2) (　イ　)にあてはまる語句を①～⑤から選び，番号で答えよ。

① 舞踊劇　② 宗教歌謡　③ 軍楽　④ 合唱
⑤ 民衆芸能

(3) 下線部Aと同じ発音機構をもたない楽器を①～⑤から選び，番号で答えよ。

① 篳篥　② バグパイプ　③ オーボエ
④ イングリッシュホルン　⑤ 笙

(4) この音楽から影響を受けている作品を①～⑤から選び，番号で答えよ。

① 歌劇「オルフェオ」
② 歌劇「後宮からの誘拐」
③ 管弦楽組曲第2番ロ短調BWV.1067
④ 幻想交響曲
⑤ 交響曲第1番ニ長調「巨人」

2024年度 神戸市 難易度

【5】次の楽譜は，「亡き王女のためのパヴァーヌ」をリコーダー及びギターの合奏用に編曲したものです。以下の各問いに答えなさい。

問1 楽譜中(a)の音をソプラノリコーダー及びアルトリコーダーそれぞれで演奏する場合の運指として正しいものを，次の1～8のうちからそれぞれ1つずつ選びなさい。ただし，ソプラノリコーダーはジャーマン式，アルトリコーダーはバロック式とします。

● 楽曲

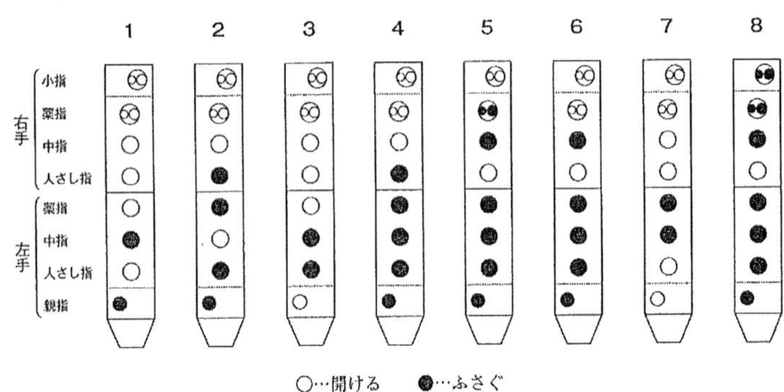

問2　楽譜中(b)の部分をTAB譜におきかえたものとして正しいものを，次の1～4のうちから1つ選びなさい。

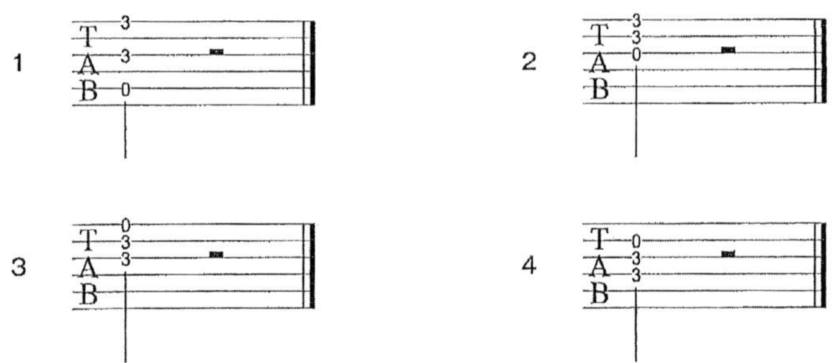

問3　この楽曲の作曲者の説明として正しいものを，次の1～4のうちから1つ選びなさい。

1　バッハ，ベートーヴェンと並び「ドイツ3大B」の一人と称されるドイツを代表する作曲家。

2　「オーケストラの魔術師」と呼ばれるほど管弦楽の書法に精通しており，「展覧会の絵」の編曲など，多彩な音色の作品を多く残した。

3　幼い頃から「神童」と称され，短い生涯の中で数多くの名曲を残した。主な作品として，交響曲「ジュピター」やオペラ「魔笛」などがある。

4　ロマン派という大きな時代の流れの中で，1890年代以降，「牧神の午後への前奏曲」などの印象主義的な作品を次々と発表した。

問4　次の文章は，教師が指導する上での曲想を踏まえたアドバイスをまとめたものです。文中の［ア］～［ウ］にあてはまる最も適切な語句を，以下の1～8のうちから1つずつ選びなさい。なお，1つの語句は1度しか使えないものとします。

> 「パヴァーヌ」は［ア］テンポが特徴です。曲想を大切にし，互いの音をよく聴いて合奏しましょう。Guitar2の7小節目の6連符は，繊細な音で響きを残すように演奏したいので，弾いた指が隣の弦に触れず，手のひらに向かって止まる［イ］奏法で弾きましょう。リコーダーは，1音ずつタンギングをしながら，フレージングに注意して，息の流れを切らずに［ウ］奏法で演奏しましょう。

1　アル・アイレ　　2　寂しげにゆっくりとした
3　アポヤンド　　4　ノン・レガート
5　明るく軽快な　　6　レガート
7　威厳に満ちたゆっくりとした　　8　ポルタート

問5　この楽譜のリコーダーの旋律をそのままの調でF Hornで演奏する場合の調号として正しいものを，次の1～4のうちから1つ選びなさい。

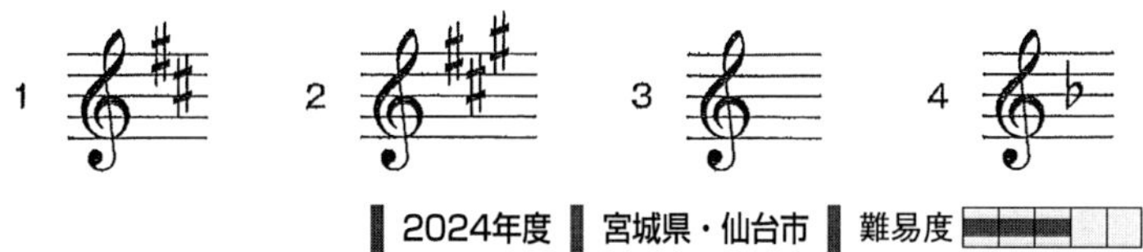

2024年度　宮城県・仙台市　難易度

【6】次の楽譜について，以下の各問いに答えなさい。

(1)　この楽譜は「ハレルヤ」の一部である。この曲が含まれている作品名，および作曲者名を答えなさい。

(2)　この作曲者が作曲した作品名または曲名を二つ答えなさい。

(3)　この作曲者は1727年にある国に帰化した。この曲は帰化して以降に作曲されたが，ある国とはどこか答えなさい。

(4)　この曲の歌詞は聖書をもとに作られている。何語で作られているか答えなさい。

(5)　この曲の調性をドイツ語で答えなさい。

(6)　この曲を合唱しようとしたが，音が高く歌うのが難しかったため，全体を長3度下げることにした。移調後の調性をドイツ語で答え，さらに調号を用いて記譜しなさい。なお，歌詞は書かなくてよい。

2024年度　鳥取県　難易度

【7】楽譜を見て，各問いに答えよ。

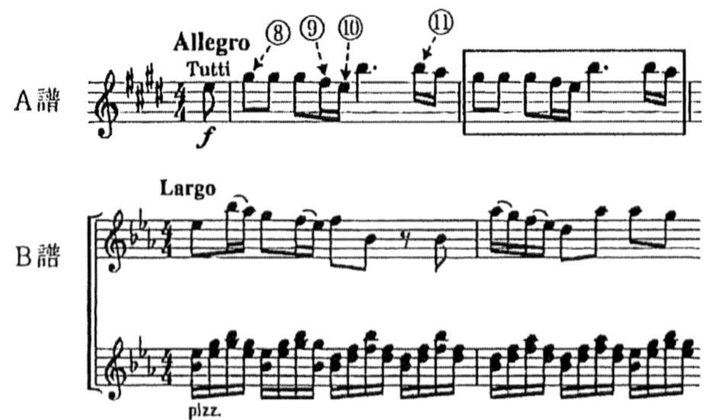

1　A譜とB譜は同じ作曲者による曲の一部である。作曲者名を答えよ。

2　次の文章は，A譜とB譜についての説明である。(　①　)～(　⑦　)

に当てはまる語句を，以下の(ア)～(ソ)からそれぞれ一つ選び，記号で答えよ。

この曲の作曲者は(①)出身である。(②)年に出版された「(③)」の第1番から第4番「四季」のうち，A譜は「(④)」第1楽章であり，B譜は「(⑤)」第2楽章である。それぞれの曲には(⑥)が記されている。「(④)」の第1楽章は(⑦)形式によってつくられている。

(ア) ソナタ　(イ) 1725
(ウ) 春　(エ) 秋
(オ) 1741　(カ) 1711
(キ) ドイツ　(ク) リトルネッロ
(ケ) ブランデンブルク協奏曲　(コ) ソネット
(サ) 冬　(シ) 和声と創意の試み
(ス) モテット　(セ) イタリア
(ソ) 調和の霊感

3 A譜の□の部分の旋律を，ソプラノ・サクソフォーンで演奏できるよう高音部譜表上に調号を使わず臨時記号を用いて書け。

4 B譜はこの楽章の冒頭の一部である。B譜を演奏している楽器名を答えよ。

5 「Allegro」と「Largo」の間にあたる速度を示す用語として適切なものを，次の(ア)～(エ)から全て選び，記号で答えよ。

(ア) Moderato　(イ) Presto　(ウ) Allegretto
(エ) Larghetto

6 B譜の「pizz.」の読み方を答えよ。

7 アルト・リコーダーで⑧～⑪の音を演奏するときの運指を，次の(a)～(g)からそれぞれ一つ選び，記号で答えよ。ただし，リコーダーはバロック式，音は実音とする。

(○…開く，●…閉じる，∅…サミング)

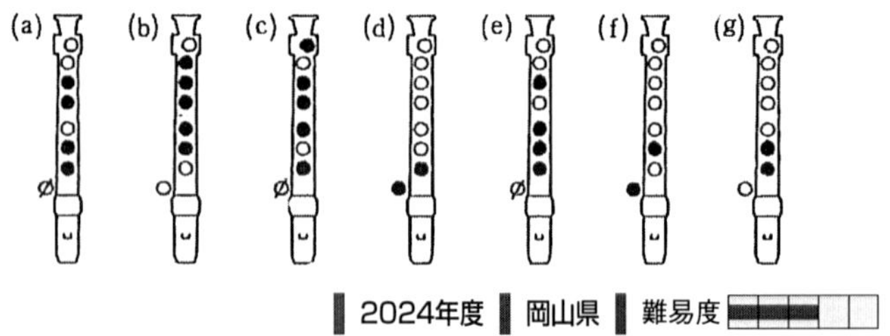

2024年度 | 岡山県 | 難易度

【8】次の問1～問6の楽曲について，各問いに当てはまる最も適切なものを，それぞれ①～④のうちから選びなさい。

問1　次の楽譜の中で，モーツァルトのオペラの一部はどれか。

①

②

③

④

問2　次の楽譜の中で，ベートーヴェンの作品ではないものはどれか。

①

②

③ 

④ 

問3　次の楽譜の中で，Paul Dukasの作品はどれか。

① 

② 

③ 

④ 

問4　次の楽譜の中で，クラリネット協奏曲はどれか。

① 

② 

③ 

④ 

問5　次の楽曲の曲名はどれか。

①　「舟歌」フォーレ作曲
②　「鏡」より「道化師の朝の歌」ラヴェル作曲
③　「牧神の午後への前奏曲」ドビュッシー作曲
④　「絵画的小品」より「即興曲」シャブリエ作曲

問6　次の楽曲の曲名はどれか。

①　「組曲第2番作品17」ラフマニノフ作曲
②　「ヴァイオリン協奏曲ニ短調作品47」シベリウス作曲
③　「ピアノ協奏曲第1番ホ短調作品11」ショパン作曲
④　「ピアノ三重奏曲イ短調作品50」チャイコフスキー作曲

2024年度 ▌神奈川県・横浜市・川崎市・相模原市 ▌難易度

【9】中学校2年生において，題材名「曲の構成に注目しながら，曲想の変化を味わおう」，教材曲「交響曲第5番　ハ短調」(ベートーヴェン作曲)で授業を行うこととしました。次の【指導計画】を見て，以下の各問いに答えなさい。

【指導計画】(2時間扱い)

時	◆ねらい　・主な学習活動	知	思	態
第1時	◆「交響曲第5番　ハ短調　第1楽章」の曲想と構造との関わりについて理解する。 ・(a)楽曲についての説明を聞く。 ・オーケストラで演奏されていることを知り、使われている楽器を確認する。 ・冒頭の動機のリズムについて理解する。 ・第1主題と第2主題の曲想の変化や、動機の出現の仕方を感じ取りながら聴く。	↓	↓	↓
第2時	◆楽器の音色や曲の構成などの特徴を感じ取り、音楽のよさや美しさを味わって聴く。 ・(b)曲の構成について理解し、ソナタ形式に着目しながら第1楽章を通して鑑賞する。 ・ソナタ形式を各部分で区切り、グループ毎に曲想と音楽の構造との関わりについて意見を出し合い、学級全体に発表して共有する。 ・本題材の学習を振り返る。	↓ 知	↓ 思	↓ 態

問1　次の文章は，下線部(a)について教師が生徒に説明したものです。文中の［ア］～［ウ］にあてはまる最も適切な語句を，以下の1～9のうちから1つずつ選びなさい。なお，1つの語句は1度しか使えないものとします。

> 「交響曲第5番　ハ短調」は，ベートーヴェンの最も有名な作品の一つです。「このように運命は［ア］をたたく」，これは，弦楽器と［イ］で演奏される第1楽章の冒頭の動機について，ベートーヴェン自身が語ったとされる言葉です。このことから，日本では「運命」とも呼ばれています。この動機は，作品の全楽章にわたって出現し，この作品に統一感を与えています。第1楽章と第4楽章はソナタ形式で作曲されていますが，第2楽章は，主題を様々な方法で変化させる「主題と変奏」，第3楽章は，三部形式の各部分がさらにいくつかの部分からなっている［ウ］三部形式で作曲されています。

1　肩　　2　混合　　3　ホルン　　4　クラリネット
5　扉　　6　複合　　7　単純　　8　ファゴット　　9　手

問2　下線部(b)の学習活動で，ソナタ形式の進行が分かりやすいように，手がかりとなる部分を第1楽章から抜き出しました。次のア～

楽曲

エの楽譜を見て以下の各問いに答えなさい。

ア

イ

ウ

エ

(1) ア～エの楽譜を正しい演奏順に並べたものを，次の1～4のうちから1つ選びなさい。

1 ア→イ→ウ→エ　　2 ア→ウ→エ→イ

3 エ→ウ→イ→ア　　4 エ→イ→ア→ウ

(2) ア～エの楽譜の中で，第1楽章の第2主題の楽譜を，次の1～4のうちから1つ選びなさい。

1 ア　2 イ　3 ウ　4 エ

問3 この曲の第3楽章の終わりに「*attacca*」と記されています。この意味を次の1～4のうちから1つ選びなさい。

1 第4楽章の演奏の有無は各団体で決めてよいものとすること。

2 第4楽章は力強く入ること。

3 第3楽章から第4楽章に入る前に十分な間をとること。

4 第3楽章と第4楽章は切れ目なく演奏すること。

問4　次の1～4のうちからベートーヴェンが作曲した楽曲を1つ選びなさい。

1

2

3

4

問5　ベートーヴェンが活躍した時代区分について説明した文章として最も適切なものを，次の1～3のうちから1つ選びなさい。

1　この時代，音楽は他のどの芸術よりも無限なものの表現に適していると評価された。時間とともに展開する音楽は，人間の精神や感情の様々な段階，変化や運動を体現できると考えられたためである。特に器楽作品には最も高い地位が与えられ，純粋な器楽の最高段階は，「絶対音楽」と呼ばれることとなる。民謡や民族舞曲などが各民族の音楽的ルーツとして意識され，旋律，リズム，雰囲気などが作品に活用され，人間の感性を直接的に表す芸術として捉えられていた。即興曲やバラードなどの自由な形式，文学的な作品や絵画を題材にした作品などが作曲された。

2　前時代までの音楽を打ち破り，この時代の音楽は，躍動感と運動性，明白な対照とドラマ，音楽の根源としての人間の情緒重視などが特徴といえる。器楽分野では，ソナタ，コンチェルト，組曲などの独自のジャンルが生み出され，声楽に匹敵するほどの重要性を獲得するようになる。また，声楽と器楽が統合された楽曲(オペラ，オラトリオなど)においても，器楽は多様な役割を期待されるようになった。ほとんどの器楽曲や器楽伴奏で通奏低音が使われた。

3 作曲家たちは，交響曲，ピアノ協奏曲，弦楽四重奏曲などの器楽曲を盛んに作曲し，作品は演奏会で演奏され，次々と出版されてヨーロッパ各都市に普及した時代である。高い地位の者や貴族らは，こぞって才能のある音楽家を召し抱えて保護した。音楽様式の特徴としては，感情に流されない均整のとれた形式感，ホモフォニーによる明快な和声語法，通奏低音よりの脱却，多様な音楽形式の確立などが挙げられる。

2024年度 ▌宮城県・仙台市 ▌難易度 ■■■□□

【10】次の楽譜について，以下の問に答えよ。

問1 この曲の作曲者名と，作曲者が生まれた国名を答えよ。

問2 この作曲者が活躍した音楽の時代区分を答えよ。また，同時代に活躍した作曲者名を一人答えよ。

問3 この曲の形式の名称を答えよ。また，その形式の特徴を簡潔に説明せよ。

問4 この楽譜は，途中で転調している。曲の冒頭と，転調後のそれぞれの調を答えよ。

問5 楽譜中の ア の部分は，第2声部に現れる主題(応答)である。最初の2小節をト音譜表に記せ。

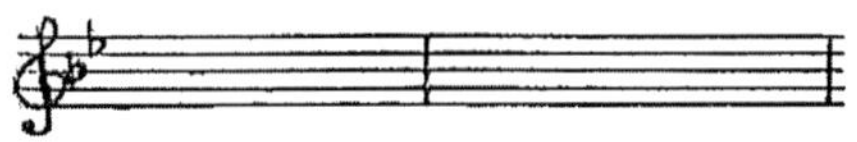

問6 この曲の中で，足鍵盤で主題が演奏されるのはどの声部か，答

えよ。

2024年度 島根県 難易度

【11】次の楽譜は，『春　第1楽章』の一部である。以下の(1)～(4)の問いに答えよ。

Allegro

Violino principale

Violino I

Violino II

Viola

Basso continuo
Violoncello
e Contrabasso

(1)　この曲の形式として最も適切なものを次のA～Dから一つ選び，その記号を書け。

A　ソナタ形式　　B　リトルネッロ形式　　C　ロンド形式

D　ロンドソナタ形式

(2)　この曲の作曲家が活躍した時代の音楽として最も適切なものを次のA～Dから一つ選び，その記号を書け。

A　古典派音楽　　B　ルネサンス音楽　　C　バロック音楽

D　ロマン派音楽

(3)　この楽譜が表すソネットとして最も適切なものを次のA～Dから一つ選び，その記号を書け。

A　黒雲と稲妻が空を走り，雷鳴は春が来たことを告げる

B　鳥たちが楽しい歌で挨拶をする

C　泉はそよ風に誘われ，ささやき流れていく

D　春が陽気にやってきた

(4)　楽譜中の□の旋律をソプラノサックス(in B♭)で演奏する場合の楽譜を調号を用いて書け。

2024年度 愛媛県 難易度

● 楽曲

【12】「ブルタバ(モルダウ)」に関する次の各問いに答えよ。

1　次の(　①　)～(　③　)に当てはまる語句を書け。

> 　この曲の作曲者であるスメタナは，プラハでピアノと作曲を学んだ後，(　①　)や作曲家として活躍した。連作交響詩「(　②　)」は6曲からなる作品で，「ブルタバ(モルダウ)」は第2曲にあたり，祖国の豊かな自然がブルタバ川の流れに沿って表現されている。交響詩とは，自然や文学的な内容などを(　③　)を用いて自由な形式で描く音楽のことである。

2　次のA～Dの楽譜について，各問いに答えよ。

(1)　A～Dの楽譜に合う標題を次の(ア)～(カ)からそれぞれ一つ選び，記号で答えよ。

(ア)　聖ヨハネの急流　　　　(イ)　ビシェフラトの動機
(ウ)　ブルタバの2つの源流　　(エ)　農民の結婚式
(オ)　森の狩猟　　　　　　　(カ)　幅広く流れるブルタバ

(2)　楽譜Cをハ長調に移調し，アルトリコーダーで演奏できるように，五線に実音で書け。

3　スメタナと同じ楽派である作曲者の楽譜を次の(ア)～(エ)から一つ選び，記号で答えよ。また，その作曲者名を書け。

2024年度 岡山市 難易度

【13】次の〔楽譜〕は,「ブルタバ(モルダウ)」の一部である。(1)~(6)の問いに答えなさい。

〔楽譜〕

(1) 「ブルタバ」の作曲者を答えなさい。

(2)　次の文中の[　　]に当てはまる言葉を漢字2文字で答えなさい。

「ブルタバ」を含む交響詩「我が祖国」のように，曲があらわそうとするものを示す題あるいは文が付いており，それによって聴き手を導いて，その題と結びついた文学的，絵画的，概念的などの内容との関連で聴かれることが意図された器楽曲を[　　]音楽という。

(3)　「ブルタバ」の作曲者と同郷の作曲者が，アメリカで得られた素材を中心として作曲した曲を，次のa～dから1つ選び，記号で書きなさい。

(4)〔楽譜〕に示した中で使用されているリズムを用いた，チェコの伝統的な舞曲の名称を答えなさい。

(5)〔楽譜〕内のAの記号の意味を答えなさい。

(6)〔楽譜〕内のBの部分の音符を，低音部譜表に省略せずに書き入れなさい。その際，強弱記号は省略してもよい。

2024年度　福島県　難易度■■■□□

【14】次の楽譜について，以下の(1)～(6)の問いに答えなさい。

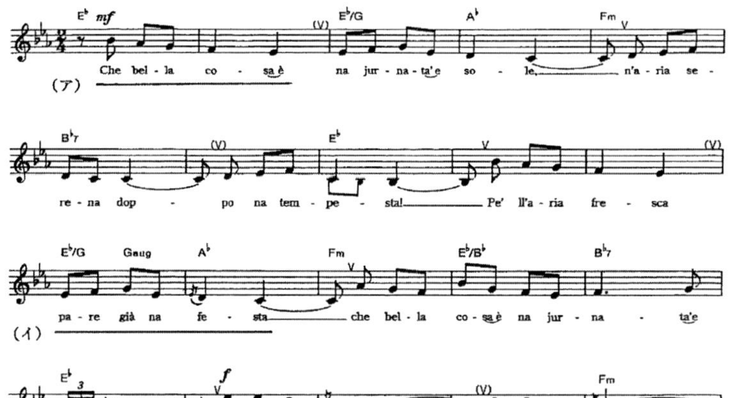

(1) この曲名として最も適当なものを，次の①～④のうちから一つ選びなさい。

① カーロ・ミオ・ベン　② サンタ・ルチア

③ セント・ネル・コーレ　④ オー・ソレ・ミオ

(2) この曲のジャンルとして最も適当なものを，次の①～④のうちから一つ選びなさい。

① シャンソン　② カンツォーネ　③ ジャズ

④ オペラ

(3) 下線部(ア)，(イ)の歌詞の読み方として最も適当なものを，次の①～④のうちから一つ選びなさい。

① (ア) ケ　ベーッラ　コー　ザエ
　(イ) パーレ　ジャ　ナ　フェースタ

② (ア) ケ　ベルラ　コー　サ　エ
　(イ) パーレ　ギァ　ナ　フェースタ

③ (ア) ケ　ベーッラ　コー　サエ
　(イ) パーレ　ジ　アナ　フェースタ

④ (ア) ケ　ベルラ　コー　ザ　エ
　(イ) パーレ　グァナ　フェースタ

(4) 下線部(ウ)の歌詞の訳として最も適当なものを，次の①～④のうちから一つ選びなさい。

① なんて美しいものだ 太陽輝く日は

② しかしもうひとつ もっと美しい太陽 ねえ娘さん

③ 私の美しい太陽は君の顔にある

④ この晴れやかな気分に もう祭りのようだ

(5) この曲の速度として最も適当なものを，次の①～④のうちから一つ選びなさい。

① Largo ② Andantino ③ Moderato ④ Animato

(6) この曲の作曲者として最も適当なものを，次の①～④のうちから一つ選びなさい。

① カープア ② カッチーニ ③ クルティス

④ カプロ

2024年度 千葉県・千葉市 難易度

【15】次の楽譜と文章について，あとの問いに答えよ。

> この曲の作曲者は(　ア　)で作曲とピアノを学び，作曲家や指揮者として活躍した。当時，この作曲者が生まれた国は他国からの強い統治下にあり，母国語を話すことさえ禁じられていた。(　イ　)として作曲されたこの曲は祖国への思いに満ちており，このような思いをもとに作曲した作曲家を<u>ウ国民楽派</u>という。

(1)　(　ア　)，(　イ　)にあてはまる語句の適切な組合せを①～⑤から選び，番号で答えよ。

①　ア　ウィーン　　イ　交響曲
②　ア　プラハ　　イ　連作交響詩
③　ア　パリ　　イ　バレエ音楽
④　ア　ウィーン　　イ　連作交響詩
⑤　ア　プラハ　　イ　バレエ音楽

(2)　下線部ウの音楽についての説明文として適切なものを①～⑤から選び，番号で答えよ。

①　ドイツ・ロマン派の音楽を土台として，各国の民族的な舞踊や音楽語法などを取り入れた作風である。
②　教会旋法や全音音階を用い，多彩な音色を追求した。
③　対位法的な手法で作られており，曲のフレーズごとに調が確定する。
④　計量記譜法が駆使され，複雑なリズムをもつ作品が作られた。
⑤　調和や均整のとれた形式美を追求した。

(3)　楽譜A～Fは，作曲者が標題を与えた旋律の一部である。「ビシェフラトの動機」はどれか。①～⑥から選び，番号で答えよ。

①　A　　②　B　　③　C　　④　D　　⑤　E　　⑥　F

(4)　楽譜AとDが楽曲内に登場する箇所として正しい位置はa～fのどれか。適切な組合せを①～⑤から選び，番号で答えよ。

●楽曲

① A：a D：d　② A：b D：f　③ A：c D：b
④ A：d D：e　⑤ A：f D：b

(5) 「曲想の変化に注目し，作曲者の思いを感じ取って音楽を味わおう」という題材名で，中学校第3学年で鑑賞の授業を行う。題材の目標として適切でないものを①～⑤から選び，番号で答えよ。

① 音楽の特徴とその背景となる文化や歴史との関わりに関心をもち，音楽活動を楽しみながら主体的・協働的に鑑賞の学習活動に取り組む。

② 音楽を形づくっている要素について，音楽における働きと関わらせて理解するとともに，音楽のよさや美しさを味わって聴く技能を身に付ける。

③　生活や社会における音楽の意味や役割について考え，音楽のよさや美しさを味わって聴く。

④　音楽の特徴とその背景となる文化や歴史との関わりについて理解する。

⑤　音色，速度，旋律，強弱を知覚し，それらの働きが生み出す特質や雰囲気を感受しながら，知覚したことと感受したこととの関わりについて考える。

(6)　上記の題材を指導する際の留意点として適切でないものを①～⑤から選び，番号で答えよ。

①　作曲された時代背景を知る際に，文化や歴史の知識を音楽の特徴と関わらせて理解できるようにする。

②　演奏の映像を視聴することによって各場面で中心的に使用されている楽器について着目させ，オーケストラについて理解を深められるようにする。

③　場面ごとに収録された音源を用意し，個人やグループで何度でも聴くことができるようにする。

④　必要に応じて旋律を階名唱したり指揮をしたりすることで，音楽の特徴を感じ取ることができるようにする。

⑤　題材末に全曲を通して聴き，生活や社会における音楽の意味や役割について考えたことを批評文にまとめるよう促す。

▌2024年度▌神戸市▌難易度

【16】次の楽譜A～Eについて各問いに答えよ。

楽曲

D

E

(1)　A～Eの旋律を曲順に並べたものとして最も適当なものを，次の①～④の中から一つ選び，記号で答えよ。

① A → D → E → B → C

② A → E → D → C → B

③ C → D → E → B → A

④ C → E → D → A → B

(2)　A～Eの旋律が使われている音楽の背景となる文化や歴史として最も適当なものを，次の①～④の中から一つ選び，記号で答えよ。

①　作曲者の祖国であるフィンランドが帝政ロシアから独立しようとしていた。

②　作曲者の祖国であるチェコがオーストリア・ハンガリー帝国から独立しようとしていた。

③　原曲は作曲者の亡くなった親友による絵画を題材にしたピアノ曲である。

④　作曲者の祖国であるポーランドが帝政ロシアから独立しようとしていた。

(3)　A～Eの旋律が使われている音楽を鑑賞の授業として導入する際に，題材を構想する上で必要となる配慮事項として誤っているものを，次の①～④の中から一つ選び，記号で答えよ。

①　音楽のよさや美しさを味わって聴く過程で，新たな知識を習得することと，既に習得している知識を活用することの両方が大切になる。

②　新たな知識の習得は，音楽のよさや美しさを味わって聴く過程で行われるものであることから，知識を習得してから音楽のよさや美しさを味わって聴くようにする。

③　生徒が感じ取った曲想を，自分の生活経験と結び付けて捉えるなどして，自分としての感じ方を広げ，それと音楽の構造との関

わりを捉え，解釈を深めていくことができるように指導を工夫することが大切である。

④ 音楽がその背景となる文化や歴史，他の芸術と，どのような関わりをもっていることによって，どのような音楽の特徴が表れているのかを捉えていく。

2024年度 沖縄県 難易度 ■■■■■

【17】次の楽譜は，ある楽曲の主題の一部である。この楽曲について，以下の問いに答えなさい。

1 この楽曲の作曲者名を書きなさい。

2 この楽曲の作品番号を，次のア～エから1つ選んで，その符号を書きなさい。

ア BWV244　イ BWV578　ウ BWV1047

エ BWV1750

3 この主題に対する第2声部に現れる応答を書きなさい。また，この主題を主調とした場合の応答との調の関係を書きなさい。

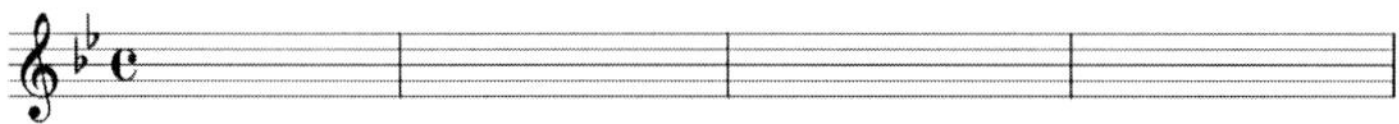

4 この楽曲の作曲者について述べた次の文の(a)～(g)に入る適切な語句を，以下のア～ナからそれぞれ1つ選んで，その符号を書きなさい。ただし，同じ記号には同じ語句が入る。

この楽曲の作曲者は，音楽一家に生まれ，18歳でアルンシュタット新教会のオルガン奏者となった。そして20歳でリューベックの聖マリエン教会のオルガン奏者だった(a)を訪ね，彼の演奏や作品から多大な影響を受けた。38歳でライプツィヒの(b)教会のカントルに就任し，数々の教会音楽を生み出した。誕生年が同じ(c)との面会を何度も試みるものの実現には至らなかった。ヨーロッパ各地で華々しく活躍し，名声を得ていた(c)とは対照的に，この作曲者はオルガン奏者としては高く評価されていたものの，作曲家としてはあまり知られていなかった。そのため，彼の死後，その音楽は時代とともに忘れ去られたが，1802年にドイツの音楽学者(　d　)が彼の伝記を執筆したことや，1829年に(　e　)が(　f　)で「(　g　)」を再演したことを機に，彼の作品が再評価された。

ア　ブランデンブルク協奏曲第5番　　イ　管弦楽組曲第3番
ウ　マタイ受難曲　　エ　聖ゲオルク
オ　聖トーマス　　カ　聖ミヒャエル
キ　フォルケル　　ク　ケッヒェル
ケ　シュミーダー　　コ　ラモー
サ　ヘンデル　　シ　テレマン
ス　ブクステフーデ　　セ　シュッツ
ソ　フレスコバルディ　　タ　メンデルスゾーン
チ　シューマン　　ツ　ブラームス
テ　ベルリン　　ト　ドレスデン
ナ　ボン

5　バロック時代に関する次の説明文(1)～(4)について，正しいものには○を，誤っているものには×を，それぞれ書きなさい。

(1)　言葉の意味が伝わりやすい簡素な伴奏の歌唱であるポリフォニーが，モノディーにとってかわった。

(2)　この時代に発明されたチェンバロは撥弦楽器であり，鍵盤のタッチによって自由に音量を変えることができる。

(3)　イタリアのクレモナは，16世紀頃からヴァイオリン属の楽器製作の中心地として栄えた。

(4)　いろいろな国の舞曲を配列したり緩急の楽章を交互に並べたりした組曲，ソナタ，協奏曲などが成立した。

2024年度 | 兵庫県 | 難易度 ■■■■□

【18】次の楽譜A及び楽譜Bは，作曲者の異なる2曲の『野ばら』における最後のフレーズを示したものである。以下の(1)～(5)の問いに答えなさい。

(1)　楽譜Aと楽譜Bの『野ばら』の作曲者をそれぞれ答えよ。また，これらの『野ばら』に共通する作詞者とその代表的な戯曲を1つ答えよ。

(2)　楽譜Aに示された(あ)，(い)のそれぞれについて，①用語の意味を日本語で，②同じ意味を表すイタリア語を原語で答えよ。

(3)　楽譜Bを，調号を使わず長3度上に移調せよ。また，その調の①同主調，②平行調，③属調，④下属調を日本語で答えよ。

なお，移調した楽譜に歌詞を記入する必要はない。

(4)　これらの『野ばら』を教材として，「高等学校学習指導要領」(平成30年3月告示)における芸術科「音楽Ⅰ」A表現(1)歌唱に示されたイ「(ア)曲想と音楽の構造や歌詞，文化的・歴史的背景との関わり」について理解する学習を行うこととした。次の①，②の問いに答えよ。

①　「曲想と音楽の構造や歌詞」との関わりについて，どのような学習が考えられるか，具体的な学習内容と活動を説明せよ。

②　次の文は，生徒が『野ばら』の「文化的・歴史的背景」について調べたメモである。空欄a～cに当てはまる語句の組合せとして正しいものをア～オから選び，記号で答えよ。また，下線部について，生徒に具体例を示すため，任意の作曲家を一人挙げ，その代表的な作品とその特徴を説明せよ。

> 理性偏重の(　a　)主義に対する反動から，感情を重んじ，幻想的なものを求める(　b　)主義の風潮が起こった。その風潮はまず(　c　)に現れ，次第に芸術全般へと波及した。

> 音楽においても，作曲家の個性が作品に強く表出されるようになった。

ア　a　古典　b　新古典　c　建築
イ　a　啓蒙　b　セリー　c　文学
ウ　a　古典　b　ロマン　c　建築
エ　a　啓蒙　b　ロマン　c　文学
オ　a　原始　b　セリー　c　建築

(5)　楽譜Bの中に示された記号について，「音楽Ⅰ」の〔共通事項〕(1)イ「音楽を形づくっている要素及び音楽に関する用語や記号などについて，音楽における働きと関わらせて理解すること。」の指導を行う際，どのような指導が考えられるか具体的に説明せよ。

なお，楽譜Bから記号を1つ選び，その読みをカタカナで答えた後に，説明すること。

2024年度 | 群馬県 | 難易度

【19】次の楽譜は，ある交響曲の第4楽章の一部である。以下の(1)～(7)に答えなさい。

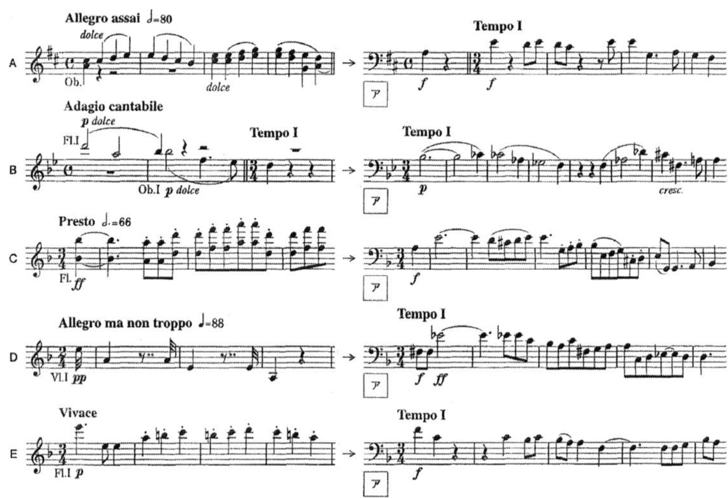

(1)　この作品は交響曲第何番か書きなさい。

(2) A～Eの楽譜を，原曲の演奏順に並べ替えなさい。

(3) ア には，レチタティーヴォ風の旋律を演奏する，2つの楽器名が入る。ア にあてはまる共通の楽器名を2つ書きなさい。

(4) 次の楽譜F，Gは同じ楽曲内の一部である。それぞれの詩の作詞者名を書きなさい。

(5) この作品の作曲者と同じ国で生まれた作曲家を，次の あ～か からすべて選び，その記号を書きなさい。

あ ツェルニー　い マーラー　う ロッシーニ

え シューマン　お オルフ　か リスト

(6) 次の楽譜は同じ楽曲内の一部である。イ，ウ にあてはまる楽器名を，それぞれ書きなさい。

(7) 次の楽譜は同じ楽曲内の一部である。エの部分の旋律を書きなさ

い。

▌2024年度 ▌青森県 ▌難易度 ■■■■□

【20】次の楽譜は，連作歌曲集『冬の旅』の第5曲の一部分である。以下の1から5の問いに答えよ。

1　曲名と作曲者名を答えよ。

2　この歌曲集に含まれている曲を，次のアからエのうちから一つ選び，記号で答えよ。ただし，楽譜はそれぞれの曲の一部分を示したものである。

3　連作歌曲について，簡潔に説明せよ。

4『冬の旅』より前に作曲された連作歌曲集を，次のアからエのうちから一つ選び，記号で答えよ。

ア　詩人の恋　　　　　　イ　亡き子をしのぶ歌

ウ　遥かなる恋人に寄す　　エ　四つの最後の歌

5　この曲の作曲者が歌曲の発展に寄与した功績について，最も適切なものを次のアからエのうちから一つ選び記号で答えよ。

ア　表現主義を推し進め，『月に憑かれたピエロ』ではシュプレヒシュテインメを採り入れた。

イ　管弦楽に声楽を導入した作品を多く残し，作曲者自身の詩による『さすらう若者の歌』を作曲した。

ウ　300曲あまりの個性的なリートを残し，『ゲーテ歌曲集』など同一の詩人の詩に集中的に作曲した。

エ　詩の世界観をピアノ伴奏に反映させ，「郵便馬車」では馬のひづめやラッパの音を描写した。

2024年度｜栃木県｜難易度

【21】舞曲に関する次の各問いに答えなさい。

(1)　次の楽譜は，バッハ作曲の「管弦楽組曲第2番　ロ短調　BWV1067」からの抜粋である。以下の各問いに答えなさい。

B　Flauto traverso

ⓑ Lentement

C　Flauto traverso

D　Flauto traverso

①　A～Dの舞曲名を，次のア～カからそれぞれ1つずつ選び，記号で答えなさい。

ア　アルマンド　　イ　ブーレー(ブレー)　　ウ　ポロネーズ

エ　サラバンド　　オ　メヌエット　　カ　ジーグ

② ⓐを日本語表記で表しなさい。

③ ⓑの速さの意味として最も適当なものを，次のア～オから1つ選び，記号で答えなさい。

ア　速く　　イ　やや速く　　ウ　ふつうの速さで

エ　歩くような速さで　　オ　遅く

(2) 次の楽譜は，ピアノ版「亡き王女のためのパヴァーヌ」の冒頭である。以下の各問いに答えなさい。

① 作曲者名を答えなさい。(ファーストネームは不要とする。)

② 本楽曲は，作曲者自身によってオーケストラ版も編曲されている。オーケストラ版で冒頭主題を演奏する楽器名を答えなさい。

③ 「パヴァーヌ」(pavane〔仏〕)の説明として最も適当なものを，次のア～エから1つ選び，記号で答えなさい。

ア　1550年頃に現れた緩やかな2拍子系の舞曲。ドイツのライゲンから発達した。

イ　16世紀初頭の宮廷舞踊であり，孔雀(pavon〔仏〕)をまねてゆっくりと踊られ，起源はスペインまたはイタリアと考えられている。

ウ　17世紀のフランス舞曲でオーヴェルニュ地方が起源と考えられている。速い2分の2拍子。1拍の上拍をもつ。

エ　17世紀のフランス舞曲でドーフィネ地方の住民の名前に由来する。中庸の速さの2分の2拍子。4分音符2つの上拍をもつ。

④ ㋐の和音記号を答えなさい。

⑤ ㋑の楽語の意味を答えなさい。

⑥ 次の楽譜はこの曲の中間部である。使用されている教会旋法の種類を，以下のア～オから1つ選び，記号で答えなさい。

ア　イオニア旋法　　イ　ドリア旋法　　ウ　フリギア旋法
エ　リディア旋法　　オ　エオリア旋法

2024年度 | 京都府 | 難易度

【22】次の楽譜について，以下の問に答えよ。

問1　この曲の曲名を答えよ。

問2　この曲と同じ国の民族楽器をア～エから一つ選び，記号で答えよ。

ア　モリンホール　　イ　タンソ　　ウ　アルフー　　エ　ズルナ

問3　この曲と同じような労働歌をア～オからすべて選び，記号で答えよ。

ア　刈干切唄　　イ　ソーラン節　　ウ　こきりこ節
エ　小諸馬子唄　　オ　黒田節

問4　この曲にチャンゴで伴奏をつけたい。2小節分のリズム伴奏を上下段に記譜せよ。(右…スティック，左…左手)ただし，1，2小節目のリズム及び右左のリズムは，違うリズムパターンを用いること。

問5　この曲と「パンソリ」を比較して鑑賞する際に，共通点や相違点をそれぞれ二つずつ具体的に説明せよ。

問6　次の民族音楽を楽器の種類(弦楽器・管楽器・打楽器)ごとに分類せよ。

タブラー　バグパイプ　バラライカ　ケーナ　シタール
バラフォン

▌2024年度 ▌鹿児島県 ▌難易度 ■■■■□

【23】次の楽譜はJ.S.バッハが作曲したある組曲の冒頭部分である。以下の1から5の問いに答えよ。なお，問題文に出てくる「バッハ」はJ.S.バッハを指す。

1　この曲は何の楽器のために書かれたか，楽器名を答えよ。

2　この組曲は古典組曲の構成で書かれている。古典組曲に必須とされる舞曲の組合せとして正しいものを，次のアからエのうちから一つ選び，記号で答えよ。

ア　アルマンド　－　クーラント　－　サラバンド　－　ジーグ
イ　アルマンド　－　ブーレ　－　メヌエット　－　ルール
ウ　ガヴォット　－　クーラント　－　サラバンド　－　ルール
エ　ガヴォット　－　ブーレ　－　ポロネーズ　－　ジーグ

3　この曲は20世紀に再発見され，その真価が認められた。バッハ作品の多くは，死後，長らく忘れられていたが，その再評価の契機となった「マタイ受難曲」の復活上演(1829年)を指揮した人物を答えよ。

4　バッハの死後，その作品が忘れられたのはなぜか。その理由を【資料1】【資料2】から読み取り，[対位法　時代]という二つの語を用いて40字程度で説明せよ。

> 【資料1】ドイツの音楽家，評論家シャイベ(1708～76)が1737年に発表したバツハに対する評価
>
> この偉大な人物[※1]は，もし彼がもっと快さを身につけていて，ごてごてした入り組んだものによって曲から自然さを奪うのでなければ，また技巧の過剰によって曲の美を曇らせるので

なければ，すべての国民の感嘆の的となることだろう。(中略)また彼は，すべての声部をともども，同じ難度をもって活用しようとするので，そこではもう，主要声部を判別することができない。　※1　J.S.バッハを指す

[出典]礒山　雅著『バッハ＝魂のエヴァンゲリスト』(2010年／講談社)

5　ブラジルの民俗音楽とバッハの作曲様式の融合を意図して「ブラジル風バッハ」を作曲した人物を，次のアからエのうちから一つ選び，記号で答えよ。

ア　チャベス　　イ　ヴィラ＝ロボス　　ウ　ヒナステラ
エ　ミヨー

2024年度　栃木県　難易度

【24】次の楽譜について(1)，(2)の問いに答えよ。

(1)　Aに当てはまる歌詞として最も適当なものを，次の1～5のうちから一つ選べ。

1　Ma n’atu sole
2　Che bella cosa
3　n’aria serena doppo
4　‘O sole mio
5　cchiù bello, oi ne’

(2)　この曲は，伴奏が4分の2拍子のゆったりとした付点のリズムが特徴の舞曲である。この舞曲として最も適当なものを，次の1～5のうちから一つ選べ。

1　アルマンド　　2　タランテラ　　3　タンゴ　　4　ハバネラ
5　ワルツ

2024年度 ▌大分県 ▌難易度 ■■■■■□

【25】次の(1)～(4)の問いに答えなさい。

(1)　「帰れソレントへ」の調の変化として最も適切なものを，次の1～4の中から1つ選びなさい。

1　主調→下属調　　2　主調→属調　　3　主調→同主調
4　主調→平行調

(2)　トマス・ルイス・デ・ビクトリアが作曲した「Ave Maria」の楽譜の一部として最も適切なものを，次の1～4の中から1つ選びなさい。

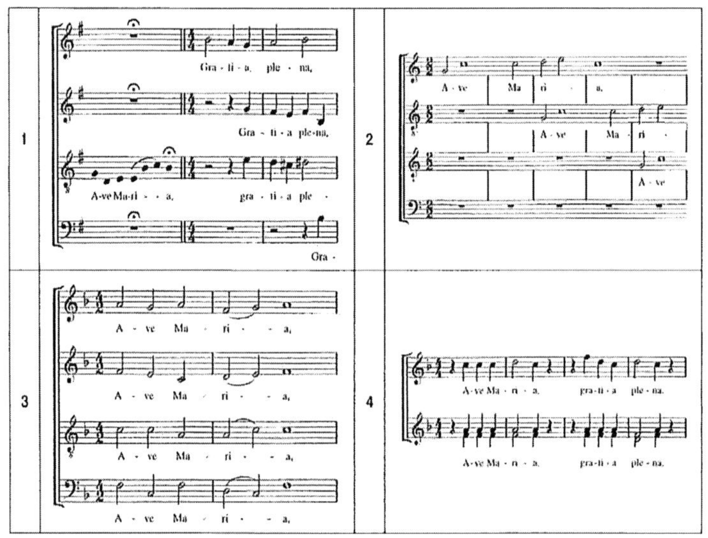

(3)　次の曲を作曲した人物の作品の一部として最も適切なものを，以下の1～4の中から1つ選びなさい。

(4) ヴィンチェンツォ・ベッリーニが作曲した「Vaga luna, che inargenti」の楽譜の一部として最も適切なものを，次の1～4の中から1つ選びなさい。

2024年度 埼玉県・さいたま市 難易度

解答・解説

【1】2

○**解説**○ 選択肢2の楽譜は「Aladdin」の「A Whole New World」である。ミュージカルの楽曲について，よく知られたものは楽譜から曲名が判断できるようにしておきたい。

【2】(1) 曲名…野ばら　作曲者名…F.シューベルト　(2) ト長調

(3)

(4)

○**解説**○ (1) ヴェルナーの「野ばら」も学習しておくこと。シューベルトの歌曲集「美しき水車小屋の娘」「冬の旅」「白鳥の歌」また，「魔王」についても理解を深めておくこと。 (2) 調号♯1つでト長調である。 (3) ト長調を短3度下げて調号♯4つのホ長調で記譜する。(4) ト長調の属調はニ長調，ニ長調の同主調は調号♭1つのニ短調である。旋律的短音階の上行形は，第6，7音を半音上げ，下行形はもとに戻すこと。

【3】(1) 精力的に　(2) ト長調，ホ短調，ト短調

(3)

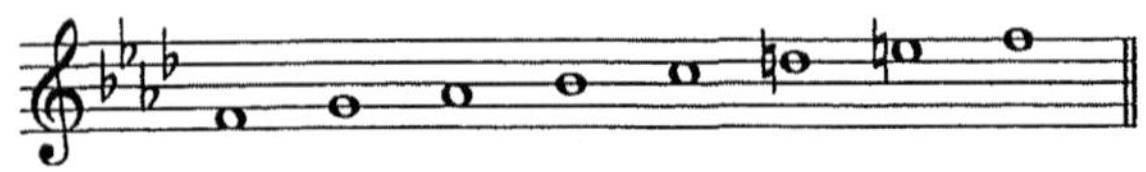

(4) コードネーム…E　ダイヤグラム…(イ)

○**解説**○ (1) energicoはイタリア語で「力強く」という意味である。楽語はイタリア語のものだけでなく，フランス語，ドイツ語のものも数

多く覚えておきたい。 (2) 構成音はファ♯・ラ・ドで，ファに♯がつきドについていないので，♯1つの調と考えられる。また，ファ♯を導音上がりと考え，シとミは和音に含まれていないので，ト短調も含まれる。 (3) の構成音はミ・ソ・シで，根音はミである。それを導音とする短調はヘ短調である。旋律短音階と指定されているのでレとミに♮を付けるのを忘れないようにすること。 (4) 構成音はミ・ソ♯・シであるので，なのでコードネームはEである。主なコードのダイヤグラムは覚えておくこと。正答以外の選択肢の(ア)はD，(ウ)はC，(エ)はAである。

【4】(1) ⑤ (2) ③ (3) ⑤ (4) ②

○解説○ (1) トルコの軍楽隊の音楽はモーツァルトなどの作曲家が楽曲に使用しているので理解しておくこと。正答以外の選択肢の①はインドネシア，バリ島の男声合唱，②はパキスタンのイスラム神秘主義の宗教歌謡，③はトルコのイスラム神秘主義の旋回舞踊，④はタイの古典舞踊である。 (2) メヘテルハーネはトルコの伝統的な軍楽隊であり，軍隊の士気向上などを目的として，オスマン帝国時代に発展した。 (3) ズルナはダブルリードの楽器であり，⑤以外の選択肢の楽器は，全てダブルリードである。 (4) モーツァルト作曲の歌劇「後宮からの誘拐」には，登場人物や音楽(トライアングル，シンバル，大太鼓など)にトルコ音楽の影響がみられる。

【5】問1 ソプラノリコーダー…8 アルトリコーダー…3 問2 2 問3 2 問4 ア 7 イ 1 ウ 8 問5 1

○解説○ 問1 ソプラノ，アルトリコーダーの運指は実際演奏し覚えておくこと。オクターブを間違えないよう気をつけて解答すること。
問2 ギターの開放弦は下からミ・ラ・レ・ソ・シ・ミである。TAB譜の数字は何フレット目を押さえるか示しているので，半音ごとに上がるフレット数が当てはまるものを選べばよい。 問3 「亡き王女のためのパヴァーヌ」はラヴェルが作曲したピアノ曲である。その後自身で管弦楽版に編曲している。正答以外の選択肢について，1はブラームス，3はモーツァルト，4はドビュッシーの説明である。 問4

● 楽曲

パヴァーヌは舞曲であるが，厳かでゆったりとしたテンポが特徴である。ギターとリコーダーの奏法についての問題は頻出である。ギターでは，弾いた指が隣の弦に触れない，和音を弾くのに適したアル・アイレ奏法と，弾いた指を隣の弦につける，きれの良い弾き方で旋律を弾くのに適したアポヤンド奏法は覚えておくこと。リコーダーではタンギングの使い方を理解しておくこと。　問5　もとの楽譜はG durである。F Hornは，実音が記譜より完全5度低いので，書き換えるには完全5度上げて，調号♯2つのD durにする。

【6】(1)　作品名…オラトリオ「メサイア」　　作曲者名…G.F.ヘンデル

(2)　オペラ「リナルド」，管弦楽曲「水上の音楽」　　(3)　イギリス

(4)　英語　　(5)　D dur

(6)　調性…B dur

○**解説**○ (1)「ハレルヤ」は合唱で取り上げることもあるので，楽譜を確認しておくこと。　(2)　ヘンデルは，バロック時代後期を代表するドイツ出身の作曲家であり，特にオペラとオラトリオで多くの作品を残している。　(3)　ヘンデルがイギリスに帰化したのは1724年，オラトリオ「メサイア」を作曲したのは1742年とされている。　(4)　歌詞は聖書から引用されており，生誕から復活後までのものが時系列に沿って記されている。　(5)　ファとドに♯がついている長調である。

(6)　調号♭2つのB durに移調する。

【7】1　ヴィヴァルディ　　2　①　(セ)　　②　(イ)　　③　(シ)

④　(ウ)　　⑤　(サ)　　⑥　(コ)　　⑦　(ク)

3

4　ヴァイオリン　　5　(ア)，(ウ)，(エ)　6　ピッツィカート

7　⑧　(b)　　⑨　(g)　　⑩　(d)　　⑪　(e)

○解説○　1　ヴァイオリン協奏曲集「和声と創意の試み　四季」である。楽譜Aは「春」の第1楽章，楽譜Bは「冬」の第2楽章である。　2　四季は教科書にも掲載されており，鑑賞の題材として扱うことが多いので学習しておくこと。ソネットとリトルネッロ形式をこの題材で指導することが考えられるので説明できるようにしておくこと。　3　ソプラノ・サクソフォンはB♭管で，実音は記譜音より長2度低い。楽譜AはE durなので，長2度あげて調号♯6つのFis durで記譜する。
4　すべての楽章についてスコアをあわせて演奏を聴き，構成を学習しておきたい。　5　速度記号の語末の「etto」は「少し」や「やや」という意味で，そのものの意味を弱める。速度記号を速さの順に並べられるように理解しておきたい。　6　弦楽器の弦を指で弾く奏法である。弓で弾く指示はarcoである。　7　(a)は三点ホ音，(c)は三点嬰ヘ音，(f)は二点ヘ音の運指である。ソプラノ，アルト・リコーダーの運指は必ず覚えること。

【8】問1　②　　問2　②　　問3　④　　問4　③　　問5　②
問6　③

○解説○　問1　選択肢の楽曲は，①シューベルトの歌曲集「冬の旅」より「郵便馬車」，②モーツァルトのオペラ「魔笛」より「恋人か女房が」，③ヴェルディのオペラ「椿姫」より「ああ，そはかの人か」，④ビゼーの歌劇「カルメン」より「闘牛士の歌」である。　問2　①ベートーヴェンのピアノソナタ第8番　第2楽章，②ドビュッシーのピアノ曲「映像」より「水の反映」，③ベートーヴェンのピアノ三重奏曲第7番　第1楽章，④ベートーヴェンのピアノ曲「エコセーズ」である。問3　①ラヴェルの「夜のガスパール」より「オンディーヌ」，②ビゼーの歌劇「カルメン」より「前奏曲」，③ショーソンのヴァイオリン曲「詩曲」第1楽章，④デュカスの交響詩「魔法使いの弟子」である。 問4 ①R.シュトラウスのホルン協奏曲 第1番 第1楽章，②J.S.バッハのブランデンブルク協奏曲 第2番 第3楽章，③モーツァルトのクラリネット協奏曲 第3楽章，④モーツァルトのピアノ協奏曲 第27番 第3楽章である。 問5 ラヴェルのピアノ組曲「鏡」は，第1曲「蛾」，第2曲「悲しげな鳥たち」，第3曲「海原の小舟」，第4曲「道化師の朝の歌」，第5曲「鐘の谷」の5曲からなる。「海原の小舟」と「道化師の朝の歌」はラヴェルによって管弦楽に編曲されている。
問6 ショパンはピアノ協奏曲を2曲残している。第2番も確認しておきたい。

【9】問1 ア 5 イ 4 ウ 6 問2 (1) 3 (2) 3
問3 4 問4 3 問5 3

○**解説**○ 問1 教科書で「運命」でソナタ形式について学習することが多いのでスコアを確認しておくこと。ソナタ形式の主題の調の展開と，主な楽曲形式について，理解を深めておくこと。 問2 (1) アは再現部，イは展開部，ウは提示部の第2主題，エは提示部の第1主題である。 (2) ハ短調の第1主題のあとに出てくる，平行調の変ホ長調の第2主題である。 問3 他にもオーケストラスコアにでてくる楽語について，数多く覚えておくこと。 問4 選択肢1はドボルザークの交響曲第9番「新世界より」第4楽章，2はモーツァルトの交響曲第41番「ジュピター」の第1楽章，3はベートーヴェンの交響曲第7番第1楽章，4はスメタナの交響詩「我が祖国」の「モルダウ」森の狩猟のテーマである。 問5 ベートーヴェンが活躍したのは，西洋音楽史の時代区分でいうと古典派時代である。バッハの死からベートーヴェンの死までが古典派といえ，古典派でも後期，ロマン派への切り替わりの時期である。正答以外の選択肢について，1はロマン派，2はバロックの説明である。

【10】問1 作曲者名…J.S.バッハ 国名…ドイツ 問2 時代区分…バロック 作曲者名…ヘンデル 問3 形式名…フーガ 説明…始めに示された主題が，次々と加わる他の声部によって，繰り返さ

れながら発展していく形式　問4　冒頭部分…ト短調　途中から…ニ短調

問5

問6　第4声部

○解説○ 問1　この曲は「小フーガト短調」である。 問2　バロック時代は，劇音楽が誕生した1600年からバッハが亡くなった1750年頃である。ヘンデル以外にヴィヴァルディ，スカルラッティ，テレマンなどが活躍した。 問3　この曲は多声音楽の手法であるフーガが用いられており，4つの声部からなっている。 問4　冒頭は調号がミとシに♭2つで，ファに導音上がりの♯が付されていることからト短調であると判断できる。5小節目の途中からミとファに♮が付されていることから調号♭1つのヘ長調もしくはニ短調，ドに♯が付されていることからニ短調であると判断できる。 問5　フーガの応答は属調で展開される。臨時記号に注意すること。 問6　上3声部は手鍵盤で奏される。低音部である第4声部が足鍵盤で奏される。

【11】(1)　B　(2)　C　(3)　D

(4)

○解説○ (1)　リトルネッロ形式についての問題は頻出である。A(合奏)→B(独奏)→A(合奏)→C(独奏)→A(合奏)→D(独奏)→のように，合奏と独奏を繰り返す形式。主題となる合奏部分のことをリトルネッロと呼ぶ。 (2)　ヴィヴァルディはヴェネツィア出身で，バロック時代に活躍した作曲家である。 (3)　ソネットとは「短い詩」という意味であり，この楽曲は，ソネットの内容や情景を曲で表現しているものである。ソネットと旋律の組み合わせを理解しておくこと。 (4)　ソプラノサックスinB♭の実音は記譜音より長2度低いので，原曲のホ長調を長

2度上げて，嬰ヘ長調で記譜する。

【12】1　①　指揮者　②　我が祖国　③　オーケストラ

2　(1)　A　(ウ)　B　(ア)　C　(カ)　D　(エ)

(2)

3　楽譜…ア　作曲者名…ムソルグスキー

○解説○ 1　ブルタバは教科書にも掲載されており，標題と旋律の関係性をもった交響詩について学習する題材として多用されるのでスコアもあわせて学習しておくこと。　2　標題と旋律の組み合わせを問う問題は頻出である。これらの旋律と，使用される楽器は必ず覚えておくこと。　(2)　楽譜Cはホ長調なので，長3度下げて記譜する。

3　(ア)は「展覧会の絵」より「古城」，(イ)はヴィヴァルディの「四季」より「春」，(ウ)はバッハの「小フーガト短調」(エ)はラヴェルの「ボレロ」である。いずれも教科書に掲載されているので曲を理解しておくこと。

【13】(1)　B(ベドルジフ)・スメタナ　(2)　標題　(3)　b　(4)　ポルカ　(5)　同じ速さで

(6)

○解説○ (1)　スメタナはチェコの国民楽派の作曲家である。　(2)　交響詩は他にも，ベルリオーズの「幻想交響曲」，ムソルグスキーの「展覧会の絵」，リヒャルト・シュトラウスの「英雄の生涯」などがある。標題音楽と絶対音楽は説明を記述できるようにしておきたい。

(3)　aはブラームスの「交響曲第1番」の第4楽章，bはドヴォルザークの「交響曲第9番　新世界」の第4楽章，cはベートーヴェンの「交響曲第5番」の第4楽章，dはシベリウスの「交響曲第2番」の第4楽章である。　(4)　チェコが起源となった4分の2拍子の舞曲である。

(5) a TempoやTempo Ⅰとの違いは，拍子が変わっても1拍の速さが変わらないということである。 (6) Bの部分は，アルト譜表で書かれている。また，第2小節の音符に斜めの線が付されているが，音符の旗の数を表している。

【14】(1) ④ (2) ② (3) ① (4) ② (5) ② (6) ①

○**解説**○ (1) 「オー・ソレ・ミオ」は教科書でも取り上げられているので，ピアノ伴奏なども練習し歌唱できるようにしておくこと。 (2) カンツォーネ(ナポリ民謡)の歴史と他の曲についても学習しておきたい。 (3) イタリア歌曲は教科書にも掲載されているので，イタリア語の発音は正しく出来るようにしておくこと。 (4) イタリア歌曲，ドイツリートは正しく発音できるようにし，意味もすべて把握しておくこと。 (5) 教科書に掲載されている曲については実施演奏し，アーティキュレーションも理解しておくこと。 (6) この曲はジョヴァンニ・カプロが作詞し，エドゥアルド・ディ・カープアが作曲した。

【15】(1) ② (2) ① (3) ③ (4) ④ (5) ② (6) ②

○**解説**○ (1) 楽譜はスメタナ作曲連作交響詩「わが祖国」である。
(2) 正答以外の選択肢について，②はドビュッシーを代表とするフランス印象派の音楽，③はバッハを代表とするバロック音楽，④は中世，15世紀～16世紀にかけてネウマ譜から発展して複雑なリズムも記譜できるようになった，⑤はハイドン，モーツァルトを代表とする古典派音楽のことである。 (3) 正答以外の旋律について，Aは，聖ヨハネの急流，Bは月，水の精の踊り，Dはブルタバ，広々とした流れ，Eは森－狩猟，Fは村の結婚式のテーマである。 (4) a～fの主題の順番は選択肢E→F→B→A→D→Cである。教科書にも掲載されているので曲を通して流れを理解しておくこと。 (5) この題材では「作曲者の思いを感じ取る」としている。②は「音楽のよさや美しさを味わう」ことを目標としているため適切ではない。 (6) ②は「オーケストラについての理解」が述べられており適切ではない。

● 楽曲

【16】(1)　④　　(2)　②　　(3)　②

○解説○ (1)　この楽曲は，スメタナ作曲　連作交響詩「我が祖国」第2曲目「ブルタバ」である。チェコを流れるモルダウ川の様子やそこから見える景色を表現している。選択肢の旋律の動機は，Aが「ブルタバ，広々とした流れ」，Bが「ピシェフラトのモチーフ」，Cが「ブルタバの主題」，Dが「村の結婚式」，Eが「森－狩猟」である。教科書にも掲載されているので曲全体を通して流れを理解しておくこと。

(2)　スメタナはチェコの作曲家である。1848年にプラハで起こった独立運動にスメタナ自身も参加した。国民楽派の作曲家でもあり，曲とその背景にある民族の文化について知っておきたい。正答以外の選択肢にふさわしい作曲家や曲は，①はシベリウス，③はムソルグスキーの「展覧会の絵」，④はショパンである。　(3)　中学校学習指導要領解説によれば，鑑賞の学習では，音楽のよさや美しさを味わって聴く過程で，新たな知識を習得することと，既に習得している知識を活用することの両方が大切になることが書かれている。また，知識を習得してから鑑賞するなど一方向的な授業にならないよう留意すべきとの指摘がなされている。

【17】1　J.S.Bach(バッハ)　　2　イ

3

関係…属調　　4　a　ス　　b　オ　　c　サ　　d　キ　　e　タ　　f　テ　　g　ウ　　5　(1)　×　　(2)　×　　③　○　　(4)　○

○解説○ 1　楽譜は，J.S.Bach(バッハ)の「フーガト短調BWV578」である。バッハはバロック時代の作曲家であり，代表作としては，「マタイ受難曲BWV244」，「ゴルトベルク変奏曲BWV988」などが挙げられる。　2　BWVは「Bach Werke Verzeichnisバッハ作品目録番号」のことを表し，作品のジャンルごとに番号がふられている。他の作曲家の作品番号の種類も覚えておくこと。　3　応答の答唱とは，主題を完全5度上，もしくは完全4度下に移高したものである。最初の旋律はト短調で書かれているので，答唱は調号♭1つのニ短調の旋律となる。

ミの♭を♮にし，ドは導音として半音上げる。　4　バッハはバロック時代を代表する作曲家である。その生涯と，主要な作品などについて覚えておくこと。　5　誤りのある選択肢について，(1)の言葉の意味が伝わりやすい簡素な伴奏の歌唱は，モノディーの説明である。ポリフォニーは複数の声部からなる音楽のことで，モノディーからポリフォニーへの移行は，バロック時代の特徴である。(2)のチェンバロが発明されたのは中世である。また，チェンバロは鍵盤のタッチで音量を変えることはできない。

【18】(1)　楽譜Aの作曲者…シューベルト　　楽譜Bの作曲者…ヴェルナー　　作詞者…ゲーテ　　代表的な戯曲…ファウスト

(2)　(あ)　①　だんだん遅く　　②　ritardando　　(い)　①　もとの速さで　　②　a tempo

(3)

①　ト短調　　②　ホ短調　　③　ニ長調　　④　ハ長調

(4)　①　AとBのそれぞれの『野ばら』の曲想について，旋律のまとまりとライム(同じ響きの語尾による脚韻)との関係を基に生徒同士が伝え合う学習。　②　記号…エ　　作曲家…リスト　　作品名…『パガニーニ大練習曲』から第3曲「ラ・カンパネッラ」　　特徴…同じ音を急速に連打する「トレモロ」や隣り合う2音を素早く交互に反復する「トリル」などの演奏技法が多用され，卓越した技術を必要とする。このことで，鳴り響く鐘の音が巧みに表現される。　(5)　記号…クレッシェンド　　指導例…crescendoをせず歌ったりdecrescendoをして歌ったりする活動を取り入れ，crescendoの働きによって音楽がどのように変化するかについて実感できるようにする。

○**解説**○ (1)　シューベルトとヴェルナー作曲の「野ばら」はそれぞれピアノ伴奏も練習し，曲についての理解を深めておきたい。「ファウスト」の概要は確認しておきたい。　(2)　ドイツリートを授業で取り扱うことがあるため，ドイツ語の楽語も数多く覚えておきたい。またドイツ語の歌詞の内容と，発音についても理解しておくこと。①は「ナーハゲーベント」で，クライマックスのフェルマータに向かうところなのでritardando，②は「ヴィオーベン」で，ritardandoとフェルマータの後なのでa tempoと判断できる。 (3) 楽譜Bは変ホ長調なので，長3度上は調号が♯1つのト長調になる。①ト長調と同主音の短調なのでト短調，②ト長調の短3度下の短調なのでホ短調，③は完全5度上でニ長調，④はト長調の完全4度上でハ長調である。 (4) ① 同じ歌詞に対して旋律がつけられているので，その違いと似ている点を感受すること。 ② ロマン派の作曲家と音楽の特徴，代表的な曲を理解しておくこと。 (5)「用語や記号など」は小学校で学んだものに加えて「拍，拍子，間，序破急，フレーズ，音階，調，和音，動機，Andante，Moderato，Allegro，rit.，a tempo，accel.，legato，pp，ff，dim.，D.C.，D.S.，フェルマータ，テヌート，三連符，二分休符，全休符，十六分休符が示されている。これらの用語について音楽の働きと関わらせて理解させるにはどのような指導があるのか，日頃から考え，指導案を作成するなどしてこのような問題に対策しておきたい。

【19】(1) 第9番 (2) C→D→E→B→A (3) チェロ，コントラバス (4) F ベートーヴェン G シラー (5) え，お
(6) イ トライアングル ウ シンバル
(7)

○解説○ (1) ベートーヴェン作曲の交響曲第9番である。1824年に作曲され，交響曲において初めて独唱及び合唱が取り入れられた。 (2) スコアで曲の全体を理解しておくこと。 (3) 冒頭部のチェロとコントラバスのレチタティーヴォはこの楽章の特徴である。第1～3楽章の旋律が再現されるが，これらの旋律を否定するかのように断片的にしか提示しないのが特徴的である。 (4) ベートーヴェンは詩人シラーの「歓喜の歌」を元に，引用あるいは書き直して第4楽章の独唱及び合唱の歌詞として用いた。 (5) ベートーヴェンはドイツのボン生まれである。正答以外の選択肢の作曲家の出身国は，あ，い，かはオーストリア，うはイタリアである。 (6)「行進曲風」の部分である。使

用楽器はスコアで確認しておくこと。 (7) 歓喜の歌の旋律は楽譜に書けるようにしておくこと。

【20】1 曲名…菩提樹 作曲者名…シューベルト 2 ア 3 全体で音楽的なまとまりをもった，内容的，性格的に関連のある一連の歌曲 4 ウ 5 エ

○**解説**○ 1 ドイツリートの問題は頻出である。シューベルトの「美しき水車小屋の娘」「冬の旅」「白鳥の歌」については学習しておくこと。 2 アは第1曲「おやすみ」である。イは「魔王」，ウは「音楽に寄せて」，エは「野ばら」である。 3 全体で大きなまとまりをなすように作曲された，文学的，音楽的，精神的，性格的，思考的な関連性をもっている一連の歌曲である。 4 「冬の旅」は1827年に作曲された。アは1840年シューマン作曲，イは1904年マーラー作曲，ウは1816年ベートーヴェン作曲，エは1948年R.シュトラウス作曲である。 5 正答以外の選択肢のアはシェーンベルク，イはマーラー，ウはH.ヴォルフについての説明である。

【21】(1) ① A エ B イ C ウ D オ ② 通奏低音 ③ オ (2) ① (モーリス)ラヴェル ② (フレンチ)ホルン ③ イ ④ Ⅱ7 ⑤ もとの速さで ⑥ イ

○**解説**○ (1) ① 古典舞曲の種類について問う問題は頻出なので学習しておくこと。正答以外の選択肢の舞曲について，アは中庸の速度による落ち着いた2拍子系の舞曲，カは複合拍子の舞曲で，バロックの組曲では終わりにおかれる。 ② バッソ・コンティヌオ(Basso continuo)ともいい，バロック音楽を特徴づける音楽形態である。
③ lentamenteは，「遅い」という意味のLentoの副詞形である。
(2) ① ラヴェルの楽曲は，他に「ダフニスとクロエ」や「ボレロ」などがある。 ② この楽曲は1899年にピアノ曲として作曲され，1910年にラヴェル自身によってオーケストラ版に編曲されている。
③ 他の特徴としては，荘重な2拍子であることや，男女のペアが行列をつくって踊る行列舞踊である。正答以外の選択肢のアはアルマンド，ウはブーレ，エはガボットの説明である。 ④ 構成音はファ

♯・ラ・ド・ミである。この曲はト長調であるが，㋐の部分はホ短調に転調しているので，Ⅱ7の和音となる。 ⑤ mesureはフランス語で「拍子」という意味を持ち，ア・テンポ(a tempo)のような使われ方をする。 ⑥ ドリア旋法は，白鍵だけで考えて，レの音から順に重ねると成る旋法で，音程は順番に，全・半・全・全・全・半・全である。この部分はト短調に転調しているが，ミに♭がついておらず，ソ・ラ・シ♭・ド・レ・ミ・ファ・ソの音階で構成されている。イオニア旋法はド，フリギア旋法はミ，リディア旋法はファ，ミクソリディア旋法はソ，エオニア旋法はラからの音程と同じになる旋法である。

【22】問1 (京畿道)アリラン　問2 イ　問3 ア，イ，エ

問4

問5 共通点…・どちらも「チャンダン」と呼ばれる特徴的なリズムにのせて演奏される。 ・どちらも朝鮮半島の民謡や伝統芸能である。 ・どちらも声を使った表現である。 から二つ　相違点…・アリランは五音音階でビブラートや曲線的な装飾音をつけて歌われ，パンソリは歌，セリフ，動作を伴う。 ・アリランはチャンゴを中心とした楽器を用い，パンソリはプクを用いることが多い。 問6 弦楽器…バラライカ，シタール　管楽器…バグパイプ，ケーナ　打楽器…タブラー，バラフォン

○**解説**○ 問1 最も有名な朝鮮民謡の一つである。 問2 正答以外の選択肢は，アがモンゴル，ウが中国，エがトルコである。アジアを中心に世界の民族音楽と民族楽器について学習しておくこと。 問3 日本の民謡は，地域と分類をあわせて覚えておきたい。 問4 チャンゴでのリズムの伴奏付けである。民族楽器での作曲はあまり経験が無いと思われるが，曲がわかっていれば解答できる。 問5 パンソリは19世紀に人気があった口承文芸であり，アリランは19世紀末に広がった労働歌である。どちらも鑑賞したことがないと解答できない。特にアジアの民族音楽は映像や音源を確認し，理解を深めておくこと。

問6　タブラーとシタールがインド，バグパイプがスコットランド，バラライカがロシア，ケーナが南アメリカ，バラフォンが西アフリカの楽器である。

【23】1　チェロ　　2　ア　　3　メンデルスゾーン　　4　バッハの対位法的な音楽は，旋律を重視した時代の音楽趣味と合わなくなっていたから。(35字)　　5　イ

○**解説**○ 1　無伴奏チェロ組曲　第1番　プレリュードである。　2　標準配列はアルマンド，クーラント，サラバンド，ジーグであるが，冒頭にプレリュードをつけ，ジーグの前にガヴォット，ブーレ，メヌエットなどの舞曲も挿入される場合がある。古典舞曲についての問題は頻出なので理解しておくこと。　3　バッハを世に再認識させた人物としてのメンデルスゾーンが問われることは多いので必ず覚えておきたい。　4　資料では，バッハの音楽が，「ごてごてした入り組んだものによって曲から自然さを奪う」もの，「技巧の過剰によって曲の美を曇らせる」もの，「すべての声部ともども，同じ難度をもって活用しようとするもの」と批評され，対位法の集大成であるバッハの音楽が当時の好みである，平易，明瞭な旋律と合わないことが述べられている。　5　正答以外の選択肢の，アはメキシコ，ウはアルゼンチン，エはフランスの作曲家である。

【24】(1)　1　　(2)　4

○**解説**○ (1)　楽譜はイタリアのカンツォーネ「オー・ソレ・ミオ」である。教科書にも掲載されており，歌唱の指導で使用することも多いので，旋律と歌詞は覚え，ピアノ伴奏も練習しておくこと。　(2)　舞曲のリズムに関する問題は頻出である。正答以外の選択肢1は，フランス語で「ドイツ風」を意味する緩やかな4拍子の舞曲，2は急速で8分の6拍子のナポリの舞曲，3は2か4拍子のアルゼンチンの舞曲，5は日本語で「円舞曲」とも言われる3拍子の舞曲のことである。

【25】(1)　3　　(2)　1　　(3)　4　　(4)　3

○**解説**○ (1)　ハ短調から同主調のハ長調へと転調している。「帰れソレ

ントへ」は同主調に転調することについての問いによく使用されるので，スコアを確認しておきたい。 (2) トマス・ルイス・デ・ビクトリアはスペインのルネサンス音楽の作曲家で，ポリフォニックな教会音楽の大家である。「Ave Maria」は2019年の全日本合唱コンクールの課題曲となった。 (3) 問題の楽曲はシューベルト作曲の歌曲「野ばら」である。選択肢1はシューマンの「美しき5月に」，2はモーツァルトの「春への憧れ」，3はメンデルスゾーンの「歌の翼に」，4はシューベルトの「菩提樹」である。 (4) 正答以外の選択肢1はマルティーニ作曲「愛の喜び」，2はヘンデル作曲「オンブラ・マイ・フ」，4はヘンデル作曲歌劇「リナルド」より「私を泣かせてください」である。

日本の楽曲

【1】次の楽譜について，(1)～(3)の問いに答えよ

(1) この楽曲の作詞者・作曲者の組合せとして最も適当なものを，次の1～5のうちから一つ選べ。

1 江間章子・中田喜直　2 三木露風・山田耕筰

3 吉丸一昌・中田　章　4 林　古溪・成田為三

5 武島羽衣・滝廉太郎

(2) 楽譜中の①，②に当てはまる記号の最も適当な組合せを，次の1～5のうちから一つ選べ。

	①	②
1	*mf*	*p*
2	*f*	*mf*
3	*p*	*mf*
4	*mf*	*pp*
5	*mp*	*f*

(3) 楽譜中のAに該当するピアノ伴奏として最も適当なものを，次の1～5のうちから一つ選べ。

1

楽曲

2024年度 ▌大分県 ▌難易度

【2】次の楽譜は，ある楽曲の一部分である。以下の(1)，(2)の問いに答えよ。

(1) この楽曲の作詞者が作詞した別の作品を，次の1～5から1つ選べ。

1 早春賦　2 赤とんぼ　3 夏の思い出　4 花

5 荒城の月

(2) この楽曲の作曲者が作曲した別の作品を，次の1～5から1つ選べ。

1 待ちぼうけ　　2 鳩ぽっぽ　　3 ぞうさん

4 かわいいかくれんぼ　　5 かなりや

2024年度 奈良県 難易度

【3】次の楽譜は「荒城の月」の一部である。以下の(1)～(7)の各問いに答えよ。

(1) この曲の作詞者名，作曲者名を漢字で答えよ。

(2) 楽譜中の(A)の部分の1番の歌詞を答えよ。

(3) この曲の適切な速度を次の語群から一つ選び，記号で答えよ。

語群　ア Adagio　イ Lento　ウ Andante

エ Moderato

(4) この曲の調と，その平行調及び属調を答えよ。

(5) この作曲者の「荒城の月」以外の作品名を一つ答えよ。

(6) この曲を用いた歌唱の授業を構想する場合，どのようなねらいを設定することが考えられるか，高等学校学習指導要領芸術(平成30年3月告示)の「第1　音楽Ⅰ」の「2内容」から一つを取り上げて述べよ。

(7) 次の文は，高等学校学習指導要領芸術(平成30年3月告示)の「第1　音楽Ⅰ」の「3　内容の取扱い」の一部である。文中の(①)，(②)に入る適切な語句をそれぞれ答えよ。

(8) 内容の「A表現」及び「B鑑賞」の指導に当たっては，(①)の育成を図るため，音や音楽及び言葉による(②)を図り，芸術科音楽の特質に応じた言語活動を適切に位置付けられるよう指導を工夫する。

2024年度 山口県 難易度

● 楽曲

【4】次の楽譜はある歌唱教材である。以下の問いに答えよ。

(1) この曲の作曲者の説明として適切なものを①～⑤から選び，番号で答えよ。

① 東京生まれ。ドイツに留学。「箱根八里」など優れた作品を残している。

② 東京生まれ。山田耕筰に師事した後，ベルリンに留学。童謡運動に貢献した他，『和声学』を執筆した。

③ 東京生まれ。主な作品に「筑後川」などがある。随筆家としても活動。

④ 長野生まれ。作曲者，教育者，ヴァイオリニスト。「ゆりかごの歌」などの童謡の他，ヴァイオリン曲，歌曲を手掛けた。

⑤ 東京生まれ。「めだかのがっこう」などの童謡をはじめ，歌曲，合唱曲，ピアノ曲など数多くの作品を残した。

(2) この曲の強弱について，A および B にあてはまる適切な組合せを①～⑤から選び，番号で答えよ。

① A *p*　B *mp*

② A *mf*　B *f*

③ A *mp*　B *p*

④ A *p*　B *pp*

⑤ A *mp*　B *mf*

(3) この歌詞で歌われる場所がある都道府県名として適切なものを①～⑤から選び，番号で答えよ。

① 北海道　② 秋田県　③ 栃木県　④ 群馬県

⑤ 長野県

(4) 次の歌詞を歌う箇所に該当するピアノの伴奏を①～⑤から選び，番号で答えよ。

はなのなかに　そよそよと

(5) 「情景を思い浮かべながら，言葉を大切にして歌おう」という題材名で，中学校で歌唱の授業を行う。学習活動として適切でないものを①～⑤から二つ選び，それぞれ番号で答えよ。

① 伴奏を聴いてリズムの変化を知覚し，それがどのような効果を生み出しているのかについて考え，発表する。

② 正しい発声法が身に付くまで学級全体で発声練習を繰り返して

行う。

③　歌詞を音読したり歌ったりして，歌詞の表す情景や心情，曲の雰囲気などについて発表し合う。

④　音のつなげ方やフレーズの捉え方，強弱などを変えて様々に歌い試しながら，曲にふさわしい歌唱表現について考える。

⑤　主旋律を正しく歌うために，繰り返し楽器で演奏する。

(6)　「言葉を大切にして歌う」際に留意すべきこととして適切なものを①～⑤から二つ選び，それぞれ番号で答えよ。

①　聴いている人たちに歌詞の内容がよく伝わるように一音一音を強調してはっきり歌う。

②　「が行」はいつも鼻濁音で，子音を鼻に柔らかく響かせるように歌う。

③　日本語の語感を生かすために，我が国の伝統的な声や歌い方の特徴を感じ取って歌う。

④　歌詞の詩情を味わいながら子音や母音の発音を工夫する。

⑤　言葉のまとまりや抑揚を意識しながら歌う。

▌2024年度 ▌神戸市 ▌難易度■■□□□

【５】次の(1)，(2)の問いに答えよ。

(1)　次の楽譜は，中学校学習指導要領(平成29年3月告示)「音楽」に示されている共通教材『赤とんぼ』の楽曲の一部である。[　　　]の部分の楽譜を書け。また，[　ア　]に当てはまる3番の歌詞を音符に合わせてひらがなで書け。

(2) 次の楽譜は，ある楽曲の一部である。曲名と作曲者名を書け。

2024年度 愛媛県 難易度 ■■□□□

【6】次の楽譜A，楽譜Bはそれぞれある日本歌曲の一部分である。以下の各問いに答えよ。

1 楽譜Aの曲名を書け。

2 楽譜Bの作曲者名を書け。

3 楽譜Bの旋律の1番の歌詞を書け。

4 楽譜A，楽譜Bの拍子の種類を次の(ア)～(ウ)からそれぞれ一つずつ選び，記号で答えよ。

(ア) 単純拍子　(イ) 混合拍子　(ウ) 複合拍子

5 平成29年告示の中学校学習指導要領「音楽」に示されている，歌唱の共通教材の中で，楽譜Aの作曲者の息子が作った曲の題名を書け。

6 楽譜A，楽譜B，それぞれの調名をドイツ語の音名を用いて書け。

7 楽譜Aを下属調に移調し，テノール譜表上に臨時記号を用いて書け。ただし，実音より1オクターブ低く書くこと。

8 楽譜Bを，Horn(in F)用の楽譜に調号を用いて書け。

2024年度 岡山市 難易度 ■■□□□

【7】次の楽譜について各問いに答えなさい。

1　この曲の題名として最も適切なものを①～⑤の中から一つ選びなさい。

①　赤とんぼ　②　浜辺の歌　③　荒城の月　④　花の街
⑤　早春賦

2　この曲の作曲者として最も適切なものを①～⑤の中から一つ選びなさい。

①　團　伊玖磨　②　山田　耕筰　③　中田　章
④　滝　廉太郎　⑤　成田　為三

▌2024年度▌三重県▌難易度■■□□□

【8】次の楽譜は，ある曲の3番である。以下の(1)～(6)に答えなさい。

(1)　この曲の曲名，作詞者名，作曲者名をそれぞれ漢字で書きなさい。

(2)　この曲の2番の冒頭4小節の下声部の旋律を，譜表上に書きなさい。また，その旋律の下に歌詞を書きなさい。

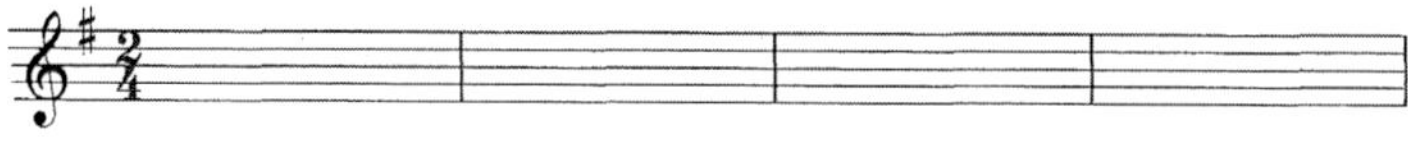

歌詞

(3)　この曲に出てくる，次の歌詞の意味を書きなさい。

①　くるれば　　②　げに　　③　たとうべき

(4)　A～Dにあてはまる強弱記号を，それぞれ書きなさい。

(5)　E，Fにあてはまる音楽用語を，それぞれ書きなさい。

(6)　歌唱の授業で，楽譜中のアの表現を工夫させたい。アの部分の音楽的特徴を踏まえて，どのように歌うかについて具体的に2つ書きなさい。

2024年度　青森県　難易度

【9】次に示したものは，歌曲「花の街」の楽譜である。以下の問いに答えなさい。

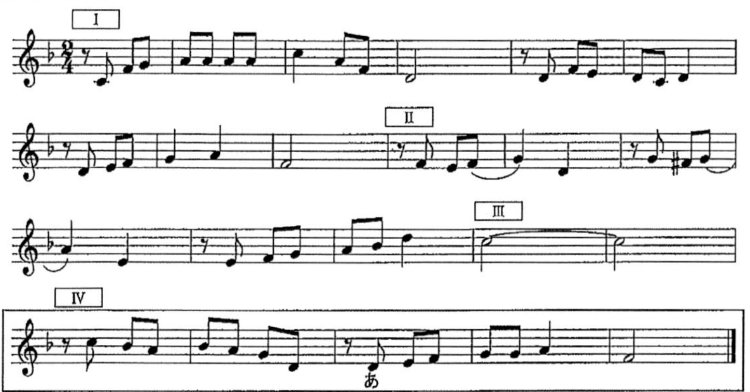

問1　この曲の作曲者の説明として最も適当なものを，次の①～④から一つ選びなさい。

①　「交響管弦楽のための音楽」がNHKの管弦楽曲懸賞の特賞となり，注目を集めた。映画音楽や放送音楽，「小鳥のうた」などの童謡も数多く作曲した。

②　オペラから童謡にいたるまでさまざまな音楽を書いた。28歳の

ときに初演されたオペラ「夕鶴」は，日本のオペラとしてはかつてない大ヒットとなった。

③　東京音楽学校で学んだのち，同校でオルガンや音楽理論を教えた。作曲家としては，春を待ちわびる思いを歌った唱歌「早春賦」によって有名になった。

④　作曲グループ「新声会」に入って作曲を始め，26歳のときに「ピアノソナタ」が音楽コンクールの第2位に入賞した。ラジオ歌謡や童謡などの作曲家としても活躍した。

問2　この曲に示されている全体の速度として最も適当なものを，次の①～⑤から一つ選びなさい。

①　Adagio　②　Grave　③　Largo　④　Moderato

⑤　Vivace

問3　この曲の3番の歌詞「ないていたよ　まちのかどで」の部分で作詞者が表した情景として最も適当なものを，次の①～④から一つ選びなさい。

①　親に怒られ反発している子どもの姿。

②　戦争によってさまざまな苦しみや悲しみを味わった人々の姿。

③　春の到来を待ちわびた植物や生物が一斉に動き出す姿。

④　花びらの露が朝日に照らされ美しく輝く桜の姿。

問4　［Ⅰ］～［Ⅳ］に入る強弱記号の組合せとして正しいものを，次の①～④から一つ選びなさい。

①　Ⅰ － mf　Ⅱ － f　Ⅲ － mf　Ⅳ － ff

②　Ⅰ － mf　Ⅱ － f　Ⅲ － mf　Ⅳ － mp

③　Ⅰ － mp　Ⅱ － mf　Ⅲ － f　Ⅳ － ff

④　Ⅰ － mp　Ⅱ － mf　Ⅲ － f　Ⅳ － mp

問5　［あ］の部分の旋律を，長2度上に移調した楽譜を，調号を用いて書きなさい。

2024年度　石川県　難易度

【10】次の楽譜について，以下の問に答えよ。

問1　この曲の曲名と作詞者名を答えよ。

問2　この曲の速度記号をⅠ～Ⅲから選び，記号で答えよ。

Ⅰ　Largo　　Ⅱ　Adagio　　Ⅲ　Andante

問3　[ア]にあてはまる歌詞を記せ。

問4　[イ]について，次の問に答えよ。

(1)　[イ]にあてはまる音符をト音譜表に記せ。

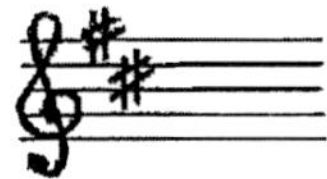

(2)　[イ]の音をアルトリコーダーで演奏する際の運指を答えよ。

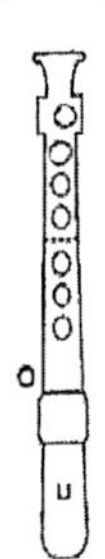

問5　[ウ]部分の強弱記号を適切な箇所に五つ記せ。

問6　滝廉太郎が作曲した，中学校学習指導要領に示されている共通教材を，上記の曲以外で一曲答えよ。

問7　この曲を補作編曲した人物が作曲した曲を二つ答えよ。

問8　「この曲にふさわしい歌唱表現を創意工夫する」という学習を行う際に，どのような指導が考えられるか，学習指導の例を記せ。ただし，音楽を形づくっている要素を用いること。

問9　アルトリコーダーでこの曲を演奏する際，生徒から「4小節目の低いシの音はどうしたらきれいに出せますか。」と質問があった。どのように指導したらよいか，記せ。

‖2024年度 ‖島根県 ‖難易度

【11】次の楽譜を見て，以下の問いに答えなさい。

1　この楽曲の曲名を書きなさい。

2　この楽曲の作詞者名と作曲者名を書きなさい。

3　A［　　］B［　　］にあてはまる適切な拍子を分数の形で書きなさい。

4　この楽曲の最後の小節は最初の拍数分だけ短くなっている。このような小節を何というか，その名称を書きなさい。

5　この楽曲に使用される次の楽語の意味として適切なものを，以下のア～エからそれぞれ1つ選び，その符号を書きなさい。

(1)　tranquillamente　　(2)　in fretta　　(3)　colla voce

(4)　ritenuto

ア　主パートに従って　　イ　静かに　　ウ　急いで

エ　すぐに遅く

6　この楽曲の原調はト長調である。楽譜内に示されたC［　　］の旋律を，ト長調に移調し，調号を用いて書きなさい。

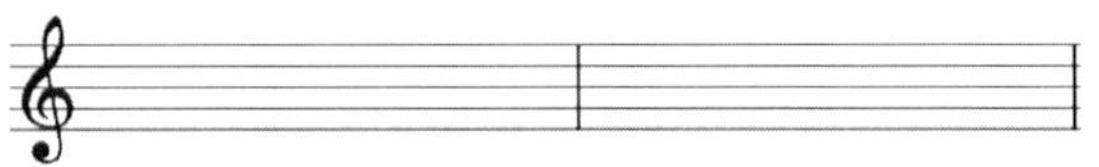

7　この楽曲の作曲者の作品を次のア～オからすべて選んで，その符号を書きなさい。

ア　この道　　イ　浜辺の歌　　ウ　かやの木山の

エ　ふるさと　　オ　待ちぼうけ

8　この楽曲の作詞者と作曲者について述べた次の文中の(　a　)～(　e　)に入る適切な語句を，以下のア～セからそれぞれ1つ選んで，その符号を書きなさい。

> この楽曲の作詞者は，(　a　)県生まれの詩人，歌人である。1918年から『(　b　)』に子ども向けの詩を発表した。
> 作曲者は，東京都に生まれ，大正から昭和にかけて日本の楽壇を率いた。東京音楽学校卒業後，(　c　)に留学した。彼は，日本人として初の(　d　)である「かちどきと平和」を作曲したことでもよく知られている。この楽曲の作詞者と作曲者は，1922年に『(　e　)』を創刊し，2人が共同で作った数々の作品は，今なお歌い継がれている。

ア　小鳥の友　　イ　赤い鳥　　ウ　詩と音楽　　エ　明星
オ　スバル　　カ　兵庫　　キ　長野　　ク　福岡
ケ　合唱曲　　コ　交響曲　　サ　協奏曲　　シ　フランス
ス　ドイツ　　セ　イタリア

9　次の楽譜は，この楽曲の作曲者が補作編曲した楽曲の一部である。曲名と，原曲の冒頭2小節の正しい旋律を書きなさい。

■2024年度 ■兵庫県 ■難易度

【12】次の各問に答えよ。

〔問1〕次の楽曲の一部に関する以下の(1)～(3)の各問に答えよ。

(1)　この楽譜をクラシック・ギターで1オクターブ下げて演奏するためのTAB譜として適切なものは，次の1～4のうちのどれか。

楽曲

(2)　この楽曲の作曲家に関する記述として適切なものは，次の1～4のうちのどれか。

1　東京フィルハーモニー交響楽団を組織した後に，北原白秋と雑誌「詩と音楽」を創刊した。代表作に交響曲「かちどきと平和」がある。

2　大学在学中に「浜辺の歌」を作曲し，雑誌「赤い鳥」に「かなりや」(西条八十詩)を発表した。

3　処女作「水の変態」を作曲した後に，京城(現ソウル)から上京し，新日本音楽の作品をつぎつぎ発表した。

4　「交響曲イ調」がNHK管弦楽懸賞に入選した。芥川也寸志，黛敏郎とグループ「三人の会」を結成した。

(3)　この楽曲が作曲された時期と最も近い時期に起こった出来事として適切なものは，次の1～4のうちのどれか。

1　ロッシーニのオペラ「セビリャの理髪師」の初演がローマのアルジェンティーナ劇場で行われた。

2　ワーグナーの楽劇「ニュルンベルクのマイスタージンガー」の初演がミュンヘンの宮廷劇場で国王の前で行われた。

3　スメタナのオペラ「売られた花嫁」の初演がプラハの国民劇場完成までの仮劇場で行われた。

4　ラヴェルの「ボレロ」の初演がイダ・ルビンシテイン・バレー団によって行われた。

〔問2〕クラリネット(B♭管)の実音と記譜に関する記述として適切なものは，次の1～4のうちのどれか。

1　記譜通りの実音が出る。

2　実音は記譜より短3度高い。

3　実音は記譜より完全5度低い。

4　実音は記譜より長2度低い。

2024年度 ｜ 東京都 ｜ 難易度

【13】「中学校学習指導要領」(平成29年3月告示)「第2章　各教科　第5節　音楽　第3　指導計画の作成と内容の取扱い」には，共通教材が示されている。次の楽譜は，ある共通教材の一部である。以下の問いに答えなさい。

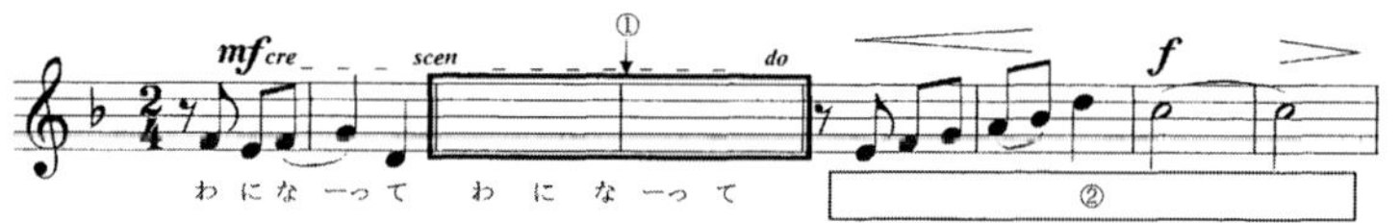

1　この楽曲の曲名，作詞者名，作曲者名を書きなさい。

2　[　　] で囲まれた①の部分にあてはまる旋律を書き入れなさい。

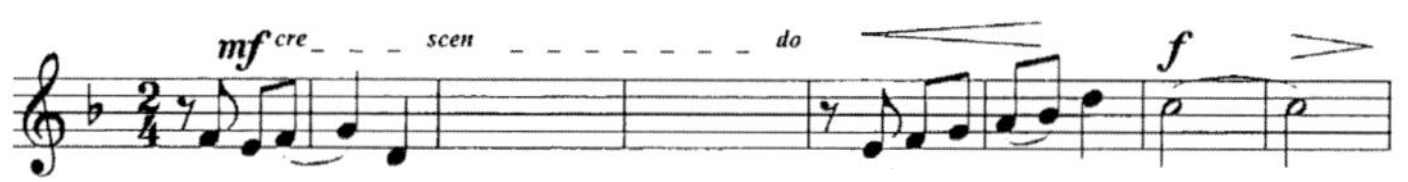

3　[②] の部分にあてはまる1番の歌詞を書きなさい。

4　共通教材のうち，この曲と同じ作詞者が作詞した，他の曲名を書きなさい。

5　中学校において，共通教材を授業で扱う趣旨として考えられることを，簡潔に書きなさい。

2024年度 ｜ 山形県 ｜ 難易度

【14】次の楽譜は，ある楽曲の一部分を示している。この楽譜を見て，以下の各問いに答えよ。

楽曲

問1　曲名と作曲者名を答えよ。

問2　詩人・三木露風が兵庫県龍野町(現在のたつの市)への郷愁を描いた詩に，問1の作曲者が付曲した作品名を答えよ。

問3　楽譜中の①，②の楽語の意味を答えよ。

問4　楽譜中の③の音程を答えよ。

問5　この楽曲を歌唱教材とする場合，どのように歌唱表現をするか，教師の立場で，音楽を形づくっている要素と指導のポイントを関連づけて簡潔に書きなさい。

問6　この曲の同主調の和声的短音階を，臨時記号を用いて全音符で書きなさい。

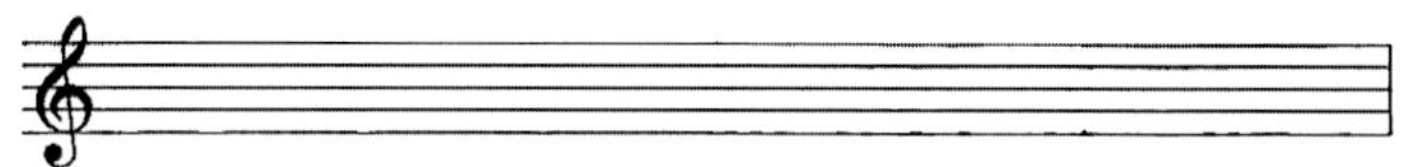

問7　この楽曲の作曲者と同年代に生き，今年没後120年で，遺作「憾」を作曲した日本人の作曲者名を答えよ。また，その作曲者が作曲した歌曲を1つ答えよ。

2024年度　長崎県　難易度

【15】次の楽譜は，ある曲の一部である。各問いに答えよ。

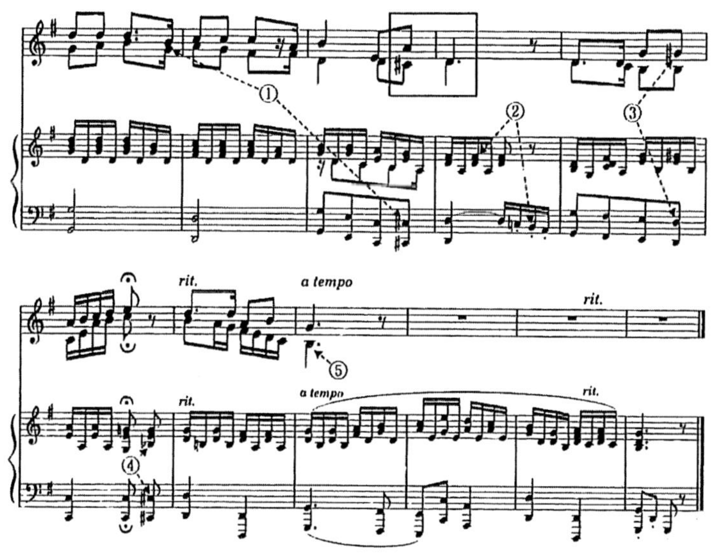

1　この曲の曲名を答えよ。

2　この曲の作詞者名と作曲者名を答えよ。

3　この曲の作曲者の他の作品を，次の(ア)～(オ)から全て選び，記号で答えよ。

(ア)　砂山　　(イ)　箱根八里　　(ウ)　お正月　　(エ)　朧月夜

(オ)　荒城の月

4　この楽譜の部分の歌詞を，ひらがなで書け。

5　①～④の音程をそれぞれ答えよ。ただし，複音程は単音程にすること。

6　「*rit.*」の意味と読み方を答えよ。

7　⑤の音を中音とする旋律(的)短音階を，調号を使わず臨時記号を用いて低音部譜表上に全音符で書け。

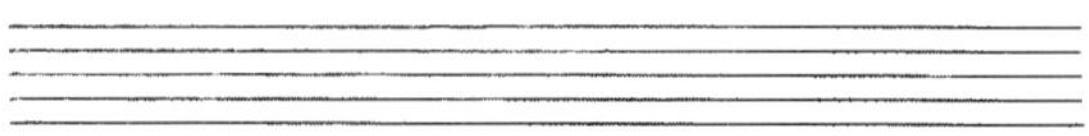

8　この曲の調の下中音を主音とする長調の平行調の和声(的)短音階を，調号を用いてアルト譜表上に全音符で書け。

9　［　　］の部分の三つの音を音階に含む長調と短調を全て答えよ。ただし，短調は旋律(的)短音階の上行形とする。

2024年度　岡山県　難易度■■■□□

【16】次の1・2の問いに答えなさい。

1　次の楽譜は，ある楽曲の一部である。この楽曲に関して(1)～(4)の問いに答えなさい。

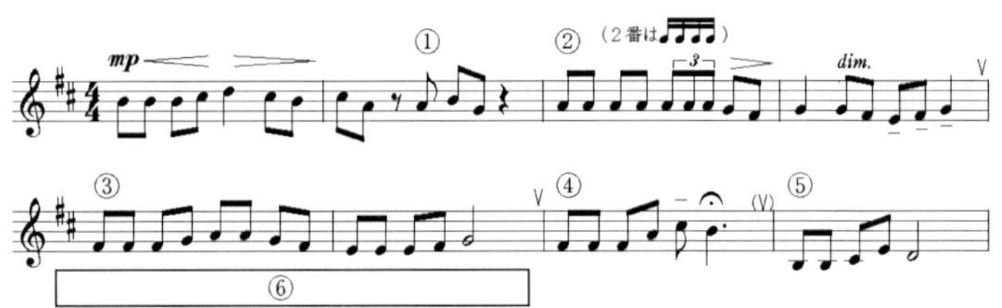

(1)　この楽曲の作詞者と作曲者との組み合わせとして正しいものを，次のa～dから一つ選びなさい。

	<作詞者>	<作曲者>
a	武島羽衣	滝廉太郎
b	江間章子	中田喜直
c	土井晩翠	滝廉太郎
d	林　古溪	成田為三

(2)　この楽譜の①～⑤に該当する強弱記号の組み合わせとしてふさわしいものを，次のa～dから一つ選びなさい。

	①	②	③	④	⑤
a	*f*	*mp*	*mf*	*f* >	*p*
b	*f*	*mf*	*mp*	*mf* <	*mp*
c	*pp*	*mp*	*p*	*mf* <	*p*
d	*pp*	*mf*	*mp*	*f* >	*pp*

(3) この楽譜の⑥に該当する2番の歌詞はどれか。次のa～dから一つ選びなさい。

a はなのなかに　そよそよと

b しゃくなげいろに　たそがれる

c まなこつぶれば　なつかしい

d きりのなかに　うかびくる

(4) この楽曲の作曲者が作った曲を，次のa～dから一つ選びなさい。

a 花の街　b おぼろ月夜　c 花　d 雪の降るまちを

2 次の(1)～(6)の問いに答えなさい。

(1) 四国4県にある民謡と県名との組み合わせが正しくないものを，次のa～dから一つ選びなさい。

	＜民謡＞	＜県名＞
a	「宇和島さんさ」	愛媛県
b	「金毘羅船々」	香川県
c	「祖谷の粉ひき歌」	徳島県
d	「磯節」	高知県

(2) 「都節音階」を用いている民謡はどれか，次のa～dから一つ選びなさい。

a 南部牛追い歌　b ソーラン節　c こきりこ節

d 谷茶前

(3) 「京劇」の説明について正しいものを，次のa～dから一つ選びなさい。

a 『ラーマーヤナ』などの叙事詩を題材とした舞踊劇。音楽は，歌と打楽器からなり，踊りに合わせたリズミカルなアンサンブルが繰り広げられる。

b　音楽と舞踊，芝居の要素を合わせもつ中国の伝統芸能の一つ。役柄のタイプによって特徴的な発声法が使い分けられる。

c　神々の物語を上演する宗教劇。大人の音楽家の語りと楽器による伴奏にのせて，少年たちが神にまつわる物語を演じる。

d　江戸時代に始まった，芝居と踊り，音楽からなる総合的な演劇である。劇場は花道や廻り舞台などの機構も備え，大衆的な娯楽として親しまれてきた。

(4)　次の文は，オペラの説明文である。文中の(　①　)～(　③　)に該当する正しい組み合わせを，以下のa～dから一つ選びなさい。

> オペラの誕生は1600年頃，イタリアの(　①　)といわれています。序曲や間奏曲といった器楽部分と，独唱曲である(　②　)，二重唱，合唱など様々な形態の歌から構成されています。歌の前後には(　③　)という，歌とセリフの中間的な部分が置かれ，音楽が切れ目なく上演されるのが特徴です。

	①	②	③
a	ローマ	ベル・カント	オペレッタ
b	ミラノ	アリア	オペレッタ
c	ナポリ	ベル・カント	レチタティーヴォ
d	フィレンツェ	アリア	レチタティーヴォ

(5)　ミュージカルナンバーと作品名との組み合わせとして正しいものを，次のa～dから一つ選びなさい。

	＜ミュージカルナンバー＞	＜作品名＞
a	トゥナイト	マイ・フェア・レディ
b	一晩中踊れたら	サウンド・オブ・ミュージック
c	民衆の歌	レ・ミゼラブル
d	すべての山に登れ	ウェスト・サイド物語

(6)　ヴェルディのオペラ作品ではないものを，次のa～dから一つ選びなさい。

a　椿姫　　b　トスカ　　c　リゴレット　　d　アイーダ

▌2024年度 ▌高知県 ▌難易度 ■■■□□

【17】次の楽譜は，「夏の思い出」である。この楽曲を教材として指導することを想定して，以下の各問いに答えなさい。

(1) 次の表は，この楽曲について分析を行ったものである。表中の(①)～(⑤)にあてはまる最も適切な言葉，数字，記号を答えなさい。

<table>
<tr><th rowspan="2">段</th><th rowspan="2">小節</th><th colspan="4">特徴</th></tr>
<tr><th>旋律</th><th>リズム</th><th>強弱・和音</th><th>歌詞との関係</th></tr>
<tr><td>1</td><td>1～4小節</td><td rowspan="2">・1，2段とも(①)旋律。
・順次進行で抑揚は少ない。</td><td rowspan="2">・8分音符が連なる平坦なリズムと言えるが，休符で始まる特徴がある。</td><td>・mpで始まる。</td><td>・「はるかな尾瀬　遠い空」は，詩の最後にも使われている。</td></tr>
<tr><td>2</td><td>5～8小節</td><td>・伴奏が変化する。
・(②)小節目の和音は対応する3小節目と異なっている。</td><td>・「優しい影」「揺れ揺れる」にクレシェンド，デクレシェンドが添えられている。</td></tr>
<tr><td>3</td><td>9～12小節</td><td>・9小節目で最高音に達する。
・続く10小節目の最低音とは5度の開きがある。</td><td colspan="2">・強弱の変化が大きく，「 ③ 」を用いた表現は，休符が入ることでより強調されている。
・前半とは対象的なフレーズとなっている。</td><td>・「夢見て～ほとり」の部分ではデクレシェンド，(④)，テヌートにより印象的な部分となっている。</td></tr>
<tr><td>4</td><td>13～16小節</td><td>・13，14小節は1，2段と同じだが，後半は曲中で最も上昇的な音型である。</td><td colspan="2">・後半は強弱記号も最大で「mf」となるが，最後は「 ⑤ 」で曲が締めくくられる。
・強弱，フェルマータ，音高において特徴的な部分である。</td><td>・「はるかな」音高に特徴があり，クレシェンドがある。
・「尾瀬」フェルマータ
・「遠い空」前の音型から1オクターブ音が下がっている。
・「石楠花色」夕刻であることがわかる。
・「懐かしい」現在の心境を表している。</td></tr>
</table>

(2) 題材名を「曲想と歌詞の結びつきを生かして，表現を工夫して歌おう」とし，評価の観点のうち「思考・判断・表現」を次のとおり2つ定めて指導の計画を作成したい。学習の展開を考えながら，「思考・判断・表現」の2項目それぞれについて①・②を答えなさい。

【思考・判断・表現】

> 1. 旋律やリズム，強弱を知覚し，それらの働きが生み出す特質や雰囲気を感受しながら歌詞との関連について考えを持っている。
> 2. 歌詞の情景や自己のイメージを，曲にふさわしい音楽表現としてどのように歌うかについて思いや意図を持っている。

① 主となる表現活動について，どんな活動を設定するか。

② ICTの活用について，どんなことができるか。

2024年度 ▌鳥取県 ▌難易度 ■■■■□□

【18】次の〔楽譜〕は，「夏の思い出」の一部である。(1)～(6)の問いに答えなさい。

〔楽譜〕

(1) 「夏の思い出」の作詞者と作曲者の組み合わせとして正しいものを，次のa～fから1つ選び，記号で書きなさい。

a　林　古溪　／　山田耕筰　　b　江間章子　／　中田喜直
c　北原白秋　／　滝廉太郎　　d　江間章子　／　山田耕筰
e　林　古溪　／　滝廉太郎　　f　北原白秋　／　中田喜直

(2) 中学校学習指導要領(平成29年3月告示)の「第2章　各教科　第5節　音楽」の「第3　指導計画の作成と内容の取扱い」に示される共通教材の中から，「夏の思い出」と同じ作詞者の作品を1つ選び，その曲名を答えなさい。

(3) 「夏の思い出」の形式について，次のア～オの中で最もふさわしいものを1つ選び，記号で書きなさい。なお，a(提示)とb(対照)はそれぞれ別のフレーズ(小楽節単位)を表し，それに類似している旋律をそれぞれa′(aの反復，変化)とb′(bの反復，変化)として示している。

ア　【a，a′】　　イ　【a，b】
ウ　【a，a，b，a′】　　エ　【a，a′，b，b′】
オ　【a，a′，b，b′，a，a′】

(4) 〔楽譜〕内の歌詞の中で，鼻濁音になるところをすべて○で囲みなさい。

(5) 〔楽譜〕内Aの記号と同様の意味をもつ記号を，次のa～eから1つ選び，記号で書きなさい。

a　*rit.*　　b　*cresc.*　　c　*allargando*　　d　*a tempo*
e　*decresc.*

(6) 〔楽譜〕内Bの伴奏の和音はB_7である。このコードをギターや演奏する際に当てはまるダイアグラムはどれか。次のa～eから1つ選び，記号で書きなさい。

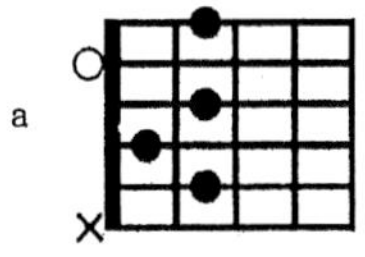

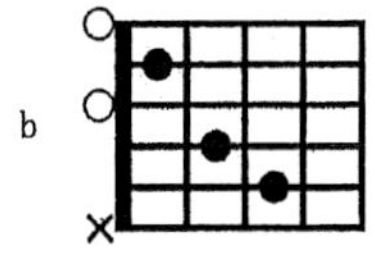

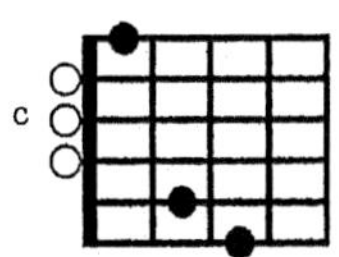

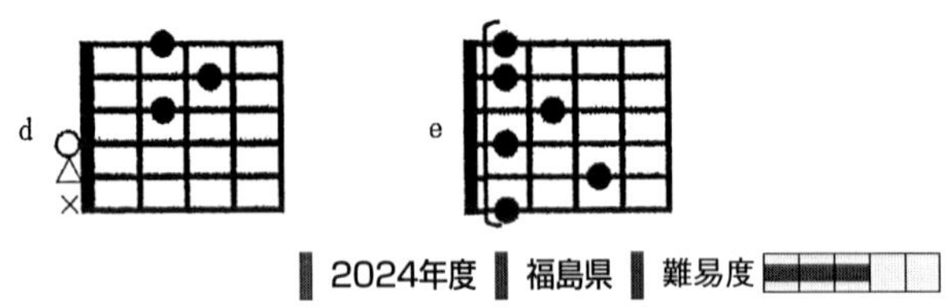

▌2024年度 ▌福島県 ▌難易度

【19】高等学校1年生において，題材名「歌詞に描かれている情景を思い浮かべながら，調和のとれた合唱をしよう」，教材曲「花」(作詞／武島羽衣，作曲／滝廉太郎)で授業を行うこととしました。以下の各問いに答えなさい。

♩=60~66

ア

はるのうらーらーの すーみーだがわ のぼりくだーりーの ふなびーとー

8 f (a) mf

が かいのしずくも はなとちる ながめを なーにーに

15 4 イ

たとーうべーき みずやあけーぼーの つーゆーあびて

25 f

われにも のーいうー さくらぎを みずやゆうぐれて をのべ

32 mf 4 ウ

て われさしまーねーく あおーやぎを にしきおりーなーす

43 ウ mf (c) p f

ちょうーーていに くるれば のーぼーる おぼろーづーき げにいーっ

50 mf f rit. a tempo (b)

こくもせんきんの ながめを なーにーに たーとうーべーき

(d)

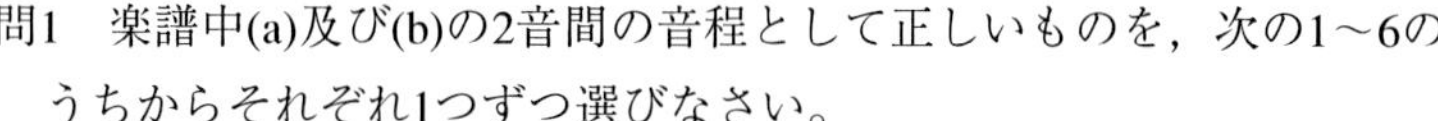

問1　楽譜中(a)及び(b)の2音間の音程として正しいものを，次の1～6のうちからそれぞれ1つずつ選びなさい。

1　増6度　　2　長6度　　3　短6度

4　減6度　　5　重増6度　　6　重減6度

問2　次の文章は，滝廉太郎に関する説明文です。誤りの箇所を文中の1～5のうちから1つ選びなさい。

> 滝廉太郎は，$_1$明治12年(1879年)に東京で生まれた。その後，神奈川，富山，東京，大分と移り住んで子ども時代を過ごした。東京音楽学校に入学し，十代で作曲の才能を開花させ，「荒城の月」「箱根八里」$_2$「お正月」「鳩ぽっぽ(ポッポ)」など，今も歌い継がれている名曲を生み出した。また，$_3$五音音階を積極的に取り入れ，多くの楽曲を残した。
>
> $_4$ドイツ留学中に体調を崩し，留学期間の途中で帰国することとなり，$_5$23歳の若さでこの世を去った。

問3　この曲の歌唱指導をする際，教師のアドバイスとして適切ではないものを，次の1～4のうちから1つ選びなさい。

1　「テンポの遅れに注意して，メロディーが流れるように気を付けながらも，言葉のまとまりを意識することを心掛けましょう。」

2　「(c)の部分を歌うときは，***p***(ピアノ)とその前にある***mf***(メッゾ・フォルテ)とのコントラストを強調するために，ささやくような無声音で歌いましょう。」

3　「(d)の部分の最高音では，『イ』の母音の響きが浅くなったり，硬くなったりしないように気を付けましょう。」

4　「曲中の休符には，『ブレスができるところ』と，『ブレスをしない方がよいところ』があります。言葉の流れや語感を感じ取って歌い分けましょう。」

問4　次の(1)～(3)は，この題材をとおして育成する三つの資質・能力について教師が記述したものです。文中の［　ア　］～［　カ　］にあてはまる最も適切な語句を，以下の1～0のうちから1つずつ選びなさい。なお，1つの語句は1度しか使えないものとします。

(1) 「花」の曲想と音楽の構造，歌詞の内容及び曲の背景との関わりについて［ア］するとともに，創意工夫したことを生かし，全体の響きや各声部の声などを聴きながら他者と合わせて歌う技能を身に付ける。【知識及び技能】

(2) 「花」の旋律，リズム，［イ］，強弱を［ウ］し，それらの働きが生み出している特質や雰囲気を［エ］しながら，［ウ］したことと［エ］したことの関わりについて考え，「花」にふさわしい歌唱表現を［オ］する。【思考力・判断力・表現力等】

(3) 「花」の歌詞が表す情景や心情，曲の背景及び曲の表情や味わいに関心を持ち，音楽活動を楽しみながら主体的・［カ］的に歌唱の学習活動に取り組むとともに，我が国で長く歌われている歌曲に親しむ。【学びに向かう力，人間性等】

1　評価　　2　感受　　3　客観　　4　創意工夫
5　理解　　6　発揮　　7　人間　　8　知覚
9　協働　　0　テクスチュア

問5　楽譜中の［ア］～［ウ］に入る主旋律として正しいものを，次の1～6のうちから1つずつ選びなさい。なお，選択肢1～6の楽譜中の符尾は，すべて上向きで統一してあります。

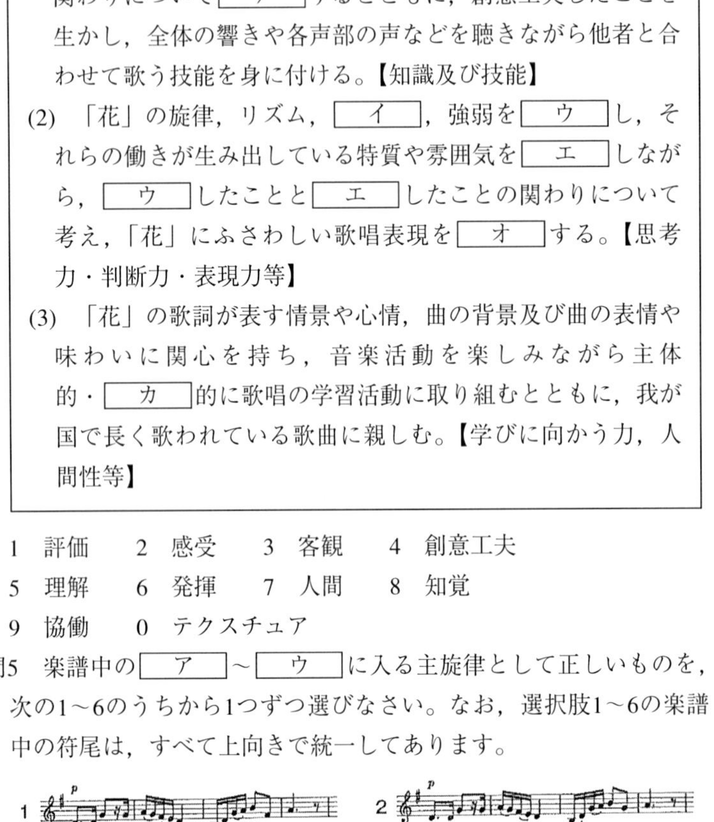

▌2024年度 ▌宮城県・仙台市 ▌難易度 ■■■■□

【20】次の楽譜は，箏曲「六段の調」の初段である。以下の(1)～(9)に答えなさい。

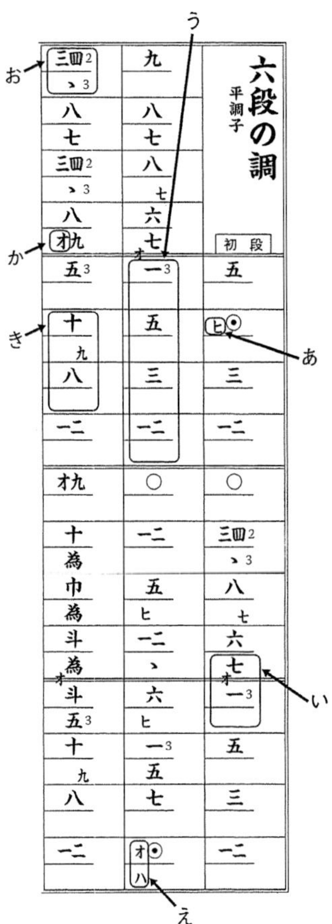

(1)　あ，え の奏法名を，それぞれ書きなさい。

(2)　う の旋律を，譜表上に書きなさい。ただし調弦は一の弦をEにした場合の平調子とする。

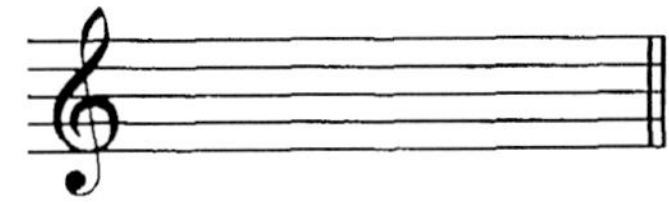

(3)　お，き の唱歌を，それぞれカタカナで書きなさい。

(4)　か の「オ」は「押し手」と言われる奏法である。また「押し手」には「ヲ」と表記される奏法もある。「オ」と「ヲ」の奏法の違いを説明しなさい。

(5) い の部分でうまく演奏できない生徒がいた。うまく演奏できない原因として考えられることは何か，書きなさい。またその際，どのような助言をしたらよいか，具体的に書きなさい。

(6) 「六段の調」の速度の変化を表す日本の音楽用語を書きなさい。

(7) 「六段の調」の作曲者名を書きなさい。また，その作曲者が所属していた盲人音楽組織の名称を書きなさい。

(8) 「六段の調」は三曲合奏による演奏もある。三曲合奏で使用される箏以外の楽器を，2つ書きなさい。

(9) 「六段の調」の三段の冒頭の楽譜を，次の①～⑤から1つ選び，その記号を書きなさい。

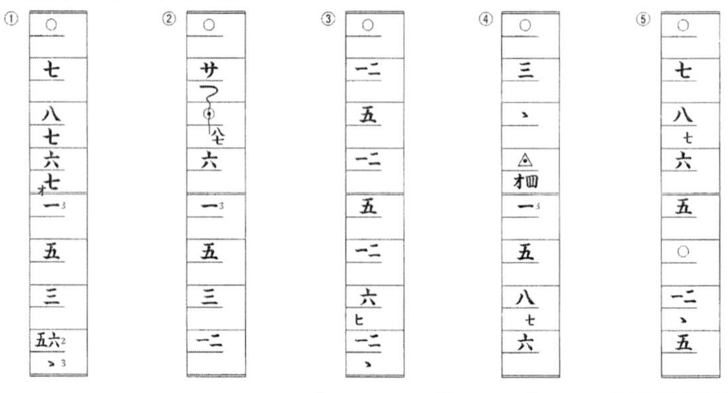

2024年度 ▌青森県 ▌難易度

【21】第1学年において，「歌詞が表す情景を思い浮かべながら，思いをこめて歌おう」という題材を設定し，「赤とんぼ」を教材に「表現(歌唱)」の学習を行った。以下の(1)～(3)の問いに答えなさい。

(1)　この曲の作曲者名を漢字で答えなさい。また，この作曲者の代表的な童謡作品を1つ書きなさい。

(2)　次の文は，「中学校学習指導要領(平成29年告示)解説　音楽編」の第1学年の内容の一部である。次の(　①　)，(　②　)に当てはまる語句を書きなさい。

> A　表現
> (1)　歌唱の活動を通して，次の事項を身に付けることができるよう指導する。
> ア　歌唱表現に関わる知識や技能を(　①　)しながら，歌唱表現を(　②　)すること。

(3)　歌詞から思い浮かんだ情景や心情をもとに，どのように歌いたいかについて考える活動を設定した。以下は生徒が記入したワークシートである。以下の①～④の問いに答えなさい。

【生徒が記入したワークシート】

	歌詞	想像した情景や心情
1番	夕焼け小焼けの赤とんぼ 負われて見たのは いつの日か	姐やに背負われて見た赤とんぼのことをしみじみと思い出している。
2番	山の畑の桑の実を 小かごに摘んだは(　a　)	桑の実を摘んで集めた幼い日のことは本当だったのかどうか分からないくらい遠くなってしまった。
3番	十五で姐やは嫁に行き お里のたよりも(　b　)	お嫁に行ってしまった姐やからのたよりも、届かなくなってしまってさびしい。姐やを気にかけている。
4番	夕焼け小焼けの赤とんぼ とまっているよ 竿の先	(あ)

①　(　a　)，(　b　)に当てはまる歌詞を書きなさい。

②　歌詞の表す情景や歌詞から思い浮かべたことを共有するために，考えられる学習活動について書きなさい。

③　1番と4番を比較して，情景や心情を想像する活動を取り入れた。

(あ)に入る「想像した情景や心情」を書きなさい。

④　楽譜の※の部分について，生徒が「歌詞の表す情景が伝わるように歌いたい」という思いをもった。「旋律の動き」と「強弱の変化」に着目して，工夫させたい点を具体的に書きなさい。

2024年度 群馬県 難易度

【22】次の楽譜は，ある曲の一部分である。以下の1から5の問いに答えよ。

1　作曲者名を答えよ。

2　この曲と同じ作詞者がつくった作品を次のアからエのうちから一つ選び，記号で答えよ。

ア　ふるさと　　イ　春の小川　　ウ　浜辺の歌

エ　夏の思い出

3　[　　]にあてはまる速度記号を次のアからエのうちから一つ選び，記号で答えよ。

ア　Lento　　イ　Moderato　　ウ　Adagio　　エ　Allegro

4　Aの部分のコードをギターで演奏する際のダイヤグラムとして適するものを，次のアからエのうちから一つ選び，記号で答えよ。

(●指で弦を押さえる位置　○開放弦　×弾かない弦)

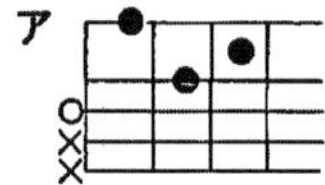

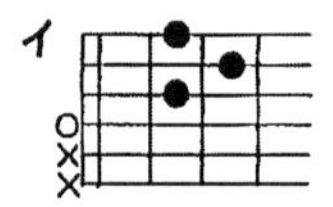

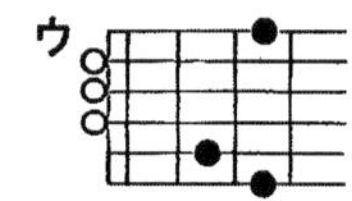

エ 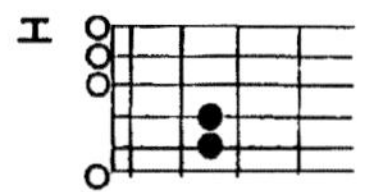

5　この曲には，戦争が終わり，いつか日本中の街に美しい花が咲くようにという作詞者の思いが込められている。中学校第2学年において，この曲を使用し，曲にふさわしい表現を工夫する授業を行うとき，〈例〉で示す学習活動のほかに，どのような学習活動が考えられるか，簡潔に書け。

〈例〉どんな強弱で歌うとよいかを考え，各フレーズの歌い方を工夫する。

2024年度 栃木県 難易度

【23】次の問1～問6は歌唱に関するものである。各問いに当てはまる最も適切なものを，それぞれ①～④のうちから選びなさい。(調性については原調とは限らない。)

問1　鹿島鳴秋作詞，弘田龍太郎作曲「浜千鳥」の歌詞に含まれないものはどれか。

①　海　　②　鳥　　③　島　　④　国

問2　次の①～④の楽曲の中で，北原白秋作詞，山田耕筰作曲の組合せと異なるものはどれか。

① 

② 

③ 

④ 

問3　次の楽曲が歌われるミュージカルはどれか。

① 「キャッツ」　　　　② 「ウエスト・サイド物語」

③ 「オズの魔法使い」　④ 「オペラ座の怪人」

問4　次のレクイエムの作曲者は誰か

① ブラームス　② フォーレ　③ モーツァルト

④ ヴェルディ

問5　次の楽曲の曲名はどれか。

① 「HEIWAの鐘」仲里幸広作詞・作曲／白石哲也編曲

② 「絆」山崎朋子作詞・作曲

③ 「ヒカリ」瀬戸沙織作詞／松下耕作曲

④ 「輝くために」若松歓作詞・作曲

問6　谷川俊太郎作詞，木下牧子作曲「春に」の楽譜はどれか。

①

②

③

④

▌2024年度 ▌神奈川県・横浜市・川崎市・相模原市 ▌難易度

【24】次の(1)～(4)の問いに答えなさい。

(1) 次の楽譜の［　　］にあてはまる3番の歌詞として最も適切なものを，以下の1～4の中から1つ選びなさい。

1 いつのひか　2 さおのさき　3 まぼろしか

4 たえはてた

(2) 山田耕筰が編曲した「荒城の月」の楽譜として適切でない部分が含まれる段を，以下の1～4の中から1つ選びなさい。

1 1段目　2 2段目　3 3段目　4 4段目

(3) 次の作品のうち，作詞者と作曲者の組み合わせが正しいものを，1～4の中から1つ選びなさい。

	作品	作詞者	作曲者
1	早春賦	林　古溪	中田　章
2	花の街	江間　章子	團　伊玖磨
3	夏の思い出	吉丸　一昌	中田　喜直
4	浜辺の歌	武島　羽衣	成田　為三

(4)　中学校学習指導要領(平成29年告示)「第2章　各教科　第5節　音楽　第3　指導計画の作成と内容の取扱い　2　(2)　ア　(ウ)」に示されている次の歌唱共通教材のうち，作曲された年が2番目に古いものを，1～4の中から1つ選びなさい。

1　花の街　　2　赤とんぼ　　3　夏の思い出　　4　浜辺の歌

2024年度　埼玉県・さいたま市　難易度

【25】次の楽譜は，武満徹作詞・作曲「小さな空」の一部である。以下の(1)～(3)の問いに答えなさい。

(1)　この作品の旋律をイングリッシュ・ホルンで演奏する場合，調号として最も適当なものを次の①～④のうちから一つ選びなさい。

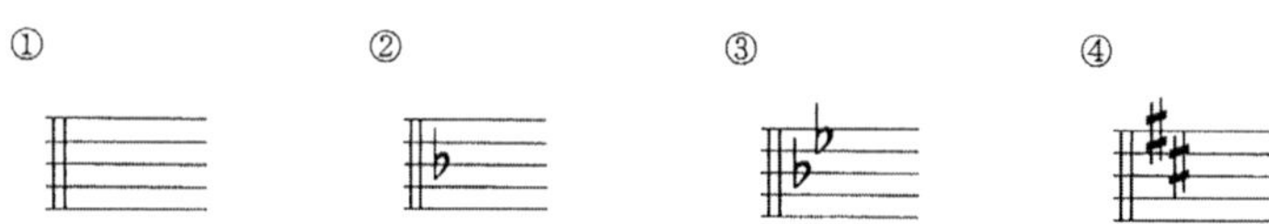

(2) (ア)で示した範囲の和声進行として最も適当なものを，次の①～⑤のうちから一つ選びなさい。

① Ⅰ→V_7→Ⅰ→Ⅵ　② Ⅰ→II_7→V_7→Ⅰ
③ Ⅳ→V_7→Ⅰ→Ⅳ　④ Ⅳ→II_7→V_7→Ⅰ
⑤ Ⅳ→V_7→Ⅰ→Ⅵ

(3) (イ)，(ウ)で囲まれた部分のコードネームとして最も適当なものを，次の①～⑩のうちからそれぞれ一つずつ選びなさい。

① D　② B♭/D　③ Fm/D　④ Dm　⑤ Dm7
⑥ E7/G　⑦ Em7/G　⑧ Em7(♭5)/G　⑨ Edim7/G
⑩ Eaug/G

2024年度 千葉県・千葉市 難易度

解答・解説

【1】(1) 2　(2) 1　(3) 2

○**解説**○ (1) この楽曲は，歌唱共通教材の「赤とんぼ」である。他の選択肢にふさわしい楽曲は，1は「夏の思い出」，3は「早春賦」，4は「浜辺の歌」，5は「花」である。歌唱共通教材の作詞・作曲者名は必ず覚えること。 (2) すべての歌唱共通教材について，旋律，歌詞，アーティキュレーションは把握しておくこと。 (3) 歌唱共通教材はピアノ伴奏も練習し，歌唱できるようにしておくこと。正答以外の選択肢の該当箇所は，1は終わりの7～8小節目，3は前奏の前半部分，4は1～2小節目，5は5～6小節目である。

【2】(1) 3　(2) 3

○**解説**○ (1) この楽曲は江間章子作詞・團伊玖磨作曲による「花の街」である。選択肢1は吉丸一昌作詞・中田章作曲，2は三木露風作詞・山田耕筰作曲，3は中田喜直作曲，4は武島羽衣作詞・滝廉太郎作曲，5は土井晩翠作詞・滝廉太郎作曲である。歌唱共通教材の作詞・作曲者名はすべて覚えること。 (2) 選択肢1は北原白秋作詞・山田耕筰作曲，

2は東くめ作詞・滝廉太郎作曲，3はまどみちお作詞，4はサトウハチロー作詞・中田喜直作曲，5は西條八十作詞・成田為三作曲である。

【3】(1) 作詞者名：土井晩翠　作曲者名：滝廉太郎　(2) めぐるさかずき　かげさして　(3) ウ　(4) 調：ロ短調　平行調：ニ長調　属調：嬰ヘ短調　(5) 花　(6) 創意工夫を生かした歌唱表現をするために必要な，曲にふさわしい発声，言葉の発音，身体の使い方などの技能を身に付けて歌うことができる。　(7) ① 思考力，判断力，表現力等　② コミュニケーション

○**解説**○ (1) 中学校の歌唱共通教材は学習指導要領で7曲示されている。これらの楽曲は十分に教材研究を行い，作詞・作曲者といった基本事項はもちろん，歌詞の内容や成り立ちなど細かい部分まで把握しておかなくてはならない。 (2) 歌詞の内容についての問題は頻出である。すべての曲の歌詞を必ず覚えておこう。 (3) 実際に歌唱し，ピアノ伴奏を練習するなどして，速度記号だけでなく強弱記号など，アーティキュレーションは理解しておくこと。 (4) 調号が♯2つの短調なのでロ短調。その平行調はニ長調である。 (5) 「花」のほか，「箱根八里」などが有名である。 (6) 指導要領の「2内容」に示された事項であればどれでも正答となり得るが，「荒城の月」は，「歌詞の内容や言葉の特性，短調の響き，旋律の特徴などを感じ取り，これらを生かして表現を工夫することなどを指導する」ことが中学校学習指導要領の「指導計画の作成と内容の取扱い」で提示されている。 (7) ここでも高等学校学習指導要領の音楽Ⅰの内容の取扱いから出題された。全部で11項目あるがいずれも指導に関する具体的な内容なので理解を深めておきたい。

【4】(1) ⑤　(2) ③　(3) ④　(4) ④　(5) ②，⑤ (※順不同)　(6) ④，⑤ (※順不同)

○**解説**○ (1) 江間章子作詞・中田喜直作曲の「夏の思い出」である。①は瀧廉太郎，②は成田為三(ただし生まれは秋田県である)，③は團伊玖磨，④は草川信についての説明である。 (2) 楽譜の1段目と2段目は同じ旋律であるが異なった強弱が付されている。すべての歌唱共通

教材について，歌詞とアーティキュレーションは理解しておくこと。
(3) この歌詞で歌われた尾瀬は，群馬県，福島県，新潟県にまたがる高原である。 (4) 歌詞は2番の5～6小節である。正答以外の選択肢は①は1～2小節，②は13～14小節，③は12～13小節，⑤は間奏部分である。歌唱共通教材はピアノ伴奏も練習しておくこと。
(5) ②は「正しい発声法」の習得を目的としているため，⑤は題材と無関係の「楽器で演奏」を行うため適切ではない。 (6) ①は「一音一音はっきり歌う」ことが「言葉を大切にして歌う」こととは合致しない，②の鼻濁音を意識して歌わなければならない箇所はない，③「伝統的な声や歌い方の特徴を感じ取る」ことは「言葉を大切にして歌う」こととは合致しないため適切ではない。

【5】(1)

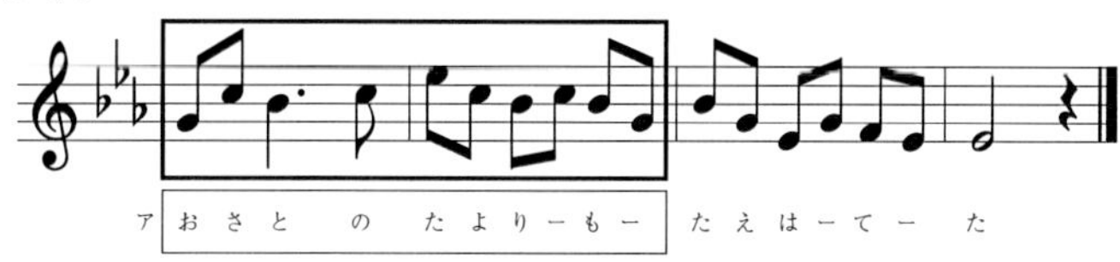

(2) 曲名…夏の思い出 作曲者名…中田喜直

○**解説**○ (1) 歌唱共通教材について，作詞・作曲者名と歌詞は覚え，旋律を楽譜に書けるようにしておくこと。 (2) 他の歌唱共通教材についても，作詞・作曲者名は漢字で書けるようにしておくこと。

【6】1 早春賦 2 滝廉太郎 3 はるこうろうの はなのえん めぐるさかずき かげさして 4 楽譜A…(ウ) 楽譜B…(ア) 5 夏の思い出 6 楽譜A…Es dur 楽譜B…h moll

7

8

○解説○ 1　吉丸一昌作詞，中田章作曲である。　2　作詩は土井晩翠，「荒城の月」である。　3　歌唱共通教材について，作詞・作曲者名，歌詞はすべて覚えること。　4　単純拍子は2，3，4拍子，複合拍子は6，9，12拍子などである。混合拍子は，それらを組み合わせた拍子で5，7，8，9，11拍子などがある。　5　中田章の息子である中田喜直作曲の共通教材は1つのみである。　6　簡単な調判定なので必ず正答できるようにしたい。　7　テノール譜表のハ音の位置は第4線である。Es durの下属調はAs durなので，♭4つを臨時記号で付ける。　8　ホルンF管は実音が記譜音より完全5度低いので，h mollを完全5度上げて，調号♯3つのfis mollで記譜する。

【7】1　①　　2　②

○解説○ 1　歌唱共通教材の曲については，作詞・作曲者名，歌詞や旋律も覚えておくこと。正答以外の選択肢の曲もすべて歌唱共通教材で，②は林古溪作詞・成田為三作曲，③は土井晩翠作詞・滝廉太郎作曲，④は江間章子作詞・團伊玖磨作曲，⑤は吉丸一昌作詞・中田章作曲である。　2　正答以外の選択肢の作曲者の代表作として，①は「花の街」「ぞうさん」，③は「早春賦」，④は「花」「箱根八里」，⑤は「浜辺の歌」「かなりや」などがあげられる。③は，「夏の思い出」，「めだかのがっこう」などを作曲した中田喜直の父である。

【8】(1)　曲名…花　　作詞者名…武島　羽衣　　作曲者名…滝　廉太郎　　(2)

(3)　①　日が暮れると　　②　ほんとうに　　③　たとえたらよいのだろうか　　(4)　A　*f*　　B　*mf*　　C　*p*　　D　*f*　　(5)　E　*rit.*　F　*a tempo*　　(6)　・クレッシェンドの後にフェルマータがあるので，1音ずつクレッシェンドするイメージで音楽がだんだん広がっていくように歌う。　　・上声部，下声部ともに上行形で盛り上がる部分であり，特に下声部の「なに」の音程に注意して16分音符の動きを

出すように歌う。

○**解説**○ (1)　歌唱共通教材について，作詞・作曲者名と歌詞，旋律は必ず覚えること。楽譜は本作品の3番の冒頭部分である。　(2)　2番のみ歌い出しの旋律が他とは異なることに注意したい。また，1，3番の歌い出しは同様の旋律であるが，リズムが異なることも確認しておこう。(3)　文語調で書かれた歌詞については，意味も理解しておくこと。(4)　3番は春の夜の情景を歌っている。「おぼろづき」の箇所では，冒頭の力強い*f*から徐々に*p*にすることで，強弱で持って霞んだ月を表現している。ピアノ伴奏の練習もし，曲全体のアーティキュレーションは把握しておくこと。　(5)　E　曲の締め括りに向かって落ち着いていく。　F　後奏の流れを失わないために元の速さに戻している。(6)　該当箇所は，楽曲の一番の盛り上がる部分である。音が高く歌唱するのは難しいので，技術的なアドバイスもできるようにしておきたい。

【9】問1　②　　問2　④　　問3　②　　問4　④

問5

○**解説**○ 問1 「花の街」の作曲者は團伊玖磨である。正答以外の選択肢について，①は芥川也寸志，③は中田章，④は中田喜直の説明である。問2　すべての歌唱共通教材について，作詞・作曲者名だけでなく，歌詞と旋律，アーティキュレーションも理解しておくこと。問3　1947年に戦後すぐの荒れ果てた日本に元気を与えるために作られた。また，作詞者の江間章子が訪れたことのない神戸の街を想像して作詞した。　問4　歌唱共通教材は，ピアノ伴奏も練習し，曲想を理解しておくこと。　問5　調号♭1つのヘ長調の曲なので，長2度上に移調すると調号♯1つのト長調となる。

【10】問1　曲名…荒城の月　　作詞者名…土井晩翠　　問2　Ⅲ

問3　あきじんえいの　しものいろ

問4　(1)　　　　　　(2)

● 楽曲

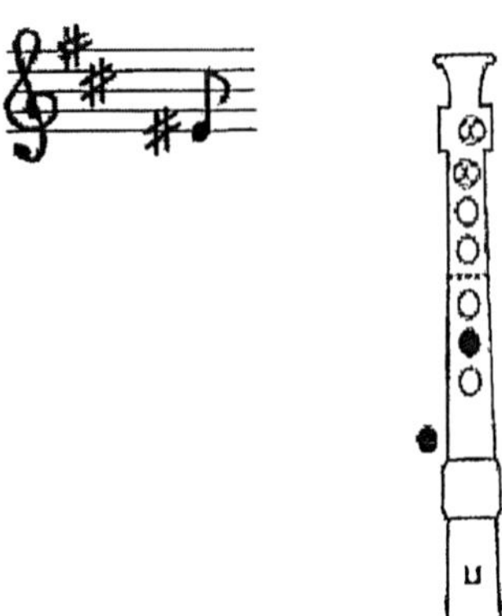

問5

問6　花　　問7　赤とんぼ，からたちの花　　問8　歌詞の内容や言葉の特性，短調の響き，旋律の特徴などを感じ取り，これらを生かして表現を工夫することなどを指導する。　　問9 「to」のように口の中の空間を少し広くするとよい。

○**解説**○ 問1　この曲の作曲者は滝廉太郎である。歌唱共通教材については，作詞・作曲者名は必ず覚えること。　問2　速度記号だけでなく，強弱記号などアーティキュレーションはすべて理解しておくこと。問3　この曲の歌詞は4番まであるのですべて覚えることと，文語調で書かれているので意味も調べておくこと。　問4 (1)　これは滝廉太郎の作曲したもので，この音に♯が付いている。山田耕筰の補作編曲版ではここが半音程ではなく，全音程になっている。原曲と編曲版の違いについて問われることも多いので確認しておくこと。　(2)　アルトリコーダーとソプラノリコーダーの運指は演奏して覚えておくこと。　問5　解答参照。　問6　中学校の歌唱共通教材はすべての曲の作詞・作曲者名を覚えること。　問7　補作編曲したのは山田耕筰である。ピアノ伴奏の追加，調性やテンポ，音の変更などを行った。問8　中学校学習指導要領解説には，歌唱共通教材について曲ごとに指導のポイントが示されている。曲によってどの音楽を形づくる要素を指導するのがよいのか理解しておくこと。　問9　アルトリコーダーの低い音は息の流れを緩やかにすると安定する。サミングを使うときに上手く音がだせないときの指導方法についてもよく問われるのでアドバイスできるようにしておくこと。

【11】1　からたちの花　　2　作詞者…北原 白秋　　作曲者…山田 耕筰　3　A　$\frac{3}{4}$　　B　$\frac{2}{4}$　　4　不完全小節　　5　(1)　イ　　(2)　ウ　(3)　ア　　(4)　エ

6

7　ア，ウ，オ　　8　a　ク　　b　イ　　c　ス　　d　コ　　e　ウ

9　曲名…荒城の月　　旋律…

○解説○　1「からたちの花」は1925年に発表された作品である。歌手である荻野綾子に献呈された。　2　北原白秋が作詞，山田耕筰が作曲した作品はこれ以外にも，「この道」，「待ちぼうけ」，「かやの木山の」などがある。　3　この作品は4分の2拍子と4分の3拍子が入れ替わるように書かれている。日本語の歌詞に合わせて音楽がつけられている。4　この楽曲は第1小節の前に1拍早く開始している。これをアウフタクトと呼び，楽曲の最後の小節はこの1拍分短く終わる。　5　似た意味を持つ楽語として，(1)はcalmato，tranquillo，(2)はfrettoloso，(3)はcolla parteなどがある。山田耕筰は独特の音楽用語を使用しており，問題としても頻出なので確認しておくこと。　6　楽譜は変ホ長調で書かれている。ト長調に移調するためには長3度上に書き換える必要がある。　7　イは林古溪作詞，成田為三作曲の作品，エは高野辰之作詞，岡野貞一作曲の作品である。ア，ウ，オは全て北原白秋作詞，山田耕筰作曲の作品である。　8　歌唱共通教材の作詞者，作曲家については，その生涯と代表する曲，活動の内容と他の芸術家とのつながりなど理解しておくこと。　9　原曲は滝廉太郎が作曲した。山田耕筰の補作編曲の内容に関する問題は頻出なので，理解しておくこと。

ロ短調からニ短調への変更，歌の旋律における8分音符から4分音符への変更，「はなのえん」の「え」の音を半音下げたことなどがあげられる。

【12】問1　(1)　3　(2)　1　(3)　4　問2　4

○**解説**○ 問1　(1)　TAB譜から五線譜，五線譜からTAB譜の書き換えなどできるようにしておきたい。ギターの開放弦の音は，低音の6弦から，ミ・ラ・レ・ソ・シ・ミである。TAB譜の線はギターの弦，音符の数字はフレット数で，上の線から順に1～6弦を表している。　(2)　この曲は，三木露風作詞，山田耕筰作曲の「赤とんぼ」である。正答以外の選択肢について，2は成田為三，3は宮城道雄，4は團伊玖磨の説明である。　(3)「赤とんぼ」が作曲されたのは1927年である。選択肢の出来事の年代は，1は1816年，2は1868年，3は1866年，4は1928年である。　問2　問題にB♭管と示されているので確実に正答したい。管の種類が示されない出題もあるので，主な移調楽器について管の種類は把握しておくこと。

【13】1　曲名…花の街　作詞者名…江間 章子　作曲者名…團 伊玖磨

2

3　かけていったよ　4　夏の思い出　5　我が国のよき音楽文化が世代を超えて受け継がれていくようにすること。

○**解説**○ 1　1947年に作曲された。戦後すぐの荒れ果てた日本で，平和の象徴として歌われた曲である。花の街は幻想の街で，戦後の復興を願った歌である。歌唱共通教材の作詞・作曲者名はすべて覚えること。　2　歌唱共通教材の旋律はすべて理解し，記譜できるようにしておきたい。　3　歌唱共通教材の歌詞はすべて覚えること。ピアノ伴奏など練習しながら歌唱し，歌詞と旋律の関連についても理解しておくこと。　4　作曲者は，中田喜直である。1949年にNHKの「ラジオ歌謡」での放送をきっかけに，人気曲となった。　5　中学校学習指導要領解説の内容の取扱いについての配慮事項の説明部分に「我が国で長く歌われ親しまれている歌曲とは，我が国で長い年月にわたって歌い継がれ，広く親しまれている歌曲のことである。我が国の自然や四季の美しさを感じ取れる歌唱教材を扱うことによって，生徒が豊かな自然や四季の美しさへのイメージを膨らませることは，自然や環境に対する関心を導き，それらを尊重する態度を養うことにもつながっていく。また，我が国の文化や日本語のもつ美しさを味わえる歌唱教材を扱うことによって，生徒は我が国の文化のよさを味わい，日本語の響きを感じ取ることができる。このことがひいては，我が国の文化を尊重したり，日本語を大切にしたりする態度を養うことにつながると考えられる。このような，我が国で長く歌われ親しまれている歌曲を歌唱教材として用いることは，世代を超えて生活の中の様々な場面で音楽を楽しんだり，共有したりする態度を養うことにもつながる。」とある。

【14】問1　曲名…からたちの花　　作曲者名…山田耕筰　　問2　赤とんぼ　　問3　①　ためらって(少し遅く)　　②　急いで　　問4　増4度　問5　要素…リズム(拍子)　　指導のポイント…この曲は，3拍子と2拍子が入れ替わりながら曲が流れており，言葉の流れに沿ってフレーズが形成されている。それぞれのフレーズの言葉のアクセントと旋律との関わりを感じ，詩と音楽を融合させながら伸びやかに歌唱させる。

問6

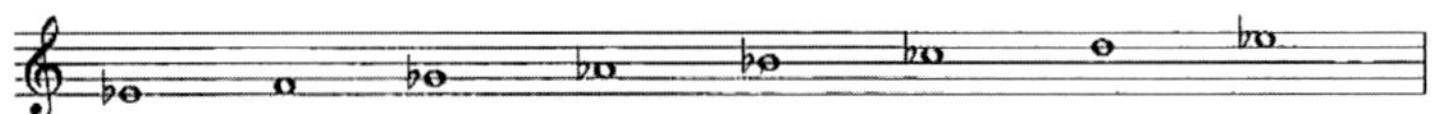

問7　作曲者名…滝　廉太郎　　曲名…荒城の月

○解説○ 問1　「かなりや」とともに，大正期に展開された「赤い鳥運動」を代表する楽曲である。　問2　「赤とんぼ」は，歌唱共通教材である。　問3　山田耕筰は独特の音楽用語を使用することを理解しておくこと。　問4　ミ♭とラなので増4度である。　問5　この曲は歌詞と，リズム・旋律の関係が指導のポイントである。日本語の抑揚を生かした旋律で，表現に応じて速度や音楽用語の表記が付されていることも注目すべきである。　問6　この曲は変ホ長調なので，同主調は調号が♭6つの変ホ短調である。和声的短音階と指定されているので，第7音のみ半音上げて記譜する。　問7　滝廉太郎の生没年は1879～1903年である。代表曲としては，「花」や「箱根八里」などが挙げられる。歌唱共通教材の作曲者については，生い立ちや代表曲を覚えておくこと。

【15】1　花　　2　作詞者名…武島羽衣　　作曲者名…滝廉太郎
3　(イ)，(ウ)，(オ)　　4　げにいっこくも　せんきんの　ながめをなにに　たとうべき　　5　①　減5度　　②　完全5度　　③　増4度
④　減7度　　6　意味…だんだん遅く　　読み方…リタルダンド
7

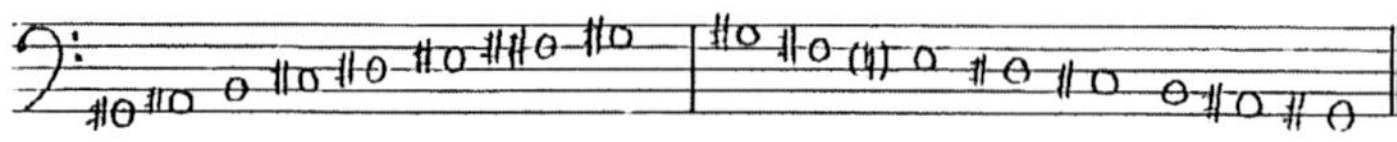

8

9　ニ長調，イ長調，ニ短調

○解説○ 1　歌唱共通教材である。他の曲についても理解しておくこと。
2　歌唱共通教材について，作詞・作曲者名は必ず覚えること。
3　(ア)は北原白秋作詞で，中山晋平や山田耕筰などが作曲している。(イ)は鳥居枕作詩，(ウ)は東くめ作詩，(エ)は高野辰之作詞・岡野貞一作曲，(オ)は土井晩翠作詞である。　4　楽譜より3番の最後の部分と判断できる。歌唱共通教材の歌詞はすべて覚えること。　5　①はド♯とソで，1オクターブと減5度，②はシとファ♯で完全5度，③はレとソ♯で増4度，④はド♯とシ♭で減7度である。　6　省略形の楽語は省略していないものと両方理解しておくこと。　7　中音は音階の第3音なので，シが第3音になる短音階は嬰ト短調で，調号は♯5つである。旋律的短音階と指定されているので上行系では第6，7音を半音上げ，下行形では元に戻すこと。　8　この曲はト長調である。下中音は第6音なので，ト長調の第6音から始まる長調はホ長調，その平行調で♯4つの嬰ハ短調である。和声的音階と指定されているので第7音を半音上げる。　9　ドに♯がついて，レについていないので，♯2～

3つの調号をもつ調があてはまる。ロ短調はラに導音上がりの♯が，嬰ヘ短調もレに導音上がりの♯がついていないのであてはまらない。また，ド♯を導音とみるとニ短調も当てはまる。

【16】1 (1) b (2) c (3) c (4) d 2 (1) d (2) a (3) b (4) d (5) c (6) b

○解説○ 1 (1) 歌唱共通教材の一つ「夏の思い出」である。 (2) ピアノ伴奏をしながら歌唱できるよう練習し，アーティキュレーションも理解しておくこと。 (3) 該当箇所の1番の歌詞は「しゃくなげいろに　たそがれる」である。歌唱共通教材の歌詞はすべて覚え，文語体のものは意味も理解しておくこと。 (4) 他の選択肢の曲について，aは江間章子作詞・團伊玖磨作曲，bは高野辰之作詞・岡野貞一作曲，cは武島羽衣作詞・滝廉太郎作曲である。 2 (1) 磯節は茨城県に伝わる民謡である。 (2) 都節音階とは，ド・レ♭・ファ・ソ・ラ♭・ドから成る音階のことである。律音階，沖縄音階，民謡音階も確認しておくこと。 (3) 京劇(ジンジュウ)は，中国の伝統芸能であり，豪華な衣装と派手なメイクが特徴である。歌舞伎とオペラと京劇について比較して，共通点や相違点をまとめておきたい。 (4) オペラの基礎知識に関する問題である。アリアでは役者が感情を歌うのに対し，レチタティーヴォでは物語を説明したり進行したりする役割がある。 (5) 他の選択肢について正しくは，aはウエスト・サイド物語，bはマイ・フェア・レディ，dはサウンド・オブ・ミュージックである。 (6) bはプッチーニ作曲のオペラである。

【17】(1) ① 同じ ② 7 ③ pp ④ ディミヌエンド ⑤ p (2) ① 1. 3段目または4段目を選択し，曲想と歌詞の関係について考える。 2. 表現したい尾瀬のイメージについてグループで話し合い，イメージを生かした表現を工夫して歌唱する。
② 1.「水芭蕉の花」や「石楠花色」の空など表現したい風景の画像を調べてイメージを共有する。 2. グループで撮影・録音したものを自己の振り返りや他グループとの共有に使用する。

○解説○ (1) 歌唱共通教材について，すべての曲の分析はこのように行っておきたい。楽譜と分析図の中の文脈をよく捉えて解答すること。
(2) 学習指導要領解説に示されている，「夏の思い出」の指導のポイントをまず理解しておくこと。題材名と評価の観点にずれがないように，指導計画を考える。すべての歌唱共通教材について指導案を作成し，このような問題に慣れておきたい。

【18】(1) b (2) 花の街 (3) ウ (4) みずばしょうのはな㊀さいているゆめみてさいているみずのほとり しゃくな㊁いろにたそ㊀れるはるかなおぜとおいそら (5) e (6) a

○解説○ (1) 歌唱共通教材の作詞・作曲者は必ず覚えておくこと。
(2) すべての歌唱共通教材について，旋律と歌詞，アーティキュレーションも理解しておくこと。 (3) この作品は二部形式で作曲されている。 (4) 鼻濁音とは鼻に抜けるように発音される濁音のことで，主にガ行に用いられる。 (5) 難易度は高くないので必ず正答したい。歌唱共通教材につけられている楽語は意味と，どこに何がつけられているのかすべて理解しておきたい。 (6) 主なコードのダイアグラムは覚えておくこと。正答以外の選択肢について，bはC，cはG7，dはD，eはF7である。

【19】問1 (a) 3 (b) 2 問2 3 問3 2 問4 ア 5
イ 0 ウ 8 エ 2 オ 4 カ 9 問5 ア 3
イ 2 ウ 5

○解説○ 問1 (a)はド♯とラで短6度，(b)はシとソ♯で長6度である。
問2 滝廉太郎はそれまでの日本の音楽はヨナ抜き旋法(五音音階)で，ファとシが使われていなかったことに気づき，それを積極的に使用した。 問3 無声音は声帯を震わせない音で，子音を発声するときのものである。この部分は無声音では歌えない。 問4 三つの資質・能力は，「(1)知識及び技能が習得されるようにすること。(2)思考力，判断力，表現力等を育成すること。(3)学びに向かう力，人間性等を涵養すること。」である。 問5 この曲は各節の歌い出しが少しずつ異なる。そこを把握しているかどうかが問われている。アは1節の歌い出しなので選択肢3，イの2節の歌い出しは，3小節目の後半が下行する2，3節の歌い出しは1節と同じだが，強弱がfになるので5である。

【20】(1)　あ　引き色　　え　押放

(2)

(3)　お　シャシャ　　き　コーロリン　　(4)「オ」は強押しと呼び，柱の左側10～12cm位の位置を，人差し指と中指で深めに押し，全音上げる奏法。「ヲ」は弱押しと呼び，強押しよりは浅めに押し，半音上げる奏法。　　(5)　(原因→助言)　・「オ」の準備が遅いため。→左手を七の弦の押す場所に，準備しておくよう助言する。　　・「オ」の音が上がり切れていないため。→押すタイミングやスピードを様々に試して，音色の変化を試してみる。　　・一の弦を3の指で押す準備が遅いため。→「オ」の後すぐに一の弦を弾けるよう，七と一の練習をしてみるよう助言する。　　・フレーズを感じられていないため。→唱歌を歌いながら演奏してみるよう助言する。　　(6)　序破急　(7)　作曲者名…八橋　検校　　名称…当道　　(8)　胡弓(尺八)，三味線　　(9)　②

○解説○ (1)　引き色は右手で弦を弾いた後に弦の柱の左側を左手でつまんで柱の方に引き寄せて音の余韻の高さを下げ，それを離して元に戻す奏法。押放は，弾いた後に左手で弦を押して余韻を高くし，次の弦を弾く前に離して元に戻す奏法。　(2)　漢数字は弾く弦を表している。平調子の調弦は覚えておくこと。一の弦をEで調弦すると，一からミ・ラ・シ・ド・ミ・ファ・ラ・シ・ド・ミ・ファ・ラ・シである。(3)　おの「三四」は同時に2本の弦を弾き「かき爪」と呼ばれる。下段にある踊り字は繰り返しを表す。きは隣り合った3本の絃を高い方から低い方へ順次弾くもの。箏だけでなく，他の和楽器の口唱歌も理解しておきたい。　(4)　箏の奏法はこの他にも「ユリ色」や「流し爪」など，説明できるようにしておこう。　(5)　実際に指導することを想定して和楽器を実際に演奏し，起こりうる問題点をあげてその対処法をアドバイスできるように準備しておくこと。　(6)　雅楽において用いられていた言葉で，初めはゆっくりで，中盤になるにつれ速くなり，終わりで再びゆっくりとなる。　(7)　江戸時代初期に活躍した箏曲の奏者及び作曲者である。1639年に当道の最上級官位である「検校」に任じられた。　(8)　三曲合奏とは，三味線，琴，尺八(胡弓)の3種の楽器による合奏の編成である。　(9)　曲名の通り6つの段から成る段物の曲で，主題である冒頭部分が発展・変化していくことを確認しよう。六段の調は教科書にも楽譜が掲載されているので，それぞれの段を理解しておくこと。

【21】(1)　作曲者名…山田　耕筰(作)　　童謡作品…「からたちの花」「この道」「ペチカ」「待ちぼうけ」「砂山」「あわて床屋」
(2)　①　得たり生かしたり　　②　創意工夫　　(3)　①　a　まぼろしか　　b　絶え果てた(たえはてた)　　②　・作詞者の言葉を紹介するなど，曲が生まれた背景について触れる活動。　・歌詞を読み，言葉の意味を確かめながら情景を想像する活動。　・歌詞の内容から感じたことや考えたことを交流させる活動。　③　4番のみ現在のことを歌っている。今，目の前にいる一匹の赤とんぼに幼い頃の思い出を投影し，愛おしむ気持ち。　④　・クレッシェンドを生かし，歌詞の情景が伝わるように曲の山を意識して歌う。　・「いつの日か」の部分は，*P*(ピアノ)なので昔をしみじみと思い出す感じで柔らかく歌う。　・「いつの日か」の部分は，旋律が下行しているので，落ち着く感じで柔らかく歌う。

○**解説**○ (1)　作詞は三木露風である。歌唱共通教材について，作詞・作曲者名と歌詞，旋律は必ず覚えること。　(2)　中学校学習指導要領より第1学年のA表現　歌唱の内容についての出題である。新しい知識や技能の習得は創意工夫の過程で行われるので，必要な知識や技能を習得してから創意工夫をするというような一方的な授業にならないように留意したい。　(3)　①　歌詞はすべて覚えておくこと。　②　曲が作られた背景や歌詞の意味を理解し，生徒同士で想像した情景や心情を発表し合い，より理解を深めていく。　③　歌詞を比較してみると，1～3番は過去形で書かれており，4番だけが現在形であることに注目する。　④　旋律の動きと強弱の変化が生み出す効果に注目し，歌詞の内容に合った効果を生み出す工夫を理解できるよう指導する。なお，問題の楽譜に※がないが，5～8小節目を示していると思われる。

【22】1 團 伊玖磨　2 エ　3 イ　4 ア　5 曲想と歌詞の内容との関わりについて理解するために歌詞を朗読し，曲にふさわしい表現をどのように工夫するか，グループで話し合う。

○**解説**○ 1 團伊玖磨作曲・江間章子作詞の「花の街」である。歌唱共通教材の作詞・作曲者名はすべて覚えること。 2 アとイは高野辰之作詞・岡野貞一作曲，ウは林古溪作詞・成田為三作曲，エの作曲者は中田喜直である。 3 歌唱共通教材は，ピアノ伴奏も練習して楽曲研究し，アーティキュレーションまで把握しておくこと。 4 伴奏部分の和音からみてDmと判断できる。選択肢のダイヤグラムは，イはD，ウはG，エはEmである。 5 曲の背景や曲想，音楽の構造，歌詞の内容を理解することと，それを歌唱表現につなげるための活動を解答したい。

【23】問1 ③　問2 ②　問3 ④　問4 ②　問5 ①　問6 ③

○**解説**○ 問1 「浜千鳥」の歌詞には「親」を探す千鳥が歌われている。楽曲を確認しておくこと。 問2 ①は「からたちの花」，③は「かやの木山の」，④は「あわて床屋」である。 問3 「オペラ座の怪人」の「ミュージック・オブ・ザ・ナイト」である。ミュージカルで歌われる主要な楽曲について，数多く聴いておきたい。 問4 フォーレのレクイエム 第6曲「リベラ・メ」である。 問5 2000年の九州・沖縄サミットで注目が集まった楽曲で，その後合唱曲として音楽の教科書にも掲載された。 問6 合唱曲集「地平線のかなたへ」のうちの1曲である。

【24】(1) 4　(2) 3　(3) 2　(4) 2

○**解説**○ (1) 楽譜は歌唱共通教材の三木露風作詞・山田耕筰作曲「赤とんぼ」である。歌唱共通教材の作詞・作曲者名，旋律と歌詞はすべて覚えること。 (2) 山田耕筰の編曲は9小節目の1，2拍目のリズムが付点4分音符と8分音符になっている。滝廉太郎の原曲との違いについて問われることも多いので解答できるようにしておくこと。 (3) 誤りのある選択肢は作詞者が間違っており，1は吉丸一昌，3江間章子，4は林古溪が正しい。 (4) 選択肢1は1947年，2は1927年，3は1949年，4は1916年頃，「荒城の月」は1901年，「早春賦」は1913年，「花」は1900年である。

【25】(1) ① (2) ⑥ (3) (イ) ④ (ウ) ⑧

○**解説**○ (1) 楽譜はヘ長調である。イングリッシュ・ホルンはF管で，実音が完全5度低いので，記譜するにはヘ長調を完全5度上げてハ長調にする。 (2) 1小節に1つの和音で，1小節目はシ♭・レ・ファ，2小節目はド・ミ・ソ・シ♭，3小節目はファ・ラ・ド，4小節目はレ・ファ・ラで，ヘ長調の和音記号に直すとⅣ→Ⅴ7→Ⅰ→Ⅵである。

(3) (イ)はレ・ファ・ラでDm，(ウ)はミ・ソ・シ♭・レ，導七の和音で根音がGである。

楽典・スコア

音楽科　楽典・スコア

実施問題

【1】次の楽譜は，「春」第1楽章(「和声と創意の試み」第1集「四季」から)の一部である。以下の各問いに答えなさい。

譜例(A)～(F)

(A)

(B)

(C)

(D)

(E)

(F)

(F)の部分の総譜

Solo
(嬰ハ短調)
Vl. S.
Vl. I
Vl. II
Vla.
B.c.

(1) 作曲者名を答えなさい。

(2) (1)の作曲者が活躍した時代を答えなさい。

(3) (2)の時代及び同時期の日本の音楽・芸能に関して説明した次の①～⑤について，正しいものには○を，間違っているものには×を付けなさい。

① パッヘルベルが「カノン」を作曲した。

② 多声音楽が発展した。

③ J.S.バッハがオラトリオ「メサイア」を作曲した。

④ 日本では，八橋検校が近世箏曲の基礎をつくった。

⑤ 日本では，観阿弥らによって，能の基本的な形が整った。

(4) 第1楽章に表記されている速度に関する用語を，次の(ア)～(エ)の中から一つ選び，記号で答えなさい。また，その意味を答えなさい。

(ア) Andante　(イ) Moderato　(ウ) Allegretto

(エ) Allegro

(5) 譜例(A)は楽曲の柱となる旋律の一部で，同じような旋律が各部分の間や最後に合奏で現れる。このような構成を何形式というか答えなさい。

(6) 譜例(A)～(F)の音楽は，ある短い詩をもとに作曲されている。この詩のように，イタリアで13世紀ごろから作られるようになった14行からなる詩のことを何というか答えなさい。また，譜例(B)～(D)に対応する詩を，次の(ア)～(ウ)からそれぞれ一つずつ選び，記号で答えなさい。

(ア) 泉はそよ風に誘われ，ささやき流れていく。

(イ) 春がやって来た。

(ウ) 小鳥は楽しい歌で，春を歓迎する。

(7) 譜例(E)に記されている*tr*は，小鳥の鳴き声を表現していると言われている。この部分を演奏する楽器の名前を答えなさい。

(8) 譜例(F)には，「黒雲と稲妻が空を走り，雷鳴は春が来たことを告げる。」という詩がつけられている。作曲者が「稲妻」と「雷鳴」を音楽でどのように表現しているか，その特徴を生徒に説明したい。総譜を参考にして，どのような説明が考えられるか答えなさい。

■2024年度 ■鳥取県 ■難易度

【2】次の楽譜は，あるオペラの序曲の一部分である。以下の各問いに答えよ。(解答は選択肢より一つ選び，番号で答えよ。)

(1) この曲の作曲者を答えよ。

選択肢 1 ウェーバー　2 ヴェルディ
3 ベートーヴェン　4 ペルゴレージ
5 マスカーニ　6 モーツァルト
7 モンテヴェルディ　8 ワーグナー

(2) このオペラの題名を答えよ。

選択肢 1 奥様女中　2 オルフェオ
3 カヴァレリア・ルスティカーナ　4 フィガロの結婚
5 フィデリオ　6 魔弾の射手
7 リゴレット　8 ワルキューレ

(3) 作曲者の生誕国と時代区分を答えよ。

生誕国の選択肢 1 イタリア　2 オーストリア
3 スペイン　4 ドイツ
5 ハンガリー　6 フランス
7 ポーランド　8 ロシア

時代区分の選択肢 1 古代　2 中世　3 ルネサンス
4 バロック　5 古典派　6 ロマン派
7 近代・現代

(4) このオペラの戯曲を書いた人物を答えよ。

選択肢 1 ヴォルテール　2 シェークスピア
3 シラー　4 ディドロ
5 ボーマルシェ　6 マリヴォー

(5) (4)の人物は，このオペラを含めた三部作を書いている。一作目の題名と作曲者を答えよ。

題名の選択肢　1　運命の力
2　清教徒
3　セビーリャ(セビリア)の理髪師
4　道化師
5　トゥーランドット
6　ランメルモールのルチア

作曲者の選択肢　1　ヴェルディ　　2　ドニゼッティ
3　プッチーニ　　4　ベッリーニ
5　レオンカヴァッロ　　6　ロッシーニ

(6)　①の楽器を答えよ。

選択肢　1　クラリネット　2　コールアングレ　3　コルネット
4　チェレスタ　5　トランペット　6　ホルン

(7)　②，③の部分の調名を答えよ。(例；ハ長調の場合，選択肢群ア～ウから，3，3，1を選ぶこととする。)

選択肢ア　1　嬰　2　変　3　なし

選択肢イ　1　イ　2　ロ　3　ハ　4　ニ　5　ホ
6　ヘ　7　ト

選択肢ウ　1　長調　2　短調

(8)　④の旋律を臨時記号を用いて短3度上の音に書き換えたものを答えよ。

選択肢

(9)　⑤の和音について，種類とコード・ネームを答えよ。

種類の選択肢　1　長三和音　2　短三和音
3　増三和音　4　減三和音
5　長七の和音　6　短七の和音
7　属七の和音　8　減七の和音

コード・ネームの選択肢　1　A　2　A♭7　3　Bdim7
4　Bm7　5　E　6　E7
7　Edim7　8　G7　9　G♯7
0　G♯m7

(10)　⑥の2音間の音程を答えよ。

種類の選択肢　1　長　2　短　3　増　4　減
5　完全　6　重増　7　重減　8　重々増
9　重々減

度数の選択肢　1　1度　2　2度　3　3度　4　4度
5　5度　6　6度　7　7度　8　8度
9　9度　0　10度

(11)　⑦の調号をもつ短調の属調の音階を，調号を用いてソプラノ譜表上に書かれたものを答えよ。

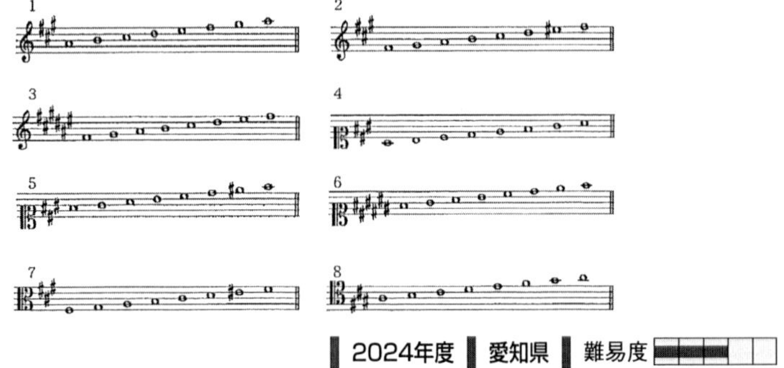

2024年度　愛知県　難易度

【3】次の楽譜について，以下の1から8の問いに答えよ。

1　①，②の音楽用語の意味をそれぞれ答えよ。

2　③の音楽用語を省略せずに記せ。また，その意味を答えよ。

3「弓で」を意味する音楽用語をイタリア語で記せ。

4　④の音を導音とする長調の平行調を答えよ。

5　4で求めた調の和声的短音階を，臨時記号を用いてアルト譜表に記せ。

6　Aの部分の和音の種類を次のアからエのうちから一つ選び，記号で答えよ。

ア　長三和音　　イ　短三和音　　ウ　増三和音　　エ　減三和音

7　Bの2音間の音程と転回音程を答えよ。

8　Cの旋律をアルトサクソフォーン(in Es)で演奏できるように，調号を用いて高音部譜表に記せ。

【4】次の総譜は，ある楽劇の第1幕への前奏曲の一部である。以下の問いに答えなさい。

1　この楽劇名と作曲者名をそれぞれ書きなさい。

2　楽譜中の ① にあてはまる楽器名をカタカナで書きなさい。

3　楽譜中の □ で囲まれた②の「*sehr kräftig*」は「*molto vigoroso*」と同じ意味である。この楽語の意味を答えなさい。

4　楽譜中の□で囲まれた③の実音を主音とする長調の属調の平行調は何か，日本語で書きなさい。

5　楽譜中の□で囲まれた④の和音をコードネームで答えなさい。

2024年度 ｜ 山形県 ｜ 難易度 ■■■■□□

【5】次のスコアについて，各問いに答えなさい。

1　この曲の作曲者の出身国として最も適切なものを①～⑤の中から

一つ選びなさい。

① ロシア　② ドイツ　③ イタリア　④ フランス

⑤ アメリカ

2 ホルン(E管)のパート[A]の実音(ドイツ音名)として最も適切なものを①～⑤の中から一つ選びなさい。

① F　② C　③ G　④ Fis　⑤ Cis

3 [B]～[E]の楽譜に記載されている楽器名の組み合わせとして最も適切なものを①～⑤の中から一つ選びなさい。

	[B]	[C]	[D]	[E]
①	Vn.	Vc.	Va.	DB.
②	Va.	Vn.	Vc.	DB.
③	Vn.	Va.	Vc.	DB.
④	Vc.	Vn.	DB.	Va.
⑤	Vc.	Va.	DB.	Vn.

4 [F]のarcoの演奏方法として最も適切なものを①～⑤の中から一つ選びなさい。

① 弓を使用して　② 弦を指で弾いて　③ 駒の近くで

④ 弱音器を付けて　⑤ 弓の木部で弦をたたいて

5 Bassoonの上声パート[G]と下声パート[H]の音程として最も適切なものを①～⑤の中から一つ選びなさい。

① 減5度　② 長4度　③ 増5度　④ 短4度

⑤ 完全5度

6 この曲の作曲者の作品として最も適切なものを①～⑤の中から一つ選びなさい。

① 魔弾の射手　② ウィリアム・テル　③ 魔笛

④ 白鳥の歌　⑤ ファウストの劫罰

7 [I]の部分をアルトサクソフォーンで1オクターブ下げて演奏する場合の楽譜(記譜音)として最も適切なものを①～⑤の中から一つ選びなさい。ただし，選択肢の楽譜は調号を使用せず，すべて臨時記号で表しています。

①

▌2024年度 ▌三重県 ▌難易度

【6】次の楽譜は，ある楽曲の一部である。この楽曲に関して(1)～(6)の問いに答えなさい。

(1)　この楽曲の作曲者名と楽曲名との組み合わせとして正しいものを，次のa～dから一つ選びなさい。

	＜作曲者名＞	＜楽曲名＞
a	L.v.ベートーヴェン	交響曲第9番ニ短調《合唱付き》第1楽章
b	W.A.モーツァルト	歌劇《フィガロの結婚》序曲
c	J.ブラームス	大学祝典序曲
d	C.M.v.ヴェーバー	歌劇《魔弾の射手》序曲

(2)　この楽譜において，3小節目の[　　]で囲った非和声音の名称として適切であるものを，次のa～dから一つ選びなさい。

a　刺繍音(補助音)　　b　経過音　　c　逸音　　d　掛留音

(3)　この楽譜において，フルートとクラリネットの9小節目([　　]で囲った部分)は何調の何度の和音か。適切なものを，次のa～dから一つ選びなさい。

a　イ長調のⅣの和音　　b　変ロ長調のⅤの和音

c　ニ長調のⅠの和音　　d　ヘ長調のⅠの和音

(4)　この楽譜において，16～18小節にかけての終止形(［　　］で囲った部分)として適切なものを，次のa～dから一つ選びなさい。

a　偽終止　　b　変(格)終止　　c　半終止　　d　完全終止

(5)　この楽曲の説明として適切なものを，次のa～dから一つ選びなさい。

a　皇帝によって上演禁止となっていた風刺喜劇をあえて取り上げ，オペラ化した作品の序曲。内容は『セビリャの理髪師』の後日談で，オペラ・ブッファの人気作である。

b　ドイツ音楽におけるロマン的精神を象徴する作品の一つ。序曲は，オペラの中の主要主題を用い劇的な雰囲気を巧みに描き出している。

c　作曲者は，ブレスラウ大学哲学部から名誉博士の称号を贈与されたことへの謝意を込めて，翌年にこの曲を完成させた。序曲としての楽式を重んずることなく作曲された。

d　この曲の第4楽章の歌詞は，18世紀のドイツを代表する詩人フリードリヒ・フォン・シラーの『歓喜に寄す』に基づいている。

(6)　この楽曲の作曲家と異なる国で生まれた作曲家を，次のa～dから一つ選びなさい。

a　F.シューベルト　　b　J.ハイドン

c　J.シュトラウス2世　　d　A.ヴィヴァルディ

▌2024年度▌高知県▌難易度■■■□□

【7】次の楽譜を見て，以下の1～7の問いに答えなさい。なお，歌詞は表示していない。

1　作詞者及び作曲者がこの作品の作詞者及び作曲者と一致する楽曲として最も適切なものを，次のa～eの中から一つ選びなさい。

a 「初恋」　　b 「ゆりかご」　　c 「赤とんぼ」

d 「この道」　e 「浜辺の歌」

2 この楽曲についての説明として適切でないものを，次のa～eの中から一つ選びなさい。

a 曲中拍子が入れ替わり，言葉の流れに沿ってフレーズが形成されている。

b 速度の微妙な変化の指示が細かく楽譜上に記されている。

c 詩の各節が同じ旋律を繰り返して作曲されている。

d 日本語のアクセントと日本人がもつリズム感を生かして詩と音楽とを融合させている。

e シューベルトの「魔王」と同じく，通作歌曲の形で作曲されている。

3 9小節目1拍目，9小節目3拍目，13小節目2拍目の和音の種類の組み合わせとして最も適切なものを，次のa～eの中から一つ選びなさい。

	9小節目1拍目	9小節目3拍目	13小節目2拍目
a	長三和音	属七の和音	短七の和音
b	長三和音	減七の和音	長七の和音
c	長三和音	減七の和音	短七の和音
d	短三和音	減七の和音	長七の和音
e	短三和音	属七の和音	短七の和音

4 この楽曲を長3度上の調に移調してギターで演奏する場合，5小節目1拍目のコードに合うダイヤグラムとして最も適切なものを，次のa～eの中から一つ選びなさい。

a

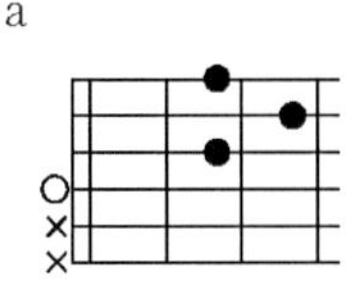

b

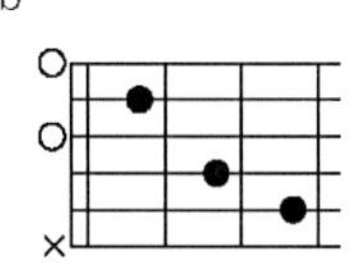

c

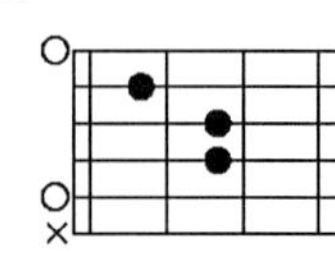

d

e

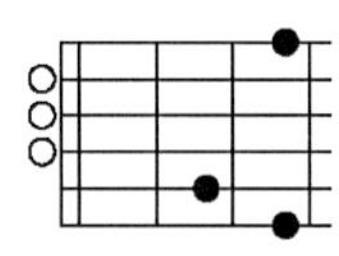

5 楽譜中にある楽語の説明の組み合わせとして最も適切なものを，次のa～eの中から一つ選びなさい。

	tranquillamente	*delicatissimo*	*in fretta*
a	静かに	とても華やかに	遅く
b	静かに	とても繊細に	急いで
c	表情豊かに	とても繊細に	遅く
d	表情豊かに	とても繊細に	急いで
e	表情豊かに	とても華やかに	遅く

6　楽譜中にある①～③の2音間の音程について，それぞれの転回音程の組み合わせとして最も適切なものを，次のa～eの中から一つ選びなさい。

	①	②	③
a	減４度	長６度	短２度
b	減４度	短６度	短２度
c	完全４度	長６度	長２度
d	完全４度	短６度	長２度
e	完全４度	長６度	短２度

7　次に示す音階は，この作品の主調とどのような関係にあるか。最も適切なものを，以下のa～eの中から一つ選びなさい。

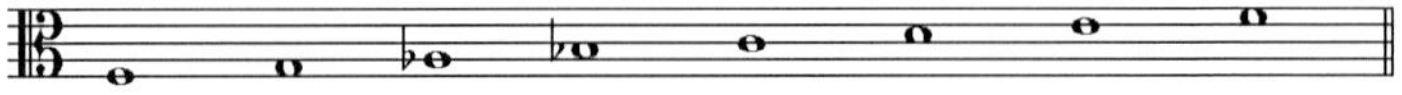

a　属調の平行調の和声的短音階

b　属調の同主調の和声的短音階

c　下属調の平行調の和声的短音階

d　属調の平行調の旋律的短音階上行形

e　下属調の平行調の旋律的短音階上行形

2024年度　茨城県　難易度■■■■□□

【８】次の楽譜Ⅰについて(1)～(4)の問いに，楽譜Ⅱについて(5)の問いに答えよ。

楽譜Ⅰ

(1) 楽譜Ⅰ①～④の転回音程の組合せとして最も適当なものを，次の1～5のうちから一つ選べ。

	①	②	③	④
1	減6度	長2度	完全5度	減5度
2	長3度	長7度	増4度	完全4度
3	短6度	減2度	減5度	完全5度

4 増3度 短7度 完全4度 増4度

5 長3度 短2度 減5度 増4度

(2) 楽譜Ⅰの[ ]で囲った㋐～㋓の和音の種類の組合せとして最も適当なものを，次の1～5のうちから一つ選べ。

	㋐	㋑	㋒	㋓
1	長三和音	属七和音	短三和音	短三和音
2	短三和音	短三和音	短三和音	長三和音
3	長三和音	属七和音	減三和音	短三和音
4	短三和音	長三和音	減三和音	長三和音
5	長三和音	長三和音	減三和音	短三和音

(3) 楽譜Ⅰ Ⓐ～Ⓒの非和声音の種類の組合せとして最も適当なものを，次の1～5のうちから一つ選べ。

	Ⓐ	Ⓑ	Ⓒ
1	経過音	補助音(刺繍音)	先行音
2	逸音	先行音	補助音(刺繍音)
3	補助音(刺繍音)	先行音	逸音
4	補助音(刺繍音)	倚音	掛留音
5	逸音	倚音	掛留音

(4) 楽譜Ⅰの[ ]で囲った㋔のコードについて，ギターのダイヤグラムとして最も適当なものを，次の1～5のうちから一つ選べ。

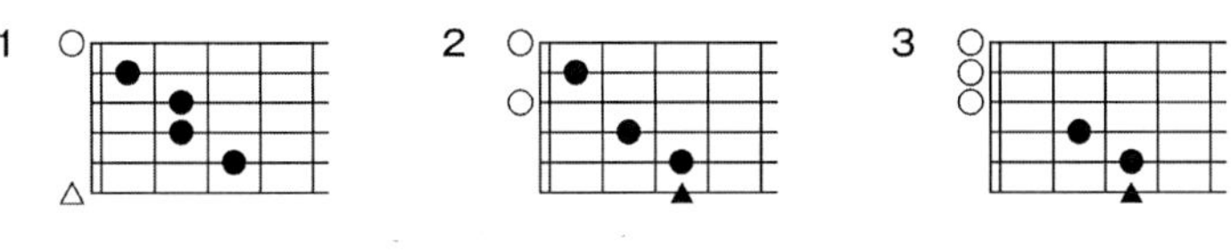

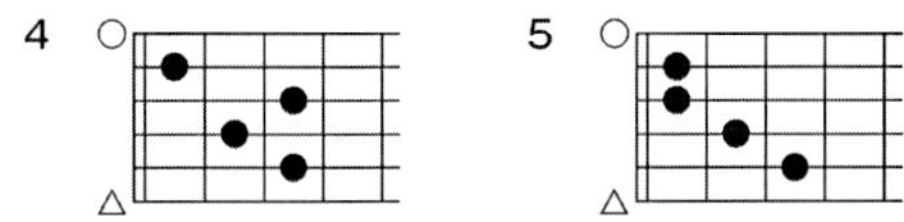

○…開放弦　△または▲…弾かなくてもよい弦

(5) 楽譜Ⅱについて，演奏すると全部で何小節になるか。最も適当なものを，以下の1～5のうちから一つ選べ。

楽譜Ⅱ

1　15小節　　2　16小節　　3　28小節　　4　20小節

5　18小節

2024年度 | 大分県 | 難易度

【9】次の楽譜は，シューベルト作曲の歌曲「魔王」からの抜粋である。以下の各問いに答えなさい。

(1) 空欄［ a ］・［ g ］に入る速度記号として適当なものを，次のア～オからそれぞれ1つずつ選び，記号で答えなさい。

ア Presto　イ Vivace　ウ Allegro　エ Moderato
オ Andante

(2) 空欄［ b ］・［ h ］・［ i ］に入る強弱記号をそれぞれ答えなさい。

(3) c・d・eの和音記号をそれぞれ答えなさい。

(4) 空欄［ f ］に入る曲想用語として最も適当なものを，次のア～オから1つ選び，記号で答えなさい。

ア messa di voce　イ Recit.　ウ nach und nach schnellen
エ langsam　オ getragen

(5) この曲はト短調で始まるが，転調を繰り返す。①～④の調性をそれぞれ日本語で答えなさい。(例：ハ長調)

(6) シューベルトが作曲した他の歌曲について，次のAとBの歌曲名と歌曲が入っている歌曲集名をそれぞれ答えなさい。

2024年度 京都府 難易度

【10】次の楽曲の一部に関する各問に答えよ。

〔問1〕 楽譜中のアの音楽用語の意味として適切なものは，次の1～4のうちのどれか。

1　だんだんせきこんで　　2　表情豊かに
3　だんだんゆるやかに　　4　テンポを柔軟に伸縮させて

〔問2〕 楽譜中の イ の転回音程として適切なものは，次の1～4のうちのどれか。

1　完全四度　　2　完全五度　　3　減四度　　4　減五度

〔問3〕 この楽曲の作曲家に関する記述として適切なものは，次の1～4のうちのどれか。

1　国民楽派の作曲家であり，ピアノ奏者である。作風は，ノールロークとの出会いやノルウェーの民族音楽からの影響によって決定的に方向づけられた。イプセンの詩によって歌曲を書いた他，代表作に，ピアノ曲「叙情小曲集」がある。

2　ロマン派の作曲家である。帝室王室寄宿舎制学校で音楽を学び，生涯の友人となるショパウンと出会った。在学中に創作が始まり，ゲーテやマイヤーホーファーといった多くの詩人の詩に曲を付けた作品がある。代表作に，リート「魔王」がある。

3　バロック時代の作曲家である。ハノーファーの宮廷楽長に任ぜられた直後に12か月の休暇を得てロンドンに赴いた。その後，ロイヤル音楽アカデミーの設立に参与し，音楽監督を務めた。代表作に，オラトリオ「メサイア」がある。

4　近代及び現代の作曲家であり，ピアノ奏者としても活躍した。ペテルブルク音楽院で音楽を学んだ。自己の音楽様式として，古典的，革新的，動力的，叙情的の四要素を挙げている。代表作に，バレエ音楽「ロメオとジュリエット」がある。

〔問4〕 この楽曲に関する記述として適切なものは，次の1～4のうちのどれか。

1　1876年に初演された劇をもとに，組曲としての編成を作曲者自身が考え，第1組曲作品46が1888年に出来上がった。

2　1910年に初演され，全2場からなる。後に，作曲者自身によって3種類の演奏会用の組曲にまとめ直された。

3　1788年に作曲された作曲者最後の交響曲で，全4楽章からなる。この作曲者の三大交響曲の一つといわれている。

4　1924年に作曲され，ローマを題材とした3つの交響詩の一つで，全4部からなる。全曲は，切れ目なく演奏される。

2024年度 | 東京都 | 難易度

【11】次の〔楽譜〕及びその〔説明文〕を見て，(1)～(3)の問いに答えなさい。

〔楽譜〕

〔説明文〕

この楽曲はブリテン作曲「青少年のための管弦楽入門」で，副題は「[　①　]の主題による変奏曲とフーガ」である。[　①　]の劇音楽「アブデラザール」から②主題をとっている。教育用映画のために作曲され，解説付きで演奏されるようになっている。

(1) [　①　]は，バロック時代のイギリスの作曲家である。この人物を次のa～eから1つ選び，記号で書きなさい。

a　パーセル　　b　コレッリ　　c　テーレマン　　d　リュリ
e　クープラン

(2) 次のa～eの舞曲の中で，下線部②と同じ3拍子系のものを2つ選び，記号を書きなさい。

a　ガヴォット　　b　メヌエット　　c　アルマンド
d　パヴァーヌ　　e　サラバンド

(3)〔楽譜〕の ア ～ ク について，以下の問いに答えない。

① ア について，この部分の説明として正しいものを，次のa～dから1つ選び，記号で書きなさい。

a　ピッコロとフルートは，1オクターブ離れている。
b　ピッコロとユニゾンで演奏しているのは，フルートだけである。
c　ピッコロとシロフォンは，ユニゾンで演奏している。
d　ピッコロとヴァイオリンは，ユニゾンで演奏している。

② イ について，2音間の転回音程を答えなさい。

③ ウ について，この部分をサックス四重奏に編曲するとき，Trombone Ⅰのパートをテナーサキソフォン(in B♭)で演奏できるように移調したものを，次の五線譜に書き入れなさい。ただし，調号を用いずに臨時記号を書くこと。なお，強弱記号やアーティキュレーション等の記号は書かなくてもよい。

T. Sax. (in B♭)

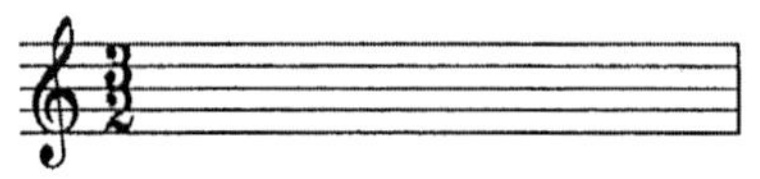

④ エについて，この譜面上にない打楽器を，次のa～fからすべて選び，記号で書きなさい。

a　大太鼓　　b　小太鼓　　c　木琴　　d　鉄琴

e　シンバル　　f　銅鑼

⑤ オについて，この楽語の意味として最もふさわしいものを，次のa～eから1つ選び，記号で書きなさい。

a　元気よく　　b　朗々と響かせて　　c　輝かしく

d　優雅に　　e　はなはだしくなく

⑥ カについて，この和音のコードネームを答えなさい。

⑦ キについて，この和音をナポリの6の和音とする調をドイツ語で答えなさい。ただし，短調とする。

⑧ クについて，この記号の意味を答えなさい。

2024年度　福島県　難易度

【12】次の楽譜を見て，以下の問に答えよ。

問1　A，Bの　　　内の音楽用語の意味を答えよ。

問2　①，②で示した2音間の音程と，③で示した2音間の転回音程を答えよ。複音程の場合は，単音程になおして答えよ。

問3　この曲の調名を答えよ。また，この調の属調の同主調の音階を順に上行形で記譜せよ。ただし，ハ音記号上に全音符で調号を用いずに記譜し，短調の場合は旋律的短音階で答えること。

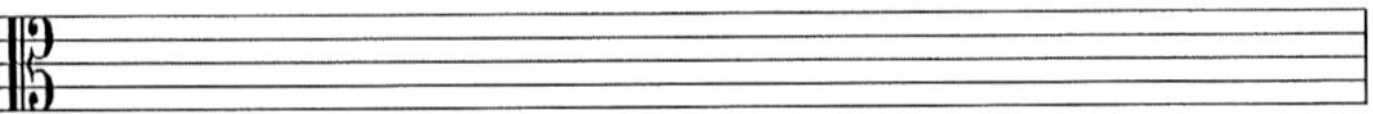

問4　アの和音を和音記号で，イの和音をコードネームでそれぞれ答えよ。

問5　ウの和音の種類を答えよ。また，この和音が属する調をすべて答えよ。

問6　　　　(5・6小節目)の部分を増4度上げて，弦楽四重奏の楽譜に書き換えよ。その際，調号も書くこと。ただし，強弱記号は省いてよい。また，指定された譜表を用いること。

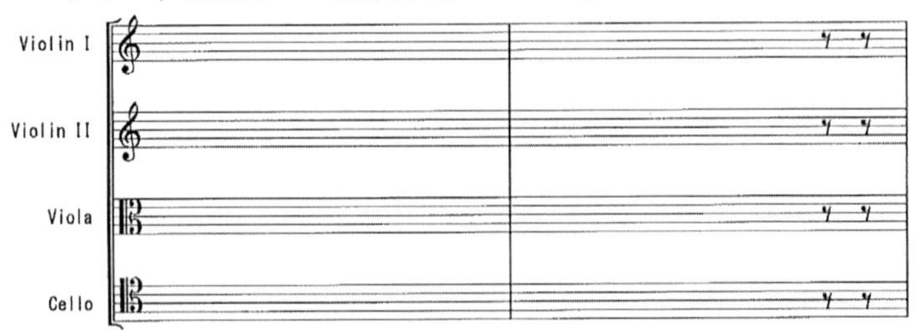

2024年度　鹿児島県　難易度

【13】次の楽譜はある楽曲の一部を抜粋したものである。これを見て，以下の1～6の問いに答えなさい。

1　楽譜中にある［　①　］に当てはまるものとして最も適切なものを，次のa～eの中から一つ選びなさい。

a　C　　b　D　　c　Es　　d　F　　e　As

2　楽譜中にある②の和音の説明として最も適切なものを，次のa～eの中から一つ選びなさい。

a　主調の下属調の属和音である。

b　主調の下属調の下属和音である。

c　主調の同主調の属和音である。

d　主調の平行調の属和音である。

e　主調の平行調の下属和音である。

3　③のパートの楽譜中にある“Gr. Cassa con bacchette di Timpani”が指示する奏法の説明として最も適切なものを，次のa～eの中から一つ選びなさい。

a　ティンパニ奏者が大太鼓を演奏する。

b　ティンパニ奏者が小太鼓を演奏する。

c　大太鼓のマレットでティンパニを演奏する。

d　ティンパニのマレットで大太鼓を演奏する。

e　ティンパニのマレットで小太鼓を演奏する。

4　第1ヴァイオリンのパートを完全5度上の調に移調してアルトリコーダーで演奏する場合に，使用しない運指はどれか。最も適切なものを次のa～eの中から一つ選びなさい。なお，○は開ける音孔，●は塞ぐ音孔を示している。

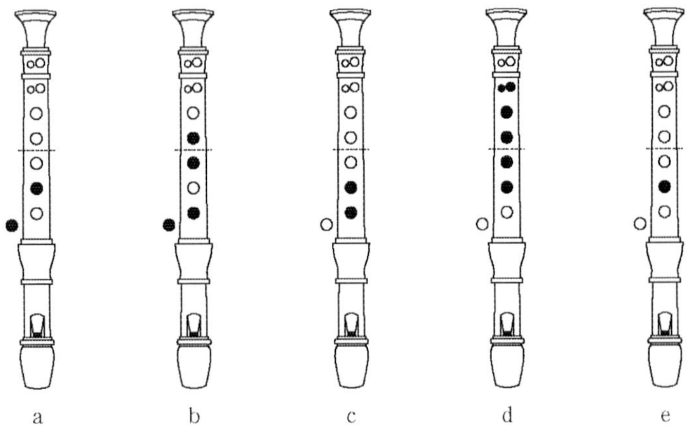

5　この楽曲はどの国の作曲家によるものか。最も適切なものを次のa～eの中から一つ選びなさい。

a　ノルウェー　　b　アイスランド　　c　フィンランド

d　スウェーデン　　e　デンマーク

6　次のア～エの旋律から，この楽譜の作品と同一の作曲家のものを二つ選び出し，その組み合わせとして最も適切なものを，以下のa～eの中から一つ選びなさい。

a　ア・イ　　b　ア・ウ　　c　イ・ウ　　d　イ・エ

e　ウ・エ

2024年度　茨城県　難易度

【14】次の 楽譜1 楽譜2 は，それぞれある楽曲のスコア(一部抜粋)である。あとの各問いに答えよ。

楽譜1

楽譜2

問1 楽譜1 及び 楽譜2 の作曲者名をそれぞれ答えよ。

問2 楽譜1 の作曲者と同じ出身国の作曲者を次の中から選び，記号で答えよ。

ア．ヴェルディ　　イ．サン＝サーンス　　ウ．チャイコフスキー

エ．ワーグナー

問3　楽譜1 の作曲者が活動した1838年～1875年の記述として正しいものを次の中から選び，記号で答えよ。

ア．津軽三味線の創始　　イ．一節切尺八の出現

ウ．生田流箏曲の創始　　エ．竹本義太夫による竹本座の創設

問4　楽譜1 中の①の楽語の意味を答えよ。

問5　楽譜1 中の②の和音をコードネームで答えよ。

問6　楽譜1 中の③の Piatti とは何の楽器のことか。次の中から1つ選び，記号で答えよ。

ア．ピッコロ　　イ．チェレスタ　　ウ．シンバル　　エ．ドラ

問7　楽譜2 は「交響詩」であるが，次の人物が作曲した「交響詩」の楽曲名を1つずつ答えよ。

1. スメタナ　　2. デュカース

問8　楽譜2 中の④の旋律をアルト・サクソフォン用の楽譜に調号を用いて書き換えなさい。

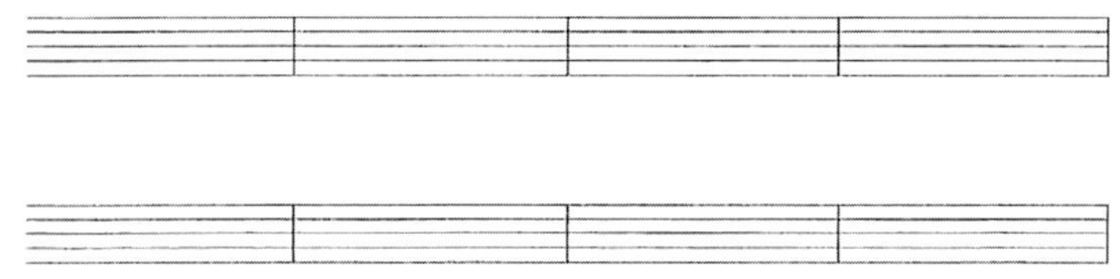

問9　楽譜2 中の⑤はどのような演奏上の指示か。Gran Cassa の日本語名を含めて答えよ。

2024年度 長崎県 難易度

【15】次の楽譜を見て以下の問いに答えなさい。

(1) ア～カで示した音について，次の①～⑤の組み合わせによる音程を答えなさい。

① アとイ　② イとウ　③ ウとエ　④ エとオ

⑤ オとカ

(2) キ～コで示した和音について，それぞれ所属する調性を全て日本語で答えなさい。

(3) この曲に使われている拍子の種類を漢字四文字で答え，それと同じ種類の拍子を次の(a)～(d)より選択して記号で答えなさい。

(a) 2分の2拍子　(b) 4分の5拍子　(c) 8分の6拍子

(d) 8分の4拍子

(4) サで示した音をホルンで演奏するためには楽譜上何の音で記譜すればよいか，日本音名で答えなさい。(オクターブの区分は問わない。)

2024年度 長野県 難易度

【16】次の楽譜は，ある楽曲の一部分である。問1～問6の各問いに当てはまる最も適切なものを，それぞれ①～④のうちから選びなさい。

問1　この楽譜で用いられているクラリネットは何管か。

①　B管　　②　Es管　　③　A管　　④　F管

問2　(ア)(イ)(ウ)の楽器の組合せとして適切なものはどれか。

(ア)　　(イ)　　(ウ)

①　Cor.　－　Trb.　－　Tamb.

② Cor. ― Trb. ― Trgl.

③ Trb. ― Cor. ― Tamb.

④ Trb. ― Cor. ― Trgl.

問3 (エ)のパートの空欄に当てはまる音部記号はどれか。

① アルト記号　② メッゾ・ソプラノ記号

③ テノール記号　④ ソプラノ記号

問4 (オ)の部分のコードの第5音を担当するパートはどれか。

① Fg.　② BCl.　③ Ob.　④ Cl.

問5 (カ)の2音間の転回音程はどれか。

① 完全5度　② 完全4度　③ 増5度　④ 減4度

問6 (キ)の「a2」の意味はどれか。

① 2回目のみ演奏する。

② どちらか一方でなく両方で演奏する。

③ 第2奏者のみ演奏する。

④ 2つのプルトで演奏をする。

2024年度 ｜ 神奈川県・横浜市・川崎市・相模原市 ｜ 難易度

【17】次の楽譜について以下の各問いに答えなさい(楽譜には出題の都合上，改めた個所がある。)。

(1) この楽譜(スコア)の作品名と作曲者名を答えなさい。

(2) この作曲者にとって，2023年は生誕何年にあたるか，次の(ア)～(エ)から一つ選び，記号で答えなさい。また，その作曲者が生まれた年と同時代の日本音楽に関わる事柄について一番近いものを，以下の(A)～(D)から一つ選び，記号で答えなさい。

(ア) 100年　(イ) 150年　(ウ) 200年　(エ) 250年

(A) 宮中の行事で雅楽や西洋音楽を演奏する雅楽局が設置される

(B) 三味線が伝来する

(C) 田楽，猿楽，今様が流行する

(D) 伝統芸能や伝統音楽の海外公演が盛んに行われるようになる

(3) この楽譜(スコア)の拍子と調性(ドイツ語)をそれぞれ答えなさい。

(4) ①に位置する「rubato」は，どのような意味か，説明しなさい。

(5) [②] の部分を実音で記譜しなさい(調号，強弱記号等を含む。)。

(6) [③] に該当する楽器名を日本語で答えなさい。

(7) ④ (8------┐)，⑤ (∨)の意味を答えなさい。

(8) [⑥] の部分は，次の楽譜の [A] 部分の反行形が用いられている。以下の<作品名>の(　　)にあてはまる語句を答え，さらに

[A]に音符を入れ，楽譜を完成させなさい([A]には同じ音程が入るが，音の長さが同じとは限らない。)。

＜作品名＞　無伴奏ヴァイオリンのための「24の（　　）op.1」の24曲目

(9)　(8)の作品の作曲者は，ヴァイオリン奏者として有名であるが，この作曲者のように卓越した技術をもつ演奏家のことをイタリア語で何というか。カタカナで答えなさい。

(10)　(8)の主題を用いて，ピアノ曲を作曲し，(9)として絶大の人気を集めたハンガリーのピアニストの名前を答えなさい。

(11)　(10)のピアニストが作曲した作品名または曲名を答えなさい。

(12)　この楽譜(スコア)の曲の初めには，「Andante cantabile」と書かれている。「cantabile」は「歌うように」という意味だが，具体的にどのように演奏すればよいか説明しなさい。

2024年度　鳥取県　難易度■■■■■

【18】次の楽譜は，ある管弦楽作品の一部である。以下の(1)～(7)の問いに答えなさい。

(1)　この作品を作曲した作曲家と作品名の組合せとして最も適当なものを，次の①～④のうちから一つ選びなさい。

①　ラヴェル『ボレロ』

②　ドビュッシー『牧神の午後への前奏曲』

③　サティ『パラード』

④　デュカス『魔法使いの弟子』

(2)　(ア)で囲まれた部分の和音の種類として最も適当なものを，次の①～④のうちから一つ選びなさい。

①　長三和音　②　短三和音　③　増三和音　④　減三和音

(3)　(イ)を属音とする長調の平行調として最も適当なものを，次の①～④のうちから一つ選びなさい。

①　ハ短調　②　ヘ短調　③　変ロ短調　④　変ホ短調

(4)　(ウ)Altosのパート名として最も適当なものを，次の①～④のうちから一つ選びなさい。

①　ヴァイオリン　②　ヴィオラ　③　チェロ

④　コントラバス

(5)　(エ)の装飾音の名称として最も適当なものを，次の①～④のうちから一つ選びなさい。

① 複前打音　② 短前打音　③ 長前打音　④ 後打音

(6) (オ)で囲まれた部分の和音が所属しない調として最も適当なものを，次の①～④のうちから一つ選びなさい。ただし，装飾音は含めず，短調は和声短音階で考えること。

① イ短調　② ロ短調　③ ハ長調　④ ト長調

(7) (カ)Vifの意味として最も適当なものを，次の①～④のうちから一つ選びなさい。

① 愛らしく　② 荘厳に　③ 気まぐれに

④ 生き生きと

▌2024年度 ▌千葉県・千葉市 ▌難易度

解答・解説

【1】(1) ヴィヴァルディ　(2) バロック(時代)　(3) ① ○　② ×　③ ×　④ ○　⑤ ×　(4) 記号…エ　意味…速く　(5) リトルネッロ(形式)　(6) 名称…ソネット　(B) (イ)　(C) (ウ)　(D (ア)　(7) ヴァイオリン　(8) 雷鳴は突然現れる低音の連続した音で，急変した天気を表しています。ヴァイオリンの速く跳躍的な旋律は稲妻をイメージさせるもので，交互にかけあいながら緊迫感が増していきます。

○**解説**○ (1) この曲は，ヴィヴァルディ作曲の「和声と創意の試み」第1集「四季」より「春」第1楽章である。 (2) 同世代の作曲家として，バッハやヘンデルらがあげられる。 (3) バロック時代は1600～1750年頃とされている。②の多声音楽が発展したのはルネサンス期，③はヘンデルで1742年，⑤の能の大成は14世紀後半である。 (4) 四季は教科書にも掲載され，問題としても頻出なので，スコアは確認し速度記号だけでなく，曲の構成も理解しておくこと。 (5) リトルネッロ形式は，この楽曲によって出題されることが多いので，関連付けて学習しておくこと。ソナタ形式，ロンド形式についても学習しておきたい。 (6) 他の部分のソネットは次のようなものである。(E) 嵐がやむと，小鳥はまた歌い始める，(F) 黒雲と稲妻が空を走り，雷鳴は春が来たことを告げる。(A)は主題である。 (7) スコアをあわせて学習しておくこと。 (8)「低音の連続した音」や，「ヴァイオリンの速く跳躍的な旋律」といった，音楽を想起させるキーワードを入れること。

【2】(1) 6 (2) 4 (3) 生誕国…2 時代区分…5 (4) 5 (5) 題名…3 作曲者…6 (6) 6 (7) (ア，イ，ウの順) ② 3，1，1 ③ 3，1，2 (8) 5 (9) 種類…8 コード・ネーム…3 (10) 種類…4 度数…5 (11) 5

○**解説**○ (1)，(2) 「フィガロの結婚」序曲である。これを判断できないと，(1)～(5)まで解答できないことになるので，日頃からさまざまな楽曲を，スコアをあわせて聴いておきたい。冒頭ではない部分が出題されているので，それも踏まえて学習したい。 (3) モーツァルトは1756年にオーストリアのザルツブルクで生まれた古典派の作曲家である。作曲家の出身地と時代区分はあわせて覚えること。 (4) 「フィガロの結婚」の戯曲は，フランスの劇作家ボーマルシェによって書かれた。 (5) ボーマルシェの「フィガロ三部作」は「セビーリャの理髪師」「フィガロの結婚」「罪ある母」である。 (6) 楽器名は，イタリア語，ドイツ語，英語，フランス語で理解できるようにしておきたい。特に管楽器，打楽器は学習しておきたい。 (7) ②の部分はヴィオラとチェロ，コントラバスにソ♯もあり，イ長調であると判断できる。③でファとドの♯が♮になり，同主調のイ短調に転調しているのがわかる。 (8) ファゴットは実音表記なので，イ短調を短3度上げて，調号♭3つのハ短調に書き換える。 (9) 構成音はシ・レ・ファ・ラ♭で，減三和音＋短3度で，減七の和音である。 (10) ソ♯とレで減5度。 (11) ♯2つを調号とする短調はロ短調で，その属調は調号♯3つの嬰ヘ短調である。ソプラノ譜表はハ音記号が第1線上にある譜表である。

【3】1 ① 敬虔な(神仏を敬うような気持ちで) ② 一つのパートを分けて 2 音楽用語…pizzicato 意味…弦を指ではじく

3　arco　　4　変イ短調(as moll)

5

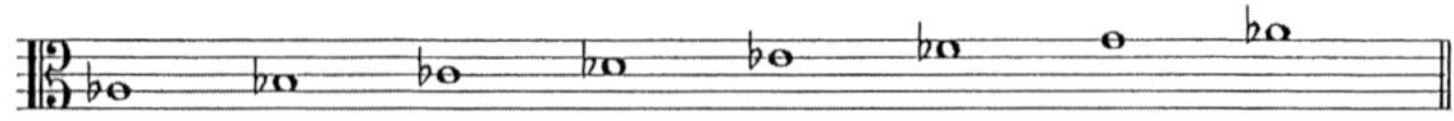

6　エ　　7　音程…長3度　　転回音程…短6度

8

○解説○ 1　楽語はイタリア語だけでなく，ドイツ語，フランス語のものも学習しておくこと。②のような奏法に関する音楽用語も，普段からオーケストラスコアを見慣れるようにし，学習しておくこと。

2　伊語の「引っ張る」という意味の語「pizzicato」から派生した語である。　3「pizz.」と「arco」はセットで用いられる。　4　シ♭を導音とする長調は変ハ長調なので，その短3度下の変イ短調が平行調となる。

5　変イ短調は調号♭7つで，和声短音階なので第7音のみ半音上げる。

6　構成音は，ファ♯・ラ・ドで短3度＋短3度で減三和音である。　7　ミ♭とソで長3度，転回音程は短6度である。　8　この曲はト短調である。Es管のアルトサクソフォーンの実音は記譜音より長6度低いので，記譜は長6度上げて，調号♯1つのホ短調に移調する。

【4】1　楽劇名…ニュルンベルクのマイスタージンガー　　作曲者名…ワーグナー　　2　クラリネット　　3　とても力強く　　4　ロ短調

5　Dm7

○解説○ 1　ワーグナーの楽曲の中でもよく知られるものなので，スコアをあわせて聴いておきたい。ワーグナーに関する問題では，楽劇とライトモチーフについて問われることが多いので学習しておきたい。

2　スコアの並びは理解しておくこと。ワーグナーのスコアなのでドイツ語表記である。楽器名は英語，イタリア語，フランス語，ドイツ語の表記を覚えておくこと。in Bとあるので，移調楽器であることも手がかりとなる。　3　楽語は，イタリア語のものだけでなく，ドイツ語，フランス語のものも，ある程度学習しておくこと。vigorosoはイタリア語で，力強い，活気のあるという意味をもつ。　4　F管のトランペットは，実音は記譜音より完全4度高いので，ソである。ソを主音とする長調のト長調の属調はニ長調でその平行調はロ短調である。　5　構成音はレ・ファ・ラ・ドで，短三和音＋短3度で短七の和音である。移調楽器の実音を正しく読み替えること。

【5】1　②　　2　④　　3　③　　4　①　　5　⑤　　6　①　　7　②

○解説○ 1　出題の曲は，ドイツ出身の作曲家ウェーバーが作曲した「舞踏への勧誘」である。「舞踏への勧誘」はピアノ独奏曲として作曲された。スコアは管弦楽版であるが，これはフランス出身の作曲家ベルリオーズが編曲したものである。　2　ホルンE管は実音が記譜音より短6度低いのでFisである。　3　スコアは上から木管楽器，金管楽器，打楽器，独奏楽器，弦楽器の順に表記される。弦楽器は音が高い方からヴァイオリン，ヴィオラ，チェロ，コントラバスである。　4　正答以外の選択肢の奏法は，②pizzicato(pizz.)，③sul ponticello，④con sordino，⑤col legnoと示される。　5　下はラ，上はミなので完全5度である。　6　正答以外の選択肢について，②はロッシーニ，③はモーツァルト，④はシューベルト，⑤はベルリオーズの作品である。　7　アルトサクソフォーンはEs管である。Es管は実音が記譜音より長6度低い。そのため記譜する際は長6度上げて調号♯5つのロ長調で記譜する。1オクターブ下げて演奏するとしていることと，調号ではなく臨時記号で表すとしていることに注意する。

【6】(1)　b　　(2)　a　　(3)　c　　(4)　d　　(5)　a　　(6)　d

○解説○ (1)　1786年に作曲された。「セビリャの理髪師」の序曲もスコアを確認しておきたい。　(2)　刺繍音とは，和音の構成音の隣の音に移動して非和声音となった後，もとの音に戻る音のことである。他の非和声音についても見分けられるように学習しておくこと。　(3)　クラリネットはA管なので，実音は短3度低い。構成音はレ・ファ♯・ラでニ長調のⅠの和音である。bとdの構成音はファ・ラ・ドである。aも構成音はレ・ファ♯・ラであるが，公開解答はcとなっている。

(4)　ドミナント(Ⅴ)→トニック(Ⅰ)で終止しており，Ⅰの最高音が主音となっており完全終止である。他の選択肢について，aはV_7→Ⅳ，b

はⅣ→Ⅰ，cはⅣ→Ⅴの形になる。 (5) 他の選択肢について，bは「魔弾の射手」序曲，cは大学祝典序曲，dはベートーヴェンの交響曲第9番の説明である。 (6) W.A.モーツァルト，F.シューベルト，J.ハイドン，J.シュトラウス2世は，オーストリアの出身である。A.ヴィヴァルディはイタリアの出身である。

【7】1 d　2 c　3 a　4 b　5 b　6 c　7 e

○**解説**○ 1 楽譜は北原白秋作詞・山田耕筰作曲の「からたちの花」である。正答以外の楽曲について，aは石川啄木作詞・越谷達之助作曲，bは北原白秋作詞・草川信作曲，cは三木露風作詞・山田耕筰作曲，eは林古溪作詞・成田為三作曲である。 2 cは有節歌曲の説明で，この曲は通作歌曲なので誤っている。連作歌曲についても確認しておきたい。 3 9小節目1拍目は，ミ♭・ソ・シ♭で長三和音，3拍目はシ♭・レ・ファ・ラ♭で長三和音＋短3度で属七の和音，13小節目2拍目はファ・ラ♭・ド・ミ♭で短三和音＋短三度で短七の和音である。
4 楽譜より，5小節1拍目のコードはラ・ド・ミ♭でコードでいうとA♭である。その長三度上のコードはCとなる。正答以外の選択肢について，aはD，cはAm，dはE，eはGである。 5 音楽用語は，同義語，反対語など整理して覚えておくこと。 6 転回音程ではないそれぞれの音程は，①はミ♭とシ♭で完全5度，②はソとシ♭で短3度，③はファとミ♭で短7度である。 7 設問の音階はファを主音とする音階で，レとミに♭がないことから旋律的短音階のヘ短調と判断できる。「からたちの花」は変ホ長調で，下属調は変イ長調，その平行調はヘ短調である。

【8】(1) 2　(2) 3　(3) 4　(4) 2　(5) 5

○**解説**○ (1) 楽譜Ⅰはバッハの「平均律クラヴィーア曲集」第1巻 第17番のフーガである。元の音程について，①はシ♭とソ♭で短6度，②はラとシ♭で短2度，③はドとソ♭で減5度，④がドとソで完全5度である。 (2) ㋐はラ♭・ド・ミ♭で長3度＋短3度，㋑はド・ミ・ソ・シ♭で長三和音＋短3度，㋒はラ♭・ド・ミで短3度＋短3度，㋓はシ♭・レ♭・ファで短3度＋長3度である。 (3) Ⓐは構成音から半音下がり，再び元の音に戻っているので補助音。Ⓑはレ♭・ファ・ラ♭の和音に非和声音で先行音のミ♭が含まれており，順次進行でレ♭に進行するので倚音。Ⓒはラ♭が前の小節からタイで伸ばされて，和声音であるソに進行するので掛留音である。 (4) ㋔はド・ミ・ソでコードはCである。 (5) 反復記号の問題として難易度はそれほど高くない。頻出問題なので様々な反復記号について学習しておくこと。

【9】(1) a イ g オ (2) b f h p i f (3) c Ⅱ d Ⅴ Ⅴ7 e Ⅴ (4) イ (5) ① 変ホ長調 ② ニ短調 ③ 変ロ短調 ④ 変イ長調 (6) A 歌曲…菩提樹 歌曲集…冬の旅 B 歌曲…セレナーデ 歌曲集…白鳥の歌

○**解説**○ (1) 「魔王」はスコア問題で頻出である。速度記号だけでなく，曲の構成も理解しておくこと。 (2) アーティキュレーションは歌詞の内容や曲調と関連して理解しておきたい。 (3) この部分はト短調である。cの構成音はラ・ド・(ミ)・ソでⅡの和音。dはラ・ド♯・(ミ)・ソで，ト短調のⅤ借用のⅤ7である。eはレ・ファ♯・ラでⅤの和音である。 (4) recitativoの略である。言葉の抑揚を重視した語りのような部分である。この部分はピアノの伴奏もなく，語るように歌うのがよい。 (5) ①はシ，ミ，ラに♭で変ホ長調，②はシに♭がつき，ドに導音上がりの♯がついているのでニ短調，③はソに♭がついているので調号♭5つの変ロ短調，④はシ，ミ，ラ，レに♭がついているので変イ長調である。 (6) 「冬の旅」はシューベルトが1827年に作曲した連作歌曲集である。「菩提樹」は第5曲目にあたる。「白鳥の歌」はシューベルトの遺作をまとめた歌曲集で「セレナーデ」は第4曲目にあたる。シューベルトの歌曲集は「美しき水車小屋の娘」も含めてすべての楽曲を確認しておくこと。

【10】問1 1 問2 2 問3 1 問4 1

○**解説**○ 問1 音楽用語は，このようにスコアから出題されることを考え，イタリア語のものだけでなくフランス語やドイツ語のものも学習しておきたい。正答以外の選択肢の意味を表す音楽用語としては，2はespressivo，3はrallentando，4はtempo rubatoなどがある。 問2 トロンボーンはB♭管だが，記譜は実音であることが多い。示されている音程は下からラとレで完全4度なので，転回音程は完全5度である。テノール譜表なので注意すること。　問3　この楽曲は，グリーグ作曲の劇付随音楽「ペール・ギュント」より「山の魔王の宮殿にて」である。正答以外の選択肢について，2はシューベルト，3はヘンデル，4はプロコフィエフの説明である。　問4 「ペール・ギュント」は教科書にも掲載されておりよく知られた曲なので，「朝」「オーセの死」「アニトラの踊り」など他の曲についてもスコアをあわせて聴き，物語の内容も理解しておくこと。正答以外の選択肢について，2はストラヴィンスキー作曲「火の鳥」，3はモーツァルト作曲「交響曲第41番ジュピター」，4はレスピーギ作曲「ローマの松」である。「ローマの噴水」，「ローマの祭り」とあわせて「ローマ三部作」と呼ばれている。

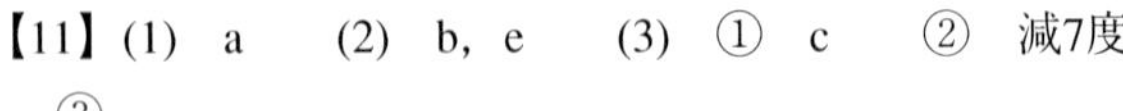
【11】(1)　a　　(2)　b，e　　(3)　①　c　　②　減7度

③

T. Sax. (in B♭)

④　d，f　　⑤　b　　⑥　Gm7　　⑦　h moll　　⑧　上げ弓(アップ・ボー)

○解説○ (1)　ヘンリー・パーセルの代表作としては「ディドとエネアス」，「アーサー王」などがある。bはバロック時代のイギリスの作曲家，cはバロック時代のドイツの作曲家，dとeはバロック時代のフランスの作曲家である。　(2)　正答以外の選択肢について，aは4分の4拍子もしくは4分の2拍子，cは4分の4拍子，dは2拍子系の舞曲である。

(3)　①　間違いのある選択肢について，aのピッコロとフルートはユニゾンである。bはフルートだけでなく，シロフォンもユニゾンである。dのピッコロとヴァイオリンは1オクターヴ離れている。　②　クラリネットはB♭管なので実音は長2度低くド♯，ホルンはF管で実音は完全5度低くシ♭で2音間は増2度である。　③　この曲はニ短調である。トロンボーンはB♭管の楽器であるが，楽譜は実音で表記されるので，記譜どおりの音である。テナーサキソフォンの実音は1オクターヴと長2度低いので，調性は長2度上げて調号♯1つのホ短調になる。1オクターヴ上げてト音記号で正しい高さで記譜すること。

④ aはB.D.，bはS.D.，cはXylo.，eはCym.と表記されている。この譜面に書かれていないdはGlock.，fはGongと表記される。楽器名はドイツ語，フランス語，イタリア語，英語で覚えておきたい。 ⑤ 正答以外の選択肢について，aはanimato，cはbrillante，dはgrazioso，eはnon troppoが当てはまる。 ⑥ 構成音はソ・シ♭・レ・ファでGm7である。 ⑦ キの構成音はド・ミ・ソで最低音がミである。これはロ短調のⅡ度の和音の第1転回形のナポリの6の和音である。 ⑧ 弦楽器には，弓を上方向に動かす上げ弓(アップ・ボー)と下方向に動かす下げ弓(ダウン・ボー)がある。他にも奏法に関する楽語を確認しておくこと。

【12】問1 A ラルゴ(Largo)よりやや速く，やや遅く B 静かに押さえた声で，やわらげた声で 問2 ① 長3度 ② 増6度 ③ 長2度 問3 調名…d moll (d:)(ニ短調)

音階…

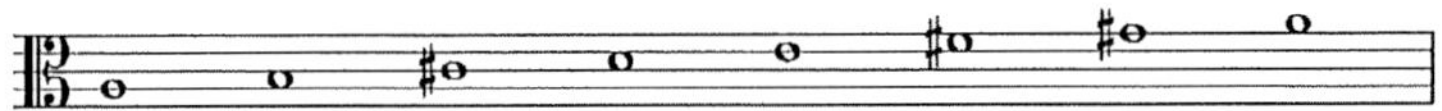

問4 ア II_7 イ C♯dim7(C♯dim7^{onE}，C♯dim7/E) 問5 種類…属七の和音 属する調…Es dur(Es:)(変ホ長調)，es moll(es:)(変ホ短調)

問6

○解説○ 問1 楽譜の曲はモーツァルト作曲「レクイエム」より「ラクリモーサ」である。Aはlargoの意味をettoで弱めているので，Largo

よりは速い。音楽用語はオーケストラスコアで使用される，奏法に関するものも理解しておくこと。　問2　テノールはト音記号の下にオクターブ下げる8が記されているので気をつける。①は下からラとド♯で長3度。②はシ♭とソ♯で，1オクターブと増6度。③はファとミ♭で短7度なので，転回音程は長2度である。　問3　この曲はd mollで，その属調はa moll，その同主調は調号♯3つのA-durである。

問4　[ア]の構成音はミ・ソ・シ♭・レで，短調のⅡ$_7$，減三和音＋短3度で，減七の和音である。[イ]の構成音はド♯・ミ・ソ・シで，減三和音＋短3度の減七の和音である。　問5　構成音は，シ♭・レ・ファ・ラ♭で，長三和音＋短3度の属七の和音である。ラに♭がついてレについていないので，調号♭3つの調と考える。c mollはシが導音上がりで♮になるはずなので当てはまらない。es mollはレを導音上がりと考えると当てはまる。解答には入っていないが，短調を旋律的短音階で考えると，f mollも当てはまる。　問6　d mollを増4度上げると，調号♯5つのgis mollになる。ヴィオラとチェロはハ音記号が指定されているので気をつけること。

【13】1　d　　2　d　　3　d　　4　c　　5　c　　6　a

○**解説**○ 1　この楽曲はシベリウス作曲「フィンランディア」で，変イ長調である。ホルン譜の調は♭が3つの変ホ長調で記譜されており，完全5度上げて記されている。実音が記譜音より完全5度低いので，管の種類はF管である。　2　クラリネットはB♭管で，実音は長2度低いので，構成音はド・ミ・ソである。主調変イ長調の平行調であるへ短調の属和音となる。　3「Gr. Cassa」は大太鼓，「bacchette」はバチを意味する。　4　完全5度上げると変ホ長調で♭3つの調になる。cはソ♭の運指なので音階にない音になる。aはファ，bはミ♭，dはラ♭，eはソの運指で，それぞれ使用されている。　5　シベリウスは国民楽派の作曲家である。　6　アはシベリウス作曲「カレリア組曲」第3曲の第1主題，イはシベリウス作曲交響曲第2番第4楽章，ウはグリーグ作曲の「ペール・ギュント」より「山の魔王の宮殿にて」，エはヨハン・シュトラウス2世作曲「春の声」である。

【14】問1 楽譜1…ビゼー 楽譜2…シベリウス 問2 イ 問3 ア 問4 おどけて 問5 A 問6 ウ 問7 スメタナ…連作交響詩『わが祖国』 デュカーズ… 交響詩『魔法使いの弟子』

問8

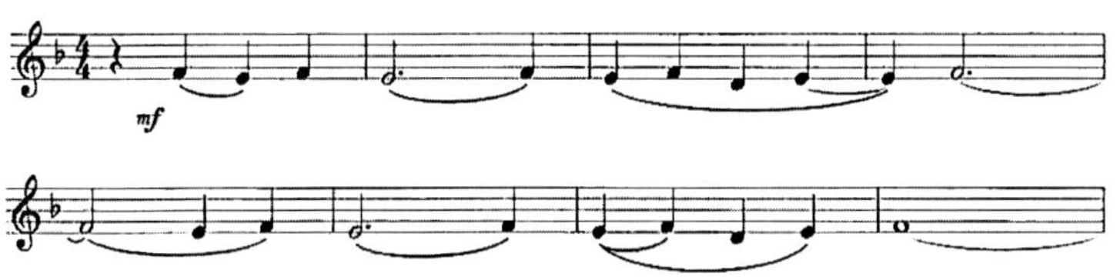

問9 ティンパニのスティックで大太鼓を叩く

○**解説**○ 問1 楽譜1はオペラ「カルメン」の前奏曲である。フランス語による歌劇で，オペラ・コミックに分類される。楽譜2は交響詩「フィンランディア」である。 問2 ビゼーはフランスの作曲家である。正答以外の選択肢の作曲家の出身国は，アがイタリア，ウがロシア，エがドイツである。 問3 津軽三味線の始祖といわれる仁太坊は明治期に太棹三味線で独自の奏法を生み出した。正答以外の選択肢について，イが12～16世紀の鎌倉から室町時代，ウが生田検校によって1695年，エが1684年のことである。 問4 楽語はイタリア語，ドイツ語，フランス語のものについても学習しておきたい。 問5 ホルン，トランペット，トロンボーンのパートである。ホルンA管，ホルンE管，トランペットA管は移調楽器なので実音を正しく判定すること。構成音はラ・ド♯・ミなので長三和音，Aである。 問6 楽器名は英語，フランス語，イタリア語，ドイツ語表記で理解できるようにしておくこと。 問7 交響詩に関する問題は頻出である。主な作品と作曲者名は答えられるようにしておくこと。交響詩の創始者はリストである。 問8 楽譜2は変イ長調であるが，クラリネットはB管なので長2度上げて変ロ長調で記譜されている。まず実音に戻して考えるとよい。アルト・サクソフォンはE♭管なので，実音が長3度低いので，長6度上げてヘ長調で記譜する。サックスの管の種類を覚えておくこと。 問9 大太鼓はG.C.と省略されることもある。スコアで使用される奏法に関する楽語はできるだけ多く理解しておきたい。

【15】(1) ① 減4度 ② 増3度 ③ 完全4度 ④ 長7度 ⑤ 長2度 (2) キ…ト短調 ク…ヘ短調 ケ…変ロ長調，ヘ長調，変ホ長調，変ホ短調，ニ短調 コ…変ハ長調，変ト長調，変ホ短調 (3) 種類…複合拍子 記号…(c) (4) 変ホ

○**解説**○ この楽譜はシューマンの歌曲集「ミルテの花」より「睡蓮の花」である。 (1) ①はファ♯とシ♭で減4度，②はレ♭とファ♯で増3度，③はラ♭とレ♭で完全4度，④はラ♭とソで長7度，⑤はソとラで長2度である。 (2) キ ♯と♭が1ずつあるので♯は導音上がりと考える。シに♭が付き，ファが導音となるのはト短調である。 ク シとレに♭が付いて，ミに付いていないので，ミを導音上がりと考える。調号が♭4つのヘ短調が当てはまる。 ケ シに♭が付いていて，レに付いていないので，♭3つまでの調と考える。長調3つと，その平行調の短調のうちニ短調。ト短調はファに♯，ハ短調はシが♮になるので当てはまらない。またレを導音上がりと考え，調号♭6つの変ホ短調も当てはまる。 コ ドに♭が付いていてファはわからないので調号♭6～7つの長調とその平行調と考える。変ハ長調と変ト長調は当てはまる。短調は変ホ短調は当てはまるが，変イ短調はソに♭が付いていて，導音上がりなら♮になるので当てはまらない。

(3) 複合拍子は6・9・12拍子である。単純拍子が2・3・4拍子，混合拍子は5・7・8拍子である。 (4) ホルンはF管の移調楽器なので実音は完全4度低い。記譜するときは実音より完全5度上げるのでラ♭をミ♭にする。

【16】問1 ③ 問2 ① 問3 ① 問4 ④ 問5 ② 問6 ②

○**解説**○ 問1 この楽譜はJ.シュトラウスⅡの喜歌劇「こうもり」序曲である。クラリネットは2段目に表記されている。G durの部分を，長3度あげてB durで記譜されているので，実音が記譜音より長3度低いA管と判断する。 問2 木管のパートは上からフルート，クラリネットA管，ファゴットである。金管パートはホルンF管×2，トランペットB♭管，トロンボーンである。打楽器はティンパニ，小太鼓，大太鼓，トライアングル，シンバルなど様々であるが，Tamb.はタンバリンで

ある。楽器の略記の仕方，またイタリア語，ドイツ語，フランス語，英語での表記の仕方を学習しておくこと。　問3　弦楽器のヴィオラのパートなのでアルト記号で記譜されている。　問4　ファゴットはレ・ファ♯，クラリネットはファ♯・ラ，フルートはレ・ド。この和音の構成音はレ・ファ♯・ラ・ドでレを根音とする属七の和音である。第5音はラなのでクラリネットである。　問5　コントラバスの実音は1オクターブ低いが，ソを1オクターブ上げると単音程となり，レとソで完全4度である。　問6　「ア・ドゥエ」は1つの声部を2つのパートがユニゾンで演奏することを表す。

【17】(1)　作品名…パガニーニの主題による狂詩曲(ラプソディ)イ短調作品43より第18変奏　　作曲者名…S.ラフマニノフ　　(2)　生誕何年…(イ)　　事柄…(A)　　(3)　拍子…4分の3拍子　　調性…Des dur
(4)　自由に加減して
(5)

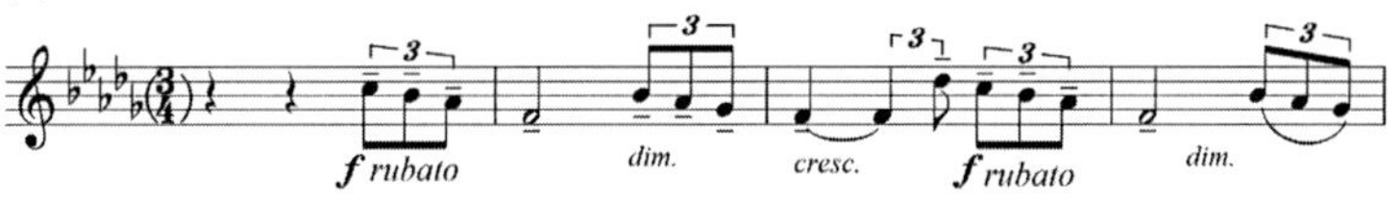

(6)　ハープ　　(7)　④　1オクターブ高く　　⑤　上げ弓
(8)　作品名…奇想曲(カプリス)

(9)　ヴィルトゥオーソ　　(10)　F.リスト　　(11)　交響詩「前奏曲」，ピアノ曲「超絶技巧練習曲」　から1つ　　(12)　歩くような速さでゆったりと大らかになめらかに演奏する。

○解説○ (1)　スコアから曲名を判断する問題である。よく知られる曲であるが，曲の冒頭ではないので難易度は高いといえる。日頃からさまざまなジャンルの曲をスコアもあわせて聴いておきたい。　(2)　ラフマニノフは1873年生まれで，生誕150年にあたる2023年は「ラフマニノフ・イヤー」とされている。日本音楽の事柄の選択肢の(A)は1870年，(B)は16世紀頃，(C)は平安末期から鎌倉時代である。　(3)　楽譜には拍子が記されていないが，1小節あたり4分音符が3つずつ入っているので，4分の3拍子とわかる。調号♭5つの長調なので，Des durである。
(4)　楽語はスコアで見かけるものは調べ，意味を記述できるようにしておくこと。　(5)　②の楽器はF管のコールアングレ(イングリッシュホルン)である。実音は記譜音より完全5度低い。　(6)　オーケストラスコアの楽器の記譜の順番から，弦楽器群，管楽器群ではないことがわかる。　(7)　音楽用語だけでなく，奏法の指示記号についても学習しておくこと。1オクターブ低く指示する記号や，下げ弓の記号を確認しておくこと。　(8)　パガニーニの作品を変奏した楽曲は他にもあるので，確認しておきたい。　(9)　16世紀ごろから，芸術分野で用いられるようになった概念である。　(10)　リストは，その卓越した技術から，「ピアノの魔術師」とも呼ばれた。　(11)　「ハンガリー狂詩曲」「愛の夢」などが有名である。　(12)　Andanteのテンポを示す「ゆっくり歩くような速さで」という要素を記述しておきたい。

【18】(1)　④　(2)　③　(3)　③　(4)　②　(5)　②　(6)　①
(7)　④

○**解説**○　(1)　「魔法使いの弟子」「ボレロ」「牧神の午後への前奏曲」はスコアからの問題で使用されることがあるので，スコアをあわせて音源を聴いておきたい。　(2)　(ア)はフルートパートで，記譜は実音なので，ラ♭・ド・ミ，長3度＋長3度で増三和音である。　(3)　(イ)はクラリネットB管で，実音は記譜よりも長2度下でラ♭である。ラ♭を属音とする長調は変ニ長調，その平行調は③の変ロ短調である。
(4)　Altosはヴィオラのフランス語表記である。イタリア語，ドイツ語，フランス語のスコアに対応できるよう慣れておきたい。　(5)　正答以外の選択肢について，①は主に2つ以上の音で成る。③は斜線の入っていない前打音のこと。④はスラーでつながった2つの音のうち後ろの音についた装飾音のことである。装飾音は実際演奏する音を書けるように学習しておきたい。　(6)　構成音はソ・シ・レである。これらが含まれないのは，イ短調であればソに導音上がりの♯がつくので所属しない。　(7)　楽語はイタリア語だけでなく，フランス語，ドイツ語のものも学習しておくこと。

和音・コード
ネーム

要点整理

●POINT

音楽の三要素はメロディ・リズム・ハーモニーであるが三つの中では，ハーモニーが苦手という人が多い。

和音の連結・進行を和声といい，和声学(法)の語があるように専門的に学ぼうとすれば奥深いものである。しかし，中・高校生の中にはギターやキーボードを通してコード・ネームに理屈抜きで親しんでいる場合がありコード(和音)が身近なものになっているといえる。コード・ネームは調に関係なく鍵盤上で，或いはギターの運指で合理的に覚えやすいもの。その種類もかなり多いが，7th(セブンス・コード)ぐらいまではすべてを分かるようにしたい。

音楽の基礎知識の学習はかなり幅の広いものではあるが教員採用の場合は，ある意味ではほとんどが基礎問題とも言える。対策としては，とにかく多くの問題に当たること。それも，難問だったならば先に解答を見て考えたり，解答の後に解説を読みあるいは関連事項を自ら調べたりなど，なるほど…と納得する姿勢が大切である。

実施問題

【1】次の楽譜は，永六輔作詞，いずみたく作曲の「見上げてごらん夜の星を」の冒頭である。①～⑤のコードネームをそれぞれ答えなさい。

▌2024年度 ▌京都府 ▌難易度 ■□□□□

【2】次の和音について，①和音の種類，②基本形又は転回形の種類を書け。

▌2024年度 ▌愛媛県 ▌難易度 ■□□□□

【3】次の楽曲について，以下の問に答えよ。

和音・コードネーム

問1　この曲の速度記号をⅠ～Ⅲから選び，記号で答えよ。

Ⅰ　Moderato　　Ⅱ　Lento　　Ⅲ　Allegretto

問2　この曲では，同じ音を主音とする長調と短調が使われている。曲の冒頭と，［①］の部分からの，それぞれの調を答えよ。

問3　問2のような調の関係を何というか，漢字で答えよ。

問4　ア～エのコードネームの和音を，ト音譜表に全音符で記せ。

2024年度　島根県　難易度

【4】次の楽譜中の(1)～(3)の示すコードについて，コードネームと，ギターで演奏する場合のダイヤグラムを，以下の例にならって，それぞれ書け。ただし，コードネームについては，ルート音は書かなくてよい。

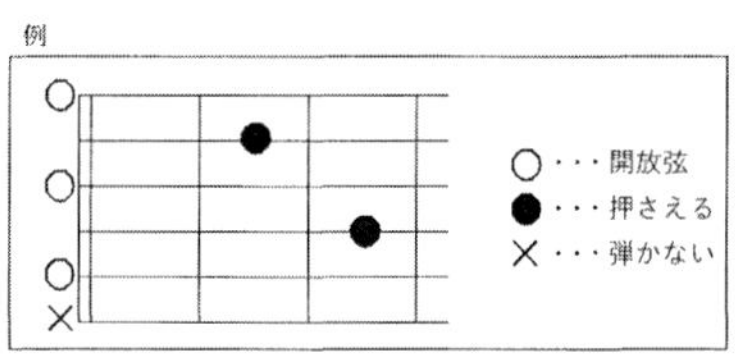

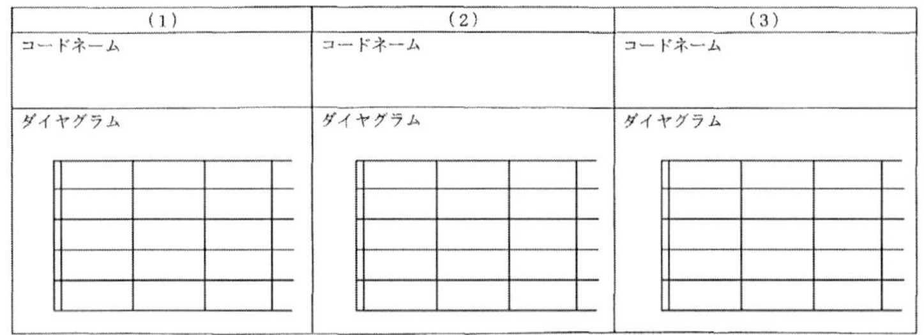

(1)	(2)	(3)
コードネーム	コードネーム	コードネーム
ダイヤグラム	ダイヤグラム	ダイヤグラム

2024年度 和歌山県 難易度

【5】次の〔楽譜〕を見て，(1)～(5)の問いに答えなさい。

〔楽譜〕

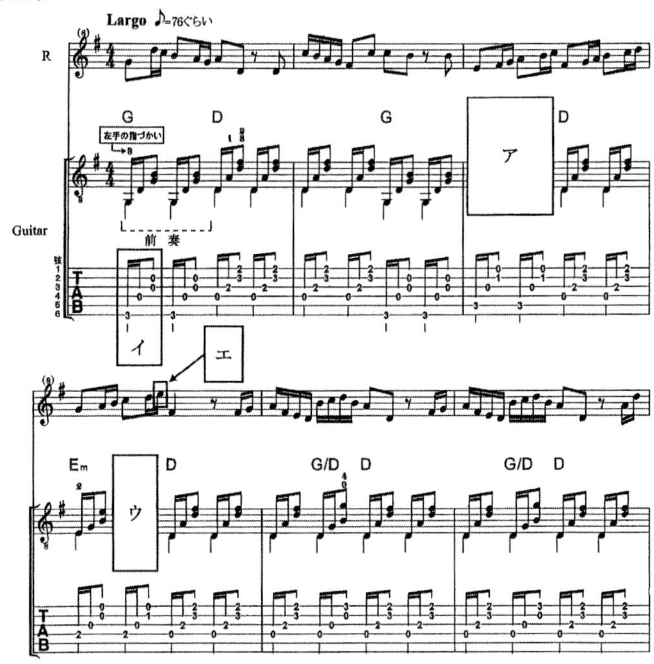

(1) 〔楽譜〕の[ア]に当てはまるコードのダイヤグラムを，次のa～dから1つ選び，記号で書きなさい。

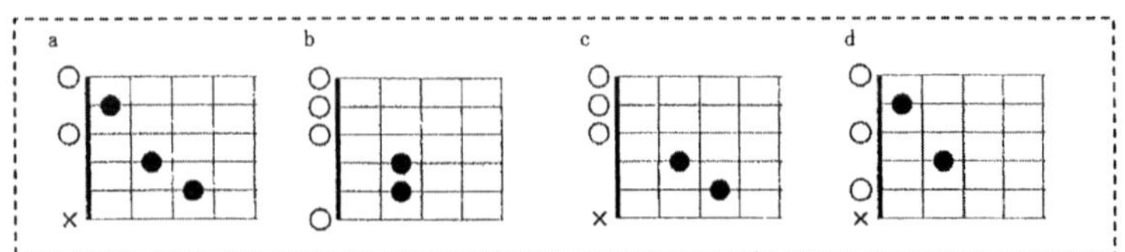

(2) 〔楽譜〕の[イ]の部分を右手で弾くとき，正しい楽譜はどれになるか，次のa～dから1つ選び，記号で書きなさい。ただし，6弦を親指，4弦を人差し指，3弦を中指，2弦を薬指で弾くこととする。

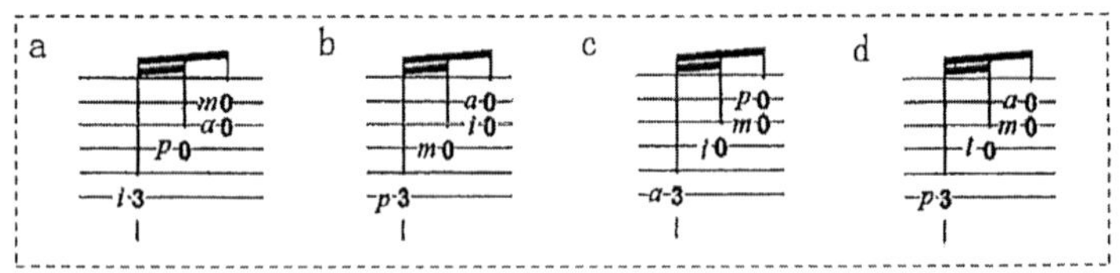

(3) 〔楽譜〕の[ウ]の部分のコードネームを答えなさい。ベース音がルート以外の音の場合は，それも示しなさい。

(4) 〔楽譜〕の[エ]をアルトリコーダーで演奏するとき，運指はどのようになるか，以下の「※記入の仕方」にしたがって，リコーダーの図に書き入れなさい。

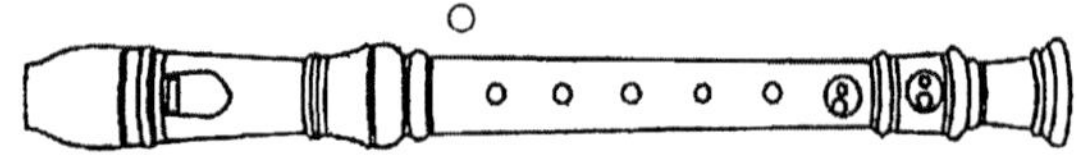

「※記入の仕方　○・・・開ける　●・・・閉じる　∅・・・サミング」

(5) ギターの奏法について，主にコードやアルペッジョを弾く際に用いられ，弾いた指が隣の弦に触れず，手のひらに向かって止まる奏法を何というか答えなさい。

▌2024年度 ▌福島県 ▌難易度 ■■■□□

【6】次に示す①～③はギターの運指である。それぞれのコードネームを書きなさい。

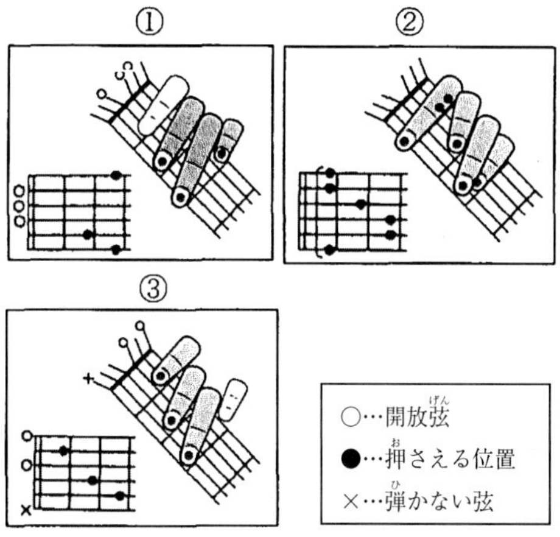

2024年度 山形県 難易度

【7】次の各問に答えよ。

〔問1〕 次の記述は，ある楽器に関するものである。この楽器の名称として適切なものは，以下の1～4のうちのどれか。

> 音板は金属で，各音板の下には金属製の共鳴筒がついている。共鳴筒の内部にはファンが内蔵されており，モーターを回すと共鳴筒のなかでファンが回転する。共鳴筒に響いた残響はファンの回転によってヴィブラートがかけられる。音板の下側には，フット・ペダルに直結したダンパーがとりつけられ，ペダルの操作によって余韻を長くのばしたり短くきったりする。

1 シロフォン　　2 グロッケンシュピール
3 ヴァイブラフォーン　　4 チェレスタ

〔問2〕 次の楽譜は，ある楽曲の旋律の一部にコードネームを付けたものである。楽譜中の ア のコードネームに従ってギターで伴奏する場合のダイヤグラムとして適切なものは，以下の1～4のうちのどれか。

ア

G　B7　Em　Am　D7

1 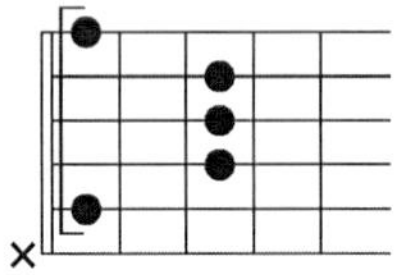　2 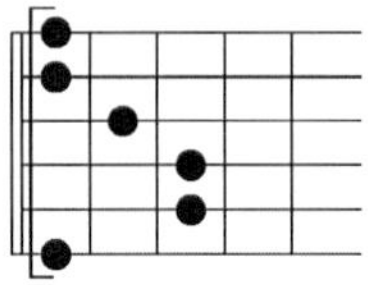　3 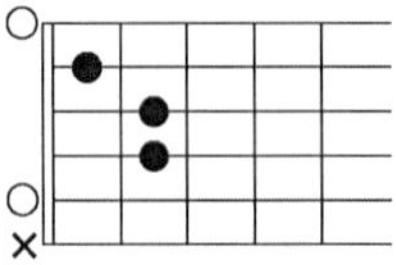　4

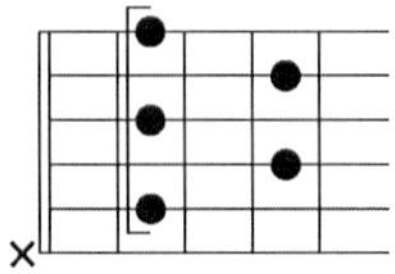

●…押さえる位置　×…弾かない弦　○…開放弦

[…セーハ　2本以上の弦を左手の人さし指で押さえる。

▌2024年度 ▌東京都 ▌難易度

【8】次の楽譜は，I.ストラヴィンスキー作曲「春の祭典」の一部分です。(ア)と(イ)の和音(実音)をコードネームで表したとき，その組み合わせとして正しいものを選びなさい。

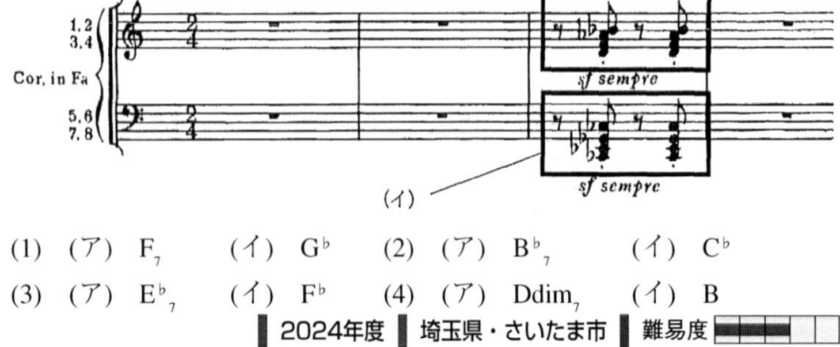

(1)　(ア)　F_7　(イ)　$G^{\flat}$　(2)　(ア)　$B^{\flat}{}_7$　(イ)　$C^{\flat}$

(3)　(ア)　$E^{\flat}{}_7$　(イ)　$F^{\flat}$　(4)　(ア)　$Ddim_7$　(イ)　B

▌2024年度 ▌埼玉県・さいたま市 ▌難易度

【9】次の旋律は，「故郷の人々」の一部である。以下の(1)，(2)の各問いに答えよ。

(1) 和声進行を考え，コードネームを付けよ。

(2) この旋律を変ロ長調でViolin，Clarinet，Horn，Celloのための四重奏曲に編曲せよ。その際，必要に応じて，(1)で答えたコード進行を変更してもよいが，次のア～ウのすべての条件を満たしていること。

ア　アーティキュレーションや強弱記号を付け加えること。

イ　演奏の難易度が，楽器の経験年数1年程度の中学生でも演奏可能なものであること。

ウ　冒頭の(　)内に楽器名を記すこと。また移調楽器の場合は，楽器名の右にその楽器の調性(例：in E♭)を付記すること。

▌2024年度 ▌山口県 ▌難易度

【10】次の楽譜を見て，以下の問いに答えよ。

(1)　譜例の[A]の第三拍目の音を構成音とする和音の種類は何か。①～⑤から選び，番号で答えよ。

①　長三和音　　②　減三和音　　③　短三和音

④　減七の和音　　⑤　長七の和音

(2)　譜例第2段目の矢印(⇩)で示された音は非和声音である。その種類を①～⑤から選び，番号で答えよ。

①　先取音　　②　掛留音　　③　倚音　　④　逸音

⑤　刺繡音

(3)　この曲は譜例第2段目から転調している。第1段目と第2段目の調の関係として適切なものを①～⑤から選び，番号で答えよ。

①　平行調　　②　同主調　　③　属調　　④　属調の属調

⑤　下属調

(4)　譜例の[B]と同じ意味をもつ楽語として適切なものを①～⑤から選び，番号で答えよ。

①　scherzando　　②　vivo　　③　risoluto　　④　pastorale

⑤　commodo

(5)　譜例の[C]の小節の音を構成音とする和音が所属する調はいくつあるか。適切なものを①～⑤から選び，番号で答えよ。

①　一つ　　②　二つ　　③　三つ　　④　四つ　　⑤　五つ

2024年度 ┃ 神戸市 ┃ 難易度 ■■■■□

解答・解説

【1】①　F add_9　　②　$G^{\sharp}dim_7$　　③　Am_7　　④　$A^{\flat}{}_7$　　⑤　Cm_6

○解説○　①　F add_9は，F(ファ・ラ・ド)に，ファから数えて9番目の音(ソ)を加えた和音である。　②　構成音は，ソ♯・シ・レ・ファで，減三和音＋短3度で減七の和音である。　③　構成音は，ラ・ド・ミ・ソで，短三和音＋短3度で短七の和音である。　④　構成音はラ♭・ド・ミ♭・ソ♭で，長三和音＋短3度で属七の和音である。　⑤　構成音は，ド・ミ♭・ソ・ラで，短三和音に根音からみて長6度の音を加えた和音である。

【2】① 長三和音　② 第1転回形

○**解説**○ 構成音はミ♭・ソ・シ♭で長3度＋短3度なので長三和音である。ミ♭が最高音になっているため，第1転回形である。

【3】問1　I　問2　冒頭…ハ短調　①…ハ長調　問3　同主調

問4

○**解説**○ 問1　教科書に掲載される曲については，ピアノ伴奏を練習して歌唱し，アーティキュレーションは把握しておくこと。　問2　この曲は同主調へ転調していることが特徴で，これを問う問題として頻出である。　問3　同主調とは同じ主音を持つ短調と長調のことである。　問4　コードネームから記譜する問題はすべて正答できるように学習しておきたい。主要なコードのギターのダイヤグラムも覚えておきたい。

【4】

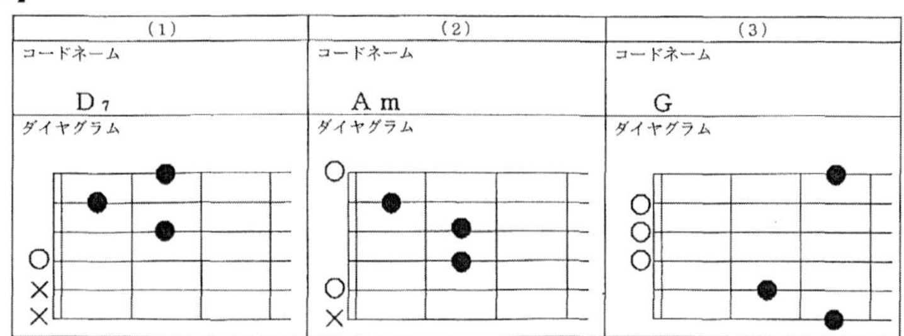

(1)	(2)	(3)
コードネーム D7	コードネーム Am	コードネーム G
ダイヤグラム	ダイヤグラム	ダイヤグラム

○**解説**○ 主なコードのダイヤグラムは覚えておくこと。(1)　構成音はレ・ファ♯・ラ・ドで長三和音＋短3度で属七の和音である。

(2) 構成音はラ・ド・ミで短三和音である。 (3) 構成音はソ・シ・レで長三和音である。

【5】(1) a (2) d (3) C/E(ConE)

(4)

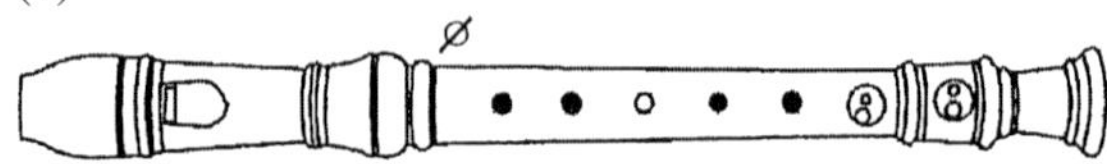

「※記入の仕方 ○…開ける ●…閉じる Ø…サミング」

(5) アル・アイレ奏法

○解説○ (1) 主なコードのダイヤグラムは覚えておくこと。選択肢のaはC，bはEm，cはCM7，dはAm7のダイヤグラムである。 (2) ギターの右手の指番号は，pは親指，iは人差し指，mは中指，aは薬指を表す。 (3) タブ譜を読むと，下からミ・ソ・ド・ミとなる。最低音がEのCの和音である。 (4) ソプラノ，アルトリコーダーの運指は実際演奏して覚えること。 (5) これに対して，弦を弾いた指が隣の弦に触れて止まる奏法は，アポヤンド奏法である。頻出事項なので説明できるようにしておきたい。

【6】① G ② F ③ C

○解説○ 主なコードのダイアグラムは覚えておくこと。開放弦の音の高さと，奏法についても学習しておくこと。

【7】問1 3 問2 3

○解説○ 問1 正答以外の選択肢について，1は木琴，2は鉄琴，4は鍵盤楽器で，いずれも体鳴楽器である。 問2 この楽曲は「愛の賛歌」である。ギターの主なコードのダイヤグラムは覚えておくこと。正答以外の選択肢について，1はB♭，2はF，4はBm7-5である。

【8】(3)

○解説○ 楽譜よりホルンF管の楽譜なので記譜音より実音が完全5度下になる。(ア)の構成音は，ミ♭・ソ・シ♭・レ♭なので，長三和音＋短3

度で属七の和音，(イ)の構成音は，ファ♭・ラ♭・ド♭で長三和音である。

【9】(1)

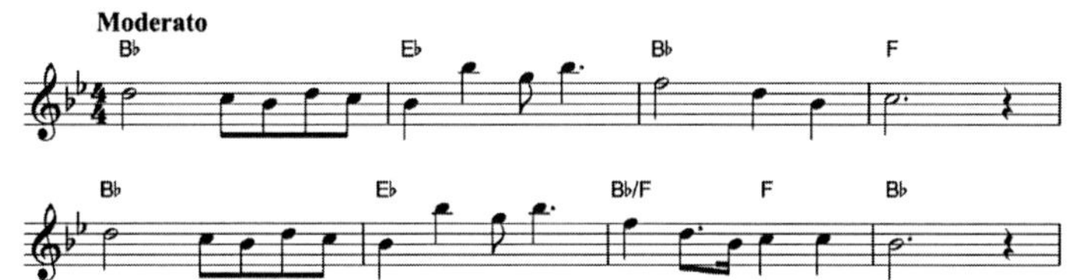

(2)

○**解説**○ (1)　♭2つの長調なので変ロ長調。B♭を主音とする調である。コードネームに慣れていない場合は，まずおおむね1小節ごとに和音の種類を考え，その後でコードネームに置き換えるとよい。その小節の主な構成音を考え，あてはまる和音を付けていく。1，2小節目と5，6小節目など，同じフレーズの場合は基本的に同じコードで問題なく，あまり複雑に付けなくてもよい。7小節目のようにフレーズの終結部

は，1小節を2つに分けて和音の変化と進行を間違えないようにすること。　(2)　まず移調楽器に注意したい。ViolinとCelloは実音で良いが，ClarinetはB♭管なので実音が記譜より長2度低く，HornはF管なので，実音が記譜より完全4度上である。まずは実音で記譜してから，Clarinetは長2度上のハ長調，Hornは完全4度下のヘ長調に移調するとよい。編曲の方法として最もシンプルなのは，最も音域が高いViolinに主旋律を割り当て，最も音域が低いCelloにベースを割り当てること。今回の編成の場合は2つの管楽器にその中間を割り当てることになる。解答例のように，主旋律が伸ばしている時は中間の2パートは動きをつけるなどすると充実した響きになる。条件に「楽器の経験年数1年程度の中学生でも演奏可能なもの」とあるので和声も音型も複雑になりすぎないように注意すること。

【10】(1)　④　　(2)　③　　(3)　③　　(4)　②　　(5)　④

○**解説**○ (1)　構成音はラ・ド・ミ♭・ソ♭で減三和音＋短3度で減七の和音である。　(2)　矢印が記された小節は，ミ♭・ソ・シ♭の和音で構成されている。和声音から2度上のド(非和声音)になり，すぐに次の音で和声音であるシ♭に解決している。非和声音の種類について，選択肢にあげられているものはすべて確認しておくこと。　(3)　第1段目は変イ長調，第2段目はレに♮がついており，変ホ長調である。

(4)　con animaはいきいきと，魂を持ってという意味である。①はおどけて，②はいきいきと，活発に，③は決然と，④は牧歌風に，⑤は気楽にという意味である。　(5)　ミ♭・ソ・シ♭の和音で，シとミに♭がついており，ソについていないので，♭が2つ～4つの調と判断できる。その中で，c mollとf mollは導音上がりの音が当てはまらない。B dur，g moll，Es dur，As durの4つである。

音程・音階・リズム

音楽科 音程・音階・リズム

実施問題

【1】次の(1)～(5)に答えなさい。

(1) 次の各文について，①～③に適する語句を書きなさい。

○ 変ニ長調の属調の平行調である(①)調の主音と，(②)短調の第4音は同音である。

○ (③)短調の平行調の下属調の音階の下中音はGである。

(2) ホ長調の第5音を根音とするM7の和音の構成音を，譜表上に全音符で書きなさい。

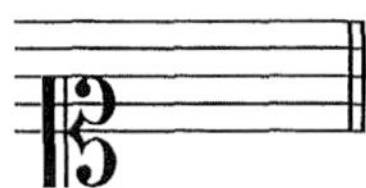

(3) Dから始まる全音音階を，譜表上に臨時記号を用いて全音符で書きなさい。

(4) B♭を終止音とするイオニア旋法を，譜表上に臨時記号を用いて全音符で書きなさい。

(5) 次の楽譜A～Cは，ビゼー作曲のオペラ「カルメン」の旋律の一部である。以下の①～③に答えなさい。

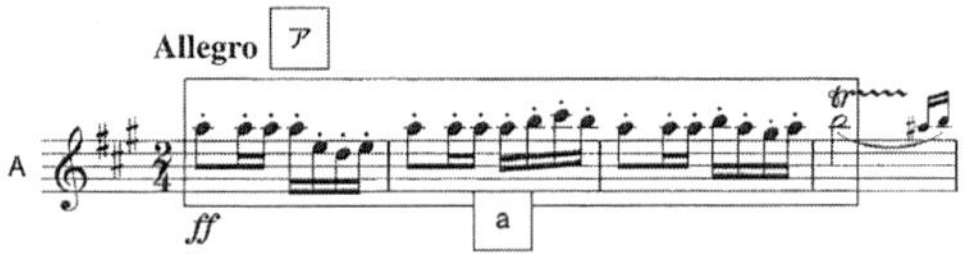

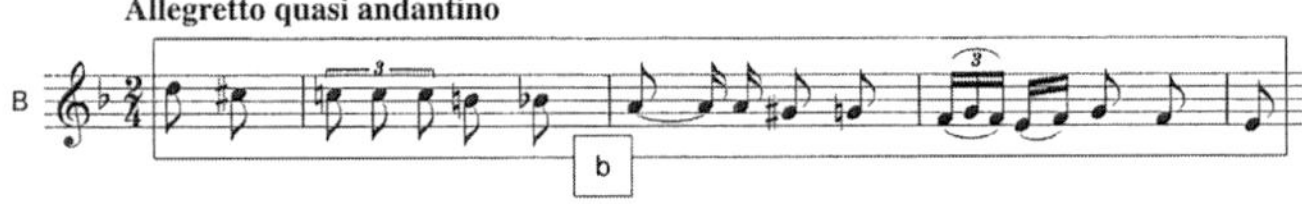

① [ア], [イ]にあてはまる音楽用語を，次の あ～く から1つずつ選び，その記号を書きなさい。また，その意味も書きなさい。

あ maestoso　　い adagio　　う energico　　え vivo
お espressivo　　か cantabile　　き giocoso　　く dolce

② [a], [b]の部分の調名を，それぞれ書きなさい。

③ ビゼーと同じ時代に活躍した作曲家を，次の あ～え から1つ選び，その記号を書きなさい。

あ サン・サーンス　　い プーランク　　う ガーシュイン
え モーツァルト

2024年度 ｜ 青森県 ｜ 難易度

【２】次の(1)～(3)の問いに答えなさい。

(1) 次の①，②のそれぞれの楽譜について，2音間の音程を正しく表しているものを，以下の1～4の中から1つずつ選びなさい。

①

1　重増5度　　2　完全5度　　3　減5度　　4　増5度

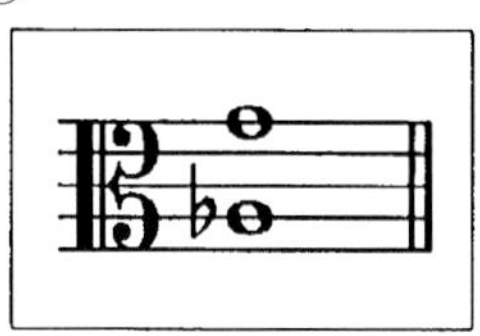

1　増7度　　2　長7度　　3　短7度　　4　減7度

(2) 次の楽譜の和音を正しく表しているものを，以下の1～4の中から1つ選びなさい。

1　減三和音　　2　長三和音　　3　増三和音　　4　短三和音

(3)　第4倍音と第6倍音の音程として最も適切なものを，次の1～4の中から1つ選びなさい。

1　完全5度　　2　完全8度　　3　長3度　　4　完全4度

2024年度 埼玉県・さいたま市 難易度

【3】調について，次の(1)，(2)に答えなさい。

(1)　次の文は，関係調について述べたものである。文中の(　①　)～(　④　)に当てはまる語句を書きなさい。

> ある調に対して密接なつながりをもっている調を関係調という。関係調には主調の完全5度上の(　①　)，主調の完全5度下の(　②　)，主調と同じ調号をもつ(　③　)，主調と主音が同じ(　④　)がある。

(2)　次の①，②の調号を書きなさい。

①　変ニ長調　　　　②　嬰ハ短調

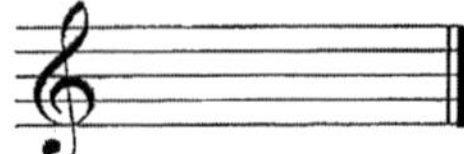

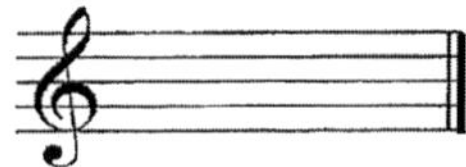

2024年度 新潟県・新潟市 難易度

【4】次の楽曲は何調か。最も適当なものを，以下の①～④の中から一つ選び，記号で答えよ。

(1)

①　嬰ハ短調　　②　嬰ト長調　　③　ホ長調　　④　ロ長調

(2)

①　変ニ長調　　②　変ホ長調　　③　ロ短調　　④　ト短調

2024年度 沖縄県 難易度

【5】次の1～8の問いに答えなさい。

1　次の文中の(　①　)，(　②　)に当てはまる語句の組み合わせとして最も適切なものを，以下のa～eの中から一つ選びなさい。

五線の第3線上の音を1点ハ音とするのが(　①　)，第4線上の音を1点ハ音とするのが(　②　)である。

	①	②
a	ソプラノ譜表	アルト譜表
b	ソプラノ譜表	テノール譜表
c	アルト譜表	メッゾソプラノ譜表
d	アルト譜表	テノール譜表
e	メッゾソプラノ譜表	ソプラノ譜表

2　曲種名とその日本語訳の組み合わせとして最も適切なものを，次のa～eの中から一つ選びなさい。

	Rhapsody	Passion	Nocturne
a	狂詩曲	受難曲	幻想曲
b	狂詩曲	受難曲	夜想曲
c	間奏曲	即興曲	受難曲
d	間奏曲	受難曲	夜想曲
e	間奏曲	即興曲	幻想曲

3　4分の2拍子で180小節ある楽曲を，♩＝108のテンポで演奏したときの演奏時間として最も適切なものを，次のa～eの中から一つ選びなさい。

a　2分00秒　　b　2分20秒　　c　2分40秒　　d　3分00秒

e　3分20秒

4　次のア～ウが示す音で構成される和音をコードネームで表記したとき最も適切なものを，以下のa～eの中から一つ選びなさい。

ア　変ホ短調の上主音

イ　イ長調の下属調の下中音

ウ　変ロ長調の中音

a　Gm　　b　Fdim　　c　Ddim　　d　Bdim　　e　B♭aug

5　次の楽譜において，①～③の装飾記号とその奏法の組み合わせとして最も適切なものを，以下のa～eの中から一つ選びなさい。

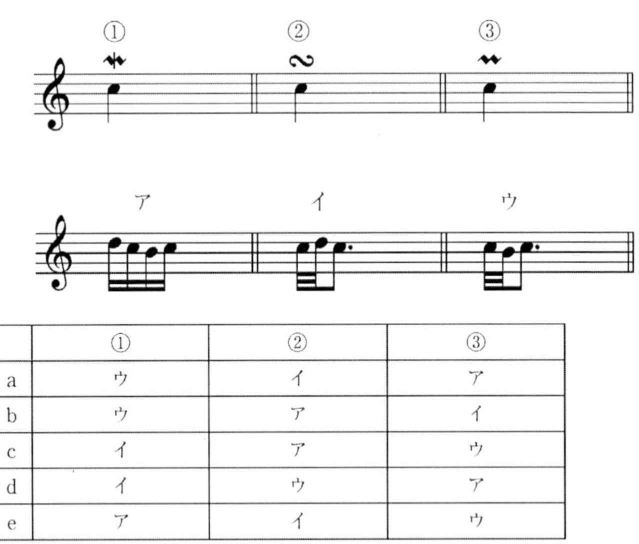

	①	②	③
a	ウ	イ	ア
b	ウ	ア	イ
c	イ	ア	ウ
d	イ	ウ	ア
e	ア	イ	ウ

6　次の文中の(　①　)～(　④　)に当てはまる語句の組み合わせとして最も適切なものを，以下のa～eの中から一つ選びなさい。

J.S.バッハが作曲した『無伴奏チェロ組曲第1番』は，「前奏曲」，「(　①　)」，「クーラント」，「(　②　)」，「メヌエット」，「(　③　)」の順の6曲から構成されている。もともと(　④　)を担うことが多かったチェロを独奏楽器として使用した作品で，跳躍や重音奏法を駆使し，複数の楽器が多声的に演奏しているかのような雰囲気をつくり出している。

	①	②	③	④
a	アルマンド	サラバンド	ジーグ	バッソ・コンティヌオ
b	サラバンド	アルマンド	ジーグ	カントゥス・フィルムス
c	アルマンド	ジーグ	サラバンド	バッソ・コンティヌオ
d	サラバンド	ジーグ	アルマンド	カントゥス・フィルムス
e	アルマンド	サラバンド	ジーグ	カントゥス・フィルムス

7　次のギターの奏法に関する文中の(　①　)～(　③　)に当てはまる語句の組み合わせとして最も適切なものを，以下のa～eの中から一つ選びなさい。

ギターの右手の記号は，それぞれの指を表すスペイン語の頭文字が使用され，例えば親指は(　①　)で表される。はっきりした発音が得られる(　②　)は，弦を弾いた後に指を隣の弦に当てて止める奏法である。これに対し，弾いた後に指が隣の弦に触れないのが(　③　)で，和音やアルペッジョなどを奏するときに多く用いられる。

	①	②	③
a	*m*	アル・アイレ奏法	アポヤンド奏法
b	*p*	アル・アイレ奏法	アポヤンド奏法
c	*a*	アル・アイレ奏法	アポヤンド奏法
d	*m*	アポヤンド奏法	アル・アイレ奏法
e	*p*	アポヤンド奏法	アル・アイレ奏法

8　次の楽譜において，ミクソリディア旋法として最も適切なものを，次のa～eの中から一つ選びなさい。

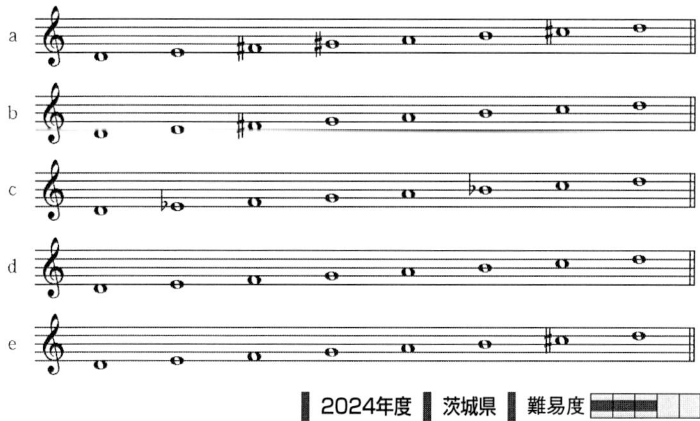

■2024年度 ■茨城県 ■難易度

【6】次の(1)～(3)の日本の音階にあてはまる名称を，以下の(A)～(D)の中から1つずつ選び，その記号を書け。

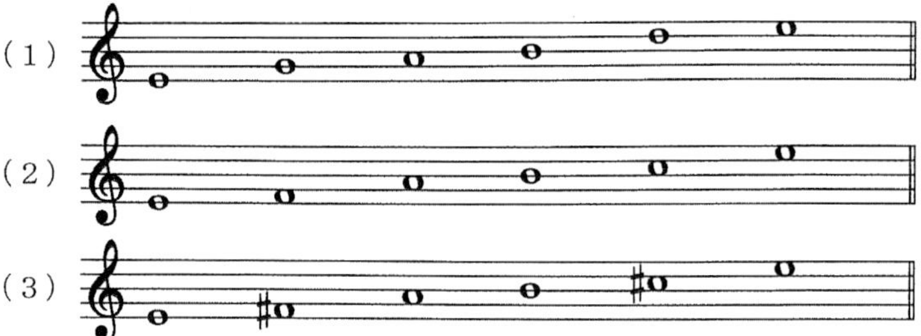

(A) 都節音階　(B) 律音階　(C) 民謡音階
(D) 沖縄(琉球)音階

▌2024年度 ▌和歌山県 ▌難易度

【7】第2学年の授業で「クラスのCMソングをつくろう」という題材を構想した。まずは，小グループで歌詞を考え，それぞれのグループでつくった作品のよいところをつなぎ合わせて完成した。本時では，その歌詞のよさが伝わるように，言葉の抑揚を生かして旋律を創作した。一人一台端末を使って録音したり，創作用アプリを使ったりして記すなど，自分のやりやすい方法で記録させた。次に示した【生徒の作品】は，「一生懸命考えた音楽だから，自分の手で音符にしたい」と言った生徒の作品である。

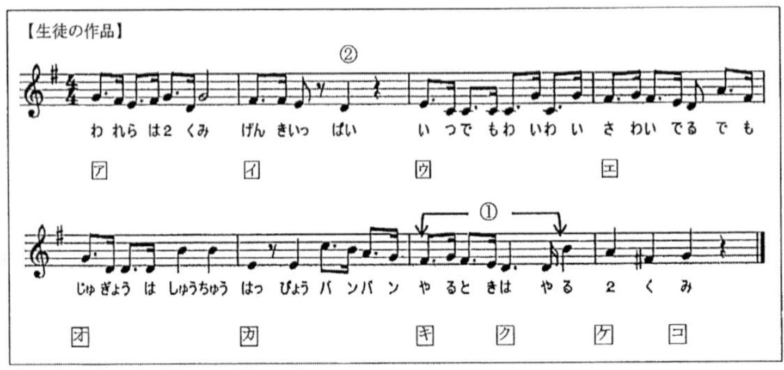

(1) ①の2音間の音程として正しいものを次の中から選び，記号で答えなさい。

A 長3度　B 完全4度　C 増5度　D 完全5度
E 短6度　F 減5度　G 減4度　H 増4度

(2) 【生徒の作品】の属調の平行調を次の中から選び，記号で答えなさい。

a ト長調　b 変ロ短調　c ニ短調　d ロ長調
e ロ短調　f ハ長調　g ヘ短調　h ト短調

(3) ②の音を根音とする属七の和音を全音符で書きなさい。

(4) 言葉の抑揚を生かした旋律にするために，生徒に一つだけアドバイスするならどのように声をかけるか，生徒が目の前にいると想定して答えなさい。

(5) 今回は記譜について細かく指導していないため，音符の書き間違いは教師が修正することにした。【生徒の作品】の音符の書き間違いをしている部分を○で囲み，次の(例)にならって正しい音符を答えなさい。

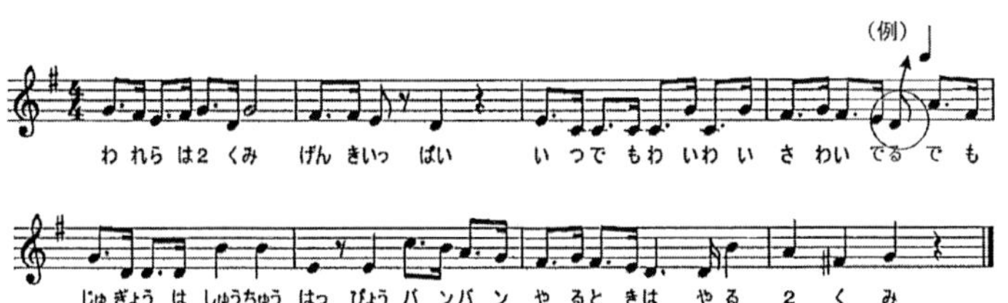

(6) 【生徒の作品】の旋律を2度高く移調し，調号を用いずにへ音譜表で書きなさい。その際，音符の書き間違いは正しく直し，歌詞は記入しないものとする。

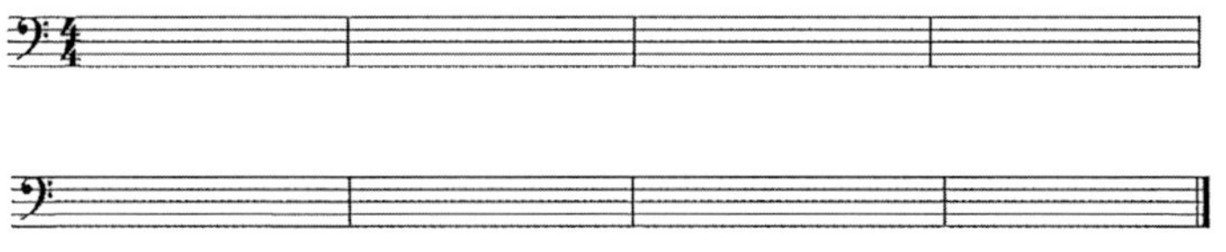

(7) 【生徒の作品】に伴奏をつける場合，ア～コに当てはまる和音記号としてふさわしい組み合わせを①～⑤の中から選び，番号で答えなさい。

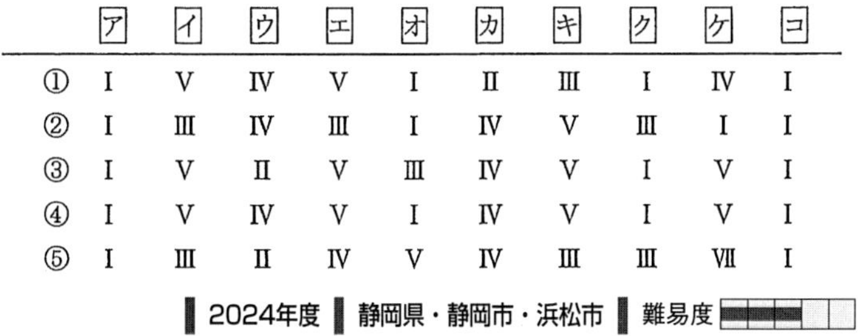

	ア	イ	ウ	エ	オ	カ	キ	ク	ケ	コ
①	Ⅰ	Ⅴ	Ⅳ	Ⅴ	Ⅰ	Ⅱ	Ⅲ	Ⅰ	Ⅳ	Ⅰ
②	Ⅰ	Ⅲ	Ⅳ	Ⅲ	Ⅰ	Ⅳ	Ⅴ	Ⅲ	Ⅰ	Ⅰ
③	Ⅰ	Ⅴ	Ⅱ	Ⅴ	Ⅲ	Ⅳ	Ⅴ	Ⅰ	Ⅴ	Ⅰ
④	Ⅰ	Ⅴ	Ⅳ	Ⅴ	Ⅰ	Ⅳ	Ⅴ	Ⅰ	Ⅴ	Ⅰ
⑤	Ⅰ	Ⅲ	Ⅱ	Ⅳ	Ⅴ	Ⅳ	Ⅲ	Ⅲ	Ⅶ	Ⅰ

2024年度 静岡県・静岡市・浜松市 難易度

【8】次の各問いに答えよ。(解答は選択肢より一つ選び，番号で答えよ。)

(1) ホ短調の音階の中音を根音とする三和音の種類と，その第5音を答えよ。ただし，三和音の構成はホ短調和声的短音階の構成音で作ることとする。(例：第5音がハ音の場合，選択肢群アとイから5，3を選ぶこととする。)

和音の種類の選択肢　1 長三和音　2 短三和音
3 増三和音　4 減三和音
5 長七の和音　6 短七の和音
7 属七の和音　8 減七の和音

選択肢ア　1 嬰　2 変　3 重嬰　4 重変　5 なし
選択肢イ　1 イ　2 ロ　3 ハ　4 ニ　5 ホ　6 ヘ　7 ト

(2) 長音階と短音階の三和音の種類のうち，短三和音の全てを示したものを答えよ。(ただし，短音階は和声的短音階で考えることとする。)

選択肢
1 長調のⅡ　Ⅲ　短調のⅠ　Ⅱ
2 長調のⅡ　Ⅲ　短調のⅠ　Ⅳ
3 長調のⅡ　Ⅶ　短調のⅠ　Ⅳ
4 長調のⅡ　Ⅶ　短調のⅠ　Ⅱ　Ⅳ
5 長調のⅡ　Ⅵ　短調のⅠ　Ⅳ　Ⅶ
6 長調のⅡ　Ⅵ　Ⅶ　短調のⅠ　Ⅶ
7 長調のⅡ　Ⅲ　Ⅵ　短調のⅠ　Ⅳ
8 長調のⅡ　Ⅲ　Ⅵ　短調のⅠ　Ⅶ
9 長調のⅡ　Ⅲ　Ⅶ　短調のⅠ　Ⅱ　Ⅳ
0 長調のⅡ　Ⅲ　Ⅶ　短調のⅠ　Ⅳ　Ⅶ

(3) 全ての音階の始まりの音をハ音とした場合，次の日本の音階について名称をそれぞれ答えよ。

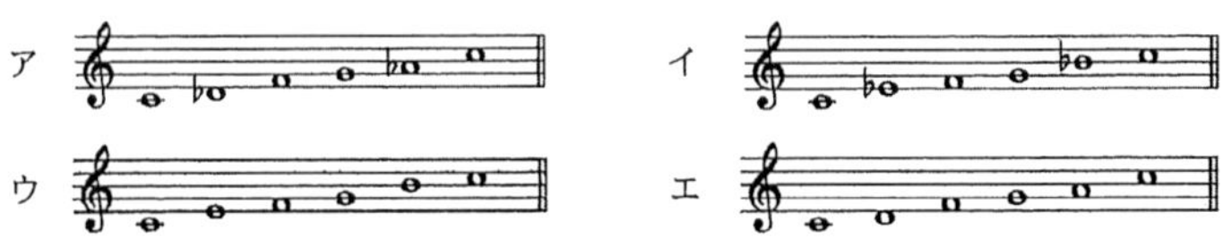

選択肢　1　沖縄(琉球)音階　　2　全音音階　　3　都節音階
　　　　4　民謡音階　　　　　5　律音階　　　6　呂音階

(4)　次のうち，よく似た意味をもつ用語の組合せを選び答えよ。

選択肢　1　animatoとcalmando　　2　calmatoとtranquillo
　　　　3　doleteとsoave　　　　4　furiosoとgalante
　　　　5　liberamenteとmaestoso　　6　mestoとpietoso

(5)　次のように演奏するときに，アとイの音符に付される記法を答えよ。

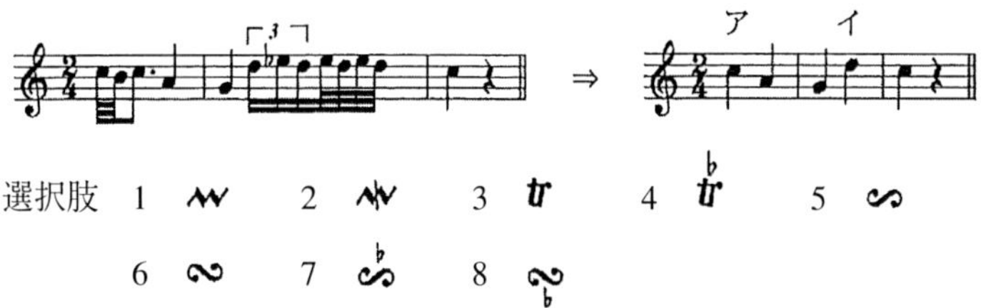

(6)　次のコード・ネームが表す音を答えよ。

ア　Adim7　　イ　AmM7　　ウ　A6　　エ　A7sus4

選択肢

(7)　次の楽譜を演奏した時の演奏時間を答えよ。ただし，小数点以下の数字が出た場合は切り上げることとする。(例：1分15秒の場合，選択肢から，1，1，5を選ぶこととする。)

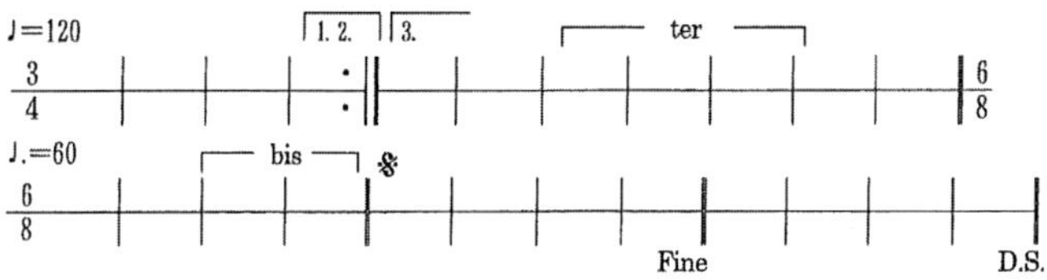

[　ア　]分[　イ　][　ウ　]秒

選択肢　1　2　3　4　5　6　7　8　9　0

(8)　拍子記号𝄵の読み方を答えよ。

選択肢　1　alla breve　　2　alla caccia　　3　alla chitarra
　　　　4　alla mente　　5　alla zoppa

2024年度　愛知県　難易度

音程・音階・リズム

【9】次の楽譜を見て，以下の問いに答えなさい。

1　次の音名を書きなさい。ただし，音高標示を伴った表記をすること。

(1)　⑦を3オクターヴ下げた音のドイツ音名

(2)　⑧を2オクターヴ下げた音の日本音名

2　次の(1)(2)で示された2音間の音程と，(3)(4)で示された2音間の転回音程を書きなさい。

(1)　①と⑧　　(2)　②と③　　(3)　②と⑤　　(4)　④と⑥

3　①と②の振動数比を書きなさい。

4　⑥を第12倍音とする第3倍音を，音高標示を伴った日本音名で書きなさい。

5　次の音階を書きなさい。ただし，特に指示がない場合は，主音(フィナリス，起点)から主音(フィナリス，起点)までの上行形1オクターヴを全音符で書くこと。短調は和声短音階とする。

(1)　①をフィナリスとするフリギア旋法を，高音部譜表上に臨時記号を用いて書きなさい。

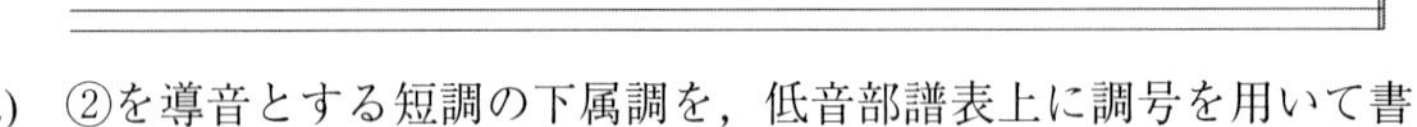

(2)　②を導音とする短調の下属調を，低音部譜表上に調号を用いて書きなさい。

(3)　④を主音とする長調の，下属調の下属調の平行調をアルト譜表上に臨時調号を用いて書きなさい。

(4)　⑦の短2度上の音を起点とする全音音階を，ヴァイオリン譜表上に臨時記号を用いて書きなさい。ただし，臨時記号は♯のみを使用すること。

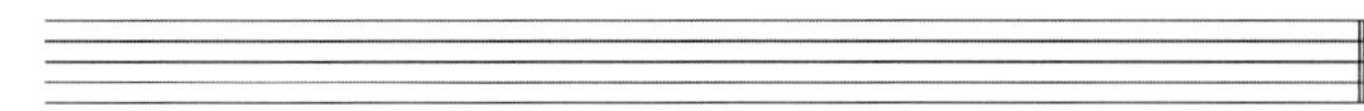

6　⑥⑦⑧で構成される和音が所属する全ての調をドイツ語で書きなさい。ただし，短調は和声短音階とする。

7　この楽譜を♩＝132の一定のテンポで演奏すると何秒かかるか書きなさい。ただし，リピートした場合の演奏時間とする。

8　この楽譜は4回転調している。最初から順に，全ての調をドイツ語で書きなさい。

9　③を長3度下げた場合，A⌈　　　⌉の終止形の名称を書きなさい。

10　B⌈　　　⌉部分は2つの声部に分けることができる。次にならって楽譜の続きを完成させなさい。

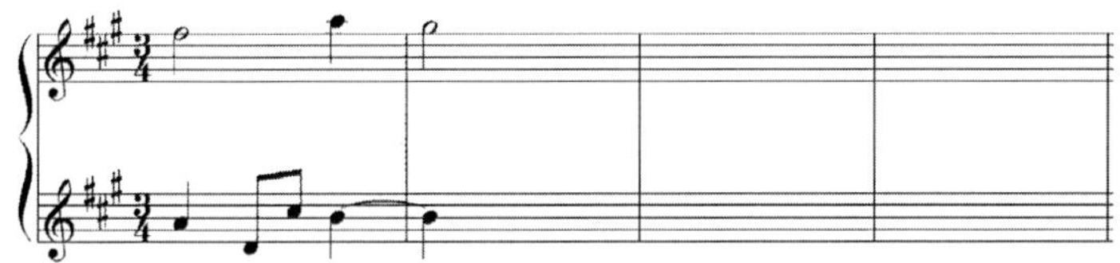

▌2024年度▌兵庫県▌難易度■■■■□

【10】W.A.モーツァルトが作曲した交響曲のうち，第25番と同じ調性を持つ作品を選びなさい。ただし調性は第1楽章冒頭のものとします。

(1)　第38番　　(2)　第39番　　(3)　第40番　　(4)　第41番

▌2024年度▌埼玉県・さいたま市▌難易度■■■■□

解答・解説

【1】(1) ① ヘ短 ② ハ ③ ニ

(2)

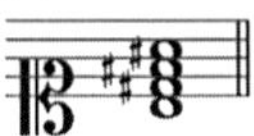

(3)

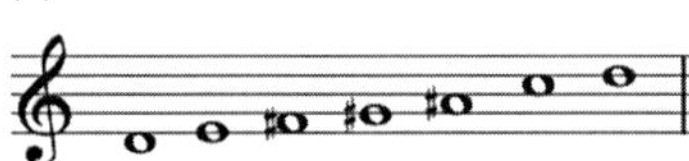

(4)

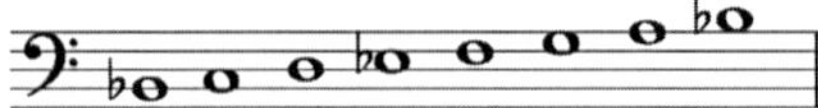

(5) ① (記号／意味の順) ア き／おどけて愉快に イ え／生き生きと(快活に) ② a イ長調(A dur) b ニ短調(d moll)
③ あ

○**解説**○ (1) ①，② 変ニ長調の属調は変イ長調で，その平行調はへ短調である。へ短調の主音であるファを第4音に持つのはハ短調である。 ③ 下中音は第6音のことである。Gを下中音にもつ長調は変ロ長調，それを下属調とするのはへ長調でその平行調はニ短調である。
(2) 解答に記されている楽譜は，ソプラノ譜表で五線の第一線がドとなる。M7は長七の和音で，長三和音＋長3度なので，シ・レ♯・ファ♯・ラ♯である。 (3) 全音音階は全音のみで構成され，1オクターブを6等分した音階を指す。長2度の間隔であるため，ラ♯の次がドになることに気をつけたい。 (4) イオニア旋法はピアノで黒鍵を使わずにドから始まる音階と同じ音程間隔になるので，第3音と第4音と第7音と第8音の間が半音となる。 (5) Aは第1幕前奏曲「闘牛士」，Bはハバネラ(恋は野の鳥)，Cはアルゴネーゼである。 ① それぞれの楽曲の速度記号は理解しておきたい。 ② bはドに付いている♯は導音上がりとみて短調と判断する。 ③ ビゼーの生没年は1838～1875年である。選択肢の作曲家について，あ は，1835～1921年，いは1899～1963年，う は1898～1937年，え は1756～1791年である。

【2】(1) ① 4　② 2　(2) 1　(3) 1

○**解説**○ (1) ① レとラは完全5度，ラに♯で半音広がり増5度である。② ラ♭とソで長7度である。 (2) ソ・シ♭・レ♭で，短3度＋短3度の減三和音である。 (3) 第4倍音は基音から2オクターブ，第6倍音は2オクターブと完全5度である。

【3】(1) ① 属調　② 下属調　③ 平行調　④ 同主調

(2)

○**解説**○ (1) 関係調については必ず理解しておくこと。難易度は高くない。 (2) 全ての調の調号は，覚えること。

【4】(1) ④　(2) ①

○**解説**○ (1) ファ・ド・ソ・レ・ラに♯がついている。導音上がりもみられないので♯5つの長調，ロ長調と判断できる。 (2) シ・ミ・ラ・レに♭がついている。ソの音がでてきておらずこれに♭がつくのかつかないのか判断できない。選択肢のうち，②は♭3つでレに♭がつかない，③は♯系，④は♭2つでラとレに♭がつかないので，当てはまるのは①である。

【5】1 d　2 b　3 e　4 d　5 b　6 a　7 e　8 b

○**解説**○ 1 1点ハ音がハ音記号で第1線上のソプラノ譜表からメゾソプラノ，アルト，テノール譜表と，1点ハ音の位置が1線ずつ上がっていく。 2 曲種名についての問いは頻出である。正答以外の曲種名について，間奏曲はintermezzo，即興曲はimpromptu，受難曲はpassione，幻想曲はfantasiaである。 3 演奏時間(秒)＝拍子数×小節数×60÷テンポ指定なので，2×180×60÷108＝200秒で3分20秒が正しい。 4 アの上主音は第2音のことなのでファ，イの下中音は第6音なので，イ長調の下属調ニ長調の第6音でシ，ウの中音は第3音なのでレで，構成音がシ・レ・ファの減三和音となる。 5 ①はモルデント，②はターン，③はプラルトリラーである。実際弾く音を音符でかけるようにしておきたい。　6　古典舞曲の問題は頻出である。リズムの特徴について説明できるように学習しておきたい。組曲の構成は，音源を聴いたり演奏したりして理解しておきたい。カントス・フィルムスは定旋律，バッソ・コンティヌオは通奏低音の意味である。　7　ギターの指番号は，pは親指pulgar，iは人差し指indice，mは中指medio，aは薬指anular，chは小指chicoである。アル・アイレ，アポヤンド奏法については頻出事項なので必ず理解しておくこと。　8　ミクソリディア旋法はソから白鍵のみで構成される音階のことで，「全全半全全半全」の音程の順番になる。正答以外の音階で教会旋法に当てはまるものについて，aはリディア旋法，cはフリギア旋法，dはドリア旋法である。

【6】(1)　(C)　　(2)　(A)　　(3)　(B)

○解説○　選択肢の音階は日本の主要な音階4つである。すべて楽譜に書けるようにしておきたい。

【7】(1)　B　　(2)　e

(3)

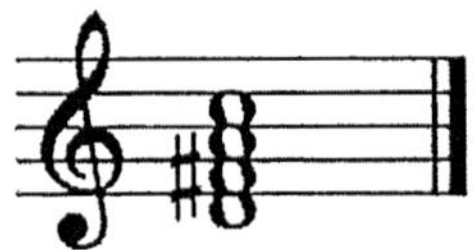

(4)「わいわい」の抑揚を考えると，「わ↑い↓わ↑い↓」になるね。「わ」が高くて「い」が低くなるように音を変えてみたら？

(5)

(6)

(7) ④

○**解説**○ (1) ファ♯とシで，完全4度である。 (2) 生徒の作品はト長調である。属調はニ長調で，その平行調はロ短調である。 (3) 属七の和音は，長三和音＋短3度で構成される。 (4) 日本語の音の抑揚と，音高やリズムについてアドバイスできると良い。 (5) リズムに関する修正が必要である。時間をかけずに間違いを見つけ修正できるようにしておきたい。 (6) 2度高く移調すると調号♯3つのイ長調になる。 (7) コード付けすると，ア から順にG→D→C→D→G→C→D→G→D→Gとなる。

【8】(1) 和音…3 ア 1 イ 4 (2) 7 (3) ア 3 イ 4 ウ 1 エ 5 (4) 2 (5) ア 2 イ 4 (6) ア 3 イ 6 ウ 7 エ 0 (7) 1，1，2 (8) 1

○**解説**○ (1) 中音とは音階の第3音で，ホ短調の中音はソ，これを根音とする三和音はソ・シ・レ♯の増三和音である。ホ短調の和声的短音階なので，レに♯がつく。 (2) 調号の無い，ハ長調とイ短調で考えてみると良い。 (3) ア～エは日本の4つの代表的な音階なので書けるようにしておきたい。正答に当てはまらなかった，全音音階はド・レ・ミ・ファ♯・ソ♯・ラ♯・ド，呂音階はド・レ・ミ・ソ・ラ・ドである。 (4) 選択肢2の楽語はいずれもイタリア語で「静かに，穏やかに」という意味がある。楽語は類義語をあわせて覚えると良い。(5) 選択肢2はモルデント，4はトリルである。それぞれの記号を音符で表わせるよう学習しておくこと。 (6) アの構成音はラから始まる減七の和音(減三和音＋短3度)，イは長七の和音で，短三和音＋長3度，ウは長三和音に第6音であるファ♯を加えたもの，エは四和音の第3音を根音から完全4度上にしたものである。 (7) 演奏時間の計算は，拍子×小節数×60÷メトロノーム表示数で計算できる。4分の3拍子の部分は3×24×60÷120＝36秒。8分の6拍子の部分で気をつけたいのは，速度記号が付点四分音符で示されているので，2拍と考えて計算し，2×18×60÷60＝36秒で，あわせて72秒である。terは3回，bisは2回繰り返す記号である。 (8) 2分の2拍子の意味でアラブレーベと称する。

【9】1 (1) H (2) 嬰ホ 2 (1) 減4度 (2) 1オクターヴと短6度 (3) 長2度 (4) 完全5度 3 3：4 4 嬰と

5

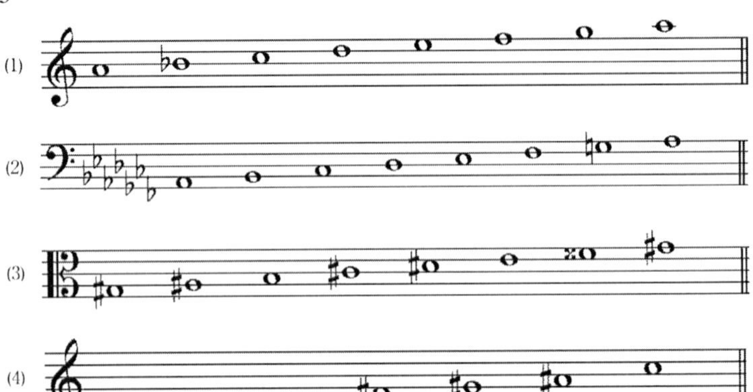

6 Fis-dur，dis-moll，fis-moll 7 60秒 8 fis-moll→A-dur→E-dur→A-dur→fis-moll 9 偽終止

10

○解説○ 1 日本語，英語，ドイツ語など，それぞれの音名表記では音の高さによって書き分けることができるようになっている。それぞれ表記の仕方を理解しておくこと。 2 (1)はミ♯とラで減4度，(2)はファ♯とレで，1オクターヴと短6度，(3)はミとレで短7度なので転回音程は長2度，(4)はソ♯とド♯で完全4度なので転回音程は完全5度とな

る。　3　①と②の音程は完全4度なので，振動数比は3：4である。完全1度は1：1，完全8度は1：2，完全5度は2：3となるので覚えておくこと。　4　第12倍音は3オクターヴと完全5度なので，1点嬰ト音の基音は，下1点嬰は音である。その第3倍音は1オクターヴと完全5度上のため，嬰と音となる。　5　(1)　フリギア旋法は，臨時記号を付けずにEから始めた音階と同じもので，半・全・全・全・半・全・全音となる。

(2)　レ♯を導音とする短調はes-moll，その下属調は調号♭7つのas-mollである。和声短音階と指示があるので，第7音だけ半音上げる。

(3)　ド♯を主音とする長調Cis-durの下属調はFis-dur，その下属調はH-dur，その平行調は調号♯5つのgis-mollである。第7音のみ半音上げる。

(4)　シの短2度上の音はドである。全音音階とは，全て全音(長2度)で構成された音階のことである。　6　ミ♯・ソ♯・シで，ミに♯がつくので♯6つの調である，Fis-durとdis-mollが考えられる。また，ミ♯を導音上がりと考えると，fis-mollも当てはまる。　7　この楽譜は3拍子，22小節で書かれており，リピート記号があるので演奏は44小節分である。演奏時間(秒)は，拍数×小節数×60÷メトロノーム指示数で計算できるので，3×44×60÷132＝60となる。　8　調号♯3つで，ミに導音上がりとみられる♯がついているのでfis-mollで始まる。7小節目からは，ミに♯が付されなくなっていることから，平行調のA-durに転調したと考えられる。10小節目から，レに♯が付され，調号♯4つのE-durに転調したと考えられ，13小節目からはレに戻っており，A-durであると判断できる。19小節目からミに♯が付され，最初のfis-mollに戻ったと考えられる。　9　楽譜通りファ♯であれば，主音なので完全終止である。長3度下げた音はレで，Ⅵの音なので偽終止である。　10　この4小節は同じ音型で書かれている。示されている1小節目の音型と同じように，上声部と下声部に分けて記譜する。

【10】(3)

○**解説**○　交響曲第25番はト短調である。(1)はニ長調，(2)は変ホ長調，(4)はハ長調である。モーツァルトが作曲した交響曲の中で短調なのは25番と40番の2曲のみである。

作曲・編曲・移調

要点整理

●POINT

教室で授業を行うことを想定して作曲や編曲をさせる問題が多く見られる。例えば，与えられたテーマによるピアノ伴奏付きアルトリコーダー曲の作曲，和声進行を指定し中学１年生が歌えるレベルで混声３部合唱の作曲，リコーダーアンサンブルのスコアの金管アンサンブルへの編曲，大譜表で任意の楽器編成による作曲，ボディーパーカッションの曲の作成，《きらきらぼし》の金管５重奏のスコアに編曲，《コンドルはとんでいく》の合奏譜の作成等が見られ，それらの多くにはコードネームをつけることが指定されていた。

音楽科　作曲・編曲・移調

実施問題

【1】次の楽譜の音を下属音とする短調の平行調の楽譜として正しいものを，以下の1～4の中から1つ選びなさい。なお，短調は和声短音階で表記してあります。

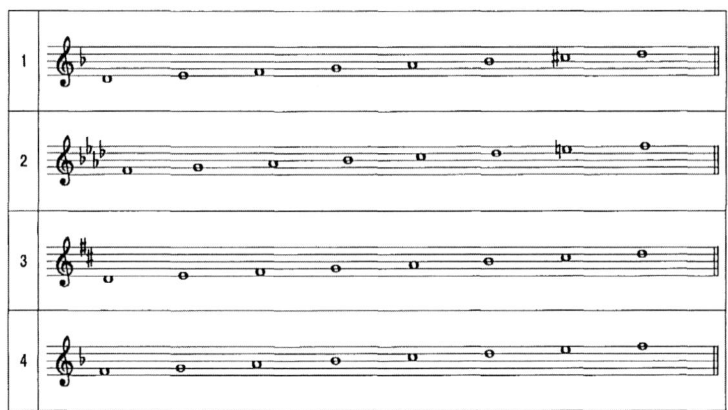

■2024年度 ■埼玉県・さいたま市 ■難易度■■□□□

【2】これから聴く旋律を以下に書きなさい。なお，調，拍子，小節数は次のとおりである。

D－dur(ニ長調)，4分の4拍子，8小節

・調号，拍子記号は自分で書くこと。

・旋律は，8小節を通して，全部で4回繰り返す。

・曲間は，10秒とする。

▌2024年度 ▌群馬県 ▌難易度 ■■■□□

【3】次は，ある楽曲の一部分を示したものである。この楽譜をホルン(in F)で演奏できるように移調して記譜せよ。

▌2024年度 ▌山梨県 ▌難易度 ■■■□□

【4】楽譜に関する次の各問いに答えなさい。

(1) 次の楽譜(inC)をホルン(inF)で演奏するために移調しなさい。

(2) 次の総譜は，ラヴェル作曲「ボレロ」の一部である。主旋律を演奏する①～⑤の楽器名を，以下の[　　]の中から選び，答えなさい。

アルトサックス	オーボエ	ピッコロ
オーボエダモーレ	クラリネット	ファゴット
トランペット	テナーサックス	イングリッシュホルン

2024年度 ▌鳥取県 ▌難易度 ■■■

【5】次の1から5の条件を満たしたソプラノ・リコーダーの作品を創作せよ。

〈条件〉

1 次の旋律を1小節目と2小節目に用いて，このリズムをモチーフにする。ただし，3小節目以降，この旋律を繰り返してはならない。

2 速度記号はAndanteとし，8分の6拍子，8小節，単旋律のまとまりのある作品とする。

3 F durとし，調号を用いて高音部譜表に記す。

4 楽譜に示された和音記号に従って創作し，非和声音を用いてもよい。

5 創作における「変化」の手法を用いること。

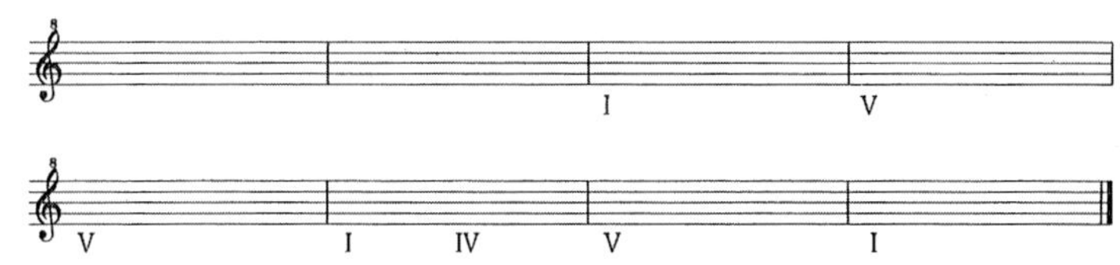

▌2024年度 ▌栃木県 ▌難易度

【6】4分の4拍子，8小節として，2声のリズムアンサンブルを以下に創作せよ。また，どのような思いや意図をもって創作したのか(工夫点)を簡潔に記せ。なお，演奏は手拍子で行うものとする。

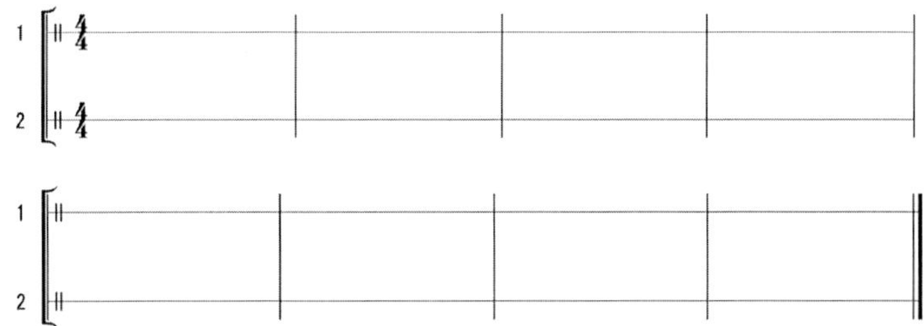

▌2024年度 ▌山梨県 ▌難易度

【７】次の楽譜は，源田俊一郎　編曲「混声合唱のための唱歌メドレー『ふるさとの四季』」の，「冬景色」(文部省唱歌)の一部であるが，調号，拍子記号，ソプラノパートが抜けている。あとのア～ウの条件を踏まえ，弦楽四重奏用の楽譜を完成させなさい。

ア　調性は変ロ長調に移調し，調号，拍子記号を書くこと。

イ　使用する楽器は，ヴァイオリン(1st，2nd)，ビオラ，チェロとする。

ウ　ソプラノパートを1stヴァイオリン，アルトパートを2ndヴァイオリン，テノールパートをビオラ，バスパートをチェロとする。

▌2024年度 ▌新潟県・新潟市 ▌難易度 ■■■□□

【８】次の条件に従って作曲をせよ。

【条件】

○　Soprano，Alto，Maleの編成とすること。

○　ハ長調，4分の4拍子，8小節とすること。ただし，不完全小節は小節数に含まない。

○　表現(テクスチュアや構成など)を工夫すること。

○　速度と発想に関する用語・記号を記入すること。

○　曲のイメージに合った題名を付けること。

■2024年度 ■愛媛県 ■難易度

【9】全校生徒60人の富士山中学校では，2か月後の文化発表会で，吹奏楽部の伴奏で全校生徒による合唱を披露することを計画している。演奏する曲は，「コロナや自然災害によって大変な思いをして来た人々に，音楽で元気になってほしい」との生徒たちの願いから「上を向いて歩こう」とした。このような状況をふまえ，以下の問いに答えなさい。

【楽譜】　※一部抜粋

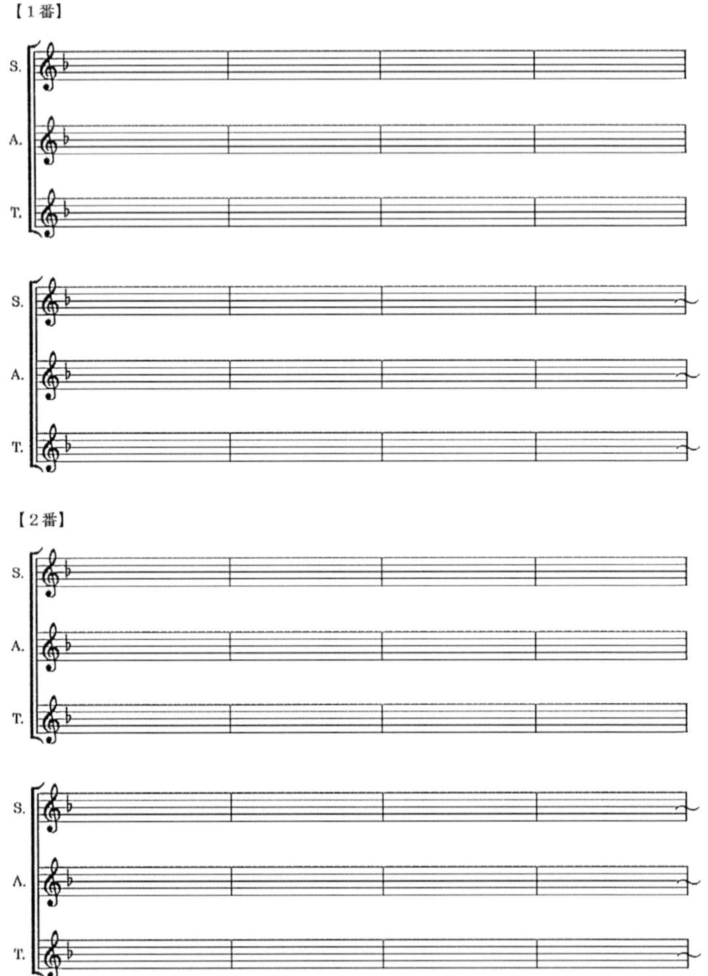

(1) 【楽譜】の部分は，無伴奏の混声三部合唱にしたい。次の【条件】に従って編曲し，曲を完成させなさい。

【条件】	①原調のままで，移調や転調などはしないこと ②1番と2番でテクスチュアを変えること ③主旋律が1つのパートに偏らないこと ④中学生が歌いやすい音域であること

(2) 【条件】②において，テクスチュアを変える際の根拠にしたことを書きなさい。

(3) (1)で編曲した楽譜に，表現に関する記号を2つ記入し，その記号を使用した理由を書きなさい。(1番，2番は問わない)

2024年度 ▌静岡県・静岡市・浜松市 ▌難易度

【10】次の楽譜は，立原道造作詞，木下牧子作曲の混声合唱曲「夢みたものは……」の冒頭である。冒頭の4小節を，以下の①～③の指定楽譜にそれぞれ書き換えなさい。なお，調号や縦線，拍子記号も書くこと。歌詞及び曲想楽語は省略可とする。

① ソプラノパート譜をクラリネット譜

② アルトパート譜をアルトサクソフォン譜

③ テノールパート譜をフレンチホルン譜

▌2024年度 ▌京都府 ▌難易度 ■■■□□

【11】次の楽譜をタブラチュア譜に書き換えよ。ただし，複数の弦を使用して演奏するように書くこと。

▌2024年度 ▌奈良県 ▌難易度 ■■■□□

【12】次の(1)，(2)の問いに答えよ。

(1) 次の楽譜を変イ長調に移調して，Clarinet(in B♭)とAlto Saxophone(in E♭)で演奏するための楽譜を，以下の五線譜に調号を用いて記せ。

(2) 次の楽譜の最初の4小節について，箏で演奏するための縦譜を作成せよ。なお，調弦については平調子とし，第1弦を一点ニ音とす

る。

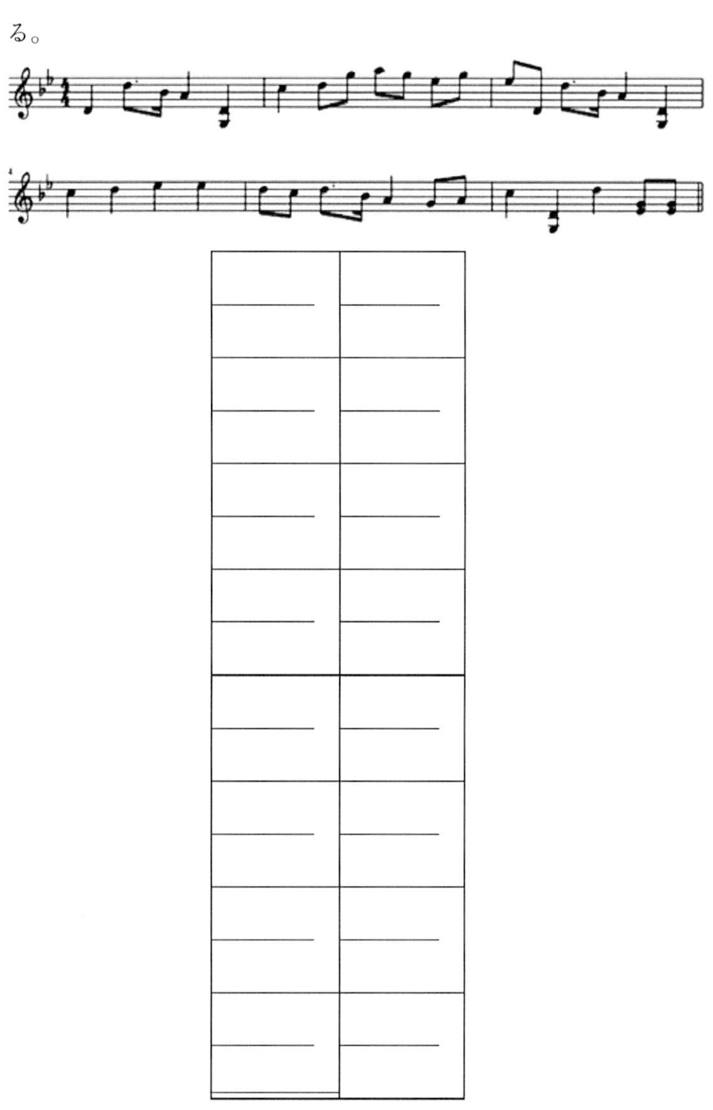

【13】次の楽譜について，以下の(1)，(2)の問いに答えよ。

(1) 上の楽譜を実音がなるように演奏するには，ホルン(in F)ではどのような楽譜を使用するか。調号が必要な場合は，調号を用いて書け。

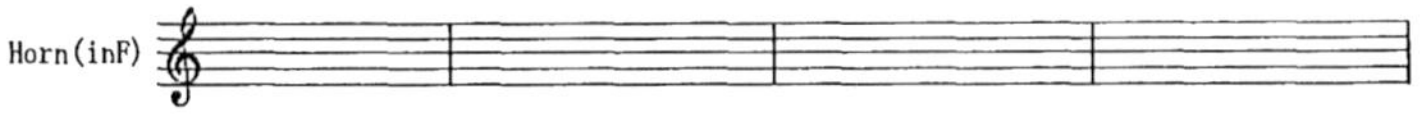

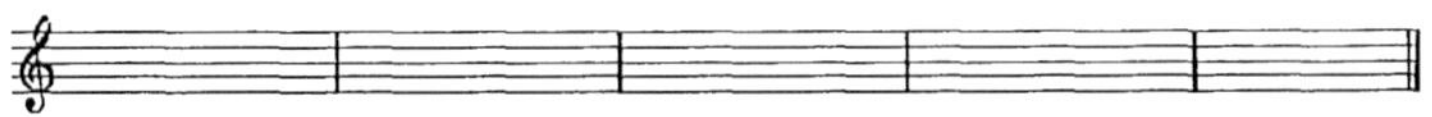

(2) 上の楽譜の旋律をアルトリコーダーで演奏するのに合わせて，ソプラノリコーダーでオブリガートをつけて演奏したい。ソプラノリコーダーの楽譜を書け。また，ピアノ伴奏譜も書け。ただし，楽譜に記されているコード進行を用いること。

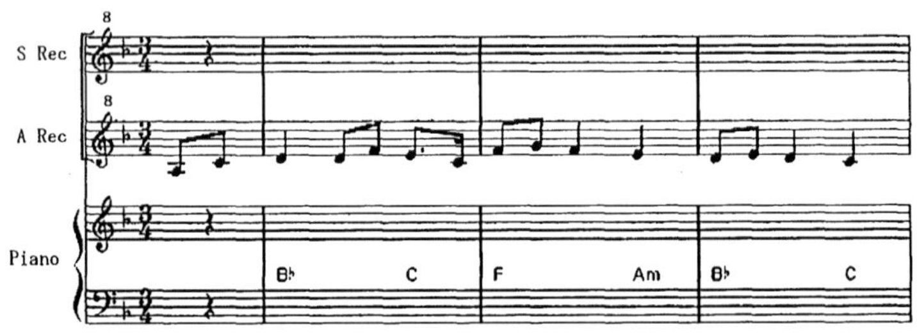

【14】次の1～3に答えなさい。

1　次の短歌を基に，以下の【条件】に従って作曲し，あとの五線譜に書きなさい。

昼食のカレーうどんをすすりつつ「晩メシ何？」と聞く高校生

(俵万智「未来のサイズ」による。)

【条件】

① ピアノ伴奏付きの独唱曲とすること。ただし，前奏，間奏及び後奏については必要としない。

② 調は変ロ長調とすること。

③ 拍子は単純拍子とすること。

④ 長さは，16小節を超えないこと。

⑤ 曲の冒頭に長七の和音を用いること。

⑥ 曲の途中で，曲想を変化させること。

⑦ トニックで終止すること。

⑧ メッゾ・スタッカートを用いること。

⑨ ポルタメントを用いること。

2　次の(1)～(4)の世界の諸民族の音楽に関する語句の説明として適切なものを，以下の(ア)～(キ)のうちからそれぞれ選び，その記号を書きなさい。

(1)　ケチャ　　(2)　オルティンドー　　(3)　カッワーリー

(4)　ヨーデル

(ア)　パキスタンなどに伝わる宗教的な歌。主唱者とコーラスが交互に歌う。伴奏には，ハルモニウムなどが用いられる。

(イ)　ペルシア語で「声」を意味する。拍節のない自由なリズムで演奏される音楽。

(ウ)　台湾の先住民の音楽。リーダーが発した低音の歌声に合わせてハーモニーを重ね，徐々に音域を高めていく。

(エ)　裏声と地声を交互に組み合わせる歌唱法を特徴とする音楽。牧畜作業に伴って歌われてきた。

(オ)　男性の集団が輪になって座り，リズムを刻むような言葉を唱えながら，体を揺り動かし踊るもの。

(カ)　モンゴルに伝わる民謡の一つ。拍のない音楽で，コブシのような細かい節回しが特徴。

(キ)　一人で2つの音を発する唱法。

3　次の(1)・(2)に答えなさい。

(1)　三曲合奏とはどのようなものですか。書きなさい。

(2)　次の①～④の尺八の奏法に関する説明として適切なものを，以下の(あ)～(お)のうちからそれぞれ選び，その記号を書きなさい。

①　スリ上げ　　②　コロコロ　　③　メリ　　④　タマネ

(あ)　顎を引き，下唇で歌口を狭くして音高を下げる奏法。

(い)　舌，または喉を震わせながら吹く奏法。

(う)　閉じた指孔を徐々に開けて，音高を上げる奏法。

(え)　顎を出し，歌口を広く開けて音高を上げる奏法。

(お)　三孔を閉じ，四，五孔は指で覆うような状態にしたまま，一孔と二孔を交互に開閉する奏法。

2024年度｜広島県・広島市｜難易度

解答・解説

【1】4

○**解説**○　ソを下属音とする短調はd mollで，その平行調は調号♭1つのF durである。

【2】

○**解説**○　毎年このような形式で単旋律の聴音問題が出題される。調号は1～2個の調，4分の4か4分の3拍子で8小節である。過去問でレベルを確認し，同程度の聴音問題をたくさん解き，練習しておくこと。すべての小節の1拍目の音と簡単な音型，2，3回目で複雑なリズムと音型の聴き取り，4回目で全体の確認ができると良い。

【3】

○解説○ ラヴェルの「ボレロ」の旋律である。ホルンF管の実音は完全5度低いので，問題のハ長調の楽譜を完全5度上げて調号♯1つのト長調で記譜する。

【4】(1)

(2) ① ピッコロ ② オーボエ ③ イングリッシュホルン
④ クラリネット ⑤ テナーサックス

○解説○ (1) ホルン(inF)の実音は記譜音より完全5度低いので完全5度上げる必要がある。もとの楽譜がC durなので調号♯1つのG durで記譜する。 (2) ① オーケストラスコアは普段から見慣れておくこと。上から木管楽器，金管楽器，打楽器群，弦楽器の順に音域の高い楽器から並んでいることが多い。移調楽器かそうでないか，また，楽器名は英語，イタリア語，ドイツ語，フランス語の表記をそれぞれ覚えておくこと。

【5】

○解説○ 条件にあるリズムをモチーフにして，音高を変えたりリズムの

一部を変化させたりしながら，まとまりのある作曲をする。和音記号が示されているので，使用する音も理解しやすくそれほど難易度は高くない。どのような形の変化を使用するのか工夫すること。

【6】

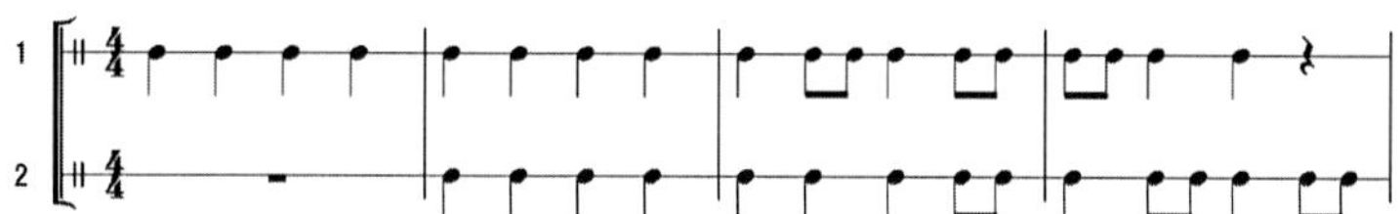

思いや意図(工夫点)…だんだん盛り上がるように，リズムやパートの重なり方を工夫した。手拍子で演奏しやすいよう，使用する音符は4分音符と8分音符とし，最後は2つのパートを同じリズムにして終わる感じを表した。

○**解説**○ 旋律ではなくリズムアンサンブルなので，音高について考えなくてもよく，落ち着いて取り組めばそれほど難易度は高くない。創作は意図をもって行い，それを説明できるようにしておくこと。

【7】

○**解説**○ もとの楽譜はト長調で書かれている。主旋律が無いのでわかりにくいが，Bassの1小節目，フレーズの終結部の音がソあることから判断できる。これらを変ロ長調に移調し，各パートに書き，Violin1に主

旋律を書く。Violaはアルト記号で，慣れないので書き間違いに気をつけよう。

【8】 (解答例)

○**解説**○ 創作の問題は与えられた条件ごとに配点が設定されていることが多いため，全ての条件を満たしているかどうか注意して作曲すること。混声3部の指定があるため，中学生の声域も考慮しつつ，無理なく発声できるようにしたい。

【９】(1)

【1番】

S.
mf
しあわせは　くものうえに
A.
mf
mf cresc.
しあわせはしあわせは　うえに
T.
mf cresc.
しあわせは　うえに
S.
f cresc.
ah
しあわせは　うえに
A.
f
しあわせは　そらのうえに
T.
f cresc.
しあわせは　うえに

【2番】

S.
p
mp
uh
ほしのかげに
A.
p
mp
uh
ほしのかげに
T.
mp
かなしみは　ほしのかげに

S.
p
mp
uh
つきのかげに
A.
p
mp
uh
つきのかげに
T.
かなしみは　つきのかげに

(2)　1番の歌詞は「しあわせ」について歌っているので，各パートが動きのある旋律で多声的に重なるようにし，2番は「悲しみ」について歌っているので，和音を重ねて動きをなくし，静けさを表現した。

(3)　前向きな感じを出すためにcresc.をつけて，2回目の「幸せは」が盛り上がるように*f*にした。

○**解説**○ すべての条件を満たせるように注意すること。それぞれのパートの声域について理解しておくこと。(2)では，テクチュアを変える際の根拠を示す必要があるが，1番と2番の違いは歌詞であるので，歌詞から連想される曲想になるように工夫したい。

【10】

①

②

③

○**解説**○ ①　クラリネットはB管で，実音は長2度低くなるので，もとの楽譜のへ長調を長2度上げてト長調で記譜する。　②　アルトサクソフォンはEs管で，実音は長6度低いので，長6度上げてニ長調で記譜する。　③　フレンチホルンはF管で，実音は完全5度低いので，完全5度上げてハ長調で記譜する。

【11】

○**解説**○ タブラチュア譜とは，音符を使用せず，文字や数字や記号を用いた楽譜である。ギターの場合は，押さえるフレットを数字で6線譜の中に表している。ギターの開放弦の音を理解していれば，記譜でき

る。二分音符の記譜方法に注意すること。

【12】(1)

Clarinet (in B♭)

Alto Saxophone (in E♭)

(2)

斗	五
五	
十	十
九	九
八	八
一二	一二
オ九	オ九
十	十
	為
斗	巾
	為
斗	斗
	為

○**解説**○ (1)　もとの楽譜がト長調なので，まずは半音上げて，調号♭3

つの変イ短調に移調する。Clarinet(inB♭)は，実音が長2度低いので，長2度高くして調号♭2つの変ロ長調で記譜する。Alto Saxophone(inE♭)は，実音が長6度低いので，長6度高くして調号♭1つのへ長調で記譜する。　(2)　平調子で第1弦を一点ニ音とするため，開放弦は一から順に，レ・ソ・ラ・シ♭・レ・ミ♭・ソ・ラ・シ♭・レ・ミ♭・ソ・ラとなる。開放弦の音を理解していないと解答できない問題である。開放弦でドは鳴らせないので，九の弦を強押しして全音上げる。奏法の記譜法も理解しておかなければならない。五線譜を和楽器の楽譜に書き替える問題は頻出なので，必ず対策しておくこと。

【13】(1)

(2)　解答略

○**解説**○ (1)　楽譜は，ホルスト作曲の組曲「惑星」より「木星」である。ホルン(in F)の実音は完全5度低いので，完全5度上に移調する必要がある。もとの楽譜はF durで書かれているため，完全5度上げて，調号無しのC durに書きかえる。　(2)　まずコード進行をもとにピアノ伴奏譜を作成し，その音を用いてソプラノリコーダーのオブリガードを作成すると良い。主旋律がアルトリコーダーで音域が低めなので，それより目立ちすぎないように配慮したい。ソプラノリコーダーの音域については確認しておくこと。

【14】1

2 (1) (オ) (2) (カ) (3) (ア) (4) (エ) 3 (1) 箏，三味線，尺八(胡弓)の3種の楽器で合奏すること。 (2) ① (う) ② (お) ③ (あ) ④ (い)

○解説○ 1 条件が多いので，すべて当てはまるように確認すること。短歌の言葉の響きや意味のまとまりを考え，条件⑧⑨をどこに用いれば効果的かを考慮して旋律を作曲するとよいだろう。伴奏も作曲する必要があるので，和声進行を考えながら旋律をのせていく必要がある。

コード進行を先に決めてから作曲するのも1つの方法である。長さは16小節以内だが，条件⑥を満たすために楽曲の構造に変化を持たせなければいけない。歌詞のどの部分で曲調を変えるのか構造を考えて作曲すること。　2　(1)はバリ島の男性合唱劇で，「チャッ，ケチャッ」と合唱される。(2)は息の長い発声をしたモンゴルの民謡，(3)はイスラム教の宗教歌謡，(4)はアルプス地方の歌唱法である。正答以外の選択肢について，イは「アーバーズ」，ウは「パシププ」，キは「ホーミー」の説明である。　3　(1)「三曲」とは日本の音楽として最も普及している，箏，三味線，尺八の音楽を指しており，「三曲合奏」はその楽器の合奏編成やそれによって演奏される音楽を指す。　(2)　選択肢(え)は「カリ」である。尺八だけでなく，箏，三味線の奏法についても理解しておくこと。

学習指導要領

要点整理

●POINT

学習指導要領に関する問題はどの自治体も出題しており，採用試験に占める配点のウエイトは大きい。学習指導要領は中学校，高等学校ともに，1．目標，2．各学年の目標及び内容，3．指導計画と内容の取扱いという構成になっている。受験する校種，自治体の試験形態にあわせて読むべき学習指導要領，同解説を選択し，学習してほしい。

平成29年3月に告示された中学校学習指導要領は令和3年4月より全面実施された。同じく平成30年3月に告示された高等学校学習指導要領は，令和4年度より年次進行で実施予定である。学習指導要領解説に記載されている改訂の要点は必ず理解しておくこと。

音楽科 **学習指導要領**

実施問題

中学校

【1】中学校学習指導要領(平成29年3月)「音楽」に示されている内容について，次の問1，問2に答えなさい。

問1 「第2　各学年の目標及び内容〔第1学年〕　2　内容　B　鑑賞」の一部を読み，以下の(1)，(2)に答えなさい。

> (1)　鑑賞の活動を通して，次の事項を身に付けることができるよう指導する。
> ア　鑑賞に関わる知識を得たり生かしたりしながら，次の(ア)から(ウ)までについて自分なりに考え，[　1　]を味わって聴くこと。
> (ア)　曲や演奏に対する評価とその根拠
> (イ)　生活や社会における音楽の意味や役割
> (ウ)　音楽表現の共通性や固有性
> イ　次の(ア)から(ウ)までについて理解すること。
> (ア)　曲想と音楽の構造との関わり
> (イ)　音楽の特徴とその背景となる文化や歴史，他の芸術との関わり
> (ウ)　我が国や郷土の伝統音楽及びアジア地域の諸民族の音楽の特徴と，その特徴から生まれる音楽の[　2　]

(1)　空欄1に当てはまるものを選びなさい。

ア　曲全体　　イ　表現の効果　　ウ　音楽のよさや美しさ
エ　全体のイメージや作風

(2)　空欄2に当てはまるものを選びなさい。

ア　一貫性　　イ　多様性　　ウ　規則性　　エ　関係性

問2 「第3　指導計画の作成と内容の取扱い」の一部を読み，以下の(1)～(4)に答えなさい。

> 2　第2の内容の取扱いについては，次の事項に配慮するものとする。

(1) 各学年の「A表現」及び「B鑑賞」の指導に当たっては，次のとおり取り扱うこと。

ア 音楽活動を通して，それぞれの教材等に応じ，音や音楽が生活に果たす役割を考えさせるなどして，生徒が音や音楽と生活や社会との関わりを実感できるよう指導を工夫すること。なお，適宜，[1]などについても取り扱い，音環境への関心を高めることができるよう指導を工夫すること。

イ 音楽によって喚起された自己のイメージや感情，音楽表現に対する思いや意図，音楽に対する評価などを伝え合い共感するなど，音や音楽及び言葉によるコミュニケーションを図り，音楽科の特質に応じた[2]を適切に位置付けられるよう指導を工夫すること。

(略)

(2) 各学年の「A表現」の(1)の歌唱の指導に当たっては，次のとおり取り扱うこと。

ア 歌唱教材は，次に示すものを取り扱うこと。

(略)

(ウ) 我が国で長く歌われ親しまれている歌曲のうち，我が国の自然や四季の美しさを感じ取れるもの又は我が国の文化や日本語のもつ美しさを味わえるもの。なお，各学年において，以下の<u>共通教材</u>の中から1曲以上を含めること。

(略)

(4) 歌唱及び器楽の指導における合わせて歌ったり演奏したりする表現形態では，他者と共に一つの音楽表現をつくる[3]を大切にするとともに，生徒一人一人が，担当する声部の役割と全体の響きについて考え，主体的に創意工夫できるよう指導を工夫すること。

(1) 空欄1に当てはまるものを選びなさい。

ア 自然音や環境音　　イ 自然音や和音　　ウ 噪(そう)音や環境音

エ　噪音や和音

(2)　空欄2に当てはまるものを選びなさい。

ア　特別活動　　イ　体験活動　　ウ　言語活動　　エ　探究活動

(3)　――部について，滝廉太郎が作曲した曲の組合せを選びなさい。

ア　荒城の月，花の街　　イ　早春賦，花の街

ウ　荒城の月，花　　エ　早春賦，花

(4)　空欄3に当てはまるものを選びなさい。

ア　技能　　イ　態度　　ウ　過程　　エ　機会

2024年度　北海道・札幌市　難易度

【2】「中学校学習指導要領(平成29年告示)解説　音楽編(平成29年7月)」について，次の各問いに答えよ。

問1　次の文は，「第2章　音楽科の目標及び内容」「第1節　音楽科の目標　1　教科の目標」の解説の一部分である。(　①　)，(　②　)に適切な語句を正確に答えよ。

> 音楽的な(　①　)とは，「音楽に対する感性を働かせ，音や音楽を，音楽を形づくっている(　②　)とその働きの視点で捉え，自己のイメージや感情，生活や社会，伝統や文化などと関連付けること」であると考えられる。

問2　次の文は，「第3章　各学年の目標及び内容」「第1節　第1学年の目標と内容　2　内容　(1)A表現(2)」である。(　③　)に適切な語句を正確に答えよ。

> (2)　器楽の活動を通して，次の事項を身に付けることができるよう指導する。
> ア　器楽表現に関わる知識や技能を(　③　)しながら，器楽表現を創意工夫すること。
> イ　次の(ア)及び(イ)について理解すること。
> (ア)　曲想と音楽の構造との関わり
> (イ)　楽器の音色や響きと奏法との関わり
> ウ　次の(ア)及び(イ)の技能を身に付けること。

(ア) 創意工夫を生かした表現で演奏するために必要な奏法，身体の使い方などの技能
(イ) 創意工夫を生かし，全体の響きや各声部の音などを聴きながら他者と合わせて演奏する技能

問3 次の文は，「第3章 各学年の目標及び内容」「第2節 第2学年及び第3学年の目標と内容 2 内容(1)A表現(3)」である。(④)～(⑦)に適切な語句を正確に答えよ。ただし，(③)には問2の同一番号と同一語句が入る。

(3) 創作の活動を通して，次の事項を身に付けることができるよう指導する。
ア 創作表現に関わる知識や技能を(③)しながら，(④)のある創作表現を創意工夫すること。
イ 次の(ア)及び(イ)について，表したいイメージと関わらせて理解すること。
(ア) 音階や言葉などの特徴及び音のつながり方の特徴
(イ) (⑤)の特徴及び音の重なり方や(⑥)，(⑦)，対照などの構成上の特徴
ウ 創意工夫を生かした表現で旋律や音楽をつくるために必要な，課題や条件に沿った音の選択や組合せなどの技能を身に付けること。

問4 次の文は，「第4章 指導計画の作成と内容の取扱い」「2 内容の取扱いと指導上の配慮事項」(2)の一部分ならびに(5)である。(⑧)～(⑩)に適切な語句や数字を正確に答えよ。

2 第2の内容の取扱いについては，次の事項に配慮するものとする。
(2) 各学年の「A表現」の(1)の歌唱の指導に当たっては，次のとおり取り扱うこと。
ア 歌唱教材は，次に示すものを取り扱うこと。
(イ) 民謡，長唄などの我が国の伝統的な歌唱のうち，

生徒や学校，地域の実態を考慮して，伝統的な声や歌い方の特徴を感じ取れるもの。なお，これらを取り扱う際は，その表現活動を通して，生徒が我が国や(⑧)の伝統音楽のよさを味わい，(⑨)をもつことができるよう工夫すること。

(5) 読譜の指導に当たっては，小学校における学習を踏まえ，♯や♭の調号としての意味を理解させるとともに，3学年間を通じて，(⑩)♯，(⑩)♭程度をもった調号の楽譜の視唱や視奏に慣れさせるようにすること。

2024年度 長崎県 難易度

【3】中学校学習指導要領音楽(平成29年3月告示)に関する次の(1)，(2)の各問いに答えよ。

(1) 次の文は，「第2　各学年の目標及び内容」における「〔第1学年〕」の「2内容」の「B鑑賞」の一部である。(①)～(④)に入る適切な語句をそれぞれ答えよ。

(1) 鑑賞の活動を通して，次の事項を身につけることができるよう指導する。

ア　鑑賞に関わる知識を得たり生かしたりしながら，次の(ｱ)から(ｳ)までについて自分なりに考え，音楽のよさや美しさを味わって聴くこと。

(ｱ) 曲や演奏に対する評価とその(①)

(ｲ) (②)や社会における音楽の意味や役割

(ｳ) 音楽表現の共通性や固有性

イ　次の(ｱ)から(ｳ)までについて理解すること。

(ｱ) 曲想と音楽の構造との関わり

(ｲ) 音楽の特徴とその背景となる文化や(③)，他の芸術との関わり

(ｳ) 我が国や郷土の伝統音楽及びアジア地域の諸民族の音楽の特徴と，その特徴から生まれる音楽の(④)

(2) 次の文は,「第3 指導計画の作成と内容の取扱い」の「1」の一部である。下線部の具体的な例を簡潔に述べよ。

> (4) 第2の各学年の内容の「A表現」の(1),(2)及び(3)並びに「B鑑賞」の(1)の指導については,それぞれ特定の活動のみに偏らないようにするとともに,必要に応じて,〔共通事項〕を要として各領域や分野の関連を図るようにすること。

2024年度 | 山口県 | 難易度 ■■□□□

【4】次の文は,平成29年告示の中学校学習指導要領「音楽」における「第2 各学年の目標及び内容」の一部である。(①)~(⑤)に当てはまる語句を書け。なお,同じ番号には同じ語句が入るものとする。

> (1) 歌唱の活動を通して,次の事項を身に付けることができるよう指導する。
> ア 歌唱表現に関わる知識や技能を得たり生かしたりしながら,曲に(①)歌唱表現を(②)すること。
> イ 次の(ア)及び(イ)について理解すること。
> (ア) 曲想と音楽の構造や歌詞の内容及び曲の(③)との関わり
> (イ) 声の音色や響き及び言葉の(④)と曲種に応じた発声との関わり
> ウ 次の(ア)及び(イ)の技能を身に付けること。
> (ア) (②)を生かした表現で歌うために必要な発声,言葉の(⑤),身体の使い方などの技能
> (イ) (②)を生かし,全体の響きや各声部の声などを聴きながら他者と合わせて歌う技能

2024年度 | 岡山市 | 難易度 ■■□□□

【5】次の文は,中学校学習指導要領(平成29年3月告示)「音楽」に示されている第2学年及び第3学年の目標の一部である。文中の(ア),(イ)に当てはまる言葉の組合せとして正しいものを以下のA~Dか

ら一つ選び，その記号を書け。

○　曲想と音楽の構造や(　ア　)などとの関わり及び音楽の多様性について理解するとともに，創意工夫を生かした音楽表現をするために必要な歌唱，器楽，創作の技能を身に付けるようにする。
○　主体的・協働的に表現及び鑑賞の学習に取り組み，音楽活動の楽しさを体験することを通して，音楽文化に親しむとともに，音楽によって生活を明るく豊かなものにし，(　イ　)態度を養う。

A　ア　特性　　イ　音楽を追究していく
B　ア　特性　　イ　音楽に親しんでいく
C　ア　背景　　イ　音楽に親しんでいく
D　ア　背景　　イ　音楽を追究していく

2024年度　愛媛県　難易度

【6】次の問1～問5は，「中学校学習指導要領」(平成29年3月告示)「第2章　各教科　第5節　音楽」に示されているものである。問1，問2は，[　ア　], [　イ　]に当てはまる語句の組合せとして最も適切なものを，問3，問4は，[　　]に当てはまる最も適切なものを，問5は，問いに当てはまる最も適切なものを，それぞれ①～④のうちから選びなさい。なお，【　　】は出典を示している。

問1　[　ア　]及び音楽の[　イ　]について理解するとともに，創意工夫を生かした音楽表現をするために必要な歌唱，器楽，創作の技能を身に付けるようにする。
【第2　各学年の目標及び内容〔第1学年〕1　目標(1)】

①　ア　表現の共通性や固有性
　　イ　見方・考え方
②　ア　音楽の特徴とその背景となる文化や歴史との関わり
　　イ　固有性
③　ア　全体の響きと各声部の音などとの関わり
　　イ　見方・考え方
④　ア　曲想と音楽の構造などとの関わり
　　イ　多様性

問2 [ア]音楽表現を創意工夫することや，[イ]しながらよさや美しさを味わって聴くことができるようにする。

【第2 各学年の目標及び内容〔第2学年及び第3学年〕1 目標(2)】

① ア 課題や条件に沿った
　イ 特質や雰囲気を感受
② ア 主体的・協働的に
　イ 鑑賞に関わる知識を得たり生かしたり
③ ア 曲にふさわしい
　イ 音楽を評価
④ ア 表したいイメージを生かした
　イ 音楽の背景について理解

問3 音楽活動を通して，それぞれの教材等に応じ，音や音楽が生活に果たす役割を考えさせるなどして，生徒が音や音楽と生活や社会との関わりを実感できるよう指導を工夫すること。なお，適宜，自然音や環境音などについても取り扱い，[ ]への関心を高めることができるよう指導を工夫すること。

【第3 指導計画の作成と内容の取扱い 2 (1)ア】

① 音楽文化 ② 音色 ③ 音素材 ④ 音環境

問4 読譜の指導に当たっては，小学校における学習を踏まえ，♯や♭の[ ]を理解させるとともに，3学年間を通じて，1♯，1♭程度をもった調号の楽譜の視唱や視奏に慣れさせるようにすること。

【第3 指導計画の作成と内容の取扱い 2 (5)】

① 音楽における働き ② 表現上の効果
③ 働きが生み出す特質 ④ 調号としての意味

問5 【第2 各学年の目標及び内容〔第1学年〕2 内容 A表現 (3)イ】について，「表したいイメージと関わらせて理解すること」として示されていないものはどれか。

① 音素材の特徴
② 音階や言葉などの特徴
③ 音のつながり方の特徴
④ 音の重なり方や反復，変化，対照などの構成上の特徴

▌2024年度 ▌神奈川県・横浜市・川崎市・相模原市 ▌難易度 ■■■□□□

【7】次の文章は，「中学校学習指導要領解説　音楽編」(平成29年7月)第2章　音楽科の目標及び内容　第1節　音楽科の目標　1　教科の目標からの抜粋である。空欄(　①　)～(　⑩　)に当てはまる語句をそれぞれ答えなさい。

> 音楽的な見方・考え方とは，「音楽に対する感性を働かせ，音や音楽を，音楽を形づくっている(　①　)とその(　②　)の視点で捉え，自己の(　③　)や感情，生活や社会，伝統や文化などと関連付けること」であると考えられる。
>
> 「音楽に対する感性」とは，音や音楽のよさや美しさなどの(　④　)的な世界を(　⑤　)あるものとして感じ取るときの心の(　②　)を意味している。音楽科の学習は，生徒が音や音楽の存在に気付き，それらを主体的に捉えることによって成立する。生徒が，音楽を形づくっている(　①　)の(　⑥　)・感受を支えとして自ら音や音楽を捉えていくとき，生徒の音楽に対する感性が働く。したがって，音楽に対する感性を働かせることによって音楽科の学習は成立し，その学習を積み重ねることによって音楽に対する感性は豊かになっていく。(中略)
>
> このように，音楽的な見方・考え方は，音楽科の特質に応じた，物事を捉える視点や考え方であり，音楽科を学ぶ本質的な意義の中核をなすものである。(中略)
>
> 音楽的な見方・考え方を働かせて学習をすることによって，(　⑦　)を伴った(　⑧　)による「知識」の習得，必要性の(　⑦　)を伴う「技能」の習得，質の高い「思考力，判断力，表現力等」の育成，人生や社会において学びを生かそうとする意識をもった「学びに向かう力，(　⑨　)等」の涵(かん)養が実現する。このことによって，生活や社会の中の音や音楽，音楽文化と豊かに関わる資質・能力は育成されるのである。
>
> なお，音楽的な見方・考え方は，音楽的な見方・考え方を働かせた音楽科の学習を積み重ねることによって広がったり深まったりするなどし，その後の人生においても生きて働くものとなる。

> 今回の改訂は，音楽的な見方・考え方を働かせることにより，音楽科における深い学びの視点から授業(⑩)の一層の工夫がなされることを期待するものである。

2024年度 京都府 難易度

【8】「中学校学習指導要領　第2章　各教科　第5節　音楽　第2　各学年の目標及び内容」について，記述中の[1]～[3]にあてはまる語句として最も適当なものを，以下の①～⑥のうちからそれぞれ一つずつ選びなさい。

> 第2学年及び第3学年
> 2　内容
> A　表現　(3)　創作の活動を通して，次の事項を身に付けることができるよう指導する。
> ア　創作表現に関わる知識や技能を得たり生かしたりしながら，[1]のある創作表現を創意工夫すること。
> イ　次の(ア)及び(イ)について，表したいイメージと関わらせて理解すること。
> (ア)　音階や言葉などの特徴及び音のつながり方の特徴
> (イ)　音素材の特徴及び音の重なり方や反復，変化，[2]などの構成上の特徴
> ウ　創意工夫を生かした表現で旋律や音楽をつくるために必要な，課題や[3]に沿った音の選択や組合せなどの技能を身に付けること。

①　まとまり　②　形式　③　条件　④　意図　⑤　対照
⑥　実態

2024年度 千葉県・千葉市 難易度

【9】中学校学習指導要領解説(平成29年7月)「音楽編」における「第4章　指導計画の作成と内容の取扱い　2　内容の取扱いと指導上の配慮事項」の一部を読み，以下の問1～問6に答えなさい。

> (1)　各学年の「A表現」及び「B鑑賞」の指導に当たっては，次のとおり取り扱うこと。
>
> (略)
>
> (略)
>
> 体を動かす活動には，従前示していた「①指揮などの身体的表現活動」も含まれる。
>
> (略)
>
> (3)　各学年の「A表現」の(2)の器楽の指導に当たっては，次のとおり取り扱うこと。
>
> (略)
>
> (略)
>
> 箏(そう(こと))，三味線，尺八，篠(しの)笛，太鼓，②雅楽で用いられる楽器などの和楽器については，平成10年告示の中学校学習指導要領で必修化して以降の成果と課題を基に，その指導を更に充実するため，引き続き，中学校第1学年から第3学年までの間に[　1　]以上の和楽器を扱い，表現活動を通して，生徒が我が国や郷土の伝統音楽のよさを味わうことができるよう工夫することを示すとともに，今回の改訂では，愛着をもつことができるよう工夫することを新たに示している。
>
> (略)
>
> (5)　読譜の指導に当たっては，小学校における学習を踏まえ，#や♭の調号としての意味を理解させるとともに，3学年間を通じて，[　2　]程度をもった調号の楽譜の視唱や視奏に慣れさせるようにすること。
>
> ここでは，読譜の指導について示している。

小学校音楽科における「範唱を聴いたり，[　3　]の楽譜を見たりして歌う技能」，「範奏を聴いたり，[　3　]の楽譜を見たりして演奏する技能」の習得に関わる学習からの連続性や系統性を踏まえ，中学校では，♯や♭の調号としての意味を理解させ，[　2　]程度をもった調号の楽譜の視唱や視奏に慣れさせるよう配慮するとしている。

(略)

(9)　各学年の〔共通事項〕に示す「音楽を形づくっている要素」については，指導のねらいに応じて，音色，リズム，速度，旋律，テクスチュア，強弱，形式，構成などから，適切に選択したり関連付けたりして指導すること。

ここでは，各学年の〔今日事項〕に示す③「音楽を形づくっている要素」の具体例を示すとともに，指導上の配慮事項を示している。

問1　①――について，ふさわしくないものを選びなさい。

ア　音や音楽，言葉などで表すことを組み合わせながら，目的に応じて，効果的に取り入れることができるよう工夫する。

イ　音楽を形づくっている要素の働きを意識して表現を工夫する学習につなげる。

ウ　指揮法の専門的な技術を習得するような活動にならないよう留意する。

エ　体を動かすこと自体をねらいとする。

問2　②――について，吹きもの(吹物(ふきもの))ではないものを選びなさい。

ア　笙(しょう)　　イ　篳篥(ひちりき)　　ウ　竜笛(りゅうてき)　　エ　鉦鼓(しょうこ)

問3　空欄1に当てはまるものを選びなさい。

ア　1種類　　イ　2種類　　ウ　3種類　　エ　4種類

問4　空欄2に当てはまるものを選びなさい。

ア　1♯，1♭　　イ　2♯，2♭　　ウ　3♯，3♭　　エ　4♯，4♭

問5　空欄3に当てはまるものを選びなさい。

ア　ハ長調及びイ短調　　　イ　ヘ長調及びニ短調
ウ　ト長調及びホ短調　　　エ　ニ長調及びロ短調

問6　③――について，正しいものを選びなさい。

ア　構成とは，基準となる拍が繰り返される速さのことである。
イ　形式とは，声や楽器などから生まれる様々な音の質のことである。
ウ　テクスチュアとは，音楽における音や声部の多様な関わり合いのことである。
エ　旋律とは，音楽の時間的なまとまりをつくったり，区分したりするものである。

2024年度　北海道・札幌市　難易度■■■■■

【10】次の文章は，中学校学習指導要領(平成29年告示)音楽〔第2学年及び第3学年〕の「2内容　A表現」からの抜粋である。[　①　]から[　⑤　]の空欄にあてはまる語句を答えよ。

(1)　歌唱の活動を通して，次の事項を身に付けることができるよう指導する。

ア　歌唱表現に関わる[　①　]や[　②　]を得たり生かしたりしながら，曲にふさわしい歌唱表現を[　③　]すること。
イ　次の(ア)及び(イ)について理解すること。
(ア)　[　④　]と音楽の構造や歌詞の内容及び曲の背景との関わり
(イ)　声の音色や響き及び言葉の特性と曲種に応じた[　⑤　]との関わり
ウ　次の(ア)及び(イ)の[　②　]を身に付けること。
(ア)　[　③　]を生かした表現で歌うために必要な[　⑤　]，言葉の発音，身体の使い方などの[　②　]
(イ)　[　③　]を生かし，全体の響きや各声部の声などを聴きながら他者と合わせて歌う[　②　]

2024年度　栃木県　難易度■■■■■

【11】「中学校学習指導要領　第2章　各教科　第5節　音楽　第3　指導計画の作成と内容の取扱い」について，記述中の[　1　]～[　3　]にあてはまる語句として最も適当なものを，以下の①～⑦のうちからそれぞれ一つずつ選びなさい。

2　第2の内容の取扱いについては，次の事項に配慮するものとする。

(1)　各学年の「A表現」及び「B鑑賞」の指導に当たっては，次のとおり取り扱うこと。

ア　音楽活動を通して，それぞれの教材等に応じ，音や音楽が生活に果たす役割を考えさせるなどして，生徒が音や音楽と生活や社会との関わりを実感できるよう指導を工夫すること。なお，適宜，自然音や[　1　]などについても取り扱い，音環境への関心を高めることができるよう指導を工夫すること。

イ　音楽によって喚起された自己のイメージや感情，音楽表現に対する思いや意図，音楽に対する[　2　]などを伝え合い共感するなど，音や音楽及び言葉によるコミュニケーションを図り，音楽科の特質に応じた言語活動を適切に位置付けられるよう指導を工夫すること。

ウ　知覚したことと感受したこととの関わりを基に音楽の特徴を捉えたり，思考，判断の過程や結果を表したり，それらについて他者と共有，共感したりする際には，適宜，[　3　]も取り入れられるようにすること。

「略」

①　批評	②　環境音	③　価値意識
④　体を動かす活動	⑤　声や楽器の音	⑥　発表し合う活動
⑦　評価		

2024年度 ｜ 千葉県・千葉市 ｜ 難易度 ■■■□□□

【12】「中学校学習指導要領(平成29年3月告示)第2章　第5節　音楽」に関する内容について，次の(1)～(3)の問いに答えよ。

(1)　「中学校学習指導要領(平成29年3月告示)第2章　第5節　音楽　第1

目標」について，次に示す空欄に当てはまる語句として，適切なものを1～5から一つ選べ。

> 第1　目標
> (3)　音楽活動の楽しさを体験することを通して，(　　)，音楽に親しんでいく態度を養い，豊かな情操を培う。

1　音楽を愛好する心情を育むとともに，音楽に対する感性を豊かにし
2　音楽を愛好する心情を育むとともに，音楽文化についての理解を深め
3　音楽を愛好する心情を育むとともに，音楽活動の基礎的な能力を伸ばし
4　音楽活動の基礎的な能力を伸ばすとともに，音楽文化についての理解を深め
5　音楽活動の基礎的な能力を伸ばすとともに，音楽に対する感性を豊かにし

(2)「中学校学習指導要領(平成29年3月告示)第2章　第5節　音楽　第2　各学年の目標及び内容」について，次のA～Dの問いに答えよ。

A　次に示す空欄に当てはまる語句として，適切なものを1～5から一つ選べ。

> 第2　各学年の目標及び内容〔第1学年〕
> 1　目標
> (3)　主体的・協働的に表現及び鑑賞の学習に取り組み，音楽活動の楽しさを体験することを通して，(　　)を養う。

1　多様な音楽のよさや美しさに触れ，音楽によって生活を明るく豊かなものにしていく態度
2　多様な音楽のよさや美しさに触れ，音楽に対する豊かな感性
3　音楽を愛好する心情を育むとともに，音楽に対する豊かな感性
4　音楽文化に親しむとともに，音楽によって生活を明るく豊か

なものにしていく態度

5　音楽文化に親しむとともに，音楽に対する豊かな感性

B　次に示す空欄(　ア　)，(　イ　)に当てはまる語句として，適切なものを1～5から一つ選べ。

> 第2　各学年の目標及び内容〔第1学年〕
> 2　内容
> A　表現
> (2)　器楽の活動を通して，次の事項を身に付けることができるよう指導する。
> ウ　次の(ア)及び(イ)の技能を身に付けること。
> (ア)　創意工夫を生かした(　ア　)
> (イ)　創意工夫を生かし，(　イ　)

1　ア　表現で演奏するために必要な奏法，楽器の使い方などの技能

イ　音のつながり方や各声部の音の重なりなどを聴きながら他者と合わせて演奏する技能

2　ア　表現を発揮するための基本的な奏法，身体の使い方などの技能

イ　音のつながり方や各声部の音の重なりなどを聴きながら他者と合わせて演奏する技能

3　ア　表現で演奏するために必要な奏法，身体の使い方などの技能

イ　全体の響きや各声部の音などを聴きながら他者と合わせて演奏する技能

4　ア　表現を発揮するための基本的な奏法，身体の使い方などの技能

イ　全体の響きや各声部の音などを聴きながら他者と合わせて演奏する技能

5　ア　表現で演奏するために必要な奏法，楽器の使い方などの技能

イ　全体の響きや各声部の音などを聴きながら他者と合わせ

て演奏する技能

C　次に示す空欄(　ア　)，(　イ　)に当てはまる語句として，適切なものを1～5から一つ選べ。

> 第2　各学年の目標及び内容〔第1学年〕
> 2　内容
> B　鑑賞
> (1)　鑑賞の活動を通して，次の事項を身に付けることができるよう指導する。
> イ　次の(ア)から(ウ)までについて理解すること。
> (ア)　(　ア　)との関わり
> (イ)　音楽の特徴とその背景となる文化や歴史，他の芸術との関わり
> (ウ)　(　イ　)と，その特徴から生まれる音楽の多様性

1　ア　音楽を形づくっている要素や構造と曲想
　イ　我が国や郷土の伝統音楽及びアジア地域の諸民族の音楽の特徴
2　ア　曲想と音楽の構造
　イ　我が国や郷土の伝統音楽及びアジア地域の諸民族の音楽の特徴
3　ア　多様な音楽のよさや美しさ，幅広く主体的に鑑賞する能力
　イ　我が国や郷土の伝統音楽及びアジア地域の諸民族の音楽の特徴
4　ア　曲想と音楽の構造
　イ　我が国や郷土の伝統音楽及び諸外国の様々な音楽の特徴
5　ア　音楽を形づくっている要素や構造と曲想
　イ　我が国や郷土の伝統音楽及び諸外国の様々な音楽の特徴

D　次に示す空欄に当てはまる語句として，適切なものを1～5から一つ選べ。

第2　各学年の目標及び内容〔第2学年及び第3学年〕
2　内容
A　表現
(3)　創作の活動を通して，次の事項を身に付けることができるよう指導する。
(ア)　創作表現に関わる(　　)を創意工夫すること。

1　課題や条件に沿った音の選択や組み合わせなどを理解し，音のつながり方
2　課題や条件に沿った音の選択や組み合わせなどを理解し，まとまりのある創作表現
3　知識や技能を得たり生かしたりしながら，音のつながり方
4　知識や技能を得たり生かしたりしながら，表したいイメージ
5　知識や技能を得たり生かしたりしながら，まとまりのある創作表現

(3)「中学校学習指導要領(平成29年3月告示)第2章　第5節　音楽　第3　指導計画の作成と内容の取扱い」について，次のA～Cの問いに答えよ。

A　次に示す空欄に当てはまる語句として，適切なものを1～5から一つ選べ。

第3　指導計画の作成と内容の取扱い
2　第2の内容の取扱いについては，次の事項に配慮するものとする。
(1)　各学年の「A表現」及び「B鑑賞」の指導に当たっては，次のとおり取り扱うこと。
ウ　知覚したことと感受したこととの関わりを基に音楽の特徴を捉えたり，(　ア　)，それらについて(　イ　)際には，適宜，体を動かす活動も取り入れるようにすること。

1　ア　音楽における働きを理解したり
　イ　他者と共有，共感したりする
2　ア　その特徴を理解するとともに
　イ　他者と共有，共感したりする
3　ア　思考，判断の過程や結果を表したり
　イ　他者と共有，共感したりする
4　ア　思考，判断の過程や結果を表したり
　イ　生徒が自己のイメージや思いを伝え合ったり，他者の意図に共感したりする
5　ア　音楽における働きを理解したり
　イ　生徒が自己のイメージや思いを伝え合ったり，他者の意図に共感したりする

B　次に示す空欄に当てはまる語句として，適切なものを1～5から一つ選べ。

> 第3　指導計画の作成と内容の取扱い
> 　2　第2の内容の取扱いについては，次の事項に配慮するものとする。
> 　　(4)　歌唱及び器楽の指導における合わせて歌ったり演奏したりする表現形態では，(　　)，生徒一人一人が，担当する声部の役割と全体の響きについて考え，主体的に創意工夫できるよう指導を工夫すること。

1　楽曲にふさわしい表現の技能を身に付けるとともに
2　楽曲にふさわしい音楽表現を工夫するとともに
3　音楽文化に親しむとともに
4　他者と共に一つの音楽表現をつくる過程を大切にするとともに
5　他者の音楽表現に共感するとともに

C　次に示す空欄に当てはまる語句として，適切なものを1～5から一つ選べ。

> 第3　指導計画の作成と内容の取扱い
> 　2　第2の内容の取扱いについては，次の事項に配慮するものとする。
> 　　(7)　各学年の「A表現」の(3)の創作の指導に当たっては，即興的に音を出しながら音のつながり方を試すなど，音を音楽へと構成していく体験を重視すること。その際，(　ア　)，必要に応じて(　イ　)。

1　ア　理論に偏らないようにするとともに
　イ　作品を記録する方法を工夫させること
2　ア　理論に偏らないようにするとともに
　イ　録音機器を用いること
3　ア　理論を重視しながらも
　イ　作品を記録する方法を工夫させること
4　ア　記譜の方法を重視しながらも
　イ　録音機器を用いること
5　ア　理論を重視しながらも
　イ　録音機器を用いること

▌2024年度 ▌大阪府・大阪市・堺市・豊能地区 ▌難易度 ■■■□□□

【13】平成29年3月告示の中学校学習指導要領　音楽について，次の(1)～(5)の問いに答えなさい。

(1)　次の文は，「第2　各学年の目標及び内容〔第1学年〕 1　目標」である。(　①　)～(　④　)に該当する語句の組み合わせとして正しいものを，以下のa～dから一つ選びなさい。

> (1)　曲想と音楽の構造などとの関わり及び音楽の(　①　)について理解するとともに，創意工夫を生かした音楽表現をするために必要な歌唱，器楽，創作の技能を身に付けるようにする。
> (2)　音楽表現を創意工夫することや，音楽を(　②　)に評価しながらよさや美しさを味わって聴くことができるようにする。

(3) 主体的・協働的に表現及び鑑賞の学習に取り組み，音楽活動の楽しさを体験することを通して，(③)に親しむとともに，音楽によって(④)を明るく豊かなものにしていく態度を養う。

a ① 多様性 ② 自分なり ③ 音楽文化 ④ 生活
b ① 多様性 ② 客観的 ③ 音楽文化 ④ 社会
c ① 芸術性 ② 自分なり ③ 芸術文化 ④ 社会
d ① 芸術性 ② 客観的 ③ 芸術文化 ④ 生活

(2) 次の文は，「第2 各学年の目標及び内容〔第1学年〕 2 内容 A 表現(3)」の事項の一部である。(①)～(③)に該当する語句の組み合わせとして正しいものを，以下のa～dから一つ選びなさい。

(3) 創作の活動を通して，次の事項を身に付けることができるよう指導する。
ア (略)
イ 次の(ア)及び(イ)について，表したいイメージと関わらせて理解すること。
(ア) 音の(①)の特徴
(イ) (②)の特徴及び音の重なり方や反復，変化，対照などの構成上の特徴
ウ 創意工夫を生かした表現で旋律や音楽をつくるために必要な，課題や条件に沿った(③)や組合せなどの技能を身に付けること。

a ① つながり方 ② 旋律 ③ 楽器の選択
b ① ひびき方 ② 音素材 ③ 楽器の選択
c ① つながり方 ② 音素材 ③ 音の選択
d ① ひびき方 ② 旋律 ③ 音の選択

(3) 次の文は，「第2 各学年の目標及び内容 〔第2学年及び第3学年〕 2 内容 B 鑑賞(1)」の事項の一部である。(①)～(③)に該当する語句の組み合わせとして正しいものを，以下のa～dから一つ選びなさい。

(1) 鑑賞の活動を通して，次の事項を身に付けることができるよう指導する。
ア 鑑賞に関わる知識を得たり生かしたりしながら，次の(ア)から(ウ)までについて考え，音楽のよさや美しさを味わって聴くこと。
(ア) 曲や演奏に対する(①)とその根拠
(イ) 生活や社会における音楽の(②)や役割
(ウ) (③)の共通性や固有性
イ (略)

a ① 評価 ② 機能 ③ 生活文化
b ① 評価 ② 意味 ③ 音楽表現
c ① 批評 ② 意味 ③ 生活文化
d ① 批評 ② 機能 ③ 音楽表現

(4) 次の文は，「第3 指導計画の作成と内容の取扱い 2(1)エ」の事項である。(①)～(③)に該当する語句の組み合わせとして正しいものを，以下のa～dから一つ選びなさい。

エ 生徒が様々な(①)を関連付けて音楽への理解を深めたり，(②)に学習に取り組んだりすることができるようにするため，(③)や教育機器を効果的に活用できるよう指導を工夫すること。

a ① 感性 ② 協働的 ③ ICT
b ① 感性 ② 主体的 ③ コンピュータ
c ① 感覚 ② 協働的 ③ ICT
d ① 感覚 ② 主体的 ③ コンピュータ

(5) 次の文は，「第3 指導計画の作成と内容の取扱い 2(6)」の事項である。(①)～(③)に該当する語句の組み合わせとして正しいものを，以下のa～dから一つ選びなさい。

(6) 我が国の伝統的な歌唱や和楽器の指導に当たっては，(①)との関係，(②)の使い方についても配慮するとともに，適宜，(③)を用いること。

a　①　言葉と音楽　②　楽譜　③　動画
b　①　諸外国の音楽　②　楽譜　③　口唱歌(くちしょうが)
c　①　言葉と音楽　②　姿勢や身体　③　口唱歌(くちしょうが)
d　①　諸外国の音楽　②　姿勢や身体　③　動画

2024年度 ▌高知県 ▌難易度

【14】 中学校学習指導要領音楽の「各学年の目標及び内容」の〔第2学年及び第3学年〕の「目標」に関する記述として適切なものは，次の1～4のうちのどれか。

1　曲想と音楽の構造などとの関わり及び音楽の多様性について理解するとともに，創意工夫を生かした音楽表現をするために必要な歌唱，器楽，創作の技能を身に付けるようにする。

2　主体的・協働的に表現及び鑑賞の学習に取り組み，音楽活動の楽しさを体験することを通して，音楽文化に親しむとともに，音楽によって生活を明るく豊かなものにしていく態度を養う。

3　音楽活動の楽しさを体験することを通して，音や音楽への興味・関心を養い，音楽によって生活を明るく豊かなものにする態度を育てる。

4　曲にふさわしい音楽表現を創意工夫することや，音楽を評価しながらよさや美しさを味わって聴くことができるようにする。

2024年度 ▌東京都 ▌難易度

【15】次の1～8の問いに答えなさい。

1　次の□の中の文は，「中学校学習指導要領(平成29年告示)解説 音楽編(平成29年7月　文部科学省）第3章　各学年の目標及び内容 第1節　第1学年の目標と内容　2　内容　(1)　A　表現」の一部を抜粋したものである。文中の(　①　)，(　②　)に当てはまる語句の組み合わせとして最も適切なものを，以下のa～eの中から一つ選びなさい。

曲想と音楽の構造や歌詞の内容との関わりについて理解するためには，(　①　)と関わらせた指導によって，生徒が曲想を感じ取り，感じ取った理由を，音楽の構造や歌詞の内容の視点から自分自身で捉えていく過程が必要である。したがって，教師が感じ取った曲想を伝えたり，その曲の形式や(　②　)などを覚えられるようにしたりする，ということに留まるものではないことに十分留意する必要がある。

	①	②
a	〔共通事項〕	記号の意味
b	〔共通事項〕	歌詞の意味
c	〔共通事項〕	構造の意味
d	音楽を形づくっている要素	歌詞の意味
e	音楽を形づくっている要素	記号の意味

2　次の□の中の文は，「中学校学習指導要領(平成29年告示)解説　音楽編(平成29年7月　文部科学省)第3章　各学年の目標及び内容　第1節　第1学年の目標と内容　2　内容　(1) A　表現」の一部を抜粋したものである。文中の(　①　)，(　②　)に当てはまる語句の組み合わせとして最も適切なものを，以下のa～eの中から一つ選びなさい。

発声とは声を出すことであるが，ここでは創意工夫を生かした表現で歌うために必要な発声としていることから，生徒の(　①　)を歌唱によって表すことのできる声の出し方を身に付けられるようにすることが大切である。なお，単に(　②　)を身に付けさせることがねらいではないことに留意する。

	①	②
a	イメージや感情	曲種に応じた方法
b	イメージや感情	何通りもの発声の方法
c	思いや意図	曲種に応じた方法
d	思いや意図	曲にふさわしい表現
e	思いや意図	何通りもの発声の方法

3 次の□の中の文は，「中学校学習指導要領(平成29年告示)解説 音楽編(平成29年7月　文部科学省)第3章　各学年の目標及び内容　第1節　第1学年の目標と内容　2　内容　(1)　A　表現」の一部を抜粋したものである。文中の(　①　)，(　②　)に当てはまる語句の組み合わせとして最も適切なものを，以下のa～eの中から一つ選びなさい。

楽器の音色や響きとは，その楽器固有の音色や響きのことである。楽器の音を音楽の(　①　)として捉え，その楽器の音でしか表せない表現を体験させることによって，音楽表現の豊かさや美しさに気付かせることが重要である。また，その楽器を生み出した(　②　)などについて学習することは，楽器の特徴を捉える上で効果的である。

	①	②
a	文化	生活の背景
b	素材	生活や社会
c	動機	風土，文化や歴史
d	素材	風土，文化や歴史
e	文化	生活や社会

4 次の□の中の文は，「中学校学習指導要領(平成29年告示)解説 音楽編(平成29年7月　文部科学省)第3章　各学年の目標及び内容　第2節　第2学年及び第3学年の目標と内容　2　内容　(1)　A　表現」の一部を抜粋したものである。文中の(　①　)，(　②　)に当てはまる語句の組み合わせとして最も適切なものを，下のa～eの中から一つ選びなさい。

音楽におけるまとまりは，旋律やリズムが反復，変化したり，あるいは(　①　)なものと組み合わさったりすることなどによって生まれるものである。まとまりには，「A－B－A」のような一般化された形式のほか，構成を工夫することによって生徒が(　②　)をもって見いだした様々なまとまりが含まれる。

	①	②
a	対照的	根拠
b	対位的	根拠
c	対照的	思いや意図
d	対立的	思いや意図
e	対位的	意志

5　次の［　　］の中の文は，「中学校学習指導要領(平成29年3月告示　文部科学省)第2章　各教科　第5節　音楽　第2　各学年の目標及び内容〔第2学年及び第3学年〕2　内容　B　鑑賞」の一部を抜粋したものである。文中の(　①　)，(　②　)に当てはまる語句の組み合わせとして最も適切なものを，以下のa～eの中から一つ選びなさい。

> (1)　鑑賞の活動を通して，次の事項を身に付けることができるよう指導する。
> ア　鑑賞に関わる(　①　)を得たり生かしたりしながら，次の(ア)から(ウ)までについて考え，音楽のよさや美しさを味わって聴くこと。
> (ア)　曲や演奏に対する評価とその根拠
> (イ)　生活や社会における音楽の意味や役割
> (ウ)　音楽表現の共通性や(　②　)

	①	②
a	知識	多様性
b	実体験	固有性
c	知識	固有性
d	実体験	個別性
e	情報	多様性

6　次の［　　］の中の文は，「中学校学習指導要領(平成29年告示)解説　音楽編(平成29年7月　文部科学省)第4章　指導計画の作成と内容の取扱い　1　指導計画作成上の配慮事項」の一部を抜粋したものである。文中の(　①　)，(　②　)に当てはまる語句の組み合わせとして最も適切なものを，以下のa～eの中から一つ選びなさい。

> 中学校における指導は，生徒の多様な実態を踏まえ，表現及び鑑賞の幅広い活動を通して，生徒の(　①　)を引き出し，学習への意欲を喚起することが大切である。そのためには，(　②　)の学習のみに偏ったり，(略)鑑賞の指導において特定の曲種の学習に偏ったりすることのないように留意して，年間指導計画を作成しなければならない。

	①	②
a	主体的に学習に取り組む態度	歌唱や器楽
b	興味・関心	歌唱や鑑賞
c	個性	表現や鑑賞
d	興味・関心	歌唱や器楽
e	個性	器楽や鑑賞

7　次の［　　］の中の文は，「中学校学習指導要領(平成29年告示)解説音楽編(平成29年7月　文部科学省)第4章　指導計画の作成と内容の取扱い　2　内容の取扱いと指導上の配慮事項」の一部を抜粋したものである。文中の(　①　)，(　②　)に当てはまる語句の組み合わせとして最も適切なものを，以下のa～eの中から一つ選びなさい。

> 知的財産権とは，知的な創作活動によって何かをつくり出した人に対して付与される他人に無断で利用されない権利である。この中の一つに著作権があり，著作権には，著作物を保護する著作者の権利，(　①　)を保護する著作隣接権がある。
> 著作権法では，教育現場での著作物の利用を(　②　)にするため，著作権者の了解を得ずに著作物を利用できる例外措置が示されている。

	①	②
a	肖像等	円滑
b	肖像等	自由
c	実演等	円滑
d	実演等	簡略
e	出版物	自由

8　次の［　　］の中の文は，「中学校学習指導要領(平成29年告示)解説音楽編(平成29年7月　文部科学省)第4章　指導計画の作成と内容の取扱い　2　内容の取扱いと指導上の配慮事項」の一部を抜粋したものである。文中の(　①　)，(　②　)に当てはまる語句の組み合わせとして最も適切なものを，以下のa～eの中から一つ選びなさい。

> ここでは，我が国で長く歌われ親しまれている歌曲のうち，我が国の自然や四季の美しさを感じ取れるもの又は我が国の文化や日本語のもつ美しさを味わえるものを，歌唱教材として選択することを示している。その上で，我が国のよき音楽文化が(　①　)を超えて受け継がれていくようにする観点から，従前に引き続き，その趣旨にふさわしい曲を共通教材として具体的に示し，学年ごとに(　②　)取り扱うことを示している。

	①	②
a	世代	1曲ずつ
b	時代	1曲以上を
c	時代	積極的に
d	世代	積極的に
e	世代	1曲以上を

▌2024年度 ▌茨城県 ▌難易度 ■■□□□

【16】中学校学習指導要領(平成29年告示)解説音楽編について，次の各問いに答えよ。

(1)　第2章　音楽科の目標及び内容　第1節　音楽科の目標　1　教科の目標　(2)　について，文中の[　　]に入る最も適当なものを，以下の①～④の中から一つ選び，記号で答えよ。

> (2)　音楽表現を創意工夫することや，[　　]ができるようにする。

①　音楽を評価しながらよさや美しさを自ら味わって聴くこと

②　音楽を自分なりに評価しながらよさや美しさを味わって聴くこ

と

③　音楽のよさや美しさを味わって聴くこと

④　音楽を評価しながらよさや美しさを味わって聴くこと

(2)　第2章　音楽科の目標及び内容　第1節　音楽科の目標　1　教科の目標　について，文中のa・bに入る語句の組み合わせとして最も適当なものを，以下の①～④の中から一つ選び，記号で答えよ。

> 音楽的な見方・考え方とは，「音楽に対する感性を働かせ，音や音楽を，[　a　]とその働きの視点で捉え，自己のイメージや感情，[　b　]などと関連付けること」であると考えられる。

①　a　共通事項　　b　生活や社会，伝統や文化

②　a　音楽を形づくっている要素　　b　音楽の文化的・歴史的背景

③　a　音楽を形づくっている要素　　b　生活や社会，伝統や文化

④　a　共通事項　　b　生活や文化

(3)　第3章　各学年の目標及び内容　第1節　第1学年の目標と内容　2　内容　(1)　A　表現　(1)　イ　(ア)　について，文中の[　　]に入る最も適当なものを，以下の①～④の中から一つ選び，記号で答えよ。

> 曲想とは，その音楽固有の雰囲気や表情，味わいなどのことである。また曲想は，[　　]によって生み出されるものである。

①　音楽の構造　　②　声の音色や響き

③　創意工夫　　④　曲種に応じた発声

(4)　第3章　各学年の目標及び内容　第1節　第1学年の目標と内容　2　内容　(2)　B　鑑賞　(1)　イ　(ウ)　について，文中の[　　]に入る最も適当なものを，以下の①～④の中から一つ選び，記号で答えよ。

> (ウ)　我が国や郷土の伝統音楽[　　]音楽の多様性

①　及び諸外国の音楽の特徴と，その特徴から生まれる

②　の種類とそれぞれの特徴から生まれる

③　及びアジア地域の諸民族の音楽の特徴と，その特徴から生まれる

④　及び諸外国の様々な音楽の特徴と，その特徴から生まれる

(5)　第3章　各学年の目標及び内容　第2節　第2学年及び第3学年の目標と内容　1　目標　(3)　について，文中の[　　]に入る最も適当なものを，以下の①～④の中から一つ選び，記号で答えよ。

(3)　主体的・協働的に表現及び鑑賞の学習に取り組み，音楽活動の楽しさを体験することを通して，音楽文化に親しむとともに，音楽によって[　　]

①　生活を明るく豊かなものにし，音楽に親しんでいく態度を養う。

②　生活や社会を明るく豊かなものにしていく態度を養う。

③　生活を明るく豊かなものにしていく態度を養う。

④　生活を明るく潤いのあるものにしようとする態度を養う。

(6)　第3章　各学年の目標及び内容　第2節　第2学年及び第3学年の目標と内容　2　内容　(1)　A　表現　(3)　イ　(イ)　について，文中の[　　]に入る最も適当なものを，以下の①～④の中から一つ選び，記号で答えよ。

(イ)　音素材の特徴及び音の重なり方や[　　]などの構成上の特徴

①　フレーズのつなげ方　　②　反復，変化，対照

③　様々な表現形態　　④　序破急

(7)　第4章　指導計画の作成と内容の取扱い　2　内容の取扱いと指導上の配慮事項　2　(1)　カ　について，文中の[　　]に入る最も適当なものを，以下の①～④の中から一つ選び，記号で答えよ。

カ　自己や他者の著作物及びそれらの著作者の創造性を尊重する態度の形成を図るとともに，必要に応じて，音楽に関する[　　]について触れるようにすること。(後略)

①　知的財産権　　②　著作権　　③　所有権　　④　肖像権

(8)　第4章　指導計画の作成と内容の取扱い　2　内容の取扱いと指導上の配慮事項　2　(10)　について，文中の[　　]に入る最も適当な

ものを，以下の①～④の中から一つ選び，記号で答えよ。

> (10) 各学年の〔共通事項〕の(1)のイに示す「用語や記号など」については，小学校学習指導要領第2章第6節音楽の第3の2の(9)に示すものに加え，生徒の学習状況を考慮して次に示すものを[ ]，活用できるよう取り扱うこと。

① 働きを実感しながら理解し
② 適切に理解し
③ 〔共通事項〕の(1)のアの学習と関連付けて理解し
④ 音楽における働きと関わらせて理解し

▌2024年度 ▌沖縄県 ▌難易度

【17】「中学校学習指導要領(平成29年3月告示)」第2章 各教科 第5節 音楽で示された「第2 各学年の目標及び内容」のうち「第1学年」の目標を，次の①～④から一つ選び，記号で答えなさい。

① 音楽活動の楽しさを体験することを通して，音楽を愛好する心情を育むとともに，音楽に対する感性を豊かにし，音楽に親しんでいく態度を養い，豊かな情操を培う。
② 曲想と音楽の構造などとの関わり及び音楽の多様性について理解するとともに，創意工夫を生かした音楽表現をするために必要な歌唱，器楽，創作の技能を身に付けるようにする。
③ 曲にふさわしい音楽表現を創意工夫することや，音楽を評価しながらよさや美しさを味わって聴くことができるようにする。
④ 曲想と音楽の構造や背景などとの関わり及び音楽の多様性について理解するとともに，創意工夫を生かした音楽表現をするために必要な歌唱，器楽，創作の技能を身に付けるようにする。

▌2024年度 ▌鳥取県 ▌難易度

【18】次の文章は，「中学校学習指導要領」(平成29年3月告示)「第2章 第5節 音楽 第3 指導計画の作成と内容の取扱い」の一部である。以下の問いに答えなさい。

> 2　第2の内容の取扱いについては，次の事項に配慮するものとする。
> (6)　我が国の伝統的な歌唱や(　①　)の指導に当たっては，(　②　)と音楽との関係，(　③　)や身体の使い方についても配慮するとともに，適宜，口唱歌を用いること。

1　空欄(　①　)～(　③　)にあてはまる語句を，それぞれ書きなさい。
2　下線部について，「口唱歌」とは何か，簡潔に説明しなさい。
3　下線部について，「口唱歌」を用いることのよさを簡潔に書きなさい。

2024年度　山形県　難易度■■■□□

【19】次の(1)，(2)の問いに答えよ。
(1)　次の□内は，中学校学習指導要領(平成29年告示)の「第2章　各教科　第5節　音楽　第2　各学年の目標及び内容　第1学年」の一部である。以下の問いに答えよ。

> A　表現
> (3)　創作の活動を通して，次の事項を身に付けることができるよう指導する。
> ア　創作表現に関わる知識や技能を得たり生かしたりしながら，創作表現を創意工夫すること。
> イ　次の(ア)及び(イ)について，表したいイメージと関わらせて理解すること。
> (ア)　(　a　)の特徴
> (イ)　(　b　)の特徴及び音の重なり方や反復，変化，対照などの構成上の特徴
> ウ　創意工夫を生かした表現で旋律や音楽をつくるために必要な，(　c　)に沿った①音の選択や組合せなどの技能を身に付けること。

①　(　a　)～(　c　)に適する語句を書け。
②　「中学校学習指導要領(平成29年告示)解説音楽編」において，下線部①「音の選択や組合せなどの技能」のなどの中には，「記譜

などの技能も含まれる。」としている。その技能は，どのような手段として必要な技能とされているか80字以内で書け。

(2) 次の[　　]内は，中学校学習指導要領(平成29年告示)解説音楽編の「第4章　指導計画の作成と内容の取扱い　2　内容の取扱いと指導上の配慮事項」の一部である。以下の問いに答えよ。

> (1) 各学年の「A表現」及び「B鑑賞」の指導に当たっては，次のとおり取り扱うこと。
> ア　音楽活動を通して，それぞれの教材等に応じ，音や音楽が生活に果たす役割を考えさせるなどして，生徒が音や音楽と生活や社会との関わりを実感できるよう指導を工夫すること。なお，適宜，(　a　)などについても取り扱い，音環境への関心を高めることができるよう指導を工夫すること。
> イ　音楽によって喚起された自己のイメージや感情，音楽表現に対する思いや意図，音楽に対する評価などを伝え合い共感するなど，音や音楽及び言葉によるコミュニケーションを図り，<u>音楽科の特質に応じた言語活動</u>を適切に位置付けられるよう指導を工夫すること。

① (　a　)に適する言葉を書け。

② 「中学校学習指導要領(平成29年告示)解説音楽編」において，音楽科の特質に応じた言語活動を行う際に配慮すること，また，その際大切だと示されていることを80字以内で書け。

③ 「中学校学習指導要領(平成29年告示)解説音楽編」において，音楽科の特質に応じた言語活動を適切に位置付けた指導は，生徒のどのような意識を広げることにつながると示されているか，書け。

▌2024年度 ▌奈良県 ▌難易度 ■■■□□

【20】次の文は，中学校学習指導要領(平成29年告示)「第2章各教科　第5節，音楽　第2　各学年の目標及び内容」の一部を示そうとしたものである。この内容をねらった，以下に示す授業(3時間構成)を展開するとき，(1)，(2)の問いに答えよ。

〔第2学年及び第3学年〕
2　内容
A　表現
(2)　器楽の活動を通して，次の事項を身に付けることができるよう指導する。
ア　器楽表現に関わる知識や技能を得たり生かしたりしながら，曲にふさわしい器楽表現を創意工夫すること。
イ　次の(ア)及び(イ)について理解すること。
(ア)　曲想と音楽の構造や曲の背景との関わり
(イ)　楽器の音色や響きと奏法との関わり
ウ　次の(ア)及び(イ)の技能を身に付けること。
(ア)　創意工夫を生かした表現で演奏するために必要な奏法，身体の使い方などの技能
(イ)　創意工夫を生かし，全体の響きや各声部の音などを聴きながら他者と合わせて演奏する技能

授業(3時間構成)
①　対象：中学校2年生
②　教材：「大きな古時計」(ワーク作曲)
③　題材の目標：アーティキュレーションを工夫し，自らのイメージに合った表現でアルト・リコーダーを演奏すること

(1)　あなたなら指導者として，上の中学校学習指導要領のアの他に，イ−(ア)，(イ)及びウ−(ア)，(イ)のどの内容を取り扱うか。イ−(ア)，(イ)から一つ，ウ−(ア)，(イ)から一つ選び，その記号をそれぞれ書け。また，その内容を選んだ理由を書け。
(2)　(1)で選んだ内容を取り扱う授業を展開するとき，あなたなら指導者として，どのような授業のねらいを設定するか。1時間目及び2時間目の授業のねらいを書け。ただし，3時間目の授業のねらいは，「発表会で，自らの創意工夫を生かした演奏ができるようにする。他者の工夫のよさに気付かせ，アルト・リコーダーの奏法の違いに伴う雰囲気の違いについて理解できるようにする」と設定する。ま

た，すでに1年次にアルト・リコーダーの奏法と音色や響きとの関わりについて学んでいるものとする。

▌2024年度 ▌香川県 ▌難易度 ■■■■■

高等学校

【1】次は，高等学校学習指導要領(平成30年告示)の「第2章　各学科に共通する各教科　第7節　芸術　第2款　各科目　第1　音楽Ⅰ　1　目標」の一部です。文中の(　A　)，(　B　)に入る語句の組み合わせとして正しいものを選びなさい。

(1)　曲想と音楽の構造や文化的・歴史的背景などとの関わり及び(　A　)とともに，(　B　)をするために必要な技能を身に付けるようにする。

(1)　A　音楽の多様性について理解する
　　B　表現上の効果を生かした音楽表現
(2)　A　音楽の多様性について理解する
　　B　創意工夫を生かした音楽表現
(3)　A　音楽文化の多様性について理解する
　　B　創意工夫を生かした音楽表現
(4)　A　音楽文化の多様性について理解する
　　B　表現上の効果を生かした音楽表現

▌2024年度 ▌埼玉県・さいたま市 ▌難易度 ■□□□□

【2】高等学校学習指導要領(平成30年告示)の「第2章　各学科に共通する各教科　第7節　芸術　第2款　各科目　第2　音楽Ⅱ　2　内容　A表現　(1)　歌唱」に身に付けることができるよう指導する技能として示されていないものを選びなさい。

(1)　表現形態の特徴や表現上の効果を生かして歌う技能
(2)　曲にふさわしい発声，言葉の発音，身体の使い方などの技能
(3)　他者との調和を意識して歌う技能
(4)　音楽を形づくっている要素の働きを変化させ，変奏や編曲をする

技能

▌2024年度▌埼玉県・さいたま市▌難易度■□□□□

【3】「高等学校学習指導要領(平成30年告示)解説　芸術編(平成30年7月)」について，次の各問いに答えよ。

問1　次の文は，「第1部　芸術編」「第2章　各科目　第1節　音楽Ⅰ」「1　性格」の一部分である。(　①　)～(　③　)に入る適語を正確に答えよ。

> 「A表現」は，「(1)歌唱」，「(2)(　①　)」及び「(3)(　②　)」の三つの分野で構成し，それぞれの分野の特質を踏まえた「知識」，「技能」及び「(　③　)」に関する資質・能力を分野ごとに示している。

問2　次の文は，「第1部　芸術編」「第2章　各科目　第1節　音楽Ⅰ」「4　内容の取扱い」の一部分である。(　④　)～(　⑩　)に入る適語を正確に答えよ。

> (10)　音楽活動を通して，それぞれの(　④　)等に応じ，生徒が音や音楽と生活や社会との関わりを実感できるよう指導を工夫する。なお，適宜，(　⑤　)や環境音などについても取り扱い，(　⑥　)への関心を高めることができるよう指導を工夫する。

> (11)　自己や他者の(　⑦　)及びそれらの著作者の(　⑧　)を尊重する態度の形成を図るとともに，必要に応じて，音楽に関する(　⑨　)について触れるようにする。また，こうした態度の形成が，音楽文化の(　⑩　)，発展，創造を支えていることへの理解につながるよう配慮する。

▌2024年度▌長崎県▌難易度■■□□□

【4】次の文章は，高等学校学習指導要領「芸術　第2款　第1　音楽I」より「2　内容」からの抜粋である。以下の問いに答えなさい。

A　表現

表現に関する資質・能力を次のとおり育成する。

(3)　創作

創作に関する次の事項を身に付けることができるよう指導する。

ア　創作表現に関わる知識や技能を得たり生かしたりしながら，自己のイメージをもって創作表現を(　A　)すること。

イ　(　B　)，音を連ねたり重ねたりしたときの響き，音階や音型などの特徴及び構成上の特徴について，表したいイメージと関わらせて理解すること。

ウ　(　A　)を生かした創作表現をするために必要な，次の(ア)から(ウ)までの技能を身に付けること。

(ア)　(　C　)，変化，(　D　)などの手法を活用して音楽をつくる技能

(イ)　旋律をつくったり，つくった旋律に(　E　)な旋律や和音などを付けた音楽をつくったりする技能

(ウ)　音楽を形づくっている要素の働きを変化させ，(　F　)や編曲をする技能

(1)　上記，(　A　)～(　F　)に当てはまる適切な語句を答えなさい。

▌2024年度 ▌長野県 ▌難易度 ■■■□□□

【5】高等学校学習指導要領芸術(平成30年3月告示)の「第1　音楽Ⅰ」に関する次の(1)，(2)の各問いに答えよ。

(1)　次の文は，「2内容」の「B鑑賞」の一部である。(　①　)～(　④　)に入る適切な語句をそれぞれ答えよ。

(1)　鑑賞

鑑賞に関する次の事項を身に付けることができるよう指導する。

ア　鑑賞に関わる知識を得たり生かしたりしながら，次の(ア)

から(ｳ)までについて考え，音楽のよさや美しさを自ら味わって聴くこと。
(ｱ) 曲や演奏に対する評価とその(①)
(ｲ) (②)や社会にとっての音楽の意味や価値
(ｳ) 音楽表現の共通性や固有性
イ 次の(ｱ)から(ｳ)までについて理解すること。
(ｱ) 曲想や表現上の(③)と音楽の構造との関わり
(ｲ) 音楽の特徴と文化的・(④)的背景，他の芸術との関わり
(ｳ) 我が国や郷土の伝統音楽の種類とそれぞれの特徴

(2) 次の文は，「3 内容の取扱い」の一部である。下線部の具体的な例を簡潔に述べよ。

(1) 内容の「A表現」及び「B鑑賞」の指導については，中学校音楽科との関連を十分に考慮し，それぞれ特定の活動のみに偏らないようにするとともに，必要に応じて，<u>〔共通事項〕を要として各領域や分野の関連を図る</u>ものとする

2024年度 山口県 難易度

【6】平成30年告示の高等学校学習指導要領の「芸術」の科目「音楽Ⅰ」について，次の文章は，「3内容の取扱い」の一部である。(①)～(⑥)に当てはまる語句をそれぞれ答えよ。

(4) 内容の〔(①)〕は，表現及び鑑賞の学習において共通に必要となる(②)であり，「A表現」及び「B鑑賞」の指導と併せて，十分な指導が行われるよう工夫する。
(6) 内容の「A表現」の指導に当たっては，我が国の伝統的な(③)を含めて扱うようにする。その際，内容の「B鑑賞」の(1)のア及びイの(イ)又は(ウ)との関連を図るよう配慮するものとする。
(8) 内容の「A表現」及び「B鑑賞」の指導に当たっては，(④)

の育成を図るため，音や(　⑤　)によるコミュニケーションを図り，芸術科音楽の特質に応じた言語活動を適切に位置付けられるよう指導を工夫する。なお，内容の「B鑑賞」の指導に当たっては，曲や演奏について(　⑥　)活動などを取り入れるようにする。

2024年度 岡山県 難易度

【7】次の文は，高等学校学習指導要領(平成30年告示)解説　芸術(音楽　美術　工芸　書道)編　音楽編　美術編(平成30年7月)における「第1部　芸術編」「第2章　各科目」「第1節　音楽Ⅰ」「2　目標」の一部である。
文中の[　ア　]～[　コ　]に当てはまる語句を書きなさい。

音楽的な見方・考え方とは，[　ア　]を働かせ，音や音楽を，音楽を形づくっている要素と[　イ　]の視点で捉え，自己のイメージや感情，音楽の文化的・歴史的背景などと関連付けることであると考えられる。

「[　ア　]」とは，例えば，「音の動きが羽のように軽やかだ」，「この響きは輝かしくて美しい」といったように，音や音楽のよさや美しさなどの質的な世界を[　ウ　]として感じ取るときの心の働きを意味している。芸術科音楽の学習は，生徒が音や音楽の存在に気付き，それらを[　エ　]捉えることによって成立する。生徒が，音楽を形づくっている要素の知覚・感受を[　オ　]として自ら音や音楽を捉えていくとき，生徒の[　ア　]が働いている。

(中略)

生徒が自ら[　ア　]を働かせ，音や音楽を，音楽を形づくっている要素と[　イ　]の視点で捉え，捉えたことと，自己のイメージや感情，音楽の文化的・歴史的背景などとを関連付けて考えているとき，音楽的な見方・考え方が働いている。音楽的な見分・考え方を働かせて学習をすることによって，[　カ　]を伴った理解による「[　キ　]」の習得，[　ク　]の[　カ　]を伴う

「[　ケ　]」の習得，質の高い「思考力，判断力，表現力等」の育成，人生や社会において学びを生かそうとする意識をもった「学びに向かう力，人間性等」の涵養が実現する。このことによって，生活や社会の中の音や音楽，音楽文化と幅広く関わる資質・能力は育成されるのである。

なお，音楽的な見方・考え方は，音楽的な見方・考え方を働かせた芸術科音楽の学習を積み重ねることによって広がったり深まったりするなどし，その後の人生においても生きて働くものとなる。

今回の改訂は，音楽的な見方・考え方を働かせることにより，芸術科音楽における[　コ　]の視点から授業改善の一層の工夫がなされることを期待するものである。

2024年度　福島県　難易度

【8】次の文は，高等学校学習指導要領(平成30年3月告示)「第2章　第7節　芸術　第2款　各科目　第1　音楽Ⅰ　3　内容の取扱い」の一部を示そうとしたものである。これについて，以下の(1)～(3)の問いにそれぞれ答えよ。

(7) 内容の「A表現」の(3)の指導に当たっては，(　①　)に音を出しながら音のつながり方を試すなど，音を音楽へと構成することを重視するとともに，作品を記録する方法を工夫させるものとする。

(8) 内容の「A表現」及び「B鑑賞」の指導に当たっては，思考力，判断力，表現力等の育成を図るため，音や音楽及び言葉によるコミュニケーションを図り，芸術科音楽の特質に応じた(　②　)を適切に位置付けられるよう指導を工夫する。なお，内容の「B鑑賞」の指導に当たっては，曲や演奏について(　③　)活動などを取り入れるようにする。

(1) 文中の(　①　)，(　②　)にあてはまる語句をそれぞれ書け。

(2) 文中の下線部について，五線譜を用いて記録する方法以外に，作品を記録する方法を一つ書け。

(3) 文中の(③)にあてはまるものを，次の(ア)～(エ)から一つ選び，その記号を書け。

(ア) 漠然と感想を述べる

(イ) 初発の感想のような表層的な捉えを重視する

(ウ) 根拠をもって批評する

(エ) あらかじめ必要な知識を習得してから音楽を聴くという一方向の

2024年度 香川県 難易度

【9】次の(1)～(3)の問いに答えよ。

(1) 次の文は，高等学校学習指導要領(平成30年文部科学省告示)「第2章 各学科に共通する各教科 第7節 芸術 第2款 各科目 第1 音楽Ⅰ」に示されている「1 目標」の一部である。文中の(①)～(③)に当てはまる言葉を書け。

> (1) 曲想と音楽の構造や(①)・(②)背景などとの関わり及び音楽の(③)について理解するとともに，創意工夫を生かした音楽表現をするために必要な技能を身に付けるようにする。

(2) 次の文は，高等学校学習指導要領(平成30年文部科学省告示)「第2章 各学科に共通する各教科 第7節 芸術 第2款 各科目 第1 音楽Ⅰ 2 内容」に示されている「A 表現」の一部である。文中の(①)～(③)に当てはまる言葉を書け。

> (3) 創作
> 創作に関する次の事項を身に付けることができるよう指導する。
> (中略)
> イ (①)，音を連ねたり重ねたりしたときの響き，音階や音型などの特徴及び(②)の特徴について，表したいイメージと関わらせて理解すること。
> ウ 創意工夫を生かした創作表現をするために必要な，次の

(ア)から(ウ)までの技能を身に付けること。
(中略)
(ウ)　音楽を形づくっている(　③　)の働きを変化させ，変奏や編曲をする技能

(3)　次の文は，高等学校学習指導要領(平成30年文部科学省告示)「第2章　各学科に共通する各教科　第7節　芸術　第2款　各科目　第1　音楽Ⅰ」に示されている「3 内容の取扱い」の一部である。文中の(　①　)～(　④　)に当てはまる言葉を以下のA～Dから一つずつ選び，その記号を書け。

(5)　内容の「A表現」の指導に当たっては，(　①　)を考慮し，(　②　)を含めるものとする。
(中略)
(10)　音楽活動を通して，それぞれの教材等に応じ，生徒が音や音楽と(　③　)との関わりを実感できるよう指導を工夫する。なお，適宜，自然音や環境音などについても取り扱い，(　④　)への関心を高めることができるよう指導を工夫する。

① A　生徒の特性等　B　生徒の資質・能力
C　知識・技能　D　「B鑑賞」との関連
② A　視唱と視奏及び変奏や編曲の指導　B　視唱と視奏及び記譜
C　視唱と視奏及び読譜と記譜の指導　D　読譜と記譜の指導
③ A　伝統　B　生活や社会
C　構造　D　音楽文化の継承，発展，創造
④ A　伝統音楽　B　音環境
C　自己表現　D　創造性

2024年度　愛媛県　難易度 ■■■□□□

【10】次の問1～問5は，「高等学校学習指導要領」(平成30年3月告示)「第2章　各学科に共通する各教科　第7節　芸術」に示されているものである。問1，問2は，[　ア　]，[　イ　]に当てはまる語句の組合せとして最も適切なものを，問3，問4は，[　　]に当てはまる最も適切なも

のを，問5は，問いに当てはまる最も適切なものを，それぞれ①～④のうちから選びなさい。なお，【　】は出典を示している。

問1 [　ア　]や文化的・歴史的背景などとの関わり及び[　イ　]について理解するとともに，創意工夫を生かした音楽表現をするために必要な技能を身に付けるようにする。

【第2款　各科目　第1　音楽Ⅰ　1　目標　(1)】

①　ア　曲想と自己のイメージ
　　イ　生活や社会との関わり
②　ア　音楽表現の共通性と固有性
　　イ　音楽の多様性
③　ア　表現形態の特徴と表現上の効果
　　イ　音楽表現の共通性や固有性
④　ア　曲想と音楽の構造
　　イ　音楽の多様性

問2　生涯にわたり芸術を愛好する心情を育むとともに，感性を高め，[　ア　]を創造していく態度を養い，[　イ　]。

【第1款　目標　(3)】

①　ア　心豊かな生活や社会
　　イ　芸術文化と豊かに関わる資質・能力を育成する
②　ア　芸術文化
　　イ　多様性について理解を深める
③　ア　心豊かな生活や社会
　　イ　豊かな情操を培う
④　ア　芸術文化
　　イ　生活や社会を明るく豊かなものにしていく

問3　音楽活動を通して，それぞれの教材等に応じ，生徒が音や音楽と生活や社会との関わりを実感できるよう指導を工夫する。なお，適宜，自然音や環境音などについても取り扱い，[　　]への関心を高めることができるよう指導を工夫する。

【第2款　各科目　第1　音楽Ⅰ　3　内容の取扱い　(10)】

①　音楽文化　　②　音色　　③　音素材　　④　音環境

問4　内容の「A表現」の指導に当たっては，生徒の特性等を考慮し，視唱と視奏及び[　　]の指導を含めるものとする。

【第2款　各科目　第1　音楽Ⅰ　3　内容の取扱い　(5)】

①　音程と音色　　②　変奏や編曲　　③　発声や奏法

④　読譜と記譜

問5【第2款　各科目　第1　音楽Ⅰ　2　内容　A　表現　(3)創作　イ】について，「身に付けることができるよう指導する」事項として示されていないものはどれか。

①　構成上の特徴

②　表現形態などの特徴

③　音素材，音を連ねたり重ねたりしたときの響き

④　音階や音型などの特徴

▌2024年度▌神奈川県・横浜市・川崎市・相模原市▌難易度■■■□□□

【11】次の文章は，高等学校学習指導要領(平成30年告示)音楽Ⅰの「2内容　A表現(1)歌唱」である。[　①　]から[　⑤　]の空欄にあてはまる語句を答えよ。

(1)　歌唱

歌唱に関する次の事項を身に付けることができるよう指導する。

ア　歌唱表現に関わる[　①　]や[　②　]を得たり生かしたりしながら，自己のイメージをもって歌唱表現を[　③　]すること。

イ　次の(ア)から(ウ)までについて理解すること。

(ア)　[　④　]と音楽の構造や歌詞，文化的・歴史的背景との関わり

(イ)　言葉の特性と曲種に応じた[　⑤　]との関わり

(ウ)　様々な表現形態による歌唱表現の特徴

ウ　[　③　]を生かした歌唱表現をするために必要な，次の(ア)から(ウ)までの[　②　]を身に付けること。

(ア)　曲にふさわしい[　⑤　]，言葉の発音，身体の使い方などの[　②　]

(イ)　他者との調和を意識して歌う[　②　]

(ウ)　表現形態の特徴を生かして歌う[　②　]

▌2024年度▌栃木県▌難易度■■■□□□

【12】「高等学校学習指導要領解説　第1部　芸術編　第2章　各科目　第1節　音楽Ⅰ　2　目標」について，記述中の[　1　]～[　5　]にあてはまる語句として最も適当なものを，以下の①～⑩のうちからそれぞれ一つずつ選びなさい。

科目の目標(3)

(3)　主体的・協働的に音楽の[　1　]に取り組み，生涯にわたり音楽を愛好する心情を育むとともに，感性を高め，音楽文化に親しみ，音楽によって生活や社会を明るく豊かなものにしていく態度を養う。

(3)は，[　2　]に関する目標である。

「略」

感性とは，音や音楽のよさや美しさなどの[　3　]を価値あるものとして感じ取るときの心の働きを意味している。

音楽が醸し出す「軽やかさ」や「輝かしさ」などの[　3　]を認識することは，音楽だけではなく，あらゆるもののよさや美しさなどを感じ取り，そこに価値を見いだすことにつながっていく。

「略」

グローバル化が益々進展するこれからの時代においては，我が国の伝統や文化の中に自分自身のよりどころを見いだすとともに，異なる文化などに対しても[　4　]，世界の人々と共存することが求められている。そこで，「音楽Ⅰ」及び「音楽Ⅱ」では，我が国や諸外国の様々な音楽文化に親しみ，「音楽Ⅲ」ではそれらを[　5　]する態度を育成していく必要がある。

①　質的な世界
②　関心をもち
③　学習
④　「学びに向かう力，人間性等」の涵(かん)養
⑤　実践
⑥　敬意を払い

⑦ 「思考力，判断力，表現力等」の育成
⑧ 幅広い活動
⑨ 情緒的な世界
⑩ 尊重

2024年度 | 千葉県・千葉市 | 難易度 ■■■□□□

【13】「高等学校学習指導要領(平成30年3月告示)第2章　第7節　芸術」について，次の(1)，(2)の問いに答えよ。

(1) 「高等学校学習指導要領(平成30年3月告示)第2章　第7節　芸術　第2款　各科目　第1　音楽Ⅰ」について，次のA～Gの問いに答えよ。

A　次に示す空欄に当てはまる語句として，適切なものを1～5から一つ選べ。

> 第2款　各科目　第1　音楽Ⅰ
> 1　目標
> (1)　(　　)と音楽の構造や文化的・歴史的背景などとの関わり及び音楽の多様性について理解するとともに，創意工夫を生かした音楽表現をするために必要な技能を身に付けるようにする。

1　音楽を形づくっている要素　　2　音楽の固有性
3　曲想　　4　音楽的な見方・考え方
5　音楽の特質

B　次に示す空欄に当てはまる語句として，適切なものを1～5から一つ選べ。

> 第2款　各科目　第1　音楽Ⅰ
> 1　目標
> (3)　主体的・協働的に音楽の幅広い活動に取り組み，(　ア　)とともに，感性を高め，音楽文化に親しみ，(　イ　)態度を養う。

1　ア　音楽における見方・考え方を働かせる

　イ　他者との調和を意識する
2　ア　音楽における見方・考え方を働かせる
　イ　音楽に関する知的財産権を尊重する
3　ア　生涯にわたり音楽を愛好する心情を育む
　イ　音楽によって生活や社会を明るく豊かなものにしていく
4　ア　他者との調和を意識する
　イ　音楽によって生活や社会を明るく豊かなものにしていく
5　ア　生涯にわたり音楽を愛好する心情を育む
　イ　音楽に関する知的財産権を尊重する

C　次に示す空欄に当てはまる語句として，適切なものを1～5から一つ選べ。

> 第2款　各科目　第1　音楽Ⅰ
> 　2　内容
> 　　A　表現
> 　　　表現に関する資質・能力を次のとおり育成する。
> 　　(1)　歌唱
> 　　　歌唱に関する次の事項を身に付けることができるよう指導する。
> 　　　ア　歌唱表現に関わる(　　)を得たり生かしたりしながら，自己のイメージをもって歌唱表現を創意工夫すること。

1　基本的な表現方法　　2　知識や技能　　3　資質・能力
4　固有の技能　　5　様々な表現方法

D　次に示す空欄に当てはまる語句として，適切なものを1～5から一つ選べ。

第2款　各科目　第1　音楽Ⅰ
2　内容
A　表現
表現に関する資質・能力を次のとおり育成する。
(2)　器楽
器楽に関する次の事項を身に付けることができるよう指導する。
ウ　創意工夫を生かした器楽表現をするために必要な，次の(ア)から(ウ)までの技能を身に付けること。
(ア)　曲にふさわしい奏法，身体の使い方などの技能
(イ)　(　　)技能
(ウ)　表現形態の特徴を生かして演奏する技能

1　他者との調和を意識して演奏する
2　曲の文化的・歴史的背景にふさわしい演奏をする
3　自己のイメージをもちながら演奏する
4　曲想と音楽の構造にふさわしい演奏をする
5　他者の音楽表現を評価しながら演奏する

E　次に示す空欄に当てはまる語句として，適切なものを1～5から一つ選べ。

第2款　各科目　第1　音楽Ⅰ
2　内容
A　表現
表現に関する資質・能力を次のとおり育成する。
(2)　器楽
器楽に関する次の事項を身に付けることができるよう指導する。
ウ　創意工夫を生かした器楽表現をするために必要な，次の(ア)から(ウ)までの技能を身に付ける

こと。
(ア)　曲にふさわしい奏法，身体の使い方などの技能
(イ)　(　　)技能
(ウ)　表現形態の特徴を生かして演奏する技能

1　ア　音素材との関連
　イ　知覚したことと感受したこととの関わり
2　ア　要素同士の関連
　イ　自己と他者のイメージとの関わり
3　ア　音素材との関連
　イ　自己と他者のイメージとの関わり
4　ア　要素同士の関連
　イ　知覚したことと感受したこととの関わり
5　ア　構造と曲想
　イ　自己と他者のイメージとの関わり

F　次に示す空欄に当てはまる語句として，適切なものを1～5から一つ選べ。

第2款　各科目　第1　音楽Ⅰ
3　内容の取扱い
(1)　内容の「A表現」及び「B鑑賞」の指導については，中学校音楽科との関連を十分に考慮し，(　　)とともに，必要に応じて，〔共通事項〕を要として各領域や分野の関連を図るものとする。

1　それぞれ特定の活動のみに偏らないようにする
2　生徒の特性や各学校の地域性を見極める
3　創造的な授業づくりを進める
4　発達段階に応じた指導が行われるよう工夫する
5　芸術科音楽の特質に応じた指導が行われるよう工夫する

G　次に示す空欄に当てはまる語句として，適切なものを1～5から一つ選べ。

> 第2款　各科目　第1　音楽Ⅰ
> 　3　内容の取扱い
> 　　(10)　音楽活動を通して，それぞれの教材等に応じ，生徒が音や音楽と生活や社会との関わりを実感できるよう指導を工夫する。なお，適宜，(　ア　)を高めることができるよう指導を工夫する。
> 　　(11)　自己や他者の著作物及び(　イ　)の形成を図るとともに，必要に応じて，音楽に関する知的財産権について触れるようにする。また，こうした態度の形成が，音楽文化の継承，発展，創造を支えていることへの理解につながるよう配慮する。

1　ア　社会を取り巻く音環境に触れ，多様な音環境への関心
　イ　著作権尊重の精神
2　ア　我が国や郷土の伝統音楽に触れ，多様な音環境への関心
　イ　著作権尊重の精神
3　ア　社会を取り巻く音環境に触れ，多様な音環境への関心
　イ　著作権を尊重する人格
4　ア　我が国や郷土の伝統音楽に触れ，多様な音環境への関心
　イ　それらの著作者の創造性を尊重する態度
5　ア　自然音や環境音などについても取り扱い，音環境への関心
　イ　それらの著作者の創造性を尊重する態度

(2)「高等学校学習指導要領(平成30年3月告示)第2章　第7節　芸術　第3款　各科目にわたる指導計画の作成と内容の取扱い」について，次に示す空欄に当てはまる語句として，適切なものを1～5から一つ選べ。

> 第3款　各科目にわたる指導計画の作成と内容の取扱い
> 　1　指導計画の作成に当たっては，次の事項に配慮するものとする。
> 　　(1)　題材など内容や時間のまとまりを見通して，その中で育む資質・能力の育成に向けて，生徒の主体的・対

話的で深い学びの実現を図るようにすること。その際，
(　　)を図ること。

1　各科目における見方・考え方を働かせ，個性豊かに表現できるよう教材の工夫
2　各科目における見方・考え方を働かせ，各科目の特質に応じた学習の充実
3　知識や技能を総合的に働かせながら，個性豊かに表現できるよう教材の工夫
4　各科目における見方・考え方を働かせ，創意工夫や表現上の効果を生かした学習
5　知識や技能を総合的に働かせながら，各科目の特質に応じた学習の充実

2024年度 | 大阪府・大阪市・堺市・豊能地区 | 難易度

【14】高等学校学習指導要領芸術の「各科目」の「音楽Ⅲ」の「目標」に関する記述として適切なものは，次の1～4のうちのどれか。

1　音楽に関する知識や技能を総合的に働かせながら，個性豊かに音楽表現を創意工夫したり音楽を評価しながらよさや美しさを深く味わって聴いたりすることができるようにする。
2　自己のイメージをもって音楽表現を創意工夫することや，音楽を評価しながらよさや美しさを自ら味わって聴くことができるようにする。
3　曲想と音楽の構造や文化的・歴史的背景などとの関わり及び音楽の多様性について理解するとともに，創意工夫を生かした音楽表現をするために必要な技能を身に付けるようにする。
4　曲想と音楽の構造や文化的・歴史的背景などとの関わり及び音楽の多様性について理解を深めるとともに，創意工夫を生かした音楽表現をするために必要な技能を身に付けるようにする。

2024年度 | 東京都 | 難易度

【15】次の文は，高等学校学習指導要領「芸術」の「各科目」の「音楽Ⅰ」の「目標」である。①～⑥にあてはまる語句を書きなさい。

> 音楽の幅広い活動を通して，(　①　)を働かせ，　(　②　)の中の音や音楽，音楽文化と幅広く関わる資質・能力を次のとおり育成することを目指す。
> (1) 曲想と(　③　)や文化的・歴史的背景などとの関わり及び音楽の多様性について理解するとともに，創意工夫を生かした(　④　)をするために必要な技能を身に付けるようにする。
> (2) 自己のイメージをもって(　④　)を創意工夫することや，音楽を評価しながら(　⑤　)を自ら味わって聴くことができるようにする。
> (3) 主体的・協働的に音楽の幅広い活動に取り組み，生涯にわたり音楽を愛好する心情を育むとともに，(　⑥　)を高め，音楽文化に親しみ，音楽によって(　②　)を明るく豊かなものにしていく態度を養う。

2024年度　青森県　難易度■■■□□□

【16】高等学校学習指導要領(平成30年告示)解説芸術(音楽　美術　工芸　書道)編　音楽編　美術編について，次の各問いに答えよ。

(1) 第1章　総説　第3節　芸術科の目標　(1)　について，文中の[　　]に入る最も適当なものを，以下の①～④の中から一つ選び，記号で答えよ。

> (1) 芸術に関する各科目の特質について理解するとともに，[　　]を身に付けるようにする。

① 創意工夫を生かした表現をするための技能
② 意図に基づいて表現するための技能
③ 自己のイメージを表現するための技能
④ 創意工夫や表現上の効果を生かした表現をするための技能

(2) 第2章　各科目　第1節　音楽Ⅰ　3　内容　A表現　(1)　歌唱　イ　(イ)　に該当する最も適当なものを，次の①～④の中から一つ選び，記号で答えよ。

① 言葉の特性と曲種に応じた発声との関わり

② 声の音色や響き及び言葉の特性と曲種に応じた発声との関わり

③ 言葉の特性と曲種に応じた発声との関わり及びその関わりによって生み出される表現上の効果

④ 曲の表現内容や様々な表現形態による歌唱表現の固有性や多様性

(3) 第2章 各科目 第1節 音楽Ⅰ 3 内容 A表現 (3) 創作アについて，文中の[ ]に入る最も適当なものを，以下の①～④の中から一つ選び，記号で答えよ。

ア 創作表現に関わる知識や技能を得たり生かしたりしながら，[ ]創意工夫すること。

① まとまりのある創作表現を

② 個性豊かに創作表現を

③ 創作表現を

④ 自己のイメージをもって創作表現を

(4) 第2章 各科目 第1節 音楽Ⅰ 4 内容の取扱い (1) について，文中の[ ]に入る最も適当なものを，以下の①～④の中から一つ選び，記号で答えよ。

(1) 内容の「A表現」及び「B鑑賞」の指導については，中学校音楽科との関連を十分に考慮し，それぞれ特定の活動のみに偏らないようにするとともに，必要に応じて，[ ]を要として各領域や分野の関連を図るものとする。

① 音楽を形づくっている要素　② 文化的・歴史的背景

③ 音楽的な見方・考え方　④ 〔共通事項〕

(5) 第2章 各科目 第1節 音楽Ⅰ 4 内容の取扱い (3) について，文中の[ ]に入る最も適当なものを，以下の①～④の中から一つ選び，記号で答えよ。

(3) 生徒の特性等を考慮し，内容の「A表現」の(3)のウについては(ア)，(イ)又は(ウ)のうち[ ]を選択して扱うことができる。

① 一つ　② 一つ以上　③ 二つ　④ 二つ以上

(6) 第2章　各科目　第2節　音楽Ⅱ　3　内容　A表現　(2) 器楽　イ　(ウ)　について，文中の[　　]に入る最も適当なものを，以下の①～④の中から一つ選び，記号で答えよ。

(ウ) 様々な表現形態による器楽表現の[　　]

① 固有性や多様性　② 特徴

③ 共通性や固有性　④ 表現上の効果

(7) 第2章　各科目　第2節　音楽Ⅱ　3　内容　B鑑賞　(1) 鑑賞　イ　(ア)　について，文中の[　　]に入る最も適当なものを，以下の①～④の中から一つ選び，記号で答えよ。

(ア) [　　]音楽の構造との関わり

① 曲想及びその変化と，　② 曲想と

③ 曲想や表現上の効果と　④ 音楽の美しさと

(8) 第2章　各科目　第3節　音楽Ⅲ　2　目標　(1)　について，文中の[　　]に入る最も適当なものを，以下の①～④の中から一つ選び，記号で答えよ。

(1) 曲想と音楽の構造や[　　]とともに，創意工夫や表現上の効果を生かした音楽表現をするために必要な技能を身に付けるようにする。

① 文化的・歴史的背景などとの関わり及び音楽の多様性について理解する

② 背景などとの関わり及び音楽の多様性について理解する

③ 文化的・歴史的背景などとの関わり及び音楽文化の多様性について理解する

④ 文化的・歴史的背景などとの関わり及び音楽の多様性について理解を深める

▌2024年度 ▌沖縄県 ▌難易度

【17】次は，高等学校学習指導要領(平成30年告示)の「第2章　各学科に共通する各教科　第7節　芸術　第2款　各科目　第3　音楽Ⅲ　〔共通事項〕」の一部です。文中の(　　)に入る語句として正しいものを選びなさい。

イ　音楽を形づくっている(　　)こと。

(1)　要素及び音楽に関する用語や記号などについて，音楽における働きと関わらせて理解する

(2)　要素の働きやその効果などに関する思考力，判断力，表現力等を育成する

(3)　要素や要素同士の関連を知覚し，音楽における働きと関わらせて理解する

(4)　要素及び音楽に関する用語や記号などについて，それらの働きを感受しながら，知覚したことと感受したこととの関わりについて理解する

▌2024年度▌埼玉県・さいたま市▌難易度 ■■□□□

【18】次の(1)，(2)の問いに答えよ。

(1)　次の□内は，高等学校学習指導要領(平成30年告示)の「第2章　各学科に共通する各教科　第7節　芸術　第2款　各科目　第1　音楽Ⅰ　2　内容」の一部である。以下の各問いに答えよ。

(3)　創作

創作に関する次の事項を身に付けることができるよう指導する。

ア　創作表現に関わる知識や技能を得たり生かしたりしながら，自己のイメージをもって創作表現を創意工夫すること。

イ　(　a　)，音を連ねたり重ねたりしたときの響き，音階や音型などの特徴及び構成上の特徴について，表したいイメージと関わらせて理解すること。

ウ　創意工夫を生かした創作表現をするために必要な，次の(ア)から(ウ)までの技能を身に付けること。

> (ア)　反復，変化，対照などの手法を活用して音楽をつくる技能
> (イ)　旋律をつくったり，つくった旋律に(　b　)や和音などを付けた音楽をつくったりする技能
> (ウ)　音楽を形づくっている要素の働きを変化させ，(　c　)をする技能

①　(　a　)～(　c　)に適する語句を書け。

②　「高等学校学習指導要領(平成30年告示)解説芸術編」において，創作ウの指導に当たっては，どのようなことを重視するように示されているか，80字以内で書け。

(2)　次の□内は，高等学校学習指導要領(平成30年告示)の「第2章　各学科に共通する各教科　第7節　芸術　第2款　各科目　第1　音楽Ⅰ　3　内容の取扱い」の一部である。以下の各問いに答えよ。

> 3　内容の取扱い
> (8)　内容の「A表現」及び「B鑑賞」の指導に当たっては，(　a　)の育成を図るため，音や音楽及び言葉によるコミュニケーションを図り，<u>芸術科音楽の特質に応じた言語活動</u>を適切に位置付けられるよう指導を工夫する。なお，内容の「B鑑賞」の指導に当たっては，曲や演奏について根拠をもって批評する活動などを取り入れるようにする。

①　(　a　)に適する言葉を書け。

②　「高等学校学習指導要領(平成30年告示)解説芸術編」において，芸術科音楽の特質に応じた言語活動を行う際に配慮すること，また，その際重要と示されていることを80字以内で書け。

③　「高等学校学習指導要領(平成30年告示)解説芸術編」において，芸術科音楽の特質に応じた言語活動を適切に位置付けた指導は，生徒のどのような意識を広げることにつながると示されているか，書け。

2024年度　奈良県　難易度 ■■■□□

【19】次の文は，「高等学校学習指導要領」(平成30年告示　文部科学省)における「第2章　第7節　芸術　第1　音楽Ⅰ　2　内容　A　表現(3)創作」に関する記述の一部である。(　　)にあてはまる適切なものを①～⑤から選び，番号で答えよ。

> 音素材，音を連ねたり重ねたりしたときの響き，音階や音型などの特徴及び構成上の特徴について，(　　)と関わらせて理解すること。

① 表したいイメージ　② 創意工夫
③ 文化的・歴史的背景　④ 知識や技能
⑤ 音楽を形づくっている要素

2024年度　神戸市　難易度

【20】次は，高等学校学習指導要領(平成30年告示)の「第2章　各学科に共通する各教科　第7節　芸術　第3款　各科目にわたる指導計画の作成と内容の取扱い」の一部です。文中の(　A　)～(　C　)に入る語句の組み合わせとして正しいものを選びなさい。

> 2 内容の取扱いに当たっては，次の事項に配慮するものとする。
> (2) 各科目の特質を踏まえ，学校や地域の実態に応じて，(　A　)，(　B　)，(　C　)等の活用を図ったり，地域の人材の協力を求めたりすること。

(1) A 文化施設　B 社会教育施設
C 地域の文化財
(2) A 大学　B 研究機関
C 博物館
(3) A 学校図書館　B 地域の公共施設
C 情報通信ネットワーク
(4) A 公民館　B 図書館
C 博物館

2024年度　埼玉県・さいたま市　難易度

解答・解説

中学校

【1】問1　(1)　ウ　　(2)　イ　　問2　(1)　ア　　(2)　ウ　　(3)　ウ　(4)　ウ

○**解説**○ 問1　中学校学習指導要領第1学年の内容についてB鑑賞の項目から語句の穴埋め選択式も問題である。目標や内容については，各学年の違いを整理して文言は覚えること。A表現の，歌唱，器楽，創作の項目について学習しておくこと。　問2　指導計画の作成と内容の取扱いから，内容の取扱いに関する配慮事項の(1)(2)(4)から出題された。配慮事項は10項目あげられているので他の項目についても文言を覚えるだけでなく内容を理解しておくこと。共通教材とその作詞・作曲者名，音楽を形づくっている要素，共通事項の用語や記号はすべて覚えること。

【2】問1　①　見方・考え方　　②　要素　　問2　③　得たり生かしたり　　問3　④　まとまり　　⑤　音素材　　⑥　反復　　⑦　変化　問4　⑧　郷土　　⑨　愛着　　⑩　1

○**解説**○ 問1　中学校学習指導要領の音楽科の目標について解説の部分から出題された。目標については，教科の目標，学年の目標それぞれ違いを整理して文言は必ず覚えること。また中学校学習指導要領解説でその内容について理解を深めること。　問2　A表現の器楽の内容からの出題である。内容については，A表現の歌唱，創作，B鑑賞の項目も理解しておくこと。　問3　第2学年及び第3学年の，A表現の創作の内容から出題された。第1学年の内容についても違いを理解した上で覚えておくこと。　問4　指導計画の作成と内容の取扱いから，内容の取扱いについての配慮事項(2)(5)から出題された。全部で10項目あり，いずれも授業に直結する具体的な内容なので理解を深めること。

【3】(1) ① 根拠 ② 生活 ③ 歴史 ④ 多様性
(2) 「赤とんぼ」の学習において，主として扱う音楽を形づくっている要素を「旋律」に設定し，言葉と旋律の動きとの関わりに着目させて，歌唱と創作を関連させた一題材を構想する。

○**解説**○ (1) 中学校学習指導要領の第1学年のB鑑賞の内容から出題された。A表現の歌唱，器楽，創作の内容についても確認しておくこと。
(2) 指導計画の作成と内容の取扱いから，指導計画の作成に当たっての配慮事項から出題された。本問では(4)について問われているが，全部で6項目あるのですべて確認しておくこと。〔共通事項〕とは，表現及び鑑賞の全ての内容において共通に指導する内容のことである。文言を覚えておくこと。

【4】① ふさわしい ② 創意工夫 ③ 背景 ④ 特性
⑤ 発音

○**解説**○ 中学校学習指導要領の，〔第2学年及び第3学年〕の2内容A表現より，語句の穴埋め記述式の問題である。学年による違いを整理し理解した上で，文言は覚えておくこと。

【5】C

○**解説**○ 中学校学習指導要領の語句の穴埋め選択式の問題である。今回は第2学年及び第3学年の目標から問われた。目標については，科の目標，各学年の目標，それぞれの違いを整理して文言は必ず覚えること。

【6】問1 ④ 問2 ③ 問3 ④ 問4 ④ 問5 ②

○**解説**○ 問1 中学校学習指導要領の第1学年の目標から，文言の穴埋め選択式の問題である。目標(1)は知識及び技能の習得に関するものである。他の学年，または(2)(3)の項目についても文言は必ず覚えること。
問2 第2及び第3学年の目標(2)から出題された。目標(2)は思考力，判断力，表現力等の育成に関する目標である。他の項目について確認するとともに，学年による違いを整理して覚えておくこと。 問3 指導計画の作成と内容の取扱いより，内容の取扱いについての配慮事項(1)より出題された。内容の取扱いについての配慮事項は10項目示されており，いずれも具体的で重要な内容なので，文言を覚えるだけでなく，理解を深めておきたい。　問4　同項目の(5)から出題された。指導計画作成上の配慮事項についても6項目あげられているので確認しておくこと。　問5　A表現(3)は創作に関する事項である。選択肢②は第2及び第3学年の同項目の内容である。A表現の歌唱，器楽の項目，また他の学年の記述に関して，違いを理解して覚えておきたい。

【7】① 要素　② 働き　③ イメージ　④ 質　⑤ 価値　⑥ 知覚　⑦ 実感　⑧ 理解　⑨ 人間性　⑩ 改善

○**解説**○ 中学校学習指導要領解説より，教科の目標について解説された部分から語句の穴埋め記述式の問題である。目標は，教科の目標，各学年の目標のそれぞれの違いを整理して文言は必ず覚えること。また解説でその内容について，理解を深めておくこと。

【8】1 ①　2 ⑤　3 ③

○**解説**○ 中学校学習指導要領の内容について，第2学年及び第3学年のA表現の創作から出題された。目標と内容は必ず学年ごとのと違いをふまえて覚えること。第1学年の同項目も確認し，学年ごとに異なる文言も系統を踏まえて覚えておきたい。またA表現の声楽と器楽，またB鑑賞の中身もよく理解しておくこと。

【9】問1　エ　問2　エ　問3　ア　問4　ア　問5　ア　問6　ウ

○**解説**○ 問1　中学校学習指導要領解説では，「指導に当たっては，体を動かすこと自体をねらいとするのではなく，音や音楽，言葉などで表すことと組み合わせながら，目的に応じて，効果的に取り入れることができるよう工夫することが大切である。」としている。　問2　雅楽で使用する楽器は，打ちもの，弾きもの，吹きものに分類される。鉦鼓は，楽太鼓や鞨鼓と同じく打ちものに分類される。　問3　中学校学習指導要領の内容の取扱いについての配慮事項(3)イに「生徒や学校，地域の実態などを考慮した上で，指導上の必要に応じて和楽器，弦楽器，管楽器，打楽器，鍵盤楽器，電子楽器及び世界の諸民族の楽器を適宜用いること。なお，3学年間を通じて1種類以上の和楽器を取り扱い，その表現活動を通して，生徒が我が国や郷土の伝統音楽のよさを味わい，愛着をもつことができるよう工夫すること。」としている。問4　小学校，中学校，高等学校への連続性や系統性を踏まえ，指導内容について整理し，理解しておくこと。　問5　いずれも調号がついていない調である。小学校の内容の取扱いについての配慮事項を把握し，中学校での指導について理解を深めること。　問6　この項目では音楽を形づくっている要素である，音色，リズム，速度，旋律，テクスチュア，強弱，形式，構成について詳細に説明されているので理解し，指導できるようにしておくこと。正答以外の選択肢について，アは速度，イは音色，エはリズムの説明である。

【10】① 知識　② 技能　③ 創意工夫　④ 曲想　⑤ 発声

○**解説**○ 中学校学習指導要領より，第2学年及び第3学年のA表現　歌唱の内容から，語句の穴埋め記述式の問題である。内容については第1学年との違いを整理し理解した上で文言を覚えること。A表現の器楽，創作，B鑑賞の項目についても同様である。

【11】1 ②　2 ⑦　3 ④

○**解説**○ 指導計画の作成と内容の取扱いから，内容の取扱いの配慮事項に関する出題である。ここでは2の(1)から出題されたが，全部で10項目あり，いずれも授業にかかわる具体的で重要な項目なので理解を深めておくこと。

【12】(1)　1　(2)　A　4　B　3　C　2　D　5　(3)　A　3　B　4　C　1

○**解説**○ (1)　中学校学習指導要領より，教科の目標について語句の穴埋め選択式の問題である。目標について，文言は必ず覚えること。

(2)　A　第1学年の目標について問われた。目標については，教科の目標，学年ごとの目標について違いを整理して，文言は必ず覚えること。B　A表現の器楽分野の内容について問われた。他の学年の内容についても系統立てて覚えること。　C　B鑑賞の内容について問われた。他の学年の内容についても確認しておくこと。　D　第2学年及び第3学年のA表現の創作分野の内容について問われた。他の学年との違いを確認しておくこと。　(3)　指導計画の作成と内容の取扱いから，内容の取扱いについての配慮事項から出題された。　A　学習の過程において，適宜，体を動かす活動も取り入れることについて示している部分である。体を動かす活動は，「A表現」の指導における指揮などの身体的表現活動に限らず，「B鑑賞」を含め，様々な場面で有効な活動となり得るとされている。　B　歌唱分野及び器楽分野における合わせて歌ったり演奏したりする学習をする際の配慮事項について示している部分である。少人数のアンサンブル活動や，合唱，合奏などをする際は，生徒一人一人が，自分の担当する声部の役割を踏まえて，その教材曲をどのように表現したいのかといった思いや意図をもち，創意工夫を生かした音楽表現をするために必要な技能を身に付けて，音楽表現をすることが大切であるとされている。　C　創作の指導において，即興的に音を出しながら音のつながり方を試すなど，音を音楽へと構成していく体験を重視することを示している部分である。学習指導要領解説には，次のように示されている。「指導に当たっては，これらの体験を通して，創作する楽しさや喜びを味わわせるように配慮することが重要である。あらかじめ曲の形式を決めて，その形に当てはめていくようにつくっていくことに留まらず，生徒が創意工夫してつくる体験をし，音楽を構成する原理の働きに気付いていく中で，形式などについても学習していくのである。また，つくった音楽を，五線譜だけではなく，文字，絵，図，記号，コンピュータなどを用いて，生徒が作品を記録する方法を工夫できるようにすることが大切である。」

【13】(1)　a　　(2)　c　　(3)　b　　(4)　d　　(5)　c

○**解説**○ (1)　学習指導要領の出題は，文言の穴埋め選択式の問題である。教科の目標，各学年の目標について文言は必ず覚えること。それぞれの違いを整理しておくこと。　(2)　第2学年及び第3学年の同じ項目では，(ア)が，「音階や言葉などの特徴及び音のつながり方の特徴」となっている。整理して覚えておくこと。　(3)　鑑賞の項目では，学年の違いが少ない。文言を覚えること。　(4)　指導計画の作成と内容の取扱いから，内容の取扱いについての配慮事項(1)から出題された。内容の取扱いについての配慮事項は全部で10項目あり，いずれも授業に関する具体的な内容である。文言を覚えるだけでなく，学習指導要領解説などを使って理解を深めておくこと。　(5)　指導計画の作成と内容の取扱いから，内容の取扱いについての配慮事項(6)から出題された。指導計画の作成についての配慮事項も6項目あげられているので，確認しておくこと。

【14】4

○解説○ 目標の(1)～(3)の項目のうち，(2)の項目である。正答以外の選択肢について，1は第1学年の(1)，2は第1学年の(3)，3は旧中学校学習指導要領の第1学年の(1)の目標である。学年ごとに系統立てて文言の違いを整理して覚えること。

【15】1　b　　2　e　　3　d　　4　a　　5　c　　6　b　　7　c　　8　e

○解説○ 1　中学校学習指導要領解説から，第1学年の内容A表現の歌唱分野について問われた。A表現の器楽や創作，またB鑑賞の内容についても学習しておくこと。　2　中学校学習指導要領解説から，第1学年の内容A表現の歌唱分野について，問われた。文言を覚えるだけでなく，内容について理解を深めておきたい。　3　中学校学習指導要領解説より，ここでは器楽分野について問われた。他の学年についても，違いを整理したうえで理解しておきたい。　4　中学校学習指導要領解説より，第2学年及び第3学年の創作分野の内容について問われた。第1学年との違いを確認しておくこと。　5　中学校学習指導要領より，第2学年及び第3学年のB鑑賞の事項について問われた。学習指導要領の文言は覚えること。また同解説により理解を深めておきたい。

6　指導計画の作成に当たっての配慮事項から(4)の項目の説明部分から出題された。指導計画の作成についての配慮事項は全部で6項目あげられているので他の項目についても十分理解しておくこと。

7　内容の取扱いについての配慮事項(1)のカについての説明部分から出題された。内容の取扱いについての配慮事項は(1)がア～カ(2)がア～ウ，(3)がア～イ，(4)～(7)，(8)がア～イ，(9)，(10)と多くの項目があり，内容も授業に直結する具体的な内容になっている。中学校学習指導要領解説により，理解を深めておくこと。　8　内容の取扱いに関する配慮事項の(2)の(ウ)の説明部分から出題された。ここでは歌唱共通教材について説明されているので教材の詳細についても学習しておくこと。

【16】(1) ③　(2) ③　(3) ①　(4) ③　(5) ①　(6) ②
(7) ①　(8) ④

○**解説**○ 中学校学習指導要領について，毎年穴埋め選択式の問題が出題されている。　(1)(2)　教科の目標から出題された。教科の目標，学年の目標それぞれ違いを整理して文言は必ず覚えること。　(3)(4)　内容について，A表現の歌唱，器楽，創作，B鑑賞について，それぞれ学年を追って系統立てて理解しておくこと。　(5)　第2学年及び第3学年の目標からの出題である。教科の目標，第1学年の目標との違いを理解しておくこと。　(6)　内容はA表現の歌唱，器楽，創作，B鑑賞について整理して理解すること。　(7)(8)　指導計画の作成と内容の取扱いから，内容の取扱いについての配慮事項の(1)と(10)から出題された。全部で10項目示されているので他の項目も学習しておくこと。

【17】②

○**解説**○ 中学校学習指導要領より，目標についての問いである。教科の目標，各学年の目標の文言は違いを整理して必ず覚えること。選択肢①は教科の目標，③と④は第2学年及び第3学年の目標である。

【18】1 ① 和楽器　② 言葉　③ 姿勢　2 楽器の音を，日本語のもつ固有の響きによって表すもの。　3 旋律やリズム，楽器の音色や響き，奏法などをも表すことができる。

○**解説**○ 1　中学校学習指導要領の指導計画の作成と内容の取扱いより，内容の取扱いについての配慮事項(6)から出題された。内容の取扱いについての配慮事項は全部で10項目あり，すべて具体的で重要な内容なので，文言を覚えるだけでなく，理解を深めておくこと。　2　口唱歌に関する問題は頻出である。説明できるようにしておくこと。
3　それぞれの和楽器の口唱歌を理解しておきたい。

【19】(1) ① a 音のつながり方 b 音素材 c 課題や条件 ② 単に音符や記号をなどを書くことができるということではなく，あくまで自分の思いや意図を表すための手段。(50字) (2) ① 自然音や環境音 ② 音によるコミュニケーションが一層充実することに結び付いていくように配慮し，言葉のやり取りに終始することなく，言葉で表したことと音や音楽との関わりが捉えられるようにすることが大切である。(92字) ③ 生徒一人一人の音楽に対する価値意識

○**解説**○ (1) ① 中学校学習指導要領から，第1学年のA表現の創作の分野の内容について，語句の穴埋め記述式の問題である。A表現の歌唱，器楽，B鑑賞の内容についても文言は覚えておくこと。 ② 中学校学習指導要領解説には「音の選択や組合せなどの技能のなどの中には，記譜などの技能も含まれるが，それは単に音符や記号などを書くことができるということではなく，あくまで自分の思いや意図を表すための手段として，アに示した創意工夫やイの各事項の理解と関わらせて身に付けることが大切である。」と示されている。 (2) ① 指導計画の作成と内容の取扱いから，内容の取扱いについての配慮事項(1)から出題された。 ② 中学校学習指導要領解説には「音楽活動は，本来，音によるコミュニケーションを基盤としたものであり，言葉によるコミュニケーションとは異なる独自の特質をもっている。一方，音楽科の学習においては，言葉によるコミュニケーションを適切に位置付けることによって，音や音楽によるコミュニケーションを充実させることができる。したがって，生徒が音楽に関する言葉を用いて，音楽によって喚起されたイメージや感情，音楽表現に対する思いや意図などを相互に伝え合う活動を取り入れることによって，結果として，音によるコミュニケーションが一層充実することに結び付いていくように配慮することが大切である。」と示されている。なお，公開解答は，92字になっているが，問題文は80字以内となっているので，80字以内でまとめること。 ③ 学習指導要領解説には，「音楽科の特質に応じた言語活動を適切に位置付けた指導は，生徒一人一人の音楽に対する価値意識を広げることにつながる。このことは，学校において音楽科の学習を行うことの大切な意義の一つであり，生徒の学習

意欲の喚起や学習内容の定着にもつながるものである。」と示されている。

【20】(1) (内容…理由)　・イ－(イ)…題材の目標に，「アーティキュレーションの工夫」を挙げており，楽器の奏法に関わることを取り上げる授業であるから。　・ウ－(ア)…自らのイメージに合った表現で演奏するために，アーティキュレーションなどの奏法に関わる技能を身に付ける必要があるから。　(2) 1時間目…レガート，ノンレガート，スタッカートの奏法の違いにより，曲の雰囲気が変化することを知覚・感受できるようにする。「大きな古時計」を演奏し，曲の全体的な雰囲気を感じ取るようにする。　2時間目…自らのイメージに合った「大きな古時計」の演奏になるよう，アーティキュレーションを試行錯誤しながら，表現を工夫できるようにする。

○**解説**○ 学習指導要領と関連させた指導法を問う問題である。イは知識，ウは技能についての項目である。題材の目標は，アーティキュレーションを工夫し，自らのイメージに合った表現でアルト・リコーダーを演奏することである。楽器の音色や響きと奏法との関わりについて理解するためには，生徒が，楽器の音色や響きが生み出す特質や雰囲気を感受し，感受したことと奏法との関わりを自分自身で工夫することで捉えていく過程が重要である。指導者からの一方的なイメージや知識の押しつけにならないよう，留意しなければならない。3時間目に発表会で演奏し，他者の工夫に気がつくことや，奏法と音色や響きの関わりについて理解できるようにしなければならないので，それに向けた1～2時間目にすること。

高等学校

【1】(2)

○**解説**○ 高等学校学習指導要領より，音楽Ⅰの目標について語句の穴埋め選択式の問題である。目標は，教科の目標，各学年の目標について違いを整理して，文言は必ず覚えること。

【2】(4)

○**解説**○ 選択肢(4)は，音楽Ⅱ　A表現の創作の内容である。

【3】問1　①　器楽　②　創作　③　思考力，判断力，表現力等
問2　④　教材　⑤　自然音　⑥　音環境　⑦　著作物
⑧　創造性　⑨　知的財産権　⑩　継承

○**解説**○ 問1　高等学校学習指導要領の音楽ⅠA表現の歌唱について問われた。歌唱以外にも，A表現の器楽と創作，B鑑賞の内容についても，文言は覚え，学習指導要領解説で理解を深めておきたい。　問2　音楽Ⅰの内容の取扱いは全部で11項目あげられている。ここでは(10)と(11)について問われた。すべての項目について文言を覚えるだけでなく，指導する上において具体的で重要な内容なので，学習指導要領解説などで確認し，理解を深めておくこと。

【4】(1)　A　創意工夫　B　音素材　C　反復　D　対照
E　副次的　F　変奏

○**解説**○ (1)　A表現の歌唱，器楽，B鑑賞の内容についても文言は覚えること。また，学年ごとの違いを整理し確認しておくこと。

【5】(1)　①　根拠　②　自分　③　効果　④　歴史
(2)「赤とんぼ」の学習において，主として扱う音楽を形づくっている要素を「旋律」に設定し，言葉と旋律の動きとの関わりに着目させて，歌唱と創作を関連させた一題材を構想する。

○**解説**○ (1)　高等学校学習指導要領の音楽ⅠのB鑑賞の内容から出題された。A表現の歌唱，器楽，創作の内容についても確認しておくこと。
(2)　音楽Ⅰの内容の取扱いは全部で11項目示されている。本問では(1)から出題されたが他の項目を確認しておくこと。〔共通事項〕とは，表現及び鑑賞の全ての内容において共通に指導する内容のことである。文言は必ず覚えること。

【6】①共通事項　②　資質・能力　③　歌唱及び和楽器　④　思考力，判断力，表現力等　⑤音楽及び言葉　⑥　根拠をもって批評する

○**解説**○ 音楽Ⅰの内容の取扱いからの出題であうｒ。ここでは(4)(6)(8)について問われたが，全部で11項目示されているので確認しておくこと。

【7】ア　感性　　イ　その働き　　ウ　価値あるもの　　エ　主体的に　オ　支え　　カ　実感　　キ　知識　　ク　必要性　　ケ　技能　コ　深い学び

○**解説**○ 高等学習指導要領解説より音楽Ⅰの目標の解説部分から語句の穴埋め記述式の問題である。目標については，科目の目標，各学年の目標について文言の違いを整理して文言は必ず覚えること。また，学習指導要領解説で内容について理解を深めること。

【8】(1)　①　即興的　　②　言語活動　　(2)　コンピュータを活用して創作し，音声データとして記録する方法　　(3)　(ウ)

○**解説**○ (1)　高等学校学習指導要領より，音楽Ⅰの内容の取扱いについての項目から出題された。ここでは(7)，(8)から問われたが，全部で11項目示されているのですべて確認し，文言を覚えるだけでなく理解を深めておきたい　(2)　解答例以外に，文字，記号，図などを用いる方法がある。　(3)　高等学校学習指導要領解説芸術編音楽編に「鑑賞領域の学習は，音楽によって喚起されたイメージや感情などを，言葉で言い表したり書き表したりして音楽を評価するなどの能動的な活動によって成立する。芸術科音楽における批評とは，音楽のよさや美しさなどについて，言葉で表現し他者と伝え合い，論じ合うことであり，主体的・協働的な学習に必要なものである。評価の根拠をもって批評することは創造的な行為であり，それは漠然と感想を述べたり単なる感想文を書いたりすることとは異なる活動である。批評する活動を取り入れることは，生徒が自ら感性を働かせて，その音楽のよさや美しさなどを一層深く味わって聴くとともに，音楽文化に対する理解を深めていくことにつながっていく。」と示されている。

【9】(1)　①　文化的　　②　歴史的　　③　多様性　　(2)　①　音素材　　②　構成上　　③　要素　　(3)　①　A　　②　C　　③　B　④　B

○**解説**○ (1)　高等学校学習指導要領より語句の穴埋め記述式の問題である。ここでは音楽Ⅰの目標について問われた。目標については，科の目標，各学年の目標について違いを整理して文言は必ず覚えること。(2)　A表現の創作の内容について問われた。A表現の歌唱，器楽，またB鑑賞の内容についても学習しておくこと。　(3)　音楽Ⅰでは，内容の取扱いは全部で11項目あげられている。ここでは(5)と(10)について問われたが，他の項目を確認しておくこと。

【10】問1　④　　問2　③　　問3　④　　問4　④　　問5　②

○**解説**○ 問1　高等学校学習指導要領より，音楽Ⅰの目標(1)からの出題である。「知識」の習得に関する部分である。他の学年の同じ項目についても違いを整理し理解して覚えておくこと。　問2　芸術についての目標から出題されている。科目の各学年の目標について問われることは多いが，この箇所からの出題は少ない。確認して覚えること。問3　音楽Ⅰの内容の取扱いは11項目あげられている。ここでは(10)から出題されたが，他の項目についても理解しておくこと。　問4　小中学校から行われてきた読譜の学習活動の発展と，高校では音楽を楽譜で表す活動も行う。内容の取扱いは音楽Ⅰを基本として音楽Ⅱでは4項目，音楽Ⅲでは3項目示されている。系統立てて理解しておきたい。問5　A表現の創作の項目から出題された。②は音楽Ⅲの同項目に含まれている。学年をおって系統立てて理解し，文言は覚えておくこと。

【11】①　知識　　②　技能　　③　創意工夫　　④　曲想　　⑤　発声

○**解説**○ 高等学校学習指導要領より，音楽ⅠのA表現(1)歌唱の内容から，語句の穴埋め記述式の問題である。内容については音楽Ⅱ，音楽Ⅲとの違いを整理し理解した上で文言を覚えること。A表現の(2)器楽，(3)創作，B鑑賞の項目についても同様である。

【12】1　⑧　　2　④　　3　①　　4　⑥　　5　⑩

○**解説**○ 高等学校学習指導要領の，音楽Ⅰの科目の目標から出題された。他の学年の目標についても学年間の違いを理解して整理して覚えること。

【13】(1) A 3　B 3　C 2　D 1　E 4　F 1　G 5
(2) 2

○解説○ (1) A，B　高等学校学習指導要領の音楽Ⅰの目標より語句の穴埋め選択式の問題である。目標については，教科の目標，各学年の目標について違いを整理して文言は必ず覚えること。　C　音楽Ⅰ，A表現の歌唱分野の内容について問われた。他の学年についても，系統立てて覚えておくこと。　D　音楽Ⅰ，A表現の器楽分野について問われた。他の学年についても系統立てて覚えておくこと。　E　共通事項はすべての分野について，またすべての学年を通して同じ内容である。文言は必ず覚え，内容について理解を深めておくこと。
F，G　音楽Ⅰの内容の取扱いは全部で11項目あげられている。ここでは(1)，(10)，(11)から出題されたが，他の項目についても確認しておくこと。　(2)　指導計画の作成と内容の取扱いから，指導計画作成上の配慮事項(1)から出題された。この項目は，音楽だけでなく芸術すべてに関するものである。指導計画の作成に当たっての配慮事項は3項目，内容の取扱いに当たっての配慮事項は2項目あげられているので，確認しておくこと。

【14】1

○解説○ 音楽科の目標，各学年の目標は(1)～(3)の項目で示されている。正答である選択肢1は音楽Ⅲの(2)の目標である。正答以外の選択肢について，2は音楽Ⅰの(2)，3は音楽Ⅰの(1)，4は音楽Ⅱの(1)の目標である。学年ごとに系統立てて文言の違いを整理して覚えること。

【15】①　音楽的な見方・考え方　②　生活や社会　③　音楽の構造
④　音楽表現　⑤　よさや美しさ　⑥　感性

○解説○ 高等学校学習指導要領から音楽Ⅰの目標について，語句の穴埋め記述式の問題である。音楽Ⅰ，音楽Ⅱ，音楽Ⅲ，各科目の内容を整理して，文言は必ず覚えること。

【16】(1)　②　(2)　①　(3)　④　(4)　④　(5)　②　(6)　①
(7)　③　(8)　③

○解説○ 高等学校学習指導要領について穴埋め選択式の問題である。

(1)　芸術科の目標，各学年の目標について，違いを整理して文言は必ず覚えること。　(2)(3)　音楽ⅠのA表現，歌唱と創作の内容について出題された。器楽とB鑑賞の内容について確認しておくこと。
(4)(5)　音楽Ⅰの内容の取扱いは全部で11項目示されている。ここでは(1)と(3)から出題されたが，他の項目についても学習しておくこと。
(6)(7)　音楽ⅡのA表現，器楽，B鑑賞の内容からの出題である。内容は学年ごとに系統立てて理解しておくこと。　(8)　音楽Ⅲの目標について問われた。科の目標，各学年の目標は違いを整理して文言は必ず覚えること。

【17】(1)
○**解説**○ 〔共通事項〕はすべての項目，学年に共通するものなので，文言は覚え，内容は理解しておくこと。

【18】(1)　①　a　音素材　　b　副次的な旋律　　c　変奏や編曲
②　生徒が意図している効果が生み出されているか，実際に音を出して感じ取りながら技能を身に付けられるようにすることを重視する。(60字)　　(2)　①　思考力，判断力，表現力等　　②　音によるコミュニケーションが一層充実することに結び付いていくように配慮し，言葉のやり取りに終始することなく，言葉で表したことと音や音楽との関わりが捉えられるようにすることが大切である。(92字)
③　生徒一人一人の音楽に対する価値意識
○**解説**○ (1)　①　高等学校学習指導要領より，音楽ⅠのA表現，創作分野の内容に関する出題である。内容についてはどこを問われても答えられるよう，文言は必ず覚えること。A表現の器楽，歌唱，B鑑賞の内容についても同様である。　②　高等学校学習指導要領解説には，この項目について「指導に当たっては，生徒が意図している効果が生み出されているか，実際に音を出して感じ取りながら技能を身に付けられるようにすることを重視する。また，音色や音域など，用いる声や楽器の特性にふさわしい変奏や編曲をする技能を身に付けられるようにすることも大切である。」としている。　(2)　①　音楽Ⅰの内容の取扱い(8)について出題された。全部で11項目示されているのですべて

確認しておくこと。 ② 高等学校学習指導要領解説には「音楽活動は，本来，音によるコミュニケーションを基盤としたものであり，言葉によるコミュニケーションとは異なる独自の特質をもっている。一方，芸術科音楽の学習においては，言葉によるコミュニケーションを適切に位置付けることによって，音や音楽によるコミュニケーションを充実させることができる。したがって，生徒が音楽に関する言葉を用いて，音楽によって喚起されたイメージや感情，音楽表現に対する表現意図などを相互に伝え合う活動を取り入れることによって，結果として，音によるコミュニケーションが一層充実することに結び付いていくように配慮することが大切である。その際，言葉のやり取りに終始することなく，言葉で表したことと音や音楽との関わりが捉えられるようにすることが重要である。」と示されている。なお，公開解答は，92字となっているが，問題文は80字以内となっているので，80字以内でまとめること。 ③ 高等学校学習指導要領解説には，「芸術科音楽の特質に応じた言語活動を適切に位置付けた指導は，生徒一人一人の音楽に対する価値意識を広げることにつながる。このことは，高等学校において芸術科音楽の学習を行うことの大切な意義の一つであり，生徒の学習意欲の喚起や学習内容の定着にもつながるものである。」と示されている。

【19】①

○**解説**○ 高等学校学習指導要領の音楽Ⅰの2内容，A表現の(3)創作から出題された。A表現の歌唱，器楽，B鑑賞についても確認しておくこと。

【20】(1)

○**解説**○ 各学科に共通する各教科の芸術の科目すべてについて，指導計画の作成に当たっての配慮事項が3項目，内容の取扱いに当たっての配慮事項は2項目あげられている。ここでは内容の取扱いに当たっての配慮事項(2)から出題された。他の項目も確認しておくこと。

学習指導法

要点整理

●POINT

中学校音楽科における指導に当たっては，生徒の多様な実態を踏まえ，表現及び鑑賞の幅広い活動を通して，生徒の興味・関心を引き出し，学習への意欲を喚起することが大切である。そのためには，歌唱や鑑賞の学習のみに偏ったり，歌唱の指導において合唱活動に偏ったり，鑑賞の指導において特定の曲種の学習に偏ったりすることのないように留意して，年間指導計画を作成しなければならない。

高等学校音楽科における「知識」の習得に関する指導に当たっては，主に「音楽を形づくっている要素などの働きについて実感を伴いながら理解し，表現や鑑賞などに生かすことができるようにすること」，「音楽に関する歴史や文化的意義を，表現や鑑賞の活動を通して，自己との関わりの中で理解できるようにすること」の2点が重要である。また，「技能」の習得に関する指導に当たっては，一定の手順や段階を追って身に付けることができるようにするのみでなく，変化する状況や課題などに応じて主体的に活用できる技能として身に付けることができるようにすることが重要である。

音楽科　学習指導法

実施問題

中学校

【1】第1学年の鑑賞の授業において，「魔王」(シューベルト作曲)を教材として取り上げました。生徒は，「不気味な感じがする。」「おもしろい曲だ。」といった表層的な捉えに留まり，音楽のよさや美しさを味わって聴くことは十分ではありません。生徒が，曲想と音楽の構造との関わりについて理解し，曲や演奏に対する評価とその根拠について自分なりに考えるためには，どのような指導が考えられますか。教材曲の特徴に触れて，具体例を2つ書きなさい。

2024年度　広島県・広島市　難易度

【2】第1学年の題材「曲想と音楽の特徴との関わりを感じ取って聴こう」において「魔王」の鑑賞を行った。次の楽譜①～⑭は「魔王」の旋律の一部である。あとの問いに答えなさい。

【楽譜】

①

②

③

④

⑤

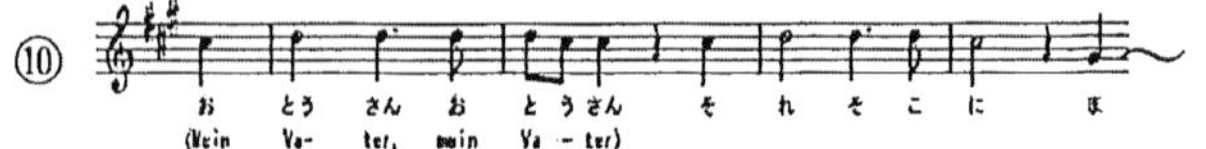

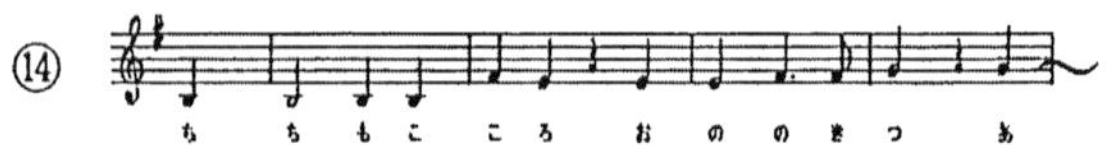

「中学校学習指導要領　第2章　第5節　音楽」第1学年【2内容　B鑑賞(1)】

(1) 鑑賞の活動を通して，次の事項を身に付けることができるよう指導する。
ア 鑑賞に関わる知識を得たり生かしたりしながら，次の(ア)から(ウ)までについて自分なりに考え，音楽のよさや美しさを味わって聴くこと。
(ア) 曲や演奏に対する評価とその根拠
(イ) 生活や社会における音楽の意味や役割
(ウ) 音楽表現の共通性や固有性
イ 次の(ア)から(ウ)までについて理解すること。
(ア) 曲想と音楽の構造との関わり
(イ) 音楽の特徴とその背景となる文化や歴史，他の芸術との関わり
(ウ) 我が国や郷土の伝統音楽及びアジア地域の諸民族の音楽の特徴と，その特徴から生まれる音楽の多様性

(1) 「中学校学習指導要領 第2章 第5節 音楽」第1学年【2内容 B 鑑賞(1)】指導事項イ(ア)の資質・能力を育成する題材計画を立てた。「魔王」の中で着目する部分を【楽譜】①～⑭から選び，どのような曲想を扱うことを想定するか具体的に答えなさい。その際，複数の【楽譜】を扱う場合は，該当する番号を全て答えること。

(2) 「魔王」を聴いた【生徒の感想】の一部である。この生徒が感じ取った内容として適切なものを，以下の①～④から1つ選び，記号で答えなさい。

【生徒の感想】
歌手は一人で4役を歌い分けていて，特に子供と魔王の歌い方が特徴的だった。魔王が甘い言葉で子供を誘っている場面では，歌手は優しくやわらかい声で子供に安心感を与えて，最後に「さらっていくぞ！」というところでは，少し地声っぽい感じで魔王の恐ろしさを表していた。子供の時はおびえている感じを出すために細い子供っぽい声で歌っていて，一人でいろんな声を出せるのがすごいと思った。

① 歌手の声質のすばらしさ　② 歌唱による表現の多様性
③ 歌唱表現の難しさ　④ シューベルトの作曲時の工夫

(3) シューベルトに興味を持った生徒が調べ学習を進めていく中で，シューベルトと同じ時代に活躍した作曲家が多く存在していることが分かった。次の中から，シューベルトと同じ時代に活躍した作曲家を全て選び，記号で答えなさい。

A ベートーヴェン　B ビゼー　C 八橋検校
D メンデルスゾーン　E 滝　廉太郎　F リスト
G シューマン　H ブラームス

(4) 【楽譜】⑧のように，曲の途中で調が変わることを何というか答えなさい。

(5) この楽曲の演奏速度に最もふさわしいものはどれか，次のア～エから1つ選び，記号で答えなさい。

ア ♩=72　イ ♩=132　ウ ♩=152　エ ♩=180

(6) 音楽の授業では様々な楽曲を扱うが，これらを扱う際の配慮事項について，次の(　　)に当てはまる言葉を答えなさい。

「学習指導要領解説　音楽編　第4章」【2内容の取扱いと指導上の配慮事項　カ】

カ　自己や他者の著作物及びそれらの著作者の創造性を尊重する態度の形成を図るとともに，必要に応じて，音楽に関する(　　)について触れるようにすること。また，こうした態度の形成が，音楽文化の継承，発展，創造を支えていることへの理解につながるよう配慮すること。

▌2024年度 ▌静岡県・静岡市・浜松市 ▌難易度 ■■■□□

【3】次の問いに答えよ。

(1) 次の条件で旋律を創作をする。条件を正しく満たしているものを①～⑤から選び，番号で答えよ。

条件1　第2小節は第1小節のリズムを反復する。
条件2　第5，6小節は第1，2小節のリズムを反復する。
条件3　第3，4小節および第7，8小節はリズムを変化させ，反復を用いない。

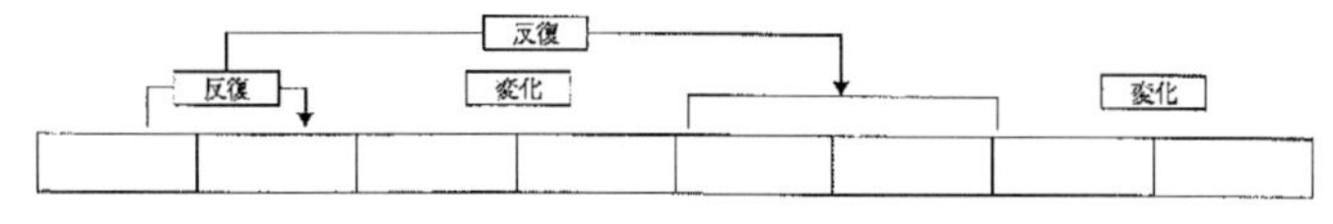

①

②

③

④

⑤

(2) 「音のつながり方の特徴を生かして旋律をつくろう」という題材名で，中学校第1学年で創作の授業を行う。目標として適切でないものを①～⑤から選び，番号で答えよ。

① 創意工夫を生かした表現で旋律や音楽をつくるために必要な，課題や条件に沿った音の選択や組み合わせなどの技能を身に付ける。

② 音のつながり方の特徴について，表したいイメージと関わらせて理解する。

③ 創意工夫を生かした表現で旋律や音楽をつくるためにふさわしい作曲技法を身に付ける。

④ 音のつながり方の特徴に関心をもち，音楽活動を楽しみながら主体的・協働的に学習活動に取り組む。

⑤ 音楽を形づくっている要素や要素同士の関連を知覚し，それらの働きが生み出す特質や雰囲気を感受しながら，知覚したことと感受したこととの関わりについて考え，創作表現を創意工夫する。

▌2024年度 ▌神戸市 ▌難易度 ■■■■□□

【4】平成29年3月告示の中学校学習指導要領　音楽〔第2学年及び第3学年〕内容　A　表現　(3)　には，次のように示されています。

> (3) 創作の活動を通して，次の事項を身に付けることができるよう指導する。
> ア　創作表現に関わる知識や技能を得たり生かしたりしながら，まとまりのある創作表現を創意工夫すること。
> イ　次の(ア)及び(イ)について，表したいイメージと関わらせて理解すること。
> (ア)　音階や言葉などの特徴及び音のつながり方の特徴
> (イ)　音素材の特徴及び音の重なり方や反復，変化，対照などの構成上の特徴
> ウ　創意工夫を生かした表現で旋律や音楽をつくるために必要な，課題や条件に沿った音の選択や組合せなどの技能を身に付けること。

ア，イ(ア)及びウを組み合わせた題材を設定する場合，どのような学習活動が考えられますか。次に示された生徒の状況を踏まえ，題材名を挙げて，3時間で扱う学習活動を書きなさい。ただし，用いる音階は，沖縄音階とします。

生徒の状況	＜対象学年＞　第２学年
	生徒はこれまでに、郷土の様々な民謡を鑑賞する活動を行った。

題材名（　　　　　　　　　　　　　　　　　　　　　　　　　　　　　　　　　　）

時間	学習活動

※　必要に応じて線を引いてもよい。

2024年度 ｜ 広島県・広島市 ｜ 難易度

【5】第2学年において，「歌舞伎の長唄に親しみ，その魅力を味わおう」という題材を設定し，次のような指導計画のもと，「A表現(歌唱)」及び「B鑑賞」の学習を行った。以下の(1)～(7)の問いに答えなさい。

学習指導法

【指導計画】

時	◆ねらい　○主な学習活動
1	◆歌舞伎における長唄の役割について知り、長唄の音色や響き及び言葉の特性と曲種に応じた発声との関わりについて理解する。 ○(あ) オペラ「アイーダ」のアリアと歌舞伎「勧進帳」の長唄を比較鑑賞し、声や楽器の音色等について気付いたことや感じ取ったことを交流する。 ○題材全体の見通しをもつ。
2	◆長唄の声の音色、旋律を知覚し、それらの働きが生み出す特質や雰囲気を感受しながら、曲にふさわしい歌唱表現としてどのように表すか思いや意図をもつ。 ○(い)「これやこの～海津の浦に着きにけり」の部分【資料１】を聴いたり、口ずさんだりしながら、どのように工夫して歌えばよいかワークシートに記入する。 ○個人で考えたことをもとに、グループで様々な工夫を試しながら、どのように表現するか話し合う。
3	◆創意工夫を生かした表現で歌うために必要な発声、言葉の発音、身体の使い方などの技能を身に付ける。 ○(う) 前時に考えた創意工夫を生かした表現をするために必要な発声、言葉の発音、身体の使い方などを個人やグループで追求する。 ○グループごとに演奏を発表し合い、互いの演奏のよさや面白さを交流する。
4	◆歌舞伎における長唄の役割や特徴について、その背景となる文化や歴史と関連付けて理解し、根拠をもって批評して、歌舞伎音楽のよさや美しさを味わう。 ○歌舞伎「勧進帳」を鑑賞し、(え) 前時までの学習を踏まえて歌舞伎音楽のよさや魅力について批評文にまとめる。 ○(お)自分の書いた批評文をもとに、友達と意見交流をする。 ○題材の学びを振り返る。

(1)　我が国や郷土の音楽の学習に関することについて，「中学校学習指導要領 (平成29年告示) 解説　音楽編」の「第4章　指導計画の作成と内容の取扱い」では，次のように示されている。次の(　①　)，(　②　)に当てはまる語句を書きなさい。

> (イ)　民謡，長唄などの我が国の伝統的な歌唱のうち，生徒や学校，地域の実態を考慮して伝統的な声や歌い方の特徴を感じ取れるもの。なお，これらを取り扱う際は，その(　①　)を通して，生徒が我が国や郷土の伝統音楽のよさを味わい，(　②　)をもつことができるよう工夫すること。

(2) 第1時の(あ)について，次の①～③の問いに答えなさい。

① オペラ「アイーダ」の作曲者名を書きなさい。

② 歌舞伎「勧進帳」における長唄の演奏形態を説明しなさい。

③ (あ)の学習活動を設定した意図を書きなさい。

(3) 第2時の(い)の長唄はどの場面で演奏されるか，【資料1】を参考にして，以下のア～エから選びなさい。

【資料1】

これやこの　往くもかえるも別れては 知るも知らぬも逢坂の　山かくす 霞ぞ春はゆかしける　波路はるかに 行く船の　海津の浦に着きにけり

出典：「長唄勧進帳－三味線文化譜」(杵屋彌七著)

ア 義経一行が，奥州平泉に到着した場面

イ 義経一行が，安宅の関所近くに到着した場面

ウ 義経が，富樫に危機を救ってくれたお礼を言う場面

エ 義経が，弁慶に危機を救つてくれたお礼を言う場面

(4) 第3時の(う)の活動で，生徒から「声の響かせ方が難しい」という発言があった。この発言に対して考えられる支援や助言について書きなさい。

(5) 第4時の(え)の学習活動で行う「音楽の鑑賞における批評」とは，どのようなことか。「中学校学習指導要領 (平成29年告示) 解説　音楽編」の「第2章　音楽科の目標及び内容」を踏まえて説明しなさい。

(6) 第4時の(え)の学習活動において，何をどのように書けばよいか分からず困っている生徒に対して，歌舞伎音楽のよさや面白さに着目させるために，考えられる支援や助言を書きなさい。

(7) 鑑賞の学習において，第4時の(お)の言語活動を位置付ける意義と留意点について，「中学校学習指導要領(平成29年告示)解説　音楽編」の「第4章　指導計画の作成と内容の取扱い」を踏まえて書きなさい。

▌2024年度 ▌群馬県 ▌難易度 ■■■■■

高等学校

【1】林古溪作詞，成田為三作曲の「浜辺の歌」を扱う授業において，生徒への指導内容として誤っているものを選びなさい。

(1) A(a a′)B(b a′)の2部形式で構成されていることを示す。

(2) 8分の6拍子の拍子感や「さざなみ」や「流れ」を表現しているように聞こえるピアノの16分音符に着目させる。

(3) 1番の歌詞は,「明日になったら浜辺を散歩しよう」という心情が描かれている。

(4) 詩の1行の文字数が，前半は「七文字＋五文字」で，後半は「六文字＋六文字」に変化していることを確認させる。

2024年度 ▌埼玉県・さいたま市 ▌難易度

【2】「音楽Ⅰ」の鑑賞の授業において，交響詩「魔法使いの弟子」(デュカース作曲)を教材として取り上げました。生徒は,「焦っている感じがする。」「おもしろい曲だ。」といった表層的な捉えに留まり，音楽のよさや美しさを自ら味わって聴くことは十分ではありません。生徒が，曲想や表現上の効果と音楽の構造との関わりについて理解し，曲や演奏に対する評価とその根拠について考えるためには，どのような指導が考えられますか。教材曲の特徴に触れて，具体例を2つ書きなさい。

2024年度 ▌広島県・広島市 ▌難易度

【3】次は,「『指導と評価の一体化』のための学習評価に関する参考資料 高校 芸術(音楽)」における,「主体的に学習に取り組む態度」についての抜粋文である。文中の(ア)~(オ)にあてはまる語句を答えなさい。

「『指導と評価の一体化』のための学習評価に関する参考資料 高校 芸術(音楽)」

従前の「関心・意欲・態度」の観点も，各教科等の学習内容に関心をもつことのみならず，(ア)とする意欲をもって学習に取り組む態度を評価するという考え方に基づいたものであり，この点を「主体的に学習に取り組む態度」として改めて強調するものである。

本観点に基づく評価は，「主体的に学習に取り組む態度」に係る各教科等の評価の観点の趣旨に照らして，

① 知識及び技能を獲得したり，思考力，判断力，表現力等を身に付けたりすることに向けた(　イ　)を行おうとしている側面

② ①の(　イ　)を行う中で，自らの学習を調整しようとする側面

という二つの側面を評価することが求められる。

ここでの評価は，生徒の(　ウ　)が，「適切に行われているか」を必ずしも判断するものではなく，(　ウ　)が知識及び技能の習得などに結び付いていない場合には，教師が(　エ　)を適切に指導することが求められる。

具体的な評価の方法としては，ノートやレポート等における記述，授業中の発言，教師による行動観察や生徒による自己評価や(　オ　)等の状況を，教師が評価を行う際に考慮する材料の一つとして用いることなどが考えられる。

2024年度 | 佐賀県 | 難易度 ■■■■□

【4】平成30年3月告示の高等学校学習指導要領　芸術　音楽Ⅰ　3　内容の取扱い　(5)　には，次のように示されています。

(5)　内容の「A表現」の指導に当たっては，生徒の特性等を考慮し，<u>視唱と視奏及び読譜と記譜の指導</u>を含めるものとする。

下線部「視唱と視奏及び読譜と記譜の指導」に当たっては，どのようなことに留意する必要がありますか。書きなさい。

2024年度 | 広島県・広島市 | 難易度 ■■■■□

【5】平成30年3月告示の高等学校学習指導要領　芸術　音楽Ⅰ　内容　A　表現　(3)　には，次のように示されています。

> (3) 創作
> 　創作に関する次の事項を身に付けることができるよう指導する。
> ア　創作表現に関わる知識や技能を得たり生かしたりしながら，自己のイメージをもって創作表現を創意工夫すること。
> イ　音素材，音を連ねたり重ねたりしたときの響き，音階や音型などの特徴及び構成上の特徴について，表したいイメージと関わらせて理解すること。
> ウ　創意工夫を生かした創作表現をするために必要な，次の(ア)から(ウ)までの技能を身に付けること。
> (ア)　反復，変化，対照などの手法を活用して音楽をつくる技能
> (イ)　旋律をつくったり，つくった旋律に副次的な旋律や和音などを付けた音楽をつくったりする技能
> (ウ)　音楽を形づくっている要素の働きを変化させ，変奏や編曲をする技能

ア，イ及びウ(イ)を組み合わせた題材を設定する場合，どのような学習活動が考えられますか。次に示された生徒の状況を踏まえ，題材名を挙げて，3時間で扱う学習活動を書きなさい。ただし，用いる音階は，教会旋法とします。

生徒の状況	<対象年次>　１年次
	生徒はこれまでに、ドリア旋法が用いられている「スカボロー・フェア」（P．サイモン作曲）を歌唱する活動を行った。

題材名（　　　　　　　　　　　　　　　　　　　　　　　　　　　　）

時間	学習活動

※　必要に応じて線を引いてもよい。

■2024年度■広島県・広島市■難易度■■■■■

解答・解説

中学校

【1】・「怖い曲ですね。」「焦っている様子が分かります。」など，教師が感じ取った曲想を伝えたり，「魔王は通作歌曲です。」など，その曲の形式などを覚えられるようにしたりする，ということに留まらず，「旋律の変化は子のどのような様子を表しているのでしょうか。」「なぜそのように感じたのでしょうか。」と問うなど，生徒が曲想を感じ取り，感じ取った理由を，音楽の構造の視点から自分自身で捉えていく過程を重視した指導。　・「この曲の，3連符のリズムが用いられている前奏は，嵐の中を走る馬のひづめの音のように聴こえて，これから始まる物語の予告のようで惹き付けられる。」など，曲や演奏のよさや美しさに対する自分なりの評価について，曲想と音楽の構造との関わりなどを根拠として挙げながら言葉で表し，他者に伝える活動を取り入れた指導。

○**解説**○ 学習指導要領解説より，曲想と音楽の構造との関わりについて理解するには，「生徒が曲想を感じ取り，感じ取った理由を，音楽の構造の視点から自分自身で捉えていく過程が必要である。」とあるので，教師が生徒の目を音楽の構造に向けるための質問やきっかけをつくって，生徒が曲想と音楽の構造との関わりについて理解できるよう具体的な指導を考える。また鑑賞の学習活動では，評価した内容を他者に言葉で説明したり，他者と共に批評したりする活動も取り入れることによって，音楽の構造を客観的に把握したり，生徒が自分の価値認識を再確認したりできるので，これらの活動の具体的な指導を考える。

【2】(1)　楽譜…④⑦⑩⑬　　曲想…物語が進むにつれて子供の旋律が1音ずつ高くなっている。これによって，子供のおびえた感じが増していく様子を表現している。　(2)　②　(3)　A，D，F，G
(4)　転調　(5)　ウ　(6)　知的財産権

○解説○ (1) すべて子供のセリフとしてかかれている楽譜である。徐々に音程があがっていることで，緊迫している様子を表している。
(2) 【生徒の感想】では，魔王の「優しくやわらかい声」と「地声っぽい」声，さらには子供の「細い子供っぽい声」について言及し，「一人でいろんな声を出せるのがすごいと思った。」とまとめていることから，歌唱による表現の多様性について書かれていると考えられる。
(3) シューベルトの生没年は1797～1828年，選択肢の作曲家は，Aは1770～1827年，Bは1838～1875年，Cは1614～1685年，Dは1809～1847年，Eは1879～1903年，Fは1811～1886年，Gは1810～1856年，Hは1833～1897年である。 (4) 曲の途中で調が変わることを転調といい，曲自体の調を変えることを移調という。 (5) ♩＝152で，伴奏形に3連符の連打を用いることによって，馬が疾走する様子を示している。
(6) 知的財産権とは，知的な創作活動によって何かをつくり出した人に対して付与される他人に無断で利用されない権利である。この中の一つに著作権があり，著作権には，著作物を保護する著作者の権利，実演等を保護する著作隣接権がある。

【3】(1) ⑤ (2) ③

○解説○ (1) 正答以外の選択肢の①は条件2を満たしていない，②は条件3を満たしていない，③は条件1及び2を満たしていない，④は条件2を満たしていない。 (2) ③は「創意工夫を生かした表現」のための作曲技法について述べており，題材名の目標としては適切ではない。

【4】

題材名（沖縄音階の特徴を生かして旋律をつくろう）

時間	学習活動
第1時間目	○沖縄音階の特徴を捉える。 ・郷土の様々な民謡に用いられている五音音階を基に、自由に音を出してみる。 ・自由に音を出したり、聴いたりしながら、感じ取ったことを話し合い、沖縄音階の特徴を学級で共有する。 ○沖縄音階を用いた短い旋律をつくりながら、音のつながり方の特徴を捉え、本題材の学習の見通しをもつ。 ・いくつかの楽器で沖縄音階を用いた短い旋律をつくる。 ・音色による感じ方の違いや、音のつながり方による感じ方の違いについて話し合う。 ・沖縄音階で音楽をつくることを確認する。 ○再度自由に音を出し、自分のイメージを膨らませる。 ・沖縄音階を基に、自由に音のつながり方を試しながら、分かったことや気付いたことをワークシートに書く。
第2時間目	○表したいイメージをもち、音階や音のつながり方の特徴を生かして創意工夫し、旋律をつくる。 ・沖縄音階を基に、自由に音を出しながら、表したい創作表現について考える。 ＜音楽をつくる際の課題や条件＞ ①イメージについては、「2つのこと（もの）が時間の経過とともに、どのように変わっていくか」ということを基に考える。 ②表したいイメージと関わらせながら、8小節の旋律をつくる。 ③沖縄音階を用いる。 ④いくつかの楽器を試し、イメージに近づける。 ・表したいイメージについて、実際に「沖縄音階を用いた旋律」をつくる場合のイメージとはどのようなものがあるか考える。

	＜予想される、生徒が考える「表したいイメージ」の例＞ ・沖縄の海で、カメと熱帯魚が泳いでいる様子 ・中学生二人の会話が、だんだん盛り上がっていく様子 ・赤と白のハイビスカスの花が咲く様子 ・試行錯誤しながら旋律をつくる過程で思い付いた新たなイメージを生かしたり、イメージ自体が変わったりしてもよいことを確認する。 ・実際に演奏しながら、どのように旋律をつくるかについて考え、つくった旋律をワークシートに書く。
第3時間目	○音階や音のつながり方の特徴と表したいイメージとを関わらせて、まとまりのある創作表現を創意工夫する。 ・二人一組になり、ワークシートに書いた旋律を演奏する。 ・実際に演奏したり、意見交換をしたりしながら旋律をつくり、つくった旋律について互いに助言をする。 ・つくった旋律を発表し、学級全体で作品についての意見を出し合い、自分の作品を再度見直す。 ○題材のまとめと振り返りをする。 ・沖縄音階の特徴を生かした創作表現について、自分の考えの深まりや広がりについての変容を振り返り、感じたことについて学級全体で意見交換をする。 ・再度、それぞれの作品を演奏し、楽しむ。

○**解説**○ 学習指導要領に基づき，沖縄音階を用いた創作の学習活動を書く問題である。指導案を作成する問題は毎年出題されるので，様々な教材，A表現，B鑑賞の分野で練習しておく必要がある。また，対象となる生徒について様々な状況を想定し，学習活動や必要な支援を考えておこう。

【5】(1) ① 表現活動 ② 愛着 (2) ① ヴェルディ ② 唄を担当する唄方，三味線を担当する三味線方，笛や打楽器で構成される囃子方で演奏される歌舞伎の音楽のこと。 ③ ・世界には多様な音楽があり，それぞれに声の音色や響き及び言葉の特性と曲種に応じた発声との関わりがあることを理解できるようにする。・声や楽器の音色によって生み出される雰囲気の違いを感じ取り，表現活動に生かすことができるようにする。 (3) イ (4) ・背筋

を伸ばして，おなかの底から息を出すような感じで唄うよう助言する。・言葉がしっかりと伝わる発音をするように助言する。　・模範演奏を聴いたり，まねたりするように助言する。　(5)　音楽のよさや美しさについて，言葉で表現し他者と伝え合い，論じ合うこと。(6)　・長唄の体験を振り返るように伝え，自分なりの言葉でまとめるように助言する。　・自分が1番興味をもった場面を振り返らせ，その場面における登場人物の気持ちと音楽との関わりについて考えるように助言する。　(7)　意義…様々な感じ取り方があることに気付き，音楽に対する価値意識を広げることができる。　留意点…聴き返すなどして，言葉で表したことと音や音楽との関わりを捉えられるようにする。

○**解説**○ (1)　伝統音楽における歌唱教材を選ぶ際の配慮事項だが，伝統的な声や歌い方の特徴を知り，生徒が実際に行ってみることで，伝統音楽の良さを味わい，愛着をもてるように工夫することを求めている。(2)　①「アイーダ」の物語の内容と主なアリアは理解しておくこと。②　歌舞伎で使われる音楽について，長唄以外にも浄瑠璃，清元などについても学習しておくこと。舞台の配置，楽器の種類，黒御簾などについて理解しておきたい。　③　西洋音楽のオペラと日本伝統音楽の長唄とでは発声や歌い方，言葉や姿勢に大きな違いがある。同じ舞台芸術であるが，比較することによりそれぞれの特徴をより一層理解することができる。　(3)「逢坂」を越えて「海津の浦」に着いたとあるので，琵琶湖を渡って北陸を通過し奥州に逃げようとしている義経一行の様子がわかる。「安宅の関」はその途中の石川県にある関所である。　(4)　歌うときの姿勢や呼吸の使い方，発声などについて，具体的に指導したい。西洋の歌曲の歌い方とはまったく違い，生徒も教師にもその経験がほとんどないので，まず観ることや聴くことを手がかりにすると良い。　(5)　学習指導要領解説では「鑑賞領域の学習は音楽によって喚起されたイメージや感情などを，自分なりに言葉で音楽を評価するなどの能動的な活動が必要だが，漠然と感想を述べるのではなく，評価の根拠をもって批評する活動が求められる。」としている。　(6)　前時の学習で行った長唄の体験から生徒の感想や気づきを引き出し，それが音楽とどのように関係しているかを考えさせる指導を考える。 (7) 中学校学習指導要領解説第4章2節(1)イより，鑑賞の学習において，「感じ取ったことを言葉で説明し合うことを通して，様々な感じ取り方があることに気付くことなどが考えられる」，また「聴き返したりするなどして，言葉で表したことと音や音楽との関わりが捉えられるようにすることが大切」とあり，言葉によるコミュニケーションを適切に行うことにより，音によるコミュニケーションを充実させていくことが大切である。

高等学校

【1】(3)

○**解説**○ 「浜辺の歌」の歌詞は，文語調で書かれている。1番の歌詞の「あした」は「明日」ではなく「朝」の意味である。「朝，浜辺を歩いていると」という歌詞である。また，2番の同じ部分の歌詞「ゆうべ」は「昨晩」ではなく「夕方」の意味である。文語調の歌詞の歌唱教材は意味を理解しておくこと。

【2】・同一曲を異なる奏者の演奏で聴かせ，「それぞれの演奏から，魔法をかけられたほうきの動きをどのように想像しましたか。」「同じ曲なのに，なぜそのような違いを感じたのでしょうか。」と問うなど，生徒が曲想や表現上の効果を感じ取り，感じ取った理由を，音楽の構造の視点から自分自身で捉えていく過程を重視した指導。 ・例えば，「魔法をかける前のほうきは，クラリネットで演奏される旋律がまるでため息のように聴こえたけれど，魔法をかけた後のほうきは，ファゴットの独特な音色が旋律のおどけた感じを強調していて，ほうきの性格まで変わってしまったように感じられる。この曲は，オーケストラで演奏されるからおもしろい。」など，曲や演奏について，曲や演奏を聴いて感じ取った自己のイメージや感情，曲想と音楽の構造との関わりなどを根拠に批評する活動などを取り入れた指導。

○**解説**○ 学習指導要領解説では，比較して聴く活動を取り入れることも，曲想や表現上の効果と音楽の構造との関わりを理解するのに効果的な指導であると述べられているので，具体的な活動や声掛けを考え指導方法を考える。また鑑賞の学習活動には，曲や演奏について根拠をもって批評する活動などを取り入れることが配慮事項として示されているので，これらに関する具体的な指導方法を考えるのもよいだろう。

【3】ア　よりよく学ぼう　　イ　粘り強い取組　　ウ　学習の調整　　エ　学習の進め方　　オ　相互評価

○解説○ 「『指導と評価の一体化』のための学習評価に関する参考資料」からの出題である。国立教育政策研究所による指導資料や実践事例集が掲載されている。評価について具体的な内容が示されているので，指導案を作成する際にも参考にすることがある。理解を深めておきたい。

【4】視唱や視奏，読譜や記譜などを，音楽活動と切り離して単独で扱うのではなく，「A表現」の学習の過程に位置付け，「知識及び技能」の習得や「思考力，判断力，表現力等」の育成と関わらせて扱うようにする必要がある。

○解説○ 学習指導要領解説のこの項目では「視唱と視奏とは，楽譜を見て，音高，リズム，音程，フレーズなどを把握して，歌ったり演奏したりすることを意味し，記譜とは，音楽を楽譜で表すことを意味している。中学校学習指導要領第2章第5節音楽の第3の2の(5)では，『読譜の指導に当たっては，小学校における学習を踏まえ，♯や♭の調号としての意味を理解させるとともに，3学年間を通じて，1♯，1♭程度をもった調号の楽譜の視唱や視奏に慣れさせるようにすること』と示している。それを踏まえ，『音楽Ⅰ』においては，生徒の特性等を考慮し，視唱と視奏及び読譜と記譜の指導を適切に行うことが必要である。指導に当たっては，視唱や視奏，読譜や記譜などを，音楽活動と切り離して単独で扱うのではなく，『A表現』の学習の過程に位置付け，『知識及び技能』の習得や『思考力，判断力，表現力等』の育成と関わらせて扱うようにする必要がある。その際，扱う曲種に即して，その音楽で用いられている楽譜を取り上げることも考えられる。」としている。他の項目についても学習指導要領解説で理解を深めておきたい。

【5】

題材名（教会旋法の特徴を生かして旋律をつくろう）

時間	学習活動
第1時間目	○教会旋法の特徴を捉える。 ・「スカボロー・フェア」で用いられているドリア旋法を基に、自由に音を出してみる。 ・他の教会旋法を基に、自由に音を出したり、聴いたりしながら、感じ取ったことを話し合い、それぞれの音階の特徴を共有する。 ○教会旋法を用いた短い旋律をつくりながら、音を連ねたときの響きの特徴を捉え、本題材の学習の見通しをもつ。 ・いくつかの楽器で、ドリア旋法や他の教会旋法を用いた短い旋律をつくる。 ・音色による感じ方の違いや、音の連ね方による感じ方の違いについて話し合う。 ・教会旋法で音楽をつくることを確認する。 ○再度自由に音を出し、自分のイメージを膨らませる。 ・いくつかの教会旋法を基に、即興的に音を出す。 ・分かったことや気付いたことをワークシートに書く。
第2時間目	○表したいイメージをもち、音階の特徴や音を連ねたときの響きの特徴を生かして創意工夫し、旋律をつくる。 ・いくつかの教会旋法を基に、様々な楽器を用いて即興的に音を出しながら、表したい音楽のイメージを膨らませる。 ・音色や音階の組合せを工夫しながら、創作表現について考える。 ・表したいイメージについて、実際に教会旋法を用いた旋律をつくる場合のイメージとはどのようなものがあるか考える。 <予想される、生徒が考える「表したいイメージ」の例> ・静かな夜に、星が神秘的に輝く様子 ・戦いに疲れた勇者が、古びた村にたどり着いた様子

	・五穀豊穣を願う村人が祭りで踊る様子 ・試行錯誤しながら旋律をつくる過程で思い付いた新たなイメージを生かしたり、イメージ自体が変わったりしてもよいことを確認する。 ・実際に演奏しながら、どのように旋律をつくるかについて考え、つくった旋律をワークシートに書く。
第3時間目	○音階や音を連ねたときの響きの特徴と表したいイメージとを関わらせて、創作表現を創意工夫する。 ・二人一組になり、ワークシートに書いた旋律を演奏する。 ・実際に演奏したり、意見交換をしたりしながら旋律をつくり、つくった旋律について互いに助言をする。 ・つくった旋律を発表し、全体で作品についての意見を出し合い、自分の作品を再度見直す。 ○題材のまとめと振り返りをする。 ・教会旋法の特徴を生かした創作表現について、自分の考えの深まりや広がりについての変容を振り返り、感じたことについて全体で意見交換をする。 ・再度、それぞれの作品を演奏し、楽しむ。

○**解説**○ 学習指導要領に基づき，教会旋法を用いた創作の学習活動を書く問題である。指導案を作成する問題は毎年出題されるので，様々な教材，A表現，B鑑賞の分野で練習しておく必要がある。また，対象となる生徒について様々な状況を想定し，学習活動や必要な支援を考えておこう。

●書籍内容の訂正等について

弊社では教員採用試験対策シリーズ（参考書，過去問，全国まるごと過去問題集），公務員試験対策シリーズ，公立幼稚園・保育士試験対策シリーズ，会社別就職試験対策シリーズについて，正誤表をホームページ（https://www.kyodo-s.jp）に掲載いたします。内容に訂正等，疑問点がございましたら，まずホームページをご確認ください。もし，正誤表に掲載されていない訂正等，疑問点がございましたら，下記項目をご記入の上，以下の送付先までお送りいただくようお願いいたします。

① **書籍名，都道府県（学校）名，年度**
（例：教員採用試験過去問シリーズ　小学校教諭 過去問　2025年度版）
② **ページ数**（書籍に記載されているページ数をご記入ください。）
③ **訂正等，疑問点**（内容は具体的にご記入ください。）
（例:問題文では“ア～オの中から選べ”とあるが,選択肢はエまでしかない）

〔ご注意〕
○ 電話での質問や相談等につきましては，受付けておりません。ご注意ください。
○ 正誤表の更新は適宜行います。
○ いただいた疑問点につきましては，当社編集制作部で検討の上，正誤表への反映を決定させていただきます（個別回答は，原則行いませんのであしからずご了承ください）。

●情報提供のお願い

協同教育研究会では，これから教員採用試験を受験される方々に，より正確な問題を，より多くご提供できるよう情報の収集を行っております。つきましては，教員採用試験に関する次の項目の情報を，以下の送付先までお送りいただけますと幸いでございます。お送りいただきました方には謝礼を差し上げます。
（情報量があまりに少ない場合は，謝礼をご用意できかねる場合があります）。

◆あなたの受験された面接試験，論作文試験の実施方法や質問内容
◆教員採用試験の受験体験記

送付先
○電子メール：edit@kyodo-s.jp
○FAX：03-3233-1233（協同出版株式会社　編集制作部 行）
○郵送：〒101-0054　東京都千代田区神田錦町2-5
協同出版株式会社　編集制作部 行
○HP:https://kyodo-s.jp/provision（右記のQRコードからもアクセスできます）

※謝礼をお送りする関係から，いずれの方法でお送りいただく際にも，「お名前」「ご住所」は，必ず明記いただきますよう，よろしくお願い申し上げます。

教員採用試験「全国版」過去問シリーズ⑨

全国まるごと過去問題集
音楽科

編　集　　© 協同教育研究会
発　行　　令和6年1月25日
発行者　　小貫　輝雄
発行所　　協同出版株式会社
〒101-0054　東京都千代田区神田錦町2 - 5
電話　03－3295－1341
振替　東京00190－4－94061
印刷所　　協同出版・POD工場

落丁・乱丁はお取り替えいたします。